बारामासी

[व्यंग्य-उपन्यास]

बारामासी

(व्यंग्य-उपन्यास)

ज्ञान चतुर्वेदी

राजकमल प्रकाशन

ISBN : 978-81-267-0206-0

मूल्य : ₹ 695

पहला संस्करण : 1999
पाँचवाँ संस्करण : 2022

प्रकाशक : राजकमल प्रकाशन प्रा.लि.
1-बी, नेताजी सुभाष मार्ग, दरियागंज
नई दिल्ली-110 002

शाखाएँ : अशोक राजपथ, साइंस कॉलेज के सामने, पटना-800 006
पहली मंज़िल, दरबारी बिल्डिंग, महात्मा गांधी मार्ग, प्रयागराज-211 001
36 ए, शेक्सपियर सरणी, कोलकाता-700 017

वेबसाइट : www.rajkamalprakashan.com
ई-मेल : info@rajkamalprakashan.com

मुद्रक : बी.के. ऑफसेट
नवीन शाहदरा, दिल्ली-110 032

BARAMASI
Novel by Gyan Chaturvedi

मेरी परमप्रिय शशि को समर्पित।
जिसे पूरा विश्वास है कि एक दिन मुझे ज्ञानपीठ पुरस्कार मिलेगा।
पत्नी को ऐसे अंधविश्वास पालने से रोका नहीं जा सकता।
और ऐसी मीठी खुशफहमी बनी भी रहे,
तो हर्ज क्या है ?

भूमिका

शुरू करने से पहले

'नरक यात्रा' के बाद यह मेरा दूसरा व्यंग्य-उपन्यास है।

'व्यंग्य-उपन्यास' किन अर्थों में 'उपन्यास' से भिन्न है, या यह वही पुराना माल है जिस पर 'व्यंग्य वाले' फालतू ही नया रैपर लगाकर बाजार में ले आए हैं—यह बहस हिंदी आलोचना के उन दिग्गज बहसबाजों पर छोड़ दें, जो इस बाजार में बहस की ही खा रहे हैं। व्यंग्य को विधा माना जाए या वह इस सम्मान लायक नहीं है, यह मुकदमा भी इनके इजलास में वर्षों से धूल खा रहा है। अगले सम्मेलन में फिर बहस हो सके, इसलिए नई तारीखें दे दी जाती हैं। सो इसे भी छोड़ें। वैसे, यह मुकदमा निबटे बगैर व्यंग्य-उपन्यास और उपन्यास का मामला भी लटका ही रहेगा। फिर, अभी तो बहस भोपाल, लखनऊ और जयपुर जैसी छोटी अदालतों में घिसट रही है। अपील के बाद अंतिम निर्णय तो दिल्ली में बैठे साहित्य के सुप्रीम कोर्ट के जजों पर निर्भर करेगा कि उस समय उनका मूड क्या कहता है और उस समय उनका भाई-भतीजा या चेला उनसे क्या कहलवाना चाहता है। दिल्ली की इस अदालत में साहित्य के बहुत से ऐसे दीवानी मुकदमे पहले ही लंबित हैं, जिन पर हिंदी साहित्य के विभिन्न गिरोहों के बीच फौजदारियाँ होती रहती हैं। सो, इन मामलों की भीड़ में व्यंग्य का नंबर तो फिलहाल आने से रहा। तब तक यदि मैं अपनी इस रचना को 'व्यंग्य-उपन्यास' का नाम दूँ, तो साहित्यालोचना की कोतवाली में बैठे मुंशी लोग कृपया क्षमा करें।

मुझे व्यंग्य-उपन्यास लिखना इस अर्थ में व्यंग्य और उपन्यास

दोनों से अलग तथा कठिन लगता है, कि एक लंबी रचना में, जिसमें जीवन के इतने रंग बिखरे हों, आदि से अंत तक व्यंग्य के तेवर साधना बहुत कठिन, कष्टसाध्य तथा लगभग असंभव सी बात हो जाती है। हर स्थिति, घटना, पात्र, मानसिकता तथा विवरण को व्यंग्य के माध्यम से उतनी ही जीवंतता तथा तीव्रता से निभाने में कितना क्या-क्या लगता है, यह बात एक ऐसी लंबी व्यंग्य-रचना लिखकर ही जाना जा सकता है। चीजें छूट-छूट जाती हैं। भाषा, विट, हास्य और व्यंग्य का सतत प्रवाह जब-तब टूटने को होता है। एक-एक वाक्य पर कभी-कभी घंटों की मशक्कत के बाद भी वह बात पैदा नहीं होती, जो व्यंग्य और बात, दोनों को बराबर से साध ले। फिर व्यंग्य-उपन्यास में ढीलेपन की चंद पंक्तियाँ भी नहीं चलेंगी। चुस्त, दुरुस्त, तनी हुई रस्सी पर सावधानी से चलने का खेल है यह, क्योंकि इसके नीचे गिरकर वापस रस्सी पर पहुँचने की सुविधा व्यंग्यकार को नहीं दी गई है।

इन अर्थों में 'बारामासी' का लिखना त्रासद, कष्टप्रद और थकानेवाला अनुभव था, परंतु इसे पूरा करने के संतोष के सामने वह सब कुछ भी नहीं है।

उपन्यास पूरा करने के बाद भी मुझे इसका नाम नहीं सूझ रहा था। 'नरक यात्रा' उपन्यास का नाम भी मेरे अनन्य मित्र स्वदेश दीपक ने दिया था। 'बारामासी' नाम मेरे एक और मित्र श्रीकांत आप्टे ने दिया है। 'बारामासी' ऐसा फूल है, जो हर मौसम में उसी शिद्दत से खिल सकता है। मेरे इस उपन्यास के पात्रों के जीवन-चरित्र को इससे बेहतर और किस नाम से पुकारा जा सकता था ?

–ज्ञान चतुर्वेदी

सपने देखने वाले

ग्राम व तहसील अलीपुरा, जिला झाँसी, उत्तर प्रदेश। बुंदेलखंड के इस गाँव की एक सँकरी गली में सुबह उतर चुकी है, जैसा कि गली में दोनों ओर बजबजाती नालियों के साथ बैठे टट्टी करते बच्चों की लंबी पंक्ति को देखकर ही स्पष्ट है। धूप, खपरैलों और पक्के छज्जों के, गली में दूर तक झुके कूबड़ों के ऊपर से कूदकर गली में घुस चुकी है। मात्र पटलेदार चड्ढी पहने, लगभग अलफनंगे लोग अभी भी घर के चबूतरों पर अलसाए से पसरे हैं। कुछ अभी तक खरारी खटिया पर यूँ बेखबर सो रहे हैं कि लंबी परंतु ढीली चड्ढी अथवा यहाँ-वहाँ से निबकी धोती में से जो दिख रहा है, वह शौचरत बालकों के लिए उत्सुकता तथा मजे लेने का विषय बन गया है। मक्खियाँ, एक सिरे से दूसरे सिरे तक। सार्वजनिक नल पर कुकरहाव करतीं, एक दूसरे का सर फोड़तीं औरतें और इनसे असंपृक्त से दिखते चबूतरे पर उकड़ूँ बैठकर दातून करते तथा उसी नाली में, गले से जोर-जोर की आवाजें करके कुल्ला करते लोग। फालतू बैठे बब्बा, दद्दा तथा नन्ना कहलानेवाले बूढ़े भी वहीं चबूतरों पर जमे हैं और रात-भर का छाती में जमा बलगम बीड़ी की सहायता से निकालकर उसी नाली को सादर समर्पित कर रहे हैं। चुटकी में जाँघ तथा फोते की खाल को चपेटकर खुजलाते नौजवान, जलेबी का दोना भिनभिनाती मक्खियों से बचाकर ले जाते शौकीन, जामुन से भरी डलिया सिर पर उठाए एक बुढ़िया और इन सबके ऊपर छाई एक अजीब-सी बू, जो बदबू भी नहीं है और खुशबू तो खैर है ही नहीं।

और, ग्राम अलीपुरा में गर्मी की ऐसी सुबह को इसी गली में एक ताँगा आ रहा है। अजीब से कौशल द्वारा ताँगा-चालक नाली के किनारे बैठे एक इंच भी न खिसकने पर आमादा हठी बच्चों को बचाता हुआ ताँगा लिए जा रहा है।

"मानिकपुर पैसेंजर आ गई, भैया ?"

एक बुड्ढे ने ताँगेवाले से यूँ ही पूछ लिया है, यूँ वह स्वयं बीस वर्ष से अलीपुरा से बाहर नहीं गया है। परंतु सिद्धांत यहाँ यह है कि पूछ लेने में क्या हर्ज है।

"हओ," ताँगेवाले ने हामी भरी और ताँगा रोक दिया।

बुड्ढे ने उत्सुकतावश चबूतरे से छलाँग लगाई और ताँगे के पास यूँ आकर कूदा कि एक बार तो घोड़ा भी चौंक गया। ताँगे के यकायक रुक जाने से उत्पन्न उत्सुकता तथा उत्तेजनावश और भी बहुत से फुरसतिए उठकर, चलकर या भागकर आ गए और कुछ ही देर में ताँगे के चारों तरफ भीड़ लग गई।

"इनसे पूछ लीजिए!" ताँगेवाले ने थानेदार-से रोबीले व्यक्तित्ववाली सवारी से कहा। ताँगे में उस मुँछाड़िए के अलावा एक लफंगा-सा लड़का तथा दो और अधेड़ व्यक्ति बैठे हैं।

"क्यों भैया, ये दुबेजी का मकान किधर होगा ?" पूछा गया।

"कौन दुबेजी ? बरुआसागरवाले ?"

"नहीं, मऊरानीपुरवाले।"

"चलिए, हम चलकर बतला देते हैं।"

लपककर, तमाशबीनों तथा उत्साही स्वयंसेवकों की भीड़ ताँगे के आगे-आगे चल दी।

"हमारे पीछे लगे रहो।" एक ने ताँगेवाले को बताया।

"लगे ही हैं। पर घोड़े से बचना। एकदम घुसे जा रहे हो।" ताँगेवाले ने भी बताया।

सारी भीड़ जुलूस बनाकर दुबेजी के घर की तरफ चल दी; एक बूढ़ा, जो घुटनों में दर्द तथा सूजन के कारण उठने तथा जाने से मजबूर था, दूसरे से बोला, "वही बिन्नू को देखनेवाले आए हैं, शायद इस दफे सगाई घल जाए।"

"लगता नहीं..."

"कॉय भैया ?"

"इन तालबेंहटवालों का भरोसा नहीं। स्साले लड़की देख जाते हैं पर न 'हाँ' का जवाब भेजते हैं, न 'न' का।"

"सो तो है।"

ताँगा पतली गली के और भी सँकरे मोड़ पर मुड़कर गायब हो गया था, पर बातचीत जारी थी।

बिन्नू सज-सँवरकर तैयार हो रही थीं।

क्यों ?

क्योंकि लल्लन मामाजी ने एक और लड़का बिन्नू के लिए देख लिया था जो सुंदर, सुशील, सभ्य, पढ़ा-लिखा, खानदानी तथा गौरवर्ण था। ऐसी अलौकिक विशेषताओं से लैस लड़का आज बिन्नू को देखने आ रहा था, सो वे तैयार हो रही थीं। वर्ष में पाँच-छः बार ऐसे अवसर आते थे जब बिन्नू को यूँ तैयार होना होता था। पिछले पाँच वर्षों से ऐसा ही चल रहा था। हर बार कोई सुशील, सभ्य, खानदानी, गौरवर्ण लड़का आता था, जिसके अनुमोदन हेतु बिन्नू तैयार होती थीं। बिन्नू तैयार होती थीं और वह सुंदर-सुशील, सभ्य लड़का अपने माँ-बाप अथवा चाचा-ताऊ-भानजे-भतीजे-मित्र-यार-लौंडे-लफाड़ी अर्थात कोई भी ऐसा, जिसके पास लड़के के साथ इस 'प्लेज़र-ट्रिप' पर आने की फुरसत हो, उनके साथ आता था, बिन्नू को मटकी की भाँति जाँचता-परखता

था और फिर अदृश्य हो जाता था।

हर बार नई आशा के साथ बिन्नू को तैयार किया जाता था, बैठक की टूटी कुर्सियों को पड़ोस से माँगे सोफे से बदला जाता था, बिन्नू के लिए गुलाबी साड़ी निकाली जाती थी, जिसके विषय में परिवार में आम सहमति यह थी कि बिन्नू उस साड़ी में तथा उससे मैचिंग ब्लाउज में, जिसकी बाँहों में फुग्गे तथा गर्दन पर काँच का काम था, सुंदर दिखती थीं। उस दिन बिन्नू को अनुमति दी जाती थी, बल्कि उनसे कहा जाता था कि वे 'क्रीम-पोडर' लगा लें, जो कि, अन्यथा, अन्य रूटीन दिनों में लगा लेने पर अपराध माना जाता था और जिसे करते पकड़े जाने पर अम्माँ कहा करती थीं कि बड़ी फैशन-पट्टी न करो बिन्नू, नाक न कटा देना बिरादरी में। यह राय भी आम थी कि क्रीम-पावडर लगाने से खाल खराब हो जाती है, बिरादरी में नाक कट सकती है और अच्छी तरह से चोटी गूँथकर बाल काढ़ने से लड़की आवारा हो सकती है। यह बात और है कि ऐसी विपरीत परिस्थितियों के बावजूद बिन्नू प्रायः सुंदर-सी चोटी बनाकर शेष सिंगार-पट्टी भी कर ही लिया करती थीं और इसके बावजूद उनकी खाल खराब नहीं हुई थी, वरन ऐसी मारक तथा कांतिपूर्ण निकल रही थी कि रम्मू उन्हें अँधेरे-उजाले में दबोचने की सफल कोशिश के प्रति आशान्वित तथा कटिबद्ध थे। रम्मू पड़ोस के गुरुचरन बनिए की इकलौती संतान थे।

बिन्नू तैयार होते हुए एक भजन गाने की भी (गुनगुनाकर) प्रैक्टिस करती जा रही थीं। प्रायः हर दफे ही 'लड़का-पार्टी' के समक्ष बिन्नू से मामाजी एक भजन गाने की गुजारिश किया करते थे। वे उन्हें बताते कि लड़की को गाने का, विशेष तौर पर भजन इत्यादि धार्मिक गीत गाने का शौक है और ईश्वर ने मीठा गला दिया है। बिन्नू अच्छा गा लिया करती थीं अर्थात बिना बहुत बेसुरा हुए वे मूल धुन के आसपास गा लेती थीं। वैसे शौक उन्हें फिल्मी गानों का था, जो वे अकेले में, विशेष तौर पर अटारी पर जब अकेली हों, तब गाया करती थीं। रम्मू अपनी छत से इन गानों को सुनते थे। उन पर इन गानों का, खासकर इनमें गचागच भरे हरजाई, जुदाई, पराई, मिलन, अँधियारी रात, खटिया, तकिया, रतिया, बँहिया, कँगना, अँगना, जोबन इत्यादि वाजिब शब्दों का वाजिब ही असर पड़ता था और इसी के चलते वे बिन्नू को कभी-न-कभी दबोचने के एकसूत्री कार्यक्रम के प्रति और भी कटिबद्ध हुए जा रहे थे। वैसे इस समय जो भजननुमा गीत बिन्नू के होंठों पर था, उसके बोल कुछ यूँ थे कि 'मेरी पत राखो गिरधारी, मैं दुखिया सरन तिहारी।' भजन के मार्मिक बोलों के माध्यम से यह आशा की जा रही थी कि गिरधारी, जो कुछ ही देर में ताँगे पर हिचकोले खाते यहाँ इस दुखिया को देखने आनेवाले थे, वे पड़ोसी के सोफे, गुलाबी साड़ी (साथ में फुग्गेदार बाँहों का मैचिंग ब्लाउज) तथा भजन के ऐसे कातर आह्वान के मिले-जुले कॉकटेल के नशे के असर में बिन्नू को पसंद कर लेंगे।

यहाँ बिन्नू के विषय में यह विचार किसी के नादान मन में आ सकता है कि उनको इस प्रकार बार-बार सज-धजकर, लगभग नुमाइश-सी सजाकर भावी वरों के समक्ष हर

बार यूँ पेश किए जाने पर गुस्सा आता होगा, या कम-से-कम, वे निराश या गहन उदासी में तो डूबती ही होंगी। परंतु ऐसा नहीं था। बिन्नू इस सारे, दारुण नाटक को लड़की के रूप में पैदा होने के साथ जुड़ी नियति का अनिवार्य हिस्सा मानती थीं। उन्होंने बचपन से ही अपने परिवार तथा पास-पड़ोस में बड़ी होती लड़कियों को इसी तरह, यही सब करते देखा था। बल्कि सही बात तो यह थी कि जवानी के आगमन के साथ शुरू होनेवाले सपनों में बिन्नू ने यह दृश्य 'रीवाइंड' करके बार-बार देखा था, जहाँ वे हाथ में चाय की ट्रे उठाए लड़केवालों की खब्बू-टीम को चाय दे रही होती थीं, या फिर कोई ताँगा गली में रुकता था और वे पाती थीं कि उनके सपनों का राजकुमार, उनके घर के ऐन सामने बह रही नाली से अपने चरणों को बचाता हुआ ताँगे से नीचे उतर रहा है, या फिर कोई और राजकुमार उनके सजे हुए ड्राइंग रूम में उनसे चाय स्वीकारते हुए चोरी से उनका हाथ छू लेता है। एक दृश्य में तो अम्माँ बौराई-सी भागकर आँगन में प्रवेश करती थीं तथा चिल्लाकर सभी को बताती थीं कि लड़केवालों ने बिन्नू को पसंद कर लिया है। ऐसे सपनों के साथ तेजी से जवान होती बिन्नू के प्रायः सपने साकार भी हुए, बस आखिरीवाले को छोड़कर अर्थात अम्माँ को ऐसा चिल्लाने का अवसर कभी नहीं मिला, वरना तो उन्हें देखने हजारों लड़के आए और लगभग हर स्वप्न साकार कर गए।

बिन्नू फिर भी सपने देखा करती थीं और सपनों से थकी नहीं थीं। फिर कोई लड़का उन्हें देखने आ रहा है, यह बात बिन्नू को बड़ी तसल्ली देती थी। क्योंकि उन्होंने बहुत-से घरों में बहुत-सी बिन्नुओं को देखा था, जिन्हें अब देखने तक को लड़कों ने आना बंद कर दिया था, अथवा जिनके माँ-बाप ने थककर रिश्ते खोजना बंद करके भाग्य पर रोना तथा लड़की के नाम को कोसना शुरू कर दिया था। अम्माँ बिन्नू को नहीं कोसती थीं। एक आशा थी, जो बिन्नू तथा अम्माँ के हृदय में हमेशा ही जगी हुई थी और उसे जगाए रखने का कार्य लल्लन मामा करते थे।

बिन्नू लल्लन मामा की कृतज्ञ थीं। लल्लन मामा रेलवे के रिटायर्ड मुलाजिम थे और बिरादरी के लड़के-लड़कियों की शादियाँ लगवाना ही उनके जीवन का उद्देश्य रह गया था। परिवार में तो खैर सभी की शादियाँ उन्हीं ने तय करवाई थीं, ऐसा उनका दावा था। इस कार्य में भारतीय रेल ने उनकी पूरी सेवा की थी। भूतपूर्व रेलवे कर्मचारी की हैसियत से वे हमेशा ही बिना टिकिट इस पर चढ़ते-उतरते रहते थे। रेल अपने बाप की मानते थे वे। अप-डाउन, सभी गाड़ियाँ उनकी थीं। वे किसी भी अप में चढ़ जाएँ और किसी भी डाउन से वापस आ जाएँ। न आएँ तो रिटायरिंग रूम में सो जाएँ। वे चाहे जब अलीपुरा पहुँच जाते। साथ में टीन की पेटी, जिसमें असली जंत्री, जादू की किताब, मंत्र-तंत्र के पुराने पीले पन्नों वाले ग्रंथ, 'मनोहर कहानियाँ' का नवीनतम अंक, 'जासूसी दुनिया' की प्रति तथा 'असली कोकशास्त्र' इत्यादि के अलावा कई बंडलों में लिपटी हुई, बिरादरी के विवाह योग्य लड़के-लड़कियों की जन्मपत्रियों का खजाना रहता है। साथ ही एक मोटी जिल्दवाली पुरानी डायरी, जिसमें

शादी-ब्याह के लायक 'घरों' का पता, हैसियत, माँग इत्यादि का विस्तार से विवरण रहता है। बात-बात में पेटी खोलते तथा किसी से दस मिनट भी बात हो जाए, तो तुरंत नाम-पता आदि डायरी में नोट कर लेते तथा वायदा करते कि किसी दिन मिलने अवश्य आएँगे, और रेल की मेहरबानी से पहुँचते भी। लल्लन मामा आठ-दस दिन में एक बार अलीपुरा पहुँच ही जाते। हर बार एक नया रिश्ता बिन्नू के लिए तलाशकर। भानजी को ठिकाने से लगा सकें, तो फिर चार-चार भानजे भी कुँवारे बैठे हुए हैं। उनकी भी शादी सही-साट फिट करनी है। लल्लन मामाजी विधवा बहन के प्रति अपनी जिम्मेदारियों के प्रति पूरे सजग तथा समर्पित थे। बिन्नू के हाथ पीले हों तो बहन की छाती का बोझ कम हो, इसी चक्कर में न जाने कब से लल्लन भारतीय रेल की छाती पर सवार होकर, बुंदेलखंड में यहाँ से वहाँ कुंडलियाँ मिलाते, दहेज पर मोल-भाव करते, अपने स्वर्गीय जीजाजी तथा उनके बाद शेष रहे शानदार खानदान की दिव्य पताका लहराते घूम रहे हैं, परंतु सही 'सेटिंग' जम नहीं पा रही। खटके दो हैं—एक तो बिन्नू का रंग थोड़ा दबा है, बल्कि निष्पक्ष आकलन तो यही है कि लड़की काली है। दूसरा खटका यह था कि बिना बाप के ये लौंडे अपनी बहन के लिए कितना दहेज दे पाएँगे—इस बात पर हर लड़केवाले को संदेह ही रहता था।

खैर, जो भी हो, बिन्नू पुनः तैयार हो रही हैं।

बिन्नू गुनगुनाती हुई, आशा तथा स्वप्न में डूबती-उतराती हुई तैयार हो रही थीं। करीने से बाल सँवारकर तथा तत्कालीन लोकप्रिय फैशन के तहत आगे के बालों की लट को छल्लेनुमा आकार देकर बेतरतीबी-भरी तरतीब से माथे पर जमाकर, सस्ती-सी क्रीम चेहरे पर पोतकर तथा अम्माँ की दी हुई सोने की बालियाँ तथा जंजीर गले में डालकर जब वे गुलाबी साड़ी की 'प्लीटें' बनाकर पतली कमर में खोंस ही रही थीं कि तभी दरवाजे की साँकल बजी।

"जल्दी निकरो, बिन्नू।" बाहर से लल्ला ने पुकारा।

"आते हैं।" बिन्नू ने अंदर से बताया।

"तनिक झट्टी करो, कितनी अबेर कर रही हो।" लल्ला ने चिल्लाकर आह्वान किया।

"बस, हम निकले।" बिन्नू ने कहा।

परंतु, अभी वे क्या निकलतीं ! सजावट का एक लंबा कर्मकांड अभी बकाया था।

बिन्नू ने जब तैयार होना शुरू किया था, उससे कुछ घंटों पूर्व की बात है अर्थात बिन्नू-दिखवाई के दिन की ऐन सुबह की बात। सूरज निकला। रात-भर मच्छरों से कट-कटाकर तथा पसीने, खुजली और बार-बार उठकर छत पर ही बनी गंधाती मोरी में पेशाब कर-करके उमस-भरी गर्मी की रात बिताकर लल्लन मामा जब अटारी से उतरे तब तक गरमी की तीखी धूप आँगन में उतर आई थी। रात के जूठे बर्तन आँगन

के एक कोने में बनी मोरी पर भिनक रहे थे। मक्खियाँ मोरी, बर्तनों तथा अन्यान्य स्थानों पर उड़-बैठकर भिन-भिन कर रही थीं। आँगन के बीच स्थित तुलसीघरा में अर्पित पानी बहकर आस-पास के कच्चे आँगन में कीचड़ मचा गया था। आँगन में ही पड़ी ढीली अदवाइन की खाट पर एक कसरती बदन वाला नौजवान, मात्र एक चड्ढी धारण किए, दरी बिछाए अभी भी सो रहा था तथा अम्माँ की अनवरत गालियाँ तथा धक्के खाकर भी नहीं उठ रहा था। यह मामाजी का सबसे छोटा भानजा लल्ला था। आँगन की कच्ची जमीन पर, गोबर की लिपी यहाँ-वहाँ उखड़ रही सतह पर, आलथी-पालथी मारकर बैठे मामाजी के दूसरे भानजे अर्थात चंदू इस समय काँच के एक चीकट गिलास में चाय पी रहे थे और साथ ही रात की बची ढेर-सी बासी रोटियों पर अचार सजाकर नाश्ता भी किए चले जा रहे थे। बड़ेवाले भानजे उर्फ गुच्चन, बाल्टियों में बाहर से पानी ला-लाकर अंदर आँगन में ही बनी टूटी-फूटी हौदी में तथा बड़े-बड़े भीमकाय, पुश्तैनी पीतल के हंडों-भगोनों-कलसियों में भर रहे थे।

अंदर किसी कमरे में ऊँची आवाज में रेडियो बज रहा था, जिसके साथ उतने ही ऊँचे स्वर में स्वर मिलाकर जो गा रहे थे, वे लल्लन मामाजी के चौथे भानजे थे—छुट्टन। यह नाम उन्हें अपने अपेक्षाकृत नाटे कद के कारण मिला था। छुट्टन को जब बीड़ी की तलब होती थी, तो वे अंदर रेडियो सुनने के बहाने घुस जाते थे। अभी उन्हें पाखाने जाना था, जिसके पूर्व बीड़ी पीना नितांत आवश्यक था। सो छुट्टन अंदर के इस कमरे में थे। लल्लन मामा ने अंदर रेडियो बजता सुना तो जान गए कि बीड़ी किस दिशा में सुलगी हुई है। वे अटारी से आँगन में उतरे तो बिना रुके ही उस संगीत-कक्ष में पहुँच गए, जहाँ छुट्टन अजीब कौशल के साथ बीड़ी भी पिए जा रहे थे और गाना भी गा रहे थे। एक ही मुँह और गले को दो मोर्चों पर दताए छुट्टन ने मामाजी को देखा तो मात्र औपचारिक सम्मान के तौर पर, सींक की आड़-सी करते हुए बीड़ीवाली हथेली को चप्पू-सा बनाकर बीड़ी को पोशीदा कर लिया और इस प्रकार बुजुर्गों का लिहाज करने में वे भी किसी से कम नहीं हैं, यह प्रदर्शित करते हुए कहा कि मामाजी, गाना सुनिए, बढ़ियावाला है, फिल्म प्रोफेसर का। मामाजी ने संगीत के प्रति रुचि न दिखाते हुए सीधे ही मुद्दे की बात पर आते हुए फुसफुसाते हुए, परंतु फिर भी गाने के शोर के ऊपर अपनी बात सुनाते हुए पूछा कि बंडल में एकाध बीड़ी और बची है या नहीं ? छुट्टन ने तुरंत अपनी सद्यःसुलगाई बीड़ी को हथेली की ओट से निकालकर मामाजी की सेवा में पेश करते हुए दिलदार अंदाज में कहा कि यह ले जाइए, पर टट्टी से जल्दी निकल आइएगा क्योंकि बीड़ी पी लेने के बाद हमें भी रुकने में मुश्किल ही होगी। लल्लन मामाजी ने बीड़ी हथियाकर पाखाने की तरफ जाते-जाते हिदायत दी कि बिन्नू को देखनेवाले आएँगे, तो बरफ लगेगी शरबत में, सो जाकर लेते आना और बोरे में लपेटकर सहेज रखना। इसके उत्तर में छुट्टन ने कहा कि कोने का कनछेदी पानवाला उनका यार है, जो यही काम किया करता है और वह लाकर रख भी चुका होगा। तब मामाजी ने जाते-जाते रुककर, पेट पर हाथ फेरते हुए राय दी कि

ये स्साले तँबोली किसी के सगे नहीं होते और फिर पूछा कि कहीं यह कनछेदी वही हरामी तो नहीं, जिस पर अपने बाप के कत्ल का मुकदमा चल रहा है ? तब छुटंके ने बुरा मानते हुए कहा कि मामाजी, आदमी की समझ हमें भी है और उसका बाप कत्ल करने के लायक ही था और बरफ की चिंता आप न करें और आप तो टट्टी हो आएँ और फिर अम्माँ से मिल लें, जो बिन्नू और तालबेंहटवालों की कुंडली मिलने-न मिलने की कुछ बात कह रही थीं।

मामाजी रुक गए और मुसकुराकर बोले कि इन स्साले तालबेंहटियों का तो ऐसा है कि न तो इनका ही भरोसा है, न इनकी कुंडली का। फिर आगे वे गर्वपूर्वक और बदमाशी-भरे स्वर में बोले, पर हम उनके भी बाप हैं। हमने लड़के की कुंडली देखकर बिन्नू की हू-ब-हू वैसी ही कुंडली बनवा ली है और यह कठिन कार्य पंडित राधे गुरुजी दस रुपए लेकर किया करते हैं परंतु हमसे उन्होंने मात्र पाँच रुपए ही लिए। छुट्टन ने मामाजी की चालाकी का अभिनंदन करते हुए कहा कि जब तक आप जैसे बुजुर्ग की छाया हमारे सिर पर है, तब तक हम हजारों तालबेंहटियों के टंट-फोर उठा देंगे। यह सुनकर मामाजी ने गर्वपूर्वक, भानजे द्वारा दी गई बीड़ी को जोर से खींचकर सुट्टा मारा और फिर इस क्रिया की प्रतिक्रियास्वरूप देर तक खों-खों करके ढेर सारा बलगम वहीं कोने में थूककर कहा कि हमने तो भैया, इन तालबेंहटवालों को कानी लड़की भी साबुत बताकर टिपाई है, अगर तुम्हें अपने गोपी चाचा की कन्या की याद हो जिसे बचपन में आँख में फूली पड़ गई थी ?

इसी बीच छुट्टन ने, वहीं कोने में पड़ी पेटी में ठुँसे फटे-पुराने कपड़ों में छुपाकर रखे बंडल से नई बीड़ी निकालकर सुलगा ली थी। छुट्टन ने बीड़ी के धुएँ का छल्ला बनाकर हवा में फेंकते हुए और इस प्रकार नई पीढ़ी को बीड़ी पीने के मामले में भी अग्रणी सिद्ध करते हुए कहा कि वह तो ठीक है मामाजी परंतु इन तालबेंहटवालों को चूतिया मत समझ लीजिएगा, ये सुसरे चूतियाटिक चेहरा बनाकर दुनिया को बेवकूफ बनाया करते हैं और आपने वह कहानी तो सुनी ही होगी कि 'बाई की टेंट देखियो भ्याने ?'

इस कहानी का उल्लेख करना मामाजी का अपमान करने जैसा था क्योंकि वे ऐसी बहुत-सी कथाओं के प्रणेता, लेखक, रचयिता तथा नायक रहे थे, सो ऐसी कहानियाँ उन्हें खूब पता थीं। परंतु जब जिक्र आया ही है तो पाठकों को संक्षेप में यह कथा बताने का मोह हो रहा है ताकि पाठक जान सकें कि किन चरित्रों से पाला पड़ा है।

कथा कुछ यूँ है—

दरअसल एक लड़का कुबड़ा था और अच्छी कन्या से अच्छा दहेज लेकर शादी करने की स्वाभाविक इच्छा के कारण परेशान था। घरवाले भी परेशान थे, पर दहेज तथा सुंदर लड़की के साथ कूबड़ का सुखद संयोग नहीं हो पा रहा था। तब, जैसा कि बुंदेलखंड में रिवाज था, या कहें कि लाखों बार आजमाया अचूक नुस्खा था, उसे अपनाते हुए, उन्होंने लड़कीवालों के समक्ष असली माल पेश न करते हुए एक अन्य

स्वस्थ लड़का दिखला दिया, जिसे लड़कीवालों ने ऊँचा दहेज देने की हामी भरते हुए पसंद कर लिया।

यह हुआ कहानी का एक हिस्सा।

कहानी का दूसरा हिस्सा यह रहा कि दूसरे एक गाँव में एक सज्जन की सुपुत्री कानी तथा ऐंचकतानी थी तथा वे ऊँचा दहेज देने का संकल्प करके भी कोई लड़का शादी के लिए नहीं फँसा पा रहे थे। तब उन्होंने भी, अपने इलाके के इसी अचूक नुस्खे को आजमाया और लड़केवालों को लड़की की फुआ की सुंदर लड़की दिखाकर फाँस लिया।

यहाँ तक तो कहानी बड़ी सीधी-सी प्रतीत होती है परंतु वह कहानी ही क्या कि जिसमें कोई पेंच न हो। तो पेंच यह आता है कि उस लड़के तथा इस लड़की के जो बाप इस जनप्रिय दाँव द्वारा एक-दूसरे को मूर्ख बना रहे थे, वे ही उस कुबड़े तथा इस कानी के पिता निकले। खैर, शादी तय हो गई। मंडप के नीचे जब कुबड़ा लड़का आया तो लड़की के बाप ने चाल भाँपते हुए क्रोधित निगाहों से लड़के के बाप की दिशा में देखा। लड़के के बाप ने मुसकुराकर कहा, "भली भई, भली भई, मँड़वा तले कूबड़ भई।" (यह तो अच्छा रहा कि लड़के को मंडप के ठीक नीचे आने के बाद कूबड़ निकली यानी कि वह पहले तो स्वस्थ था, और अच्छी बात यही हुई कि मंडप में आने से पूर्व कूबड़ नहीं थी वरना यह शादी ही तय न हो पाती।) लड़की के बाप ने तब प्रति-उत्तर देते हुए कहा, "तुम न जानो हमीं सयाने, बाई की टेंट देखियो भ्याने।" (बेट्टा, यह मत समझना कि तुम्हीं सयाने हो। जब बाई अर्थात कन्या की टेंट अर्थात आँख को भ्याने अर्थात सुबह निहारोगे, तो पता चलेगा कि चालाक कौन निकला।) कहानी शिक्षाप्रद है और बताती है कि बुंदेलखंड में हर कदम सोच-समझकर उठाना चाहिए और दूसरे को अपने से कम सयाना, चालाक या कमीना मानकर नहीं चलना चाहिए।

छुट्टन ने कहावत कहकर मामाजी पर यही बात जाहिर करने का प्रयत्न किया था। मामाजी को इसी बीच खाँसी का एक और दौरा पड़ गया था। वे खाँसते-खाँसते ही बोले कि पहली बात तो यह कि हमारी बिन्नू कानी नहीं हैं, बल्कि अच्छी-खासी हैं और दूसरी यह कि हमने बहुत-से तालबेंहटवालों, बाँदावालों, बिलहरी तथा छतरपुरवालों अर्थात आसपास के अपने आपको चालाक समझनेवाले इलाकों के लोगों को शादी तय कराने के कठिन तथा कपटपूर्ण संघर्ष में कई-कई बार चित किया है। छुट्टन ने यह बात स्वीकार की तथा मामाजी को तदनुसार उचित सम्मान देते हुए औपचारिक वक्तव्य-सा देते हुए कहा कि बस, आपका ही सहारा है। पिताजी तो बचपन में ही गुजर गए और अब तो आप ही हमारे बाप हैं। एक बार बिन्नू हिल्ले से लग जातीं तो फिर हम तो कुँवारे भी रह जाएँ तो कोई शिकवा-गिला नहीं। छुट्टन के इस लंबे संवाद की अंतिम पंक्ति पर मामाजी तमककर उठ खड़े हुए। पंक्ति से ज्यादा असर पेट में बढ़ रहे 'प्रेशर' का था, जो बीड़ी तथा पाखाने की हाजत के बीच सदियों से

स्थापित सीधे संबंध के कारण पैदा हो रहा था। बहरहाल, कारण जो भी हो, मामाजी तमककर उठे और बाहर आँगन की ओर जाते हुए बोले कि बेट्टा, हमारे रहते तुम लोग यदि कुँवारे रह जाओगे तो फिर हमारे जीवन को धिक्कार है। तुम्हारी शादियाँ तो हम ऐसी करवाएँगे कि दुनिया (अर्थात बिरादरीवाले) देखते रह जाएँगे। ऐसा कहकर लल्लन मामाजी ने दुलकी की चाल पकड़ ली और आँगन के पार द्वार की तरफ भागे, जिसके भी उस पार संडास था।

छुट्टन बीड़ी पीते हुए इस स्वप्न में खो गए जहाँ वे दूल्हा बने सुंदर-सी कमनीय दुलहन को सेज पर पटककर वह सब कुछ कर रहे थे, जो वे वर्षों से किसी के भी साथ करना चाहते रहे थे। रेडियो पर नई फिल्म 'संगम' का गाना बज रहा था कि 'बोल राधा बोल संगम होगा कि नहीं'। छुट्टन ने रेडियो की आवाज तेज कर दी और वैजयंतीमाला की आवाज में अपनी आवाज मिलाते हुए झूमकर जमाने पर घोषित किया कि 'होगा, होगा, होगा।'

लल्ला को लात मारकर गुच्चन ने जगाया। लल्ला नहीं जागे। वे ऐसे लातों के भूत थे जो लातों से भी नहीं भागते या जागते। तब गुच्चन ने एक और लात मारकर कहा "उठकर पानी भरो, हमारे साथ।" लल्ला ने पड़े-पड़े ही कहा, "चंदू को कहो न ?" गुच्चन ने इस पर उनको एक और लात मारकर डाँटा, "चंदू से पानी भरवाना चाहते हो... ?" चंदू से पानी भरवाना या घर का कोई भी काम करवाना या करवाने की सोचना भी अपराध-सा था।

चंदू भाईसाहब इस परिवार के बुद्धिजीवी थे अर्थात वे बिना एक दफे भी फेल हुए अच्छे नंबरों से पास होकर मैट्रिक तक पहुँच गए थे। उस पर तुर्रा यह है कि वे साइंस के विद्यार्थी थे। उनके शेष तीनों भाई, जिसमें बड़ेवाले गुच्चन भी शामिल थे, वर्षों से मैट्रिक तथा इंटर के बीच कहीं थे और आशंका थी कि वे इन्हीं कक्षाओं में अभी कुछ वर्षों यूँ ही चलेंगे। गुच्चन यूँ तो बड़े समझदार, जिम्मेदार तथा दुनियादारी समझनेवाले थे, परंतु, न मालूम क्यों वे पास नहीं हो पा रहे थे। वे मैट्रिक की मुख्य परीक्षा, सप्लीमेंट्री, री-सप्लीमेंट्री तथा अन्य जिस तरह की भी परीक्षा में बैठा जा सकता था, उनमें बैठकर फेल हो चुके थे और कई-कई बार हो चुके थे। वे हर बार नए विषय में फेल हो जाते। वे अम्माँ को तसल्ली देते, "इस बार हिंदी बढ़िया तैयार है और बाकी सब्जेक्ट तो हमने पिछली बार भी निकाल लिए थे--सो पास होना पक्का है।" पर इस बार वे इतिहास में रह जाते। अगली बार वे भूगोल में फेल होते, फिर कॉमर्स में और फिर वे विषय ही बदल लेते और उनमें भी फेल हो जाते। वे अच्छी तरह जानते थे कि उनका पास होना कितना आवश्यक था। घर में नियमित आय का कोई जरिया बाईस वर्ष से नहीं था और अम्माँ अपना पेट काट-काटकर सभी की किताबें-फीस आदि का खर्चा भर रही थीं। गुच्चन चाहते थे कि वे पास हो जाएँ। वे

बिना पढ़े ही पास होना चाहते थे। पढ़ाई से उनको सख्त नफरत थी। किताबें देखकर उनका मन न केवल किताबों में आग लगाने का करता था, बल्कि उनके मन में बलबला-सा उठता था कि जाकर स्कूल को ही फूँक डालें, कलम-दवात देखकर उनके जी में आता कि स्याही से हेडमास्टर का मुँह काला करके उसके हलक में कलम-दवात घुसेड़ दें। ऐसी खतरनाक अकादमिक इच्छाओं के ऊपर उनकी यह सदिच्छा थी कि वे इंटर पास कर लें ताकि अम्माँ को सुख मिले। इससे अधिक वे इंटर से कुछ नहीं चाहते थे। अम्माँ की इच्छा थी कि बच्चे अपने बाप की भाँति पढ़े-लिखें तथा विद्वान निकलें। उनकी तमन्ना थी कि उनका कोई पुत्र अपने पिता की ही भाँति अलीपुरा का बड़ा कवि कहलाए। उनकी इच्छा थी कि बच्चे भी अपने पिता की भाँति उस छोटे से कमरे में घुसकर बैठें, जहाँ पुस्तकें, हस्तलिखित कविता की पुरानी कापियाँ तथा डायरियाँ ठसाठस भरी थीं। घर के इस छोटे से पुस्तकालय में ये बच्चे भी घंटों गुजारें, अपने दिवंगत पिता की तरह। अम्माँ खुद अनपढ़ थीं पर उन्हें लगता था कि बच्चे अपने पिता के समान कुछ करेंगे।

पर केवल चंदू भाईसाहब ने ऐसा 'कुछ' किया था, और वह भी प्रायः प्रथम श्रेणी में। चहुँओर, जब परिवार में फेल होने की हवा चल रही थी, तब चंदू पास होते जाते थे, यह बड़ी बात थी। फिर वे कविता भी करने लगे थे। खासी तुकबंदियाँ कर लेते थे, जो अलीपुरा के पिद्दी से साहित्यिक सर्कल में ईर्ष्या तथा प्रशंसा का विषय बन चुका था। अभी हाल ही में उन्होंने 'विधवा का स्वप्न' नामक कविता मोहल्ले की उस काव्य-गोष्ठी में सुनाई थी, जो दिवाकरजी की छत पर, उनके नाती के मुंडन के उपलक्ष्य में आयोजित की गई थी। स्वयं दिवाकरजी ने अगली सुबह, चबूतरे पर झाड़ू मारती अम्माँ को गली से गुजरते हुए बताया था कि कल चंदू की कविता सुनकर अमृतलाल की याद आ गई। अमृतलाल अर्थात चंदू के दिवंगत पिता। गर्व से भरी अम्माँ ने उस दिन चंदू भाईसाहब को ढेर से आशीष दिए तथा शेष पुत्रों से कहा कि चंदू से शिक्षा ग्रहण करो। शेष पुत्र चंदू से सीखते तो खैर क्या, पर इन सबके ऊपर चंदू भाईसाहब की विद्वत्ता तथा बुद्धिजीवीपने का एक आतंक तथा भभका जम गया था।

चंदू भाईसाहब 'डेकोरेटिव पीस' बन गए थे परिवार के, जिन्हें मेहमानों के समक्ष बड़ी शान से पेश किया जाता था। चूँकि वे विज्ञान के विद्यार्थी थे तथा जीवविज्ञान नामक विषय भी पढ़ते थे, जिसमें वे मेढकों-केंचुओं तथा तिलचट्टों की चीर-फाड़ भी किया करते थे, अतः उनका परिचय यह कहकर दिया जाता था कि यह बच्चा डॉक्टरी-लाइन में पढ़ रहा है। उम्मीद यह थी कि मेढक को चीरते-चीरते चंदू भाईसाहब एक दिन आदमी भी चीरने लगेंगे। ऐसी उम्मीद रखने का भी अलग आनंद था। अम्माँ को ये बातें समझ तो नहीं आती थीं, परंतु सुनने में बड़ी अच्छी लगती थीं।

जब पानी भरने की यह जद्दोजहद चल रही थी, तब चाय-नाश्ता फटकारकर चंदू उस छोटे कमरे में घुसकर अपना कविता का रजिस्टर निकालकर बैठ गए, जहाँ वे उस

जालिम जमाने के विरुद्ध कविता लिखने जा रहे थे, जिसमें एक बूढ़ी माँ को सार्वजनिक नल से पानी ढोना पड़ता है।

इधर लल्ला लात खाकर भी आराम से ही उठे। उठकर, पहले तो उन्होंने अपने पहलवानी शरीर को विभिन्न जोड़ों तथा कोणों पर तोड़ा-मरोड़ा, फिर अपनी भुजाओं तथा जंघाओं पर उभरी हुई नयनाभिराम मांस पेशियों पर एक गर्वपूर्ण दृष्टि डाली और अंत में खटिया के नीचे धरे कटोरे को उठाकर खड़े हो गए। कटोरे में भीगे हुए चने थे। एक मुट्ठी चने सीधे ही मुँह में फाँककर, लल्ला किसी स्वस्थ उत्साही घोड़े की चाल से नल की दिशा में बाहर की तरफ दौड़ गए। अभी पानी भरवाने के तुरंत बाद उन्हें दंड-बैठक तो करनी ही थी, साथ ही बहुत-से घर के काम भी उनके सिर पर थे क्योंकि बिन्नू को देखने फिर कोई आनेवाला था।

बिन्नू को दिखलाए जाने की प्राथमिक तैयारियाँ पूरी हो गई थीं।

तैयारियों के इंचार्ज लल्लन मामाजी थे, जो इस समय पूरी तन्मयता से बैठक में एक कैलेंडर ठीक से टाँगने के निर्देश लल्ला को दे रहे थे। कैलेंडर परिवार के कलाप्रेम की छाप लड़केवालों पर छोड़ेगा, इस विश्वास के तहत लटकाया जा रहा था। जबलपुर की एक बीड़ी कंपनी के इस कैलेंडर में, दिलीपकुमार अपनी बिखरी जुल्फों तथा झपकी आँखों के साथ तिरछी निगाहों से एक ओर देख रहा था। कैलेंडर देखकर यह कह पाना कठिन था कि उस दिशा में क्या है, परंतु बीड़ी कंपनी तथा स्वयं लल्लन का विचार यह था कि उस ओर शेर छाप बीड़ी का एक बंडल रखा होगा, जिसे दिलीपकुमार हसरत से देख रहा था।

पड़ोसी गुरुचरन बनिए का जीर्ण-शीर्ण-सा सोफासेट भी बैठक में जमा दिया गया था। गुरुचरन बनिए की कस्बे में तीन-तीन दुकानें थीं, फिर भी वह अपने रहन-सहन का स्तर उठाने को तत्पर नहीं था, इस बात का लल्लन मामाजी को क्षोभ था। अब जैसा भी सोफा था, कुछ न होने से तो बेहतर था। छुट्टन गुरुचरन के लफंगे पुत्र रम्मू के परम मित्रों में थे; वे ही रम्मू, जो चोरी-छुपे बिन्नू से एकतरफा पापी प्रेम का चक्कर चला रहे थे। बहुत मना करने पर भी, रम्मू स्वयं ही लल्ला के साथ सोफा घर तक पहुँचाने आए थे और पानी पीने के बहाने से आँगन तक जाकर अम्माँ को प्रणाम तक कर आए थे, पर बिन्नू को नहीं देख पाए थे।

लल्ला जब मामाजी के निर्देशन में कैलेंडर टाँग रहे थे, तभी छुट्टन बैठक में पधारे और कुटिल मुसकान के साथ, रुचिपूर्वक कैलेंडर को देखने लगे।

"कैसा है ?" लल्लन मामाजी ने गर्वपूर्वक पूछा।

"आजकल जमाना धर्मेंद्र का है।" छुट्टन ने तिरस्कार के साथ कहा।

"किसका ?"

"धर्मेंद्र का। मामाजी, आपने 'फूल और पत्थर' देखी कि नहीं ?" छुट्टन ने पूछा

और साथ ही विस्तारपूर्वक जनता की बदलती रुचि को रेखांकित करते हुए दिलीपकुमार के कैलेंडर को खारिज कर दिया। छुट्टन ने बताया, ''अब दिलीपकुमार को कोई नहीं भजता मामाजी, 'लीडर' कैसी पिटी ? हम तो कहते हैं कि आदमी को अपना बुढ़ापा भी देखना चाहिए। जमाना अब धर्मेंद्र का है मामाजी। आप 'फूल और पत्थर' देखिए। दस दिन पहले हम झाँसी में देखकर आए और आप झाँसी में रहकर भी कहते हैं कि कौन धर्मेंद्र ? क्या बॉडी है उसकी¨।''

''बॉडी तो हमारे लल्ला की भी कौन-सी कम है, पर वे इसी से दिलीपकुमार तो न बन जाएँगे, भैया।'' लल्लन ने तर्क दिया।

''बॉडी अकेले की बात कौन झकलट कर रहा है ? शक्ल भी चाहिए। लल्ला की शक्ल देखी है आपने ?''

''छोटे भाई के लिए ऐसा कहते हो ?'' मामाजी ने धिक्कारा।

''छोटे भाई से हमें बड़ा प्रेम है। कहिए, तो लल्ला का अभी चुम्मा लेकर बताएँ। पर, वह तो आपने एक बात कही तो हमने भी कही।''

''इसी लल्ला को हमने परी जैसी लड़की न दिलाई तो कहना।'' मामाजी ने दावा किया।

''अब तक आपकी तय करवाई इतनी शादियाँ हमने देखीं, परंतु परी तो एक न दिखी।''

''पर लल्ला की परी से ही करवाएँगे।''

''हमें भी एक ठो दिलवा देना।''

''ये ही लच्छन रहे तो तुम्हें मिलेगा ये, घंटा¨,'' मामाजी ने हाथ से कुछ ऐसा इशारा करके बताया, जिससे मिलनेवाली वस्तु साफ जाहिर होती थी।

''अब आप फालतू ही रिसा रहे हैं।''

''बात ही ऐसी करते हो तुम¨''

''हमने तो एक बात कही कि दिलीपकुमार को अब कोई टके को नहीं भजता। पर कैलेंडर टाँगने में वैसे बुराई भी कोई नहीं। लड़के को जैसा भी लगे, पर उसके बाप को तो पसंद आएगा ही।'' छुट्टन ने बीच का समझौतावादी रुख अपनाते हुए कहा।

जब तक यह बहस चल रही थी, तब तक लल्ला ने सोफे की कुर्सी पर चढ़कर कैलेंडर को दीवार पर लटका दिया। वे उतरने लगे, तो सोफे से तड़ाक की आवाज आई।

''तोड़ मत देना यार, मँगते का माल है।'' छुट्टन ने आगाह किया।

''ऐसे कैसे तोड़ देंगे।'' लल्ला ने रिसाकर कहा।

''अपना कसरती बदन देखो, फिर कुर्सी पर चढ़ो।''

''तुम्हारा धर्मेंद्र भी सोफे पर न बैठ पाता होगा।'' मामाजी ने मौका देखकर तर्क दिया।

''ऐसे टुटहे सोफे पर वह मूते भी नहीं।''

"सोफे पर तो कुत्ता ही मूत सकता है।" मामाजी ने मजा लेते हुए छेड़ा।

"अब आप गाली-गलौज पर उतर आए हैं, मामाजी। दिलीपकुमार पिट गया है, तो बताइए इसमें हमारा या धर्मेंद्र का क्या दोष ? लिखकर रख लीजिए कि अगले कैलेंडर पर ये आपके बीड़ीवाले भी धर्मेंद्र की फोटू ही छापेंगे।"

"ऐसे कैलेंडर पर हम मूतेंगे भी नहीं।"

"दीवार पर ऊँचे लटके कैलेंडर पर मूतना मुश्किल भी है। धार फेंकना कठिन होगा।"

"अभी हमारी पेशाब में बहुत जोर है, बेट्टा।"

"दिलीपकुमार भी यही समझता रहा। पर क्या हुआ, जानते हैं ? 'लीडर' पिटी तो उसकी धार लौटकर उसी पर गिरने लगी। बुढ़ापे में ऐसा ही होता है।"

"तुम हमें बूढ़ा कह रहे हो ?"

"मामाजी, क्षमा करना, पर अब बुढ़ा तो गए ही हो आप।"

"कौन ससुरा कहता है ?"

"तो अपने लिए भी परी तलाश लो।"

"तलाश लेंगे। वह भी करके बता देंगे।"

मामा-भानजे की सनातन नोकझोंक चल रही थी और साथ-साथ बैठक की सजावट को अंतिम रूप भी दिया जा रहा था। कई सालों की न पुती भदरंग दीवारें, जैसा भी था वैसा सोफा, दिलीपकुमार वाला विवादास्पद कैलेंडर, काँच के गिलास में ठूँसकर भरे गेंदों के फूलों का गुलदस्ता, एक कोने में पड़े पुराने तख्त पर बिछी चमकीली शोलापुरी चादर (जिसे ऐसे नाजुक अवसरों के लिए अम्माँ सहेजकर अपनी पेटी में रखा करती हैं) तथा बैठक के दरवाजे पर लटका छापेदार पर्दा—ये सारी चीजें मिलकर खासा भव्य माहौल पैदा कर रही थीं, ऐसा मामाजी का विचार था। उन्होंने बैठक के बीच में खड़े होकर सारे दृश्य पर विहंगम दृष्टि डालते हुए छुट्टन से पूछा, "कैसी झाँकी है ?"

"ठीक ही है।" छुट्टन बोले।

"ठीक ही है—का क्या मतलब ?"

"मतलब यही कि ठीक ही है और क्या ? पर हम तो कुछ और ही सोच रहे थे।"

"हम भी सुनें।" मामाजी चिढ़कर बोले।

"आपको सुनाने के लिए ही सोच रहे थे।"

"सुनाइए।"

"अच्छा मामाजी, मान लो कि इस घर में आपने परी ला भी दी तो वह इस घर में कैसी लगेगी ?" छुट्टन ने काल्पनिक, पर तीखा प्रश्न पूछा।

"क्यों ? क्या कमी है इस घर में ?"

"चलिए, कमी न सही परंतु परी के लायक तो खैर नहीं ही है। फिर यह भी सोचने की बात है कि लल्ला के साथ परी कैसी सजेगी ?"

"अच्छी लगेगी। क्या बुराई है अपने लल्ला में ?"

"अब हमें तो लल्ला अच्छे लगते हैं, परंतु परी को भी लगें, तब है।"

"न लगें, यहाँ परी से पूछता कौन है ?"

"अच्छा, बताइए मामाजी, परी आत्महत्या तो नहीं करती न ?"

"क्यों ?"

"करती होगी, तो यहाँ आकर अवश्य कर लेगी।"

"तुमसे मिलकर ?"

"हमसे आप मिलवा ही कहाँ रहे हो ? हमें तो दिलवा रहे हैं घंटा।"

"सही दिलवा रहे हैं।"

"अच्छा मामाजी, यह बताइए कि परी आपके साथ कैसी लगेगी ?"

छुट्टन इस छेड़छाड़ को और नहीं खींच पाए क्योंकि तब तक न जाने कहाँ से गुच्चन भाईसाहब नमूदार हुए और एक जोरदार रहपट छुट्टन के गाल पर जड़ते हुए बोले, "बहनचो…, बुजुर्गों से बात करने की तमीज नहीं है तुम्हें।" छुट्टन अप्रत्याशित लप्पड़ के असर में घूमकर सोफे पर गिरे। बीड़ी का बंडल जेब से निकलकर गिर गया। छुट्टन ने धूल झाड़ते हुए उठकर यूँ जताया, मानो यह 'रूटीन घटना' हो और झापड़ से उनकी बेइज्जती नहीं, वरन इज्जत ही बढ़ी हो।

छुट्टन आराम से उठे और बोले, "देखकर मारिए भैया, अभी सोफा टूट जाता, फिर ?"

तब तक गुच्चन भैया ने जमीन पर पड़ा हुआ बीड़ी का बंडल उठा लिया था। बंडल की ओर इशारा करके, एक और रहपट रसीद करने की भंगिमा में छुट्टन की ओर बढ़ते हुए उन्होंने पूछा, "तुमने फिर से बीड़ी शुरू कर दी ?"

"यह हमारी नहीं है।"

"फिर क्या हमारी है, बहनचो…"

"मामाजी की है। अभी हमसे इन्होंने ही मँगवाई थी। अरे, बोलिए न मामाजी। जब फालतू ही धुनकवा देंगे, तब बोल फूटेंगे क्या…"

"हमारा मारना फालतू ही तो है, तुम तो सुधरने से रहे।"

तब तक मामाजी ने बीच में आकर बंडल हथिया लिया और गुच्चन को अलग ले जाकर कुछ खुसुर-पुसुर करने लगे। जब तक बड़ों के बीच यह शिखरवार्ता जारी थी, छुट्टन लल्ला के पास पहुँच गए। लल्ला बड़े मितभाषी तथा 'चुप्पा' टाइप के थे। उनके शौक थे पहलवानी, पटेबाजी, कड़वे तेल से शरीर के समस्त अंगों की मालिश, अखाड़ा गोड़ना, घर का भारी सामान अकेले ही उठाकर यहाँ से वहाँ धरना (यथा, गेहूँ के भारी बोरे को अकेले ही बैलगाड़ी से उतारकर अंदर के कमरे में पहुँचा देना), अंकुरित चने चबाना, चढ़ी नदी में कूदकर तैरना, देशी कट्टे की तलाश करना, लाठी तथा मुग्दर घुमाना, ब्रह्मचर्य पालन के प्रति अतिरिक्त सतर्क रहते हुए भी सेक्स-विषयक ज्ञान की चुपचाप खोज करते रहना (यथा, अटारी पर छुपकर वह कोकशास्त्र पढ़ना,

जो छुट्टन की पेटी में छुपा रखा रहता था) और परिवार की इज्जत के लिए जान पर भी खेल जाने की बातें करना। अभी भी, इतनी बहस-छेड़छाड़-मार-पिटाई से निस्पृह वे बैठक का परदा ठीक कर रहे थे। छुट्टन लल्ला के पास पहुँचकर पूछने लगे, ''अठन्नी है क्या ?''

''नहीं तो, क्यों ?''

''किराए की साइकिल उठानी पड़ेगी। तालबेंहटवालों को लेने स्टेशन जाना है, यार।''

''पैदल निकल जाइए, पास ही तो है।''

''चूतियों की तरह पैदल पहुँच गए, तो तालबेंहटिए जान जाएँगे कि स्साले नंगे हैं।''

''वहाँ से उन्हीं के साथ ताँगे पर आ जाइएगा।''

''यार, नई साइकिल पर ताँगे के आगे-आगे आने का जलवा कुछ और ही है, जो तुम नहीं समझोगे।''

''पर हमारे पास अठन्नी नहीं है।''

''होती भी, तो उसके चने खा लेते¨तुम भागकर अंदर जाओ, अम्माँ से ले आओ।''

''हम चले जाते हैं स्टेशन, पैदल¨,'' लल्ला ने प्रस्ताव रखा।

छुट्टन गुस्सा होकर बड़बड़ाने लगे, ''वहाँ अखाड़ा नहीं गोड़ना है, बातचीत करनी होगी। इन तालबेंहटवालों से बात करना ठट्ठा समझते हो क्या ? रास्ते-भर कोशिश रहेगी कि कौन किसको कितना चूतिया बना सकता है। वे अपने खानदान की झाड़ेंगे, अपने लड़के की झाँकी खेंचेंगे कि है तो स्टेशन मास्टर, पर कलेक्टरी की परीक्षा में बैठ रहा है और अपने ताऊजी के बारे में बताएँगे जो कहीं की जज्जी में सेसन-जज होगा। तब इधर से भी तो कोई झाड़नेवाला चाहिए न, जो हमारे परिवार की झाँकी सेट कर दे। तुम कर सको, तो चले जाओ और अठन्नी बचा लो। बाद में गर्म करके जहाँ चाहो वहीं चिपका लेना।''

''वह तो खैर आपको ही जाना है। गुच्चन भैया ने भी यही कहा है।'' लल्ला ने बहस टालकर कहा।

''फिर लपककर अम्माँ से एक रुपया ला दो।'' छुट्टन उत्साहित होकर बोले।

''अभी तो आप अठन्नी माँग रहे थे ?''

''अठन्नी की बरफ भी तो लानी है लौटते में।''

''आप ही माँग लाओ अम्माँ से।''

''यार, अम्माँ हमें कभी न देंगी।''

''अम्माँ के पास वैसे भी पैसे कहाँ रहते हैं ?''

''रहते हैं, बहुत रहते हैं, तू माँगकर तो ला।''

लल्ला हारकर अंदर चले गए। फिर गुच्चन भी छुट्टन को गुस्से से घूरते हुए

अंदर गए।

मामाजी ने दीवार पर टँगी बहुत पुरानी घड़ी की ओर देखा, "दस बज रहे हैं। ग्यारह बजे तो मानिकपुर पैसिंजर लग जाती है। निकल लो छुट्टन। अबेर न हो।"

"निकल जाएँगे। पहले वह बिंडल तो निकालिए अंटी से।"

मामाजी ने तीन-चार बीड़ियाँ निकालकर शेष बंडल छुट्टन को देकर उन्हें ठेला, "अब जाओ।"

"जाते हैं, जरा लल्ला को आ जाने दो," छुट्टन ने कहा और कुटिल मुसकान के साथ दिलीपकुमार की तस्वीर को गौर से देखने लगे। देर तक, एकटक देखने के बाद वे बोले, "एकदम बंदर टाइप शक्ल है स्साले की, क्यों मामाजी?"

कोई जवाब नहीं मिला।

छुट्टन ने पलटकर देखा।

मामाजी भी जा चुके थे। कमरे में छुट्टन अकेले रह गए थे।

वैसे अकेले भी क्यों कहें ? साथ में दिलीपकुमार तो था ही।

उधर छुट्टन स्टेशन को निकले, इधर गुच्चन भैया पूजा में बैठ गए।

अम्माँ के सबसे बड़े पुत्र गुच्चन को सभी साधू कहते थे।

वे साधू थे भी। वे बड़े धार्मिक रुचि वाले थे। पूजापाठ के प्रति उनमें घनघोर रुझान था। उनमें कोई दुर्गुण नहीं था। वे बीड़ी-सिगरेट से कोसों दूर थे, हर बुजुर्ग के चरण-स्पर्श करते थे, हर पराई स्त्री को माता मानते थे, धार्मिक ग्रंथों का नियमित पारायण करते थे, त्रिफला से आँखें धोते थे, लँगोट पहनते थे, 'कल्याण' नियमित पढ़ते थे, ब्रह्म-मुहूर्त में उठकर ठंडे पानी से नहाते थे, रात में अम्माँ के पाँव दबाते थे, तिरछी माँग नहीं काढ़ते थे, योगासन करते थे, बालों में फुग्गा डालनेवालों को लुच्चा मानते थे, ब्रह्मचर्य को सर्वोच्च स्थान देते थे, साधुओं की सेवा करते थे, नए जमाने की हर चीज को पतन की ओर ले जाने वाला मानते थे, दुर्गा-स्त्रोत, हनुमान चालीसा, शिव-स्त्रोत उन्हें कंठस्थ थे तथा वे प्रतिदिन घंटों पूजा में बैठे रहते थे।

इन्हीं कारणों से गुच्चन भैया को सभी साधू कहते थे। उनका उल्लेख मोहल्ले-परिचितों में यही कहकर दिया जाता कि उनकी मत कहो, गुच्चन तो बेचारे साधू हैं।

गुच्चन अभी भी पूजा में बैठे थे।

वे बचपन से ही पूजा के प्रति अजीब-सा लगाव रखते थे। फिर ज्यों-ज्यों वे फेल होते गए, त्यों-त्यों उनकी रुचि पूजा-पाठ में बढ़ती गई। मैट्रिक में जब वे छठी बार फेल हो गए, उस दिन वे घर में बने छोटे-से पूजाघर में लगातार सात घंटे पद्मासन में बैठकर दुर्गा-स्त्रोत का अनवरत पाठ करते रहे। उन्हें विश्वास हो चुका था कि उनके फेल होने तथा होते चले जाने में अवश्य किसी दुष्ट मायावी शक्ति का हाथ था। उन्हें पता चल गया था कि कोई प्रेतबाधा उनके परिवार पर अपनी छाया डाल

रही थी, जिसके चलते वे, छुट्टन तथा लल्लन हर कक्षा में लंगर डालकर बैठे थे।

सही बात तो यह थी कि पिता की अकाल मृत्यु के बाद ने, जब गुच्चन मात्र सात वर्ष के थे और लल्ला अम्माँ के पेट में थे, यह परिवार कभी सँभल नहीं पाया। अच्छे दिन क्या होते हैं, उनका रंग-रूप क्या होता है और अच्छे देनों में क्या-क्या अच्छा हुआ करता है, बच्चों ने कभी देखा ही नहीं। गुच्चन सुनते अवश्य थे कि उनके भी कभी अच्छे दिन थे और उन्हें लगता भी था कि पूजा-पाठ द्वारा इस प्रेतबाधा का विनाश करके पुनः अच्छे दिन लाए जा सकते हैं। एक बार वे इंटर में पास हो जाएँ तो कोई नौकरी मिल जाएगी और अच्छे दिन वापस आ जाएँगे। परंतु इतने सद्गुणी तथा साधु स्वभाव वाले गुच्चन का हाल यह था कि वे पूजा में बैठे-बैठे छः घंटे भी गुजार दें तो उन्हें पता नहीं चलता था, परंतु कोर्स की किताबें पढ़ते हुए पाँच मिनट गुजारने में भी उनकी नानी मरती थी। यह भी निश्चित ही किसी दुष्टात्मा का दुष्प्रभाव था। इसी कारण उनकी पूजा बढ़ती ही जा रही थी।

गुच्चन भैया को विश्वास था कि एक दिन, उनकी पूजा से प्रसन्न होकर दुर्गामाता प्रकट होंगी और कहेंगी कि वत्स, उठ, उठकर माँग ले, दो वरदान। वे प्रायः उस पल की सोचकर चकित तथा भ्रमित हो जाते कि वे तब कौन-से दो वर माँगेंगे ? कहीं जल्दबाजी में यही न माँग लें कि मैया, हमें गुड-सेकंड डिवीजन में इंटर पास करा दे। सुनकर दुर्गामाता भी हँसेंगी कि कैसा नादान भक्त है। वे कई वरदानों की कल्पना करते थे और उलझ जाते थे। फिर वे तय नहीं कर पाते थे कि क्या वरदान माँगना है। इस लिहाज से यह अच्छा ही हो रहा था कि दुर्गा प्रकट नहीं हुई थीं, वरना गुच्चन की फजीहत हो जाती। परंतु पिछले कुछ दिनों से उनके दिमाग में एक वरदान रह-रहकर कौंधता था कि हे मैया, इस घर में भी अच्छे दिन भेज। अच्छे दिन, जब हम सुबह उठें और घर में कोई चिकचिक न हो। अच्छे दिन, जब अम्माँ हँसती दिखें, अच्छे दिन, जब घर के आँगन में ही नल हो और रिजल्ट निकले तो सभी पास हो जाएँ, कितनी छोटी-छोटी बातों में छुपे थे उनके अच्छे दिन। परंतु छोटी इच्छाएँ भी कहाँ फलीभूत हो पा रही थीं ? अच्छे दिनों के साथ उनका आँख-मिचौली का खेल चल रहा था। गुच्चन पूजा-पाठ का दाँव लगाकर यह खेल जीतना चाहते थे।

आज भी यही हो रहा था।

तालबेंहटवाले बिन्नू को देखने आ रहे थे। बिन्नू तैयार हो रही थीं। छुट्टन स्टेशन चले गए थे। लल्लन मामा अम्माँ के साथ अंदर बैठे बतिया रहे थे। लल्ला सारा काम निबटाकर पौंर में धरती पर लेटे थे और नहाने के लिए मन बना रहे थे। चंदू पुस्तकालयवाले छोटे कमरे में थे। तभी गुच्चन पूजा में बैठ गए थे। आज अगर दुर्गा प्रकट हो जातीं, तो वे अच्छे दिन का वर भी न माँगते। वे बस एकमात्र वर माँगते—किसी तरह बिन्नू का रिश्ता यहाँ पक्का करा दे माँ।

पर अभी दुर्गा प्रकट नहीं हुई थीं। बहरहाल, गुच्चन की पूजा जारी थी।

अटारी पर बना एक कमरा।

छोटा, सँकरा। चारों तरफ से बंद। एक खिड़की कभी थी, जिसे ईंटों और चूने की जुड़ाई से स्थायी रूप से बंद किए वर्षों हो गए। इस कमरे में पहुँचने के लिए इसके नीचे बने अँधियारे कमरे में निकली एक घुमावदार सँकरी सीढ़ी है। अम्माँ के पास चाभियाँ हैं, इस अँधियारे कमरे की और अटारीवाले कमरे की। अम्माँ की कमर में चाभियों का मोटा गुच्छा साड़ी में खुँसा रहता है। सीढ़ियोंवाले दरवाजे पर पुरानी कारीगरी का बड़ा, पेंचदार ताला है, जिसमें तीन अलग-अलग जगह चाभियाँ घुसेड़नी पड़ती हैं, फिर किसी कल को बाईं ओर तथा किसी और कल को निश्चित मात्रा में दाईं ओर घुमाना होता है—तब जाकर वह ताला खुलता है। इस दरवाजे से अंदर जाकर अम्माँ इसके मोटे किवाड़ बंद करती हैं, फिर साँकल लगाती हैं और फिर एक मोटा-सा डंडा दीवार में बने एक छेद से खींचकर दरवाजे के साथ की दीवार के दूसरे छेद में डाल देती हैं। अब कमरे में अम्माँ के सिवाय कोई नहीं आ सकता। हवा, प्रकाश, न लल्ला-चंदू-छुट्टन-गुच्चन आदि कोई भी। इस कमरे में वर्षों से केवल अम्माँ ही आती-जाती रही हैं और कैद है हवा, जो यहाँ के रहस्य किसी पर खोलना भी चाहे तो खोल नहीं सकती। अम्माँ ने हवा को यहाँ आने दिया है क्योंकि हवा बोल नहीं पाती। बोलती नहीं। ठीक उनकी ही तरह। चुपचाप। सब देखती। बूझती। समझती। परंतु चुपचाप।

न हवा बोल पाती है, न अम्माँ बोलती हैं।

हवा की तरह अम्माँ के भीतर भी एक तूफान है क्योंकि हर हवा में तूफान की संभावना रहती है। अम्माँ जानती हैं कि बहुतों को लगता है कि उनके इस रहस्यमय कमरे में काफी मालमत्ता है, जिसे वे कंजूसी तथा लालचवश छाती से चिपकाए बैठी हैं। रिश्तेदारों का कहना था कि अमृतलाल ने जो ब्याज के धंधे के लाखों रुपए छोड़े थे, वे कहाँ गए ? अब अम्माँ क्या बताएँ ? अमृतलाल ने कभी उनको बताया नहीं। वे बता ही कब पाए ? उससे पहले ही हैजा आ गया। वे अकाल मृत्यु को प्राप्त हो गए। मरने से पूर्व उन्हें उन लाखों रुपयों का हिसाब अम्माँ को देकर जाना चाहिए था। अम्माँ सबकी बातें सुनती थीं और सबकी आँखों की भाषा पढ़ती थीं। उन्हें असलियत पता थी। वे बोलती नहीं थीं कि उस कमरे के खजाने में कितना कुछ है। वे ही जानती थीं कि कितने घड़ों में कितने अनमोल रत्न भरे पड़े हैं और कितनों में पुराने चीथड़े, टूटे-फूटे पीतल के बर्तन-लोटे-परातें, काँसे के बरतन, चाँदी के चंद जेवरात और कुछ सोना। वे बोलती नहीं थीं, पर रिश्तेदारों के संदेह के पीछे छिपी इस आशंका को खूब पहचानती थीं कि कहीं अम्माँ उनसे कोई सहायता न माँग बैठें।

फिर इधर अम्माँ ने एक नई बात पाई थी।

छुट्टन तथा चंदू को भी यही संदेह होने लगा था। जब से वे जवान हुए थे अर्थात जब से उनको बीड़ी-सिगरेट लगने लगी थी, जब से वे नउवे से दाढ़ी बनवाने लगे थे और जब से उन्हें लगने लगा था कि जवान लड़कियों के सामने जाने के लिए कुछ

अलग ही किस्म के कपड़े तथा धज होनी चाहिए, तब से उन्हें यह भी लगने लगा था कि अम्माँ के पास, इस कमरे में काफी माल-टाल है, जिसे वे अपने ही बच्चों से जाने क्यों छुपाकर रखे बैठी हैं। वे समझ नहीं पाते थे कि क्यों वर्षों से अम्माँ उन्हीं फटी साड़ियों से गुजर कर रही हैं और वर्षों से क्यों घर में सब्जी नहीं बनती ? इतना पैसा दबाए बैठीं अम्माँ अपने ही बच्चों को ऐसा गलीज जीवन दे रही थीं, यह बात छुट्टन और चंदू को चुभती थी। इसी कारण, जब लल्ला को लगता था कि अम्माँ के पास अठन्नी कहाँ से होगी, तब छुट्टन को विश्वास था कि उनके पास रुपया भी होगा।

अम्माँ अपने बच्चों में पनप रहे इस घातक परिवर्तन को खूब पहचान रही थीं। वे उनके चेहरों और बातों में छुपे अर्थों को पकड़ रही थीं। अपने चारों ओर एक बिखरते-टूटते सपने की इबारत को वे निरक्षर होते हुए भी बखूबी पढ़-समझ रही थीं; सपना, जो उन्होंने पति की अकाल मृत्यु के बाद भी सँजोने की हिम्मत की थी और वर्षों से अब तक सँजोए चली आ रही थीं। परंतु तब सपना देखना सरल था क्योंकि तब बच्चे छोटे थे और उनकी आँखों में ये हिंसक भाव नहीं थे, जिन्हें अब वे देखती हैं तो काँप-काँप जाती हैं। अम्माँ के सपनों को भँभोड़ देने वाले दाँत उग आए थे, दूध के दाँतों के झड़ जाने पर बच्चों में। इनके बीच क्या अम्माँ के स्वप्न जीवित रह पाने थे ? क्या सपने देखने का भोलापन तथा मूर्खता अब उन्हें छोड़ नहीं देनी चाहिए थी ? पर अम्माँ थीं कि सपने देखे जा रही थीं। वे थकी नहीं थीं। वे थकती नहीं थीं। उनमें कुछ था, जो कहता था कि चले चलो। हर पुत्र उन्हें अब भी सुखद संभावना लगता था और हर नया दिन किसी सुखद संदेश की आशा का वाहक।

हमने कथा की शुरुआत में एक ताँगे को अलीपुरा की पतली गली में घुसते पाया था। जाहिर है, वे तालबेंहटवाले थे। जिस दिन वे आए, उससे पूर्व की रात की बात बताते हैं। अभी सुबह होने में कुछ घंटे शेष हैं। सब सो रहे हैं। लल्लन मामा उमस-भरी गर्मी में छत पर सो रहे हैं। बिन्नू अपने सपनों के राजकुमार की बाँहों में सोने का सपना देखती सो रही हैं और अम्माँ के चारों सुपुत्र भी छत पर यहाँ-वहाँ सो रहे हैं। जब सब सो रहे हैं, तब अम्माँ इस कमरे में पेटी खोलकर बैठी हैं। अम्माँ इस तिलिस्मी-से कमरे में मानो कोई अनुष्ठान-सा कर रही हैं। निचाट अँधेरा है। कमरे में भी और अम्माँ के मन में भी। एक कोने में भभकती लालटेन के काले हो चुके काँच में कैद रोशनी तड़प-तड़पकर बाहर आ रही है। बंद कमरे में लालटेन के घासलेट की तीखी गंध तैर रही है। चूहे यहाँ से वहाँ भाग रहे हैं। कुछ चूहे वहाँ से यहाँ भी भाग रहे हैं। कुल मिलाकर जासूसी कहानी-सा वातावरण बन रहा है। परंतु जासूसी करने लायक कुछ है नहीं। जो है, सामने है। और सामने जो है, उसे अम्माँ पहले भी हजारों बार देख चुकी हैं।

परंतु फिर एक बार वे पेटी को खोलकर सारी संपत्ति को तरतीबवार गिन रही हैं—चाँदी की एक करधनी, चाँदी की दो हँसुलियाँ, छः मोटे कड़े, पाँव के दस पैंजना, पंद्रह बिछुवे, चाँदी का ही एक बड़ा-सा चाभी का गुच्छा, सोने की मटरमाला, दो

झुमके, तीन हार, एक नथ, तीन लौंगें और तीन गजाशाही सिक्के। बस, कुल इतनी संपत्ति। अम्माँ बार-बार गिनती हैं और हिसाब करती हैं। इसी खजाने से उन्हें बिन्नू की शादी निबटानी है, लड़कों की बहुओं को चढ़ावा चढ़ाना है तथा मुसीबत में गिरवी रखकर उधार उठाना है। जब-जब बिन्नू की शादी के लिए देखनेवाले आने को होते हैं, वे रात में बैठकर सारे गहने बार-बार गिनती हैं और हिसाब लगाती हैं कि बिन्नू की शादी में कितना लग जाएगा और क्या-क्या बच पाएगा।

अम्माँ जानती हैं कि बिन्नू को देखने आने वाले हैं, तो खर्चा लगेगा।

ताँगेवाले को रुपैया, चार रुपए के गुलाब जामुन, एक के नमकीन-बिस्कुट, चवन्नी की चाय पत्ती, अठन्नी का दूध, अठन्नी की बरफ, तंबाखू-बीड़ी के एक-दो रुपए। ऊपर से, अगर लल्लन ने इशारा किया कि मामला जमता दिख रहा है तो लड़के के बाप और ताऊ का पाँच-पाँच रुपयों से टीका। साथ में नारियल। अम्माँ हिसाब लगाकर पाती हैं कि कल सुबह ही बिछिया बिकेगी। बिन्नू को जब-जब देखनेवाले आते हैं तो इसी तरह कोई छोटा-मोटा गहना खजाने में से कम हो जाता है।

अम्माँ ने लंबी साँस भरकर बिछिया उठा लिया और पेटी बंद करके, कमरा बंद करने की लंबी प्रक्रिया में लग गईं। कमरा बंद कर वे सीढ़ियाँ उतर रही थीं, कि भभकती लालटेन ने अंतिम भभका लिया और बुझ गई।

गहन अंधकार छा गया।

अम्माँ अँधेरे में ही टेढ़ी-मेढ़ी सीढ़ियाँ उतरने लगीं। उतरते हुए उन्होंने उँगलियों से टटोलकर देखा। बिछिया मुट्ठी में ही थी। जब तक बिछिया मुट्ठी में थी, अम्माँ को न अँधेरे का भय था, न ही टेढ़ी-मेढ़ी सीढ़ियों का।

अम्माँ बेखटके अँधियारी सँकरी सीढ़ियाँ उतरने लगीं।

दीवार में बने आले में रखा हुआ, यहाँ-वहाँ से घिस चुका दर्पण।

अक्स ठीक से बनता नहीं, परंतु गलतफहमी पैदा करने के विषय में यह दर्पण भी किसी अन्य दर्पण से कम नहीं। बिन्नू ने सारे सोलह शृंगार पूरे होने पर जब कमरे के आले में धरे इस दर्पण में झाँककर देखा, तो वे दंग रह गईं। उन्हें दर्पण में बिन्नू कहीं दिखी ही नहीं। वहाँ तो थी एक सुंदर, परी जैसी, गुड़िया-सी सजी-धजी लड़की। बिन्नू ने देखा कि उस लड़की के साँवले बदन के आकाश पर गुलाबी साड़ी के बादल यहाँ से वहाँ तक उड़ रहे थे। फुग्गेदार ब्लाउज की बाँहों का इंद्रधनुष दर्पण के आर-पार तन गया था। उस गुड़िया-सी लड़की के गालों पर चिकनी क्रीम की बर्फ हौले-हौले गिर रही थी। बहने की सीमा तक लगा आँखों में काजल, किसी कटार-सा पैना लग रहा था। बिन्नू की निचमिची आँखों की तुलना में इस लड़की की आँखें कैसी बड़ी-बड़ी और पनीली थीं। बालों की एक लट माथे पर छल्ला बना रही थी और उसके पड़ोसी बालों को माथे पर ही 'साधना कट' में तेल से चिपका दिया गया था। और

जरा पीछे घूमकर देखो, तो बालों से निकली लंबी चोटी में लगा लाल रिबन दहक रहा है, जिसे ऐसे ही अवसरों पर बिन्नू अपनी पेटी से निकालती हैं। फिर दोनों तरफ सस्ते, चमकीले मोतियों की हेयर-क्लिप।

ये सब मिलाकर दर्पण से झाँकती इस अनिंद्य सुंदरी को ऐसा भव्य तथा मारक बना रहे थे कि बिन्नू स्वयं को देखती रह गईं।

बिन्नू जब दर्पण के सामने से हटीं, तो स्वयं अपने सौंदर्य से अभिभूत थीं। एक सामान्य-सी साँवली लड़की भी सज-धज जाए तो कैसी निखर आती है ! बिन्नू कुछ देर अपने में खोई-सी खड़ी रहीं। बिन्नू ने हौले से कमरे का दरवाजा खोलकर बाहर का जायजा लिया। आँगन में कोई नहीं था। पौंर से मामाजी और अम्माँ की आवाजें आ रही थीं। पूजाघर से गुच्चन द्वारा उच्चारे जा रहे दुर्गा-स्त्रोत के ऊँचे स्वर सुनाई दे रहे थे। शेष किसी की आहट नहीं थी।

बिन्नू बाहर आईं और धीरे से आँगन में बनी सीढ़ियों पर पहुँच गईं। फिर बिन्नू अटारी पर पहुँच गईं। बिन्नू अटारी पर खड़े होकर दूर गली में देखने लगीं। फिर वे गली के पार देखने लगीं। फिर वे गली से बाहर बसे स्वप्नों के संसार में पहुँच गईं। और खड़े देखती रहीं, पहले भी कई बार देखा सपना। सपने में उन्होंने फिर देखा कि एक सजे-धजे घोड़े पर सवार, घोड़े से भी अधिक सजा-धजा राजकुमार घोड़े से उतरकर बिन्नू के पास आया, जो घोड़े तथा राजकुमार से भी ज्यादा सजी-धजी थीं। उसने बिन्नू का घूँघट उठाकर पूछा, "क्या हाल है मेरी जान ?"

उस उपन्यास का नायक जब भी नायिका से अँधेरे-उजाले में मिलता था, तो यही तो कहता था। क्या अच्छा-सा नाम था उस उपन्यास का ? याद करने की कोशिश कर रही हैं बिन्नू।

राष्ट्रकवि आनंदबख्शी का मशहूर मारू गीत है कि 'मैं देर करता नहीं, देर हो जाती है।'

छुट्टन के साथ यही हुआ।

वे रेलवे स्टेशन के लिए निकले थे, मगर देर होती गई। जेब में अम्माँ से झटका हुआ एक रुपया लेकर वे जब निकले तो किसी रईस से कम महसूस नहीं कर रहे थे। अपनी गली से निकल वे दूसरी गली में घुसते हुए गंधाते पानी के एक डबरे पर छलाँग लगा ही रहे थे कि उन्हें गली के दूसरे सिरे पर वह दिखीं।

वह, यानी बिब्बो।

बिब्बो से उन्हें प्यार था। प्यार से तात्पर्य यह कि वे उससे प्रेम करते थे और बिब्बो को अभी यह बात पता भी नहीं थी। छुट्टन पिछले चार माह से बिब्बो पर यह प्रेम प्रकट करने को आतुर थे। अलीपुरा में किसी कन्या पर प्रेम प्रकट करने के कुछ स्वीकृत तौर-तरीके थे, जिनको बारी-बारी से आजमाने की छुट्टन ठान चुके थे। इन

तरीकों में सर्वाधिक लोकप्रिय तथा आजमाया नुस्खा था, काला चश्मा पहनकर तथा चटखीले (हो सके तो लाल रंग का, वरना जो भी रंग आँखों में बरछी-सा चुभ सके, उस रंग का) रूमाल को गले में फाँसी की तरह बाँधकर लड़की की गली का चक्कर लगाना। बिब्बो के केस में छुट्टन को यह फायदा भी था कि वह ऐन बगल की गली में रहती थीं और इस कारण, बिना किसी विशेष परिश्रम के, उनकी गली के कितने भी चक्कर काटे जा सकते थे। छुट्टन की काया यूँ ही बम-खटाखट थी और वे बहुत परिश्रम करने के चक्कर में नहीं पड़ना चाहते थे, विशेष तौर पर प्रेम के क्षेत्र में। फिर उनका यह तर्क भी इस संदर्भ में काबिले-गौर था कि यदि सारी ऊर्जा यार की गली के चक्कर मारने में ही खर्च हो जाएगी, तो वास्तविक प्रेम हो जाने पर संपन्न की जाने वाली अंतरंग गतिविधियों के लिए ताकत कहाँ से आएगी, जबकि शिलाजीत इत्यादि के बेचनेवाले विद्वानों से प्राप्त ज्ञान के अनुसार इन महती कार्यों में घोड़े के बराबर शक्ति की दरकार होती थी। फिर भी, जितनी बार हो सके, वे कनछेदी पनवाड़ी से स्थायी रूप से उधार लिए काले चश्मे को लगाकर बिब्बो की गली से गुजर जाया करते थे।

अलीपुरा में लड़की पर प्रेम प्रकट करने का एक अन्य तरीका यह भी था कि लड़की घर से निकले तो उसके पीछे लग लो और स्कूल या कॉलेज तक, यानी कि जहाँ तक वह जाती हो, प्रतिदिन जाओ। कुछ ही दिनों में वह जान जाएगी कि यह जो कुत्ते की तरह मेरे पीछे-पीछे आता है, मुझे प्यार करता है। ऐसी स्थिति में या तो आपका प्यार चल निकलेगा, या अगले दिन ही घर से स्कूल के बीच कहीं आप पिट-पिटा जाएँगे, जो प्यार की कठिन राह में मामूली बात है। परंतु बिब्बो के संदर्भ में यह तरीका अपनाने में कठिनाई यह थी कि दसवीं कक्षा में ही दो दफे फेल हो जाने के बाद बिब्बो की माँ ने उनकी चुटियाँ पकड़कर घर बिठा लिया था और कहा था कि घर का काम सीखो, जो शादी के बाद काम आएगा, तुम्हारे लच्छन पढ़ने-लिखनेवाले हैं नहीं। सो बिब्बो का घर से बाहर आने का कोई निश्चित समय नहीं था और छुट्टन को मचान पर लटके शिकारी की तरह प्रतीक्षा करनी पड़ती थी। दस बार वे उस गली से निकलते थे, तो एकाध बार बिब्बो छज्जे पर गीले बाल सुखातीं, या चबूतरे पर मूँगफली खातीं या गली में पड़ोस के घर से दही का जामन लेने कटोरी लेकर जातीं दिख जाती थीं। इतने कम समय में, जब बिब्बो मात्र कुछ मिनटों के लिए ही प्रेम-प्रकटन हेतु उपलब्ध होती थीं, तब एक ही साथ बहुत से जरूरी कार्य छुट्टन को संपन्न करने पड़ते थे, जिसमें कई बहुमूल्य मिनट नष्ट हो जाते थे। जैसे ही वे बिब्बो को देखते, तुरंत जेब से काला चश्मा निकालकर नेत्रों पर धारते, फिर जल्दी से जेब से कंघी निकालकर बाल काढ़कर, उन्हें कंघी से ही दबाकर चिरैया जैसा फुग्गा बनाते और फिर बिब्बो को तिरछी नजरों तथा भूखी मुद्रा में घूरते गली को पार कर जाते। कभी बिब्बो उनको देख लेतीं, कभी नहीं भी देख पातीं। मूँगफली छीलने, गन्ना चूसने, गीले बालों को झटकने या जुओंवाली कंघी बालों में फिराने जैसे कार्यों में बिब्बो व्यस्त

रह जातीं और उनको खबर ही नहीं हो पाती कि छुट्टन इतना ढेर सारा प्यार उनकी गली में बिखराकर निकल गए हैं।

अलीपुरा में प्रेम-प्रकटन का वह तरीका तो खैर अन्य शहरों की तरह ही पॉपुलर था, जिसके तहत लड़की को प्रेम-पत्र लिखकर अपना दिल काढ़कर भेजा जाता है। छुट्टन ने बीच में विचार भी किया था कि बिब्बो को एक प्रेमपत्र लाल स्याही से लिखकर ठोंक दें, जिसकी शुरुआत कानपुर की मशहूर नौटंकी की उस हरदिल-अजीज ग़ज़ल की उन सारगर्भित पंक्तियों से हो जिनमें लोक-शायर प्रेमिका का आह्वान कर रहा है कि चल पुलिया की ओट, ले ले दस का नोट और हो जाए एक-एक चोट। प्रेम-पत्र का अंत वे यूँ करना चाहते थे कि लिखता हूँ अपने खून से स्याही न समझना और इसी भावना को वे लाल स्याही से प्रेम-पत्र लिखकर व्यक्त करना चाहते थे। अब यह बात अलग थी कि 'ले ले दस का नोट और चल पुलिया की ओट' पढ़कर यदि बिब्बो वास्तव में ही छुट्टन से दस का नोट माँग लेतीं तो उनकी स्थिति शर्मनाक हो जाती। पर वे जानते थे कि कविता कविता होती है और मात्र अपनी भावना प्रकट करने का जरिया होती है। बिब्बो शब्दार्थ पर न जाकर भावार्थ को पकड़ लेंगी, यह जानते थे छुट्टन। परंतु एक बार प्रेम-पत्र लिखकर देने के बाद बात हाथ से निकलने जैसी हो सकती थी तथा यही पत्र बिब्बो के बाप के जरिए अंततः गुच्चन भैया तक पहुँचाया जा सकता था। यही डर था जो छुट्टन को यह तरीका अपनाने से रोके था।

लड़की को देखकर आँख मारना भी एक तरीका था। इस तरीके में करना यह होता था कि लड़की को ताकते रहना पड़ता था और ज्योंही वह आपकी ओर देखे तो आपको अपनी बाईं या दाहिनी, जो भी आँख लड़की के करीब पड़ रही हो, दबानी होती थी। लड़की ने यदि आपको भेंगा नहीं समझा, तो वह आपका मंतव्य समझ जाती थी, ऐसा मानना था लोगों का। छुट्टन ने यह विधि इसीलिए नहीं अपनाई क्योंकि इसे काला चश्मा पहनकर संपन्न नहीं किया जा सकता था जबकि छुट्टन का दृढ़ विश्वास था कि काले चश्मे में वे बड़े मारक, बल्कि लगभग शशिकपूर-से लगते थे। उनके पनवाड़ी मित्र कनछेदी की भी यही राय थी कि वे काले चश्मे में बड़े बंबास्टिक दिखते हैं। छुट्टन ने झाँसी जाकर इसी काले चश्मे में अपनी एक फोटो भी निकलवाई थी, जिसके बारे में वे स्वयं कहते थे कि बहुत सुंदर आई थी।

इनके अलावा, बिब्बो से प्रेम को परवान चढ़ाने हेतु छुट्टन ने इसी बीच अन्य विधियों पर भी गहन विचारमंथन किया था। वशीकरण मंत्र सीखने, अभिमंत्रित अँगूठी को वीपीपी द्वारा मँगाने (जिसके विषय में चालू विज्ञापन में यह दावा किया गया था कि इसे पहननेवाले की बाँहों में सात तालों में बंद तथा सात समुंदर पार की माशूका भी आकर गूलर-सी गिर जाएगी) तथा पूजा-पाठ की शक्ति द्वारा भी बिब्बो पर वांछित असर पैदा करने की असफल कोशिश छुट्टन ने की थी। कभी-कभी तो यह दुष्ट विचार भी उनके मन में आता था कि क्यों न एक दिन बिब्बो को जबरन

ही उठा लिया जाए और सारा प्रेम एक ही दफे में प्रकट कर दिया जाए। परंतु कुछ तो कानून का खयाल करके और उससे भी ज्यादा हिम्मत की कमी के कारण वे रह जाते थे। क्या यह नागरिक को संविधान द्वारा दिए गए अभिव्यक्ति की स्वतंत्रता के अधिकार का अपमान नहीं था ? ऐसी स्वतंत्रता का अर्थ ही क्या था, जिसमें वे बिब्बो पर अपने प्रेम को अभिव्यक्त करने के सबसे डायरेक्ट-एक्शन से मात्र इसीलिए वंचित रह जाएँ क्योंकि ऐसा करने में जेल की चक्की तथा थाने के जूते का भय था ?

इन्हीं कारणों से वे 'प्रतीक्षा करो और देखो' की नीति पर चल रहे थे।

जनकवि आनंदबख्शी के ही एक अन्य मार्मिक गीत की पंक्तियाँ हैं कि 'महबूब का बस, लेते हुए नाम।' कुछ ऐसा ही छुट्टन के साथ हुआ। वे अपनी गली से बिब्बो की गली में घुसे। शायरी तथा फिल्मी गीतों में ऐसी गली को महबूब की गली, यार की गली, तेरी गली आदि नामों से नवाजा गया है। छुट्टन के महबूब की गली में दोनों तरफ बजबजाती नालियाँ बह रही थीं, सूअर घूम रहे थे, कुत्ते गीली जमीन के बीच छूटे सूखे टापुओं पर छाँह में अलसा रहे थे और भीनी-भीनी बदबू वाली बयार बह रही थी। बहरहाल, थी तो वह यार की गली, सो छुट्टन को अच्छी लगनी ही थी। फिर उनकी अपनी गली भी कीचड़, गलीज, मच्छर, कुत्तों, नालियों, सुअरों आदि के विषय में इस गली से इक्कीस ही थी। खैर बात 'महबूब का बस लेते हुए नाम' की चल रही थी। जैसे ही छुट्टन बिब्बो की गली में घुसे कि उनके मन में महबूब का नाम आया और तभी गली के दूसरे सिरे पर उन्हें बिब्बो दिखलाई दीं। इधर नाम होंठों पर आया कि उधर बिब्बो नजर आईं। बिलकुल वही व्याकरण-सम्मत स्थिति कि इधर मोहन स्टेशन पहुँचा कि उधर ट्रेन प्लेटफार्म पर लगी।

बिब्बो शायद पड़ोसी के घर से शक्कर का कटोरा उधार लाकर अपने घर की दिशा में चली जा रही थीं।

बिब्बो की चाल में एक अजीब कशिश थी।

वे हौले-हौले चलती थीं पर बीच-बीच में उन्हें तेजी से उछलना पड़ता था क्योंकि गली में नाली, गाय का गोबर तथा बाल-गोपालों द्वारा की गई टट्टी के ढेरों से बचकर चलना होता था। परंतु उनकी मूल चाल हौले-हौले ही थी। वे अभी अपने घर से दस-बारह कदमों की दूरी पर थीं और उनका पिछवाड़ा छुट्टन की तरफ था। छुट्टन ने तेज कदम बढ़ाए। उन्होंने देखा कि बिब्बो के पुष्ट नितंब उनके हर कदम के साथ बड़े खतरनाक अंदाज में गतिमान थे। बिब्बो की चुटिया पीठ पर नागिन-सी लहरा रही थी। उत्तेजित छुट्टन, जो काला चश्मा इसी बीच धार चुके थे, तेजी से लपककर चलने लगे। वे अभी भी गली के उस छोर से काफी दूर थे जहाँ बिब्बो हौले-हौले अपने दरवाजे के पास पहुँच रही थीं। एकबारगी तो उनका मन किया कि भागकर पहुँचने का प्रयास किया जाए, परंतु गली के कुत्तों के मूड का कुछ ठीक नहीं था। वे जुलूस की भाँति पीछे आ सकते थे। वे बहुत तेज चले। तेज कदमों से वे बिब्बो के निकट पहुँचने को ही थे कि बिब्बो के घर के दरवाजे तथा बिब्बो के बीच गोबर के दो बड़े

ढेर आ गए। किसी एक्सपर्ट 'गोबर-जंपर' की भाँति बिब्बो ने दो लगातार लंबी और ऊँची कूदें मारीं और अपने घर में प्रवेश कर गईं। छुट्टन ठगे-से खड़े रह गए।

हाय, कितने करीब आकर दामन छूट गया। इसी स्थिति के लिए शायद लोककवि आनंदबख्शी ने कहा है कि 'आते जाते रस्ते में राही छूट जाता है।' विधि की विडंबना, किस्मत का खेल और माथे पर लिखा भवितव्य कि छुट्टन तथा बिब्बो के बीच आज गोबर आ गया और सबकुछ गुड़गोबर हो गया। इसके बाद छुट्टन बड़ी देर तक बिब्बो के दरवाजे के आस-पास मँडराते रहे। संभावना थी कि बिब्बो फिर बाहर आतीं। उनकी माँ का गली के सभी घरों से उधार का अटूट रिश्ता था और संभावना पूरी थी कि बिब्बो कटोरा या थैला लेकर पुनः निकलें।

छुट्टन देर तक खड़े रहे।

स्टेशन के लिए देर हो रही थी, परंतु बिब्बो फिर बाहर नहीं आईं। छुट्टन आहत भावनाएँ लिए बिब्बो की गली से निकल गए। जाते-जाते उन्होंने बिब्बो की माँ को लानतें भेजीं, जिसने ऐसे कोमल अवसर पर बिब्बो को पुनः बाहर भेजकर किसी के घर से चाय की पत्ती, थोड़े से आलू, लहसुन या हरा धनिया आदि लेने नहीं भेजा था। लानतें भेजकर छुट्टन चल दिए।

अगली गली में ही पनवाड़ी मित्र कनछेदी की दुकान थी।

कनछेदी इस समय लकड़ी के पटियों से बनी अपनी खोखेनुमा दुकान के आस-पास बाल्टी से पानी लेकर छिड़काव कर रहे थे। उनका विश्वास था कि ऐसा करने से दसों दिशाओं से उड़ रही धूल बैठ जाएगी तथा ऐसी तेज गर्मी में उनकी दुकान एयरकंडीशंड हो जाएगी।

"कहो राजा, कितें से आ रहे और कितें को जा रहे ?"

राजा या राज्जा अलीपुरा की भाषा में विशेष अर्थ रखता था। आशिकों के तीन नाम—राजा, बाबू, पहलवान—ऐसा मानना था यहाँ।

"यहीं टेसन तक।" छुट्टन ने बताया।

"तालबेंहटवालों को लेने ?"

"हओ!"

"बरफ निकार के दे दें ? धरी है पाछे। बोरा में दबी।"

"तुम तो साइकिल निकार दो। टेसन जाना है। लेट हो रहे हैं।"

"कौन-सी गाड़ी से आ रहे हैं ?"

"कौन-सी पचास गाड़ियाँ आ रही हैं अलीपुरा ! वही, मानिकपुर पैसिंजर..."

"टेम तो हो रहा है मानिकपुर का।"

"तभी तो। साइकिल निकारो, तो निकरें।"

"साइकिल तो दारी पड़ी है पंक्चर। कल संझा से।"

"मरवा दिया पहलवान।"

"अब का करें राजा, गरमी ही दारी ऐसी हचक के पड़ रही है कि क्या कहें। फिर

आप घर से निकले भी ऐन मानिकपुर के टेम पे। तनिक पहले निकलना था।''

''निकले तो पहले ही थे, पर…''

''बिब्बो दिख गईं का ?''

''सही कह गए पहलवान।''

''छोड़ो भैया ये टंटा…कुछ शरीर-वरीर बनाओ।''

''यार, बिब्बो के साथ कौन-सी पहलवानी करनी है ?''

''बड़ी पहलवानी लगती है बाबू। आपने वह सचित्र असली कोकशास्त्र तो पढ़ा ही था, जो हम झाँसी के टेसन से पूरे दो रुपए खर्च करके खास आपके वास्ते लाए थे।''

''पढ़ा था राजा, पढ़ा था। तभी तो बिब्बो के लिए मछरिया-से तड़प रहे हैं।''

''मिलेगी भैया, बिब्बो प्राप्त होगी आपको।''

''सच्ची ?''

''तुम्हारी सौं…सच्ची, दिल कहता है हमारा।''

''रजनी के केस में भी तुम्हारा दिल कहता था, पर क्या हुआ ? डमा दे गई न ?''

''पर बिब्बो मिलेंगी।''

''चलो…ऐसा हो जाए तो बजरंगबली पर अठन्नी की बरफी चढ़ाएँगे।''

''वो भी आप हमसे उधार लेंगे ?''

''अब, राजा, अपनी भाभी के लिए इतना खर्च करने की तो तुम्हारी भी बनती है।''

''अरे, आप लोगन के लिए हमारी जान हाजिर है।''

''फिलहाल तो साइकिल चाहिए।''

''सो ससुरी पंचर धरी है।''

''यार, टेसन को अबेर हो गई तो गुच्चन फींच के धर देंगे।''

''अब बड़े भाई हैं तो कुटाई तो करेंगे ही। वरना बड़े भैया क्या, और काहे के ?''

''यार, तुम साइकिल दिलवाओ, किसी की भी। ऐसी धूप में दो मील पैदल जाने में तो अपनी मैया की…''

तभी नई-नकोर साइकिल पर इसी ओर आते रम्मू दिखे।

जब तक छुट्टन उन्हें आवाज देकर बुलाते, वे स्वयं किर्र-किर्र-किर्र-किर्र करते कनछेदी की दुकान तक आ पहुँचे और नितंब टेढ़े करके, एक टाँग गीली जमीन पर टिकाकर साइकिल की सीट पर ही बैठे-बैठे रुक गए। बिन्नू के भाइयों से बनाकर रखने का कोई अवसर वे चूकते नहीं थे, विशेष तौर पर छुट्टन के साथ, क्योंकि छुट्टन भी उन्हीं की तरह चालू, सड़कछाप, लंपट, तिकड़मी तथा आशिक-मिजाज थे। कमीने को कमीने से राह होती है—रम्मू ऐसा मानते थे। इसी कारण वे छुट्टन को देखकर रुक गए, काला ऐनक, पैरों में चमकता सैंडिल—शक्ल से तो खैर वे लगते ही थे, परंतु अपनी संपूर्ण धज में भी ऐसे बनिए के लौंडे लगते थे, जिसके पास ढेर- सा फालतू पैसा हो। रम्मू भी छुट्टन की तरह सींक-सलाई थे और एक हड्डी तथा दो

पसली की काया वाले थे, जिसे मोहल्लेवाले तथा मित्रगण हस्तमैथुन की उनकी आदत का सीधा दुष्परिणाम मानते थे। रम्मू के हाथों की नसें उभरी हुई थीं, चेहरा समोसे जैसा तिकोना था, आगे के दो दाँत बाहर निकले थे और रंग दबा हुआ था। चेहरे पर बचपन में हुई चेचक के दाग तथा असमय ही सफेद हो चले बालों के कारण भी उनकी शक्ल में एक खास तरह का उचक्कापन नजर आता था। इन सीमाओं के भीतर रहते हुए, रम्मू जितने सलीके से तथा झाँकी सजाकर रह सकते थे, रहते थे।

उनकी साइकिल को देखकर छुट्टन की आँखें चमक उठीं।

''कहाँ जा रहे हो रम्मू बाबू ?''

''घर जाएँगे, कोई काम ?'' रम्मू ने आशापूर्वक पूछा। वे चाहते थे कि छुट्टन उन्हें अपने घर का कोई काम थमा दें, तो इस बहाने से बिन्नू-दर्शन का संयोग बिठाया जा सके। बिन्नू को देखने आने वाले हैं, यह तो उन्हें खैर पता ही था और इस कारण से वे आम प्रेमकथाओं के नायकों की भाँति तड़प रहे थे, जबकि बिब्बो से उनका प्रेम विशुद्ध शारीरिक कारणों से था। सुबह से बिन्नू को न देख पाने की बेचैनी उनकी बची-खुची पतली काया को भी खाए जा रही थी।

''काम तो क्या, बस, थोड़ी साइकिल चाहिए थी।''

''ले जाइए गुरु··,'' कहकर रम्मू तुरंत साइकिल से उतर गए और लपककर हैंडिल छुट्टन के हाथों में थमाकर अलग खड़े हो गए और बोले, ''और भी कोई काम हो तो बताइए।''

छुट्टन के तिकड़मी दिमाग को याद आया, वे बोले, ''कनछेदी, वो बरफ तो निकाल दो बोरा में से। रम्मू ले जाएँगे।''

सुनकर रम्मू प्रसन्न हो गए। प्रसन्नता में फैली मुसकान के प्रभाव से उनका तिकोना चेहरा चौकोर-सा हो गया। कनछेदी ने उन्हें घूरकर देखा और फिर बरफ का ईंट बराबर टुकड़ा पकड़ा दिया। बरफ को एक हाथ में ही पर्वत-सा उठाए, अपने दुबलेपन की सीमाओं में जितना बजरंगबली हुआ जा सकता था, उतना होकर, रम्मू लपककर पतली गली में भागते चले गए। थोड़ी दूर जाकर उनकी स्पीड और तेज हो गई। दरअसल गोबर पर पैर फिसलने से ऐसा हुआ। तात्पर्य कुल यह कि रम्मू 'ये जा, वो जा' करते निकल गए। कनछेदी चिंतापूर्ण मुद्रा में उस दिशा में देखते रहे।

''आदमी हरामी है।'' कनछेदी बोले।

''छोड़ो राजा, कौन साला हरामी नहीं है। तुम तो गदा छाप का एक बिंडल इधर करो।'' छुट्टन ने शान से रुपया निकालकर कनछेदी की हथेली पर धरते हुए कहा।

''बरफ के भी काट लें, राजा ?''

''अब चूतियाई की बातें तो करो न। बरफ उधारी में डालो और अठन्नी इधर करो बिंडल के साथ।'' कनछेदी ने यही किया। छुट्टन ने बीड़ी सुलगाई और गड़बड़-रामायण की ये लोकप्रिय पंक्तियाँ कनछेदी को सस्वर सुनाते हुए साइकिल में पैडल मारा कि ''आगे चले बहुरि रघुराई; पीछे लछमन बीड़ी जलाई।''

कनछेदी छुट्टन की इन्हीं अदाओं पर तो मरते थे।

छुट्टन स्टेशन पहुँचे। भागकर जब वे अंदर जा रहे थे, तब वहीं खड़े एक ताँगेवाले ने जिससे छुट्टन का उधार चलता था (जैसा कस्बे में अन्य हजारों से चलता था), आवाज देकर पूछा, ''कितें भगे जा रहे हो हल्के राजा ?''

''मानिकपुर देखनी थी।''

''वो तो दस मिनट पहले ही निकर गई।''

''मरवा दिया।'' कहकर छुट्टन पलटकर उस ओर चले, जहाँ उनकी यानी रम्मू की साइकिल रखी थी। ताँगेवाला ताँगे से उतरकर पीछे-पीछे चलने लगा।

ताँगेवाला बोला, ''कुछ हमारी तरफ भी टेंट ढीली करो हल्के राजा, पूरे पाँच रुपैया का हिसाब बनता है।''

''अब ये तो डूबे ही समझो भैया,'' छुट्टन ने साइकिल को स्टैंड से उतारते हुए कहा।

''ऐसे कुबोल न बोलो, घोड़ा बिदक जाएगा।''

''अब भैया, हम जिंदा बचेंगे, तब न तुम्हारा उधार चुकाएँगे।'' छुट्टन सीट पर बैठकर बोले।

''मरें तुम्हारे दुश्मन, राजा।''

''आज गुच्चन भैया हमारा मर्डर करनेवाले हैं। तुमने मानिकपुर निकलवा दी,'' कहकर छुट्टन ने तेज-तेज पैडल मारे और मटकते, कमर तथा कूल्हों को ट्विस्ट नामक अंग्रेजी नृत्य की अदा में फेंकते हुए घर की तरफ तेजी से निकल लिए। जाते-जाते उन्हें महसूस होता रहा कि ताँगेवाले और उसके घोड़े की निगाहें उनका पीछा कर रही हैं। यह स्साली उधारी भी बड़ी झिकझिक की चीज़ है। आदमी किस-किसका चुकाए ? उधार चुकाने की गलत परंपरा को लानत भेजते हुए छुट्टन तेज़ी से निकल गए।

गुच्चन घनघोर पूजा में दत्त थे कि दुर्गामाता प्रकट हुईं।

गुच्चन दुर्गा माँ को देखकर अभिभूत रह गए।

दुर्गा का वही माँ-काली-वाला उदात्त स्वरूप। अनेक बाहुओंवाली, एक हाथ में कटार, तो एक में त्रिशूल और एक में ताजा रक्त से छलकता खप्पर। छलककर रक्त पूजाघर के फर्श पर बह निकला। गुच्चन ने देखा कि माँ के गले में तो मुंडमाल पड़ी ही है, परंतु उनके एक हाथ में सद्यःकटा सिर लटका हुआ है। इसकी शक्ल कुछ पहचानी-सी लग रही थी। रक्त की एक तेज धार इस सिर से निकलकर फर्श पर बह रहे खप्पर के खून में मिल रही थी। फर्श पर बहता रक्त गुच्चन तक आ पहुँचा।

पद्मासन में विराजे गुच्चन की धोती रक्त से सन गई। कुछ तो धोती गीली हो जाने से और कुछ भक्तिवश, गुच्चन हड़बड़ाकर उठ खड़े हुए और रक्त से बची सूखी जमीन पर माँ के चरणों में साष्टांग दंडवत होकर प्रणाम करने लगे।

माँ ने गुच्चन के सिर पर एक साथ चार-पाँच हाथ रखकर आशीर्वाद दिया।

अभिभूत गुच्चन ने परिचित से चेहरेवाले कटे सिर को गौर से देखते हुए माँ से भक्तिपूर्वक पूछा, "माँ, यह दुष्ट कौन है, जिसका सिर काटकर तूने इसे स्वर्ग का अधिकारी बना दिया ?"

"यह तालबेंहटवाले किसुन महाराज हैं।" माँ ने बताया।

गुच्चन घबरा गए। बोले, "परंतु यह तो अपने पुत्र के साथ अभी बिन्नू को देखने आने वाला था, माँ ?"

"हाँ वत्स, परंतु जब मैंने इसे स्वप्न में दर्शन देकर आदेश दिया कि तू बिन्नू से रिश्ता पक्का करके ही अलीपुरा से लौटना, तो इसने साफ मना कर दिया।" माँ ने बताया।

"क्यों माँ ?" गुच्चन का दिल बैठने लगा।

"क्योंकि यह अधम पहले ही दतिया में लड़की पसंद कर चुका था।"

"फिर यह यहाँ क्यों आ रहा था माँ ?"

"यूँ ही। फ्री-फंड में मिल रहे सम्मान का आनंद प्राप्त करने..."

"फिर माँ... ?"

"फिर क्या...खड्ग के एक ही वार से मैंने पापी का संहार..."

"पर माँ, बिन्नू का क्या होगा ?" गुच्चन ने कातर स्वर में पूछा।

इस प्रश्न का उत्तर दुर्गा माँ के पास भी नहीं था। वे शेर पर चुपचाप बैठी उसकी पीठ की खाल को सहलाती रहीं, गुच्चन का हृदय चीत्कार उठा। क्या ऐसे प्रश्नों के समाधान देवी-देवताओं के पास भी नहीं ? वे बार-बार चीखकर माँ से पूछने लगे कि फिर बिन्नू का क्या होगा ? माँ ने कोई जवाब न देते हुए शेर की पूँछ को अपनी सहस्रबाहुओं में से एक के द्वारा मरोड़कर उसे चलने का इशारा किया। गुच्चन ऊँचे स्वर में दुर्गा-स्त्रोत उच्चारते रह गए और माँ अंतर्धान हो गईं।

गुच्चन घबराकर मानो स्वप्न से जागे। पूजा में डूबे गुच्चन ने आँखें खोलीं। वे धीरे-धीरे प्रकृतिस्थ हुए। तो यह सब स्वप्न था ? क्या वे पूजा करते-करते सो गए थे? पता नहीं। परंतु दुर्गामाता का क्या मंतव्य था ? क्या आज तालबेंहटवालों से भी मामला नहीं जम पाएगा ? बिन्नू का क्या होगा माँ ?

क्या होगा बिन्नू का ?

गुच्चन बड़े दुखी होकर पूजा से उठे।

'कर्म करना अपने हाथ में है और फल देना ईश्वर के हाथ में'—ईश्वर के इस अजीब इंतजाम को स्वीकारते हुए वे आँगन की ओर चल दिए। तालबेंहटवाले आने को ही थे।

जब गुच्चन को दुर्गा माँ तालबेंहटवाले किसुन महाराज का कटा सिर दिखला रही थीं, लगभग उसी समय ही रम्मू ने आँगन में प्रवेश किया। उनके एक हाथ में बर्फ का टुकड़ा था और शेष धज रंग-बिरंगी थी अर्थात काला चश्मा, लाल कमीज, स्ट्रेचलॉन नामक महँगे कपड़े की साँप की खाल-सी चकत्तेदार छापे की पैंट, काले सैंडल, चौड़ा बेल्ट और सामने फुग्गा निकालकर बनाए गए बाल। अपने ऐसे ऐंचकताने तथा अनघड़ व्यक्तित्व को लेकर रम्मू में यह मूर्खतापूर्ण आत्मविश्वास था कि उनके सुदर्शन व्यक्तित्व को यदि इस समय बिन्नू देख पाएँ तो गश खा जाएँ।

और तभी बिन्नू ने उन्हें देख लिया।

पर बिन्नू बेहोश नहीं हुईं। जो एक लिहाज से ठीक ही रहा, क्योंकि वे अभी छत से सजी-धजी उतर ही रही थीं और अभी तीन सीढ़ियाँ शेष थीं कि उन्होंने रम्मू को देखा। वे बेहोश नहीं हुईं, वरना सीढ़ियों से गिरकर सिर फोड़ लेतीं। सजी-सँवरी बिन्नू सुंदर दिख रही थीं। बिन्नू को दबोच लेने की दुर्दम्य इच्छा रम्मू की दुबली काया के कमजोर पिंजरे में ऊपर से लेकर नीचे तक फड़फड़ाने लगी।

रम्मू ने बिन्नू को जी भरकर देखा।

सदियाँ गुजर गईं।

बिन्नू सीढ़ियों से उतरने लगीं। रम्मू देखते रह गए उन्हें। रम्मू का तिकोना मुँह उत्तेजनावश और तिकोना हो गया। उनका मुँह सूखने लगा तथा जबान तालू से चिपक गई, जिससे उनका चेहरा तीन-चार दिन पुराने समोसे-सा रूखा-सूखा निकल आया। उनके पैर काँपने लगे, बदन गरम हो गया, जिसके असर में हाथ की बरफ गलने लगी।

सदियाँ गुजरती रहीं। शायद दो-तीन मिनटों में ही गुजर गईं।

कि तभी बाहर से हल्ला करते हुए लल्ला अंदर भागते आए। शोर तथा हल्ले के बीच वे जो कह रहे थे उसका सार यह था कि तालबेंहटवालों का ताँगा घर के सामने रुका हुआ है। इस सूचना से भगदड़-सी मच गई। जिज्जी रसोईघर से निकलीं और भागकर अंदर के कमरे में चली गईं। चंदू ने पुस्तकालय से बाहर निकलकर स्थिति का क्षणिक जायजा लिया और फटाकदेनी से वापस वहीं घुस लिए। गुच्चन बदन पर कुर्ता डालते हुए बाहर की तरफ भागे।

बिन्नू तीनों सीढ़ियाँ एक छलाँग में पार करके अंदर भाग गईं।

किसी ने रम्मू को नहीं देखा, जिनके हाथ में बर्फ गल रही थी।

गुच्चन ने बाहर जाकर देखा।

वे ताँगे से उतर चुके थे।

सबसे आगे वही किसुन महाराज थे, जिनका सिर दुर्गा माँ काटकर दिखा चुकी थीं। वह ताँगा, जो उपन्यास के प्रथम पृष्ठ पर गली में घुसता दिखाई दिया था, अब वापस जा रहा था।

“घर तक आने में कोई कष्ट तो नहीं हुआ महाराज ?” गुच्चन ने पूछा। पूछते हुए उनकी नजरें छुट्टन को तलाश रही थीं।

“किसी को टेसन भेजना था, लेने के लिए···” किसन महाराज ने क्रोध और शिकायत के मिले-जुले लहजे में कहा।

गुच्चन ने कुछ कहा नहीं, पर वे क्रोध में जल उठे कि छुट्टन वहाँ पहुँचे नहीं थे। सबको आदरपूर्वक बैठक में ले जाया गया। इसी बीच गुच्चन भैया पशोपेश में रहे कि आज, तालबेंहटवालों के जाने के पश्चात् छुट्टन को लातों से मारा जाए या जूते से। जब तक मेहमान अपनी-अपनी जगह ग्रहण कर पाते, तब तक गुच्चन ने तय भी कर लिया।

आज छुट्टन को लात तथा जूते, दोनों से कूटा जाएगा, यह तय रहा।

देखे इत्ते सारे सपने

पाँच वर्ष निकल गए।

पता ही नहीं चला कि कब ये पाँच वर्ष निकल गए--ऐसा लिखकर भी कथा आगे बढ़ाई जा सकती है, क्योंकि समय के बारे में एक अफवाह यह भी रही आती है कि समय बीतते पता नहीं चलता। परंतु वास्तव में ऐसा होता है क्या ? प्रायः तो यही होता है कि समय कटता ही नहीं, दिन अंतहीन होते हैं और रातें किसी अंधी गली-सी। जिज्जी की रातों में अँधेरा था और दिन में भी। पता ही कहाँ चलता था कि दिन कब शुरू होता है और रात कहाँ तक है ?

ऐसे ही झींक-झींककर बीत पाए थे ये पाँच वर्ष।

पाँच वर्ष। पाँच लंबे वर्ष। पाँच बहुत लंबे वर्ष।

पर अभी जैसे कल की ही तो बात थी, जब तालबेंहटवालों के जाने के बाद गुच्चन ने छुट्टन को पटक-पटककर मारा था। झापड़ से शुरू करके लातों से होते हुए कपड़े धोने की मुँगरिया तक का खुलकर सटीक प्रयोग उन्होंने किया था। तालबेंहटवालों द्वारा बिन्नू को पसंद न किए जाने का गुस्सा भी छुट्टन पर ही निकाला गया था, मानो वे यदि समय पर रेलवे स्टेशन पहुँच गए होते तो तालबेंहटवाले सीधे पेटी से शहनाई निकालकर बजाने लगते और बिन्नू को पालकी पर बिठाकर मानिकपुर पैसेंजर से अपने घर ले जाते। अभी जैसे कल की तो बात थी कि तालबेंहटवालों के बाद भी कितने लोग कितनी बार बिन्नू को देखकर गए और लौटते ही पोस्टकार्ड डालने की बात भी कहते गए। पर वह पोस्टकार्ड कभी नहीं लिखा गया, शायद लिखा गया हो तो डाला नहीं गया, या डाला भी, तो मिला नहीं। और मिलता भी तो वही तो लिखा होता। इन पाँच वर्षों में न जाने क्या-क्या हो गया और उससे भी अधिक न जाने क्या-क्या था, जो होना चाहिए था और नहीं हुआ। बिन्नू की उम्र बढ़ने लगी। उनके बाल यहाँ-वहाँ से सफेद होने लगे और वे नियमित रूप से श्रद्धापूर्वक संतोषी माता का व्रत रखने लग गईं। जिज्जी के घुटनों में कुछ हो गया, श्वास में भी कुछ हो गया और आँखों में मोतियाबिंदु उतरने लगा। लल्ला दो ईंटों को एक पर एक धरके मुक्के से तोड़ने लग गए, पर हाईस्कूल की परीक्षा पास नहीं कर पाए। इस सिलसिले में उन्होंने अपने हेडमास्टर को मारा भी, जो उन्हें नकल करने के मौलिक अधिकार से वंचित करने का प्रयास कर रहा था। लल्ला का दो वर्ष के लिए स्कूल से मुँह काला कर दिया गया था। लल्ला इन दिनों परम-फ्री थे तथा पहलवानी, पटेबाजी, कसरत

आदि में अपने दिन निकाल रहे थे। स्कूल से बाहर रहकर वे पा रहे थे कि यदि स्कूल जाने जैसी मजबूरी सिर पर न हो, तो जीवन कैसा आनंदपूर्ण तथा संगीतमय हो जाता है। छुट्टन इंटर तक पहुँच गए थे, जहाँ बड़े भाईसाहब अभी भी अटके हुए थे। छुट्टन और बिब्बो के प्रेम का केस भारतीय अदालतों में घिसट रहे लाखों मुकदमों की तरह खिंच रहा था, जो बेवजह चलते जाते हैं और जिनका परिणाम कुछ नहीं निकलता है। यह प्रेम भी ऐसा ही था। मिलने पर रोज नई तारीखें दे दी जातीं, जब वे फिर मिलते। परिणाम तो खैर क्या निकलता, पर प्रेम का यह केस मुवक्किलों को पूरा मजा दे रहा था। चंदू ने अलबत्ता प्रथम श्रेणी में इंटर कर डाली थी और आगे के कैरियर को लेकर बाकायदा चिंतित थे। उसी चिंता में वे प्रायः छोटे कमरे में बने पुस्तकालय में घुसे रहते थे, जहाँ अन्य बातों के अलावा वे झाँसी के स्टेशन से खरीदी गई अश्लील किताबों के उत्तेजक किस्से पढ़कर, फिर आँखें बंद करके स्वयं को उन किस्सों के हीरो के स्थान पर रखकर, चिंता के बीच भी खासा आनंद प्राप्त करते रहते थे। बिन्नू ने प्राइवेट परीक्षाओं के रूप में इसी बीच इंटर पास कर लिया था तथा बी.ए. करने की सोच रही थीं। शादी होने की प्रतीक्षा में बिन्नू जैसी हजारों लड़कियाँ इधर बी.ए. कर रही थीं; प्रायः प्राइवेट परीक्षार्थी के रूप में, ताकि वे घर में चूल्हा-चक्की भी करती रहें, जो उनका प्रमुख कर्त्तव्य था। अधिकतर लड़कियों की शादी नहीं हो पा रही थी, सो साक्षरता का प्रतिशत लड़कियों में तेजी से बढ़ रहा था। भैयन मामा, बदस्तूर भारतीय रेल की छाती पर सवार होकर जब-तब झाँसी से अलीपुरा अभी भी आया-ज़ाया करते थे। इन पाँच वर्षों में वे बिन्नू के लिए रिश्ते-ही-रिश्ते लाए थे और अब भी लाते जा रहे थे। घर में सभी लोग थक-से गए थे, पर भैयन मामा उसी उत्साह से रिश्ते लाते रहे थे। इसी बीच उनका दमा बिगड़ गया था, बवासीर का इलाज चल रहा था तथा पेट में वायुगोला की पुरानी शिकायत फिर जोर-शोर से उठ आई थी—परंतु उनकी देशाटन की आदत बदस्तूर थी तथा बीड़ी वे उसी शिद्दत से पिया करते थे। बीड़ी पीते हुए हाँफते-कराहते, वे जब अलीपुरा आया करते, तो ऐसे लगते मानो कोई कोयले का पुराना रेलवे इंजिन अपनी लूप-लाइन पर यूँ ही चक्कर मार रहा हो। उन्हें अभी भी पूर्ण विश्वास था कि बिन्नू की शादी ऐसी शानदार जगह पर किसी इंजिन-ड्राइवर या गार्ड या स्टेशन-मास्टर से हो जाएगी, जहाँ पर वह राज करेंगी क्योंकि रेलवे में सभी राज करते हैं। छुट्टन की प्रायः इच्छा होती थी कि वे भैयन मामा से प्रार्थना करें कि यदि राज करने जैसी स्थिति न बन पा रही हो, तो ऐसे किसी घर में बिन्नू को ठिकाने लगवा दें, जहाँ दासी की तरह ही रहने को मिल जाए, पर वे इतने वाचाल होने के बावजूद यह कमीनी बात उनसे नहीं कह पाते थे। छुट्टन बिन्नू की तुलना बिब्बो से किया करते और आश्चर्य में पड़ जाया करते थे कि दोनों में इन पाँच वर्षों के अंतराल में कितना फर्क आ गया था। बिब्बो थीं कि प्रतिपल निखरती ही जा रही थीं और बिन्नू लगभग छुपाकर रखनेवाली अदर्शनीय वस्तु-सी हो चली थीं। माना कि बिब्बो अपने तौर पर एक बड़े घर की कन्या थीं यानी कि उनके बाप

नायब-तहसीलदार थे और रिश्वत में न तो अभी तक पकड़े गए थे, न ही आगे पकड़े जाने वाले थे, फिर भी, मात्र बाप के बदल जाने से ही लड़कियों में कितना अंतर आ सकता था, यह तथ्य ठीक सामने था।

इधर गुच्चन समझ नहीं पा रहे थे कि लोग इंटर कैसे पास कर लेते हैं। इन पाँच वर्षों में उन्होंने देखा था कि एक से एक खतियल लुच्चे-लफंगे लड़के तक इंटर करके निकल गए। कैसे किया जाता है इंटर पास ? वे क्यों नहीं हो पाते ? पाँच वर्षों में वे कितनी बार कितने विषयों में फेल हुए हैं, इसका हिसाब लगाने बैठते तो हिसाब के इस गणित में भी वे फेल ही होते। किले की ऊँची दीवार-सा सामने आ गया था इंटर और किले के भारी फाटक पर खतरनाक अनजाने प्रश्नों के अस्त्रों से लैस न जाने कितने विषय पहरा दे रहे थे। वे किस-किस से जूझते ? वे अकेले और किले पर ऐसी भारी कुमुक। वे इधर एक विषय से भिड़ते, उसको गरदनिया देकर जमीन पर दचकते कि उधर पाँच विषय उन पर पीछे से चढ़ बैठते। कभी ज्यॉग्राफी उनकी टाँग में कैंचीदाव लगा देती, तो कभी नागरिक्रशास्त्र यूँ चुपके से धोबीपाट मारता कि वे गिरते-गिरते भी वाह या आह कर बैठते (कहना पड़ता कि नागरिकशास्त्र का इस बार का पेपर लगता है, आउट ऑफ कोर्स आया है)। फिर अंग्रेजी तो स्थायी तौर पर उनकी लँगोट में हाथ डालकर, नीचे की तरफ खींच रही थी। वे जितना इस विषय में विचार करते, उतना ही उनका यह विश्वास सुदृढ़ होता जाता था कि यह शिक्षा-पद्धति ही कहीं-न-कहीं गलत है। क्या गलती है, यह कह पाना उनके लिए संभव नहीं था, परंतु कुछ-न-कुछ, कहीं-न-कहीं बहुत गलत था—यह तय था। गुच्चन को इस शिक्षा-पद्धति की सबसे बुरी बात यही लगती थी कि इसमें परीक्षा जैसी वाहियात शै को शामिल किया गया था। उनका विचार था कि यदि परीक्षा न ली जाए तो वैसे वह शिक्षा-पद्धति भी इतनी बुरी नहीं थी। किताबों को पढ़ना, परीक्षा की तैयारी करना, मास्टर द्वारा कक्षा में प्रश्न पूछे जाने पर जवाब सोचना, बिना इंटर पास किए किसी नौकरी की कहीं आशा न होना, घर में निरंतर पसरकर फैलता जा रहा आर्थिक अभाव, बिन्नू के लिए वर-तलाशी का चल रहा लंबा अंतहीन, प्रहसन—इन सब बातों ने गुच्चन में वैराग्य-सा भर दिया था, गुच्चन इस घर के लिए बहुत कुछ करना चाहते थे पर कुछ नहीं कर पा रहे थे। वे जानते थे कि जिज्जी कैसी कठिनाइयों में घर चला रही हैं, पर वे कुछ नहीं कर सकते थे। 'भगवान का ही सहारा है, वही कुछ करेगा' की थ्योरी के अंतर्गत पाँच वर्षों में उनका पूजा-पाठ और बढ़ गया था तथा उनका यह विश्वास और मजबूत हुआ था कि एक दिन दुर्गा माँ अवश्य उनको दर्शन देकर उनके इस विषादपूर्ण जीवन के समस्त कष्टों को हर लेंगी। गुच्चन ने दाढ़ी बढ़ा ली थी, जो काका हाथरसी तथा साधू की दाढ़ी के बीच की चीज थी। वे दिन-भर दाढ़ी पर हाथ फेरते रहते थे। पूजा से बचे समय को काटने में इससे मदद मिलती थी।

इन पाँच वर्षों में हुईं कुछ और बातों का संक्षेप में विवरण देने के बाद ही कथा आगे बढ़ जाएगी।

जहाँ गुच्चन घर की आर्थिक परेशानियों से अपने ढंग से परेशान थे, वहीं यह बात बिलकुल अलग ढंग से लल्ला पर प्रभाव डाल रही थी। वे भी घर को दलिद्दर से मुक्ति दिलाना चाहते थे और इस विषय में अपने अभिन्न मित्रों से हुई चर्चा तथा जीवन को अपनी पहलवानी दृष्टि से देखने के बाद वे इस नतीजे पर पहुँचे थे कि पैसा पैदा करने का सबसे सरल, सटीक तथा अचूक तरीका है व्यापार में उतरना। व्यापार में पैसा ही पैसा है। पाँच की चीज पच्चीस में जाती है। यूँ भी वे पढ़ाई से आजिज़ आ चुके थे तथा किसी बहाने से इस घटिया चीज से मुक्ति चाहते थे। स्कूल से दो साल के लिए निकाल दिए जाने से उन्हें जो राहत मिली थी, उसका महत्त्व वे ही जानते थे। जब लोग उन्हें कहते कि यह तो बड़ा बुरा हुआ, तब वे मन-ही-मन बोलनेवाले की अक्ल पर तरस खाते जो कॉलेज, पढ़ाई, डिग्री आदि को इतना महत्त्वपूर्ण माने बैठा था। फुर्सत में बैठकर वे व्यापार करने की नई-नई तथा बड़ी-बड़ी स्कीमें बनाया करते थे, जिसे वे अपने अभिन्न मित्र फिरंगी के साथ शेयर किया करते थे। फिरंगी भी लल्ला की भाँति ही पढ़ाई को लानत मानते थे, शरीर बनाना तथा जिला झाँसी का सबसे नामी पहलवान बनना ही उनके जीवन का परम ध्येय था। अलीपुरा के जलबिहार मेले में होनेवाले दंगल को जीतकर चाँदी की तश्तरी पाना उनके लिए मोक्ष प्राप्त करने जैसा लगता और इसके लिए वे अपने तौर पर जी-जान से प्रयत्नशील थे। लल्ला से उनकी मित्रता पहलवानी से शुरू हुई थी, पर वे अब उनके हर स्वप्न तथा बेवकूफी में बराबरी के हिस्सेदार थे। फिरंगी अपनी राय उन्हें हमेशा देने को तत्पर रहते थे। वैसे उनकी राय प्रायः एक ही रहती थी कि राजा, शरीर बनाओ। व्यापार के मामले में भी फिरंगी ने यही राय दी कि भैया पहले शरीर बनाओ। फिरंगी ने यह भी कहा कि स्कीम तो ठीक है, पर व्यापार करने के लिए लोग बताते हैं कि शुरू में पैसा भी लगता है, जिसे पूँजी कहते हैं। "पैसा कितें हैं?" फिरंगी ने पूछा और फिरंगी ने सच ही कहा था। पैसा कहाँ था? व्यापार के मामले में फिरंगी की बात में उन्हें दम नजर आया था और वे पूँजी की तलाश में लग गए थे। जैसा कि इस घर का रिवाज था कि सबको पूँजी जिज्जी की कोठी में ही बंद नजर आती थी। सो लल्ला भी इन दिनों फिराक में थे कि कब तथा किस प्रकार जिज्जी से यह पूँजी झटकी जाए। ये वही लल्ला थे, जिन्हें पाँच वर्ष पूर्व यह विश्वास था कि जिज्जी के पास तो कुछ भी नहीं है और उनसे अठन्नी भी माँगते हुए वे लज्जा महसूस करते थे। अब्भू बदल गए थे या इन पाँच वर्षों में बड़े होकर ज्यादा समझदार हो गए थे– पता नहीं।

इधर छुट्टन के साथ अच्छी और बुरी बात यह थी कि वे जीवन से विशेष कुछ नहीं माँग रहे थे। जो मिल रहा था, वे उसमें ही परम प्रसन्न थे। उनका, न जाने क्यों यह विश्वास था कि वे एक दिन बड़े आदमी बनेंगे। इस विश्वास का कोई ठोस या कमजोर भी आधार नहीं था, परंतु फिर भी यह था तो। वे मानते थे कि भविष्य खासा उज्ज्वल है। फेल हो जाने के बावजूद वे जानते थे कि एक दिन न केवल वे पास हो

जाएँगे, वरन ठीक-ठाक नौकरी भी पा जाएँगे। फिर उन्हें यह भी पता था कि जिज्जी के पास खूब मालमत्ता है, जिसका चौथा हिस्सा तो अंततः उन्हें मिलना ही है। इतने बड़े मकान में भी उनका हिस्सा होना ही था। कुल मतलब यह कि जीवन को जिस कोण से भी वे देखते थे, उन्हें खासा सुनहरा ही नजर आता था।

बिब्बो से उनका प्यार-व्यापार भी इन पाँच वर्षों में चल निकला था तथा प्रेम-पत्रों का आदान-प्रदान, इत्र-फुलैल में भीगे रूमालों पर छुट्टन का नाम काढ़कर उन्हें देना, पीछे वीरान पड़े खँड़ेरा में थोड़ी-बहुत पकड़-धकड़, चूमा-चाटी इत्यादि का सिलसिला भी हो गया था, जिसके चलते छुट्टन परम संतुष्ट थे। परंतु छुट्टन जानते थे कि वे यह प्यार मात्र प्यार करने के लिए ही कर रहे हैं। प्यार का विवाह में अंत होना चाहिए, ऐसे मूर्खतापूर्ण विचारों के हामी वे नहीं थे। फिर वे जानते थे कि वे चाहें तो भी बिब्बो से शादी नहीं हो सकती थी क्योंकि वह कायस्थ थीं और ये उच्च कुल के ब्राह्मण। परंतु जब तक चल रहा था, तब तक प्रेम करने में कोई बुराई नहीं थी। यूँ भी पराई जातिवाली से प्रेम आदि करने पर उनकी जाति में प्रतिबंध न था। गाँव के बहुत से उच्चकुलीन ब्राह्मण, कहारिनों, भंगिनों तथा ऐसी ही अन्य तथाकथित पिछड़ी जातियों की सुंदर-सुपुष्ट औरतों के आगोश में पाए जा सकते थे। पर शर्त बस यही थी कि यह सब अँधेरे में हो और अँधेरे में ही रहे। अँधेरे में यह अंधेर सदियों से चल रहा था।

छुट्टन का फिलहाल इरादा किसी भी तरह इंटर करने तथा बिब्बो के प्यार को और परवान चढ़ाने का था। इंटर के लिए उन्होंने किताबें न खरीदकर यह पता करना शुरू कर दिया था कि इस वर्ष किस गाँव का प्रिंसिपल पैसा लेकर सामूहिक नकल करवानेवाला है। और, दूसरे पवित्र उद्देश्य की पूर्ति हेतु उन्होंने कुछ शेरो-शायरी की किताबें कबाड़ ली थीं, जिनसे मारक शेर टीपकर वे प्रेम-पत्रों में अपेक्षित वज़न पैदा करते थे, कुछ नंगे चित्रों से युक्त ऐसी गुटकानुमा किताबें भी उन्होंने जुगाड़ ली थीं, जिनमें मर्द-औरत के बीच के सनातन आत्मीय संबंधों का खुले तौर पर रसपूर्ण वर्णन दिया गया था। वे ऐसी एक किताब बिब्बो को भेंट करके, अगली भेंट में उनके साथ वैसा ही 'कुछ' करना चाहते थे। ऐसा वे कई महीनों से चाहते थे, परंतु कतिपय व्यावहारिक समस्याओं के चलते मजबूर थे। फिर संस्कार भी आड़े आ रहे थे; बिब्बो के संस्कार, जो एक सीमा से आगे उनको बढ़ने नहीं देती थीं। छुट्टन ऐसे गलत संस्कारों के सख्त खिलाफ थे पर वे क्या करते ? छुट्टन को धीरे-धीरे यह भी पता चला था कि प्यार में भी खर्चा लगता है। आदमी फिल्मों-किताबों तथा हीर-राँझा आदि के उल्टे-सीधे किस्से सुन-सुनकर यह समझने लगता है कि प्रेम तो बस यूँ ही हो जाता है। उम्र के एक विशेष मोड़ तक आदमी इसी बेवकूफी में पड़ा रहता है कि एक दिन उसका किसी से, कहीं, यकायक यूँ ही प्यार हो जाएगा क्योंकि प्यार किया नहीं जाता, हो जाता है। बाद में जाकर, जब उसके आस-पास लड़कियाँ धड़ा-धड़ अन्य लोगों की बाँहों इत्यादि में जाने लगती हैं, तब उसे यह कड़वी सच्चाई समझ में आती है कि प्यार

यूँ बैठे-ठाले नहीं हो जाता, वरन यत्नपूर्वक, जुगाड़ बिठाकर, प्रायः तिकड़म की हद तक कोशिशें करके ही किया जाता है। उसे यह तत्त्वज्ञान भी शीघ्र ही प्राप्त होता है कि प्यार हो जाना एक बात है और उसे आगे बढ़ा पाना या खींच पाना या जिसे अच्छी भाषा में निभा पाना कहते हैं, एक अलग ही बात, क्योंकि इसमें पैसे लगते हैं। कलदार खर्चने होते हैं। प्यार में आदमी की लगभग नंगा-झोली हो जाती है। फिर यदि लड़की बिब्बो की तरह चाट तथा मिठाई की चटोरी हो, तब तो आखिरी चवन्नी भी दाँव पर लगानी पड़ती है।

बिब्बो में यह लगभग चमत्कारिक-सी शक्ति थी कि वे कभी भी कितना भी भसक सकती थीं। जब भी, वे अपने घर के पिछवाड़े के खँडहर या बेनी के बगीचे में छुट्टन से मिलतीं, वे यही पूछतीं कि हमारे लिए क्या लाए ? छुट्टन कभी समोसे, कभी गुलाब जामुन तो कभी दही-बड़े यानी कि जिसका भी इंतजाम उधार में हो पाता था, पेश करते और उन्हें अपने आगोश में ले लेते। मुँह में भरे समोसे को चबाती बिब्बो को वे बाँहों में भरे रहते। पूरा समोसा हड़पकर बिब्बो तड़पकर उनकी बाँहों से बाहर हो जातीं और वर्जित क्षेत्रों पर हाथ न धरने देतीं। छोटी-मोटी अन्य भेंट भी वे बिब्बो के लिए लाते थे। पिछले इतवार को ही उन्होंने लाल रिबन लाकर बिब्बो को दिए थे। तात्पर्य यह कि छुट्टन ऐसे प्यार में पड़ गए थे, जिसमें, व्यापार की भाँति ही थोड़ी पूँजी की दरकार थी। उन्हें विश्वास था कि यह पूँजी उन्हें जिज्जी से प्राप्त होती रहेगी।

इन पाँच वर्षों में हर दिन ने बिन्नू के चेहरे पर अपनी लकीरें कुछ यूँ छोड़ी थीं कि वे असमय ही बूढ़ी-सी दिखने लगी थीं। अब उन्हें सपनों के किसी राजकुमार की प्रतीक्षा नहीं थी। वे जानती थीं कि वे इस घर पर एक फालतू का बोझ हैं, जिसे उतारने को हर शख्स बेचैन है। रिश्ते अभी भी आते थे और भैयन मामा जीवित रहे तो आते ही रहनेवाले थे, पर अब वे उस उत्साह से तैयार नहीं होती थीं। अब उन्हें सज-धज जाने के बाद भी दर्पण में वह सुंदर लड़की दिखलाई नहीं देती थी, जो एक जमाने में मानो दर्पण में स्थायी तंबू गाड़कर रहा करती थी। इन पाँच वर्षों में न जाने कब वह सुंदर लड़की दर्पण से चुपके से गायब हो गई थी, उसका अपहरण हो गया था या शायद वह मर गई थी। उसकी जगह एक भद्दी-सी, अधेड़, छोटे कद की लड़की, जिसकी झुर्रियाँ मेकअप के नीचे से झाँकती थीं, रंग सारे उबटनों को धता बताकर और काला होता जाता था और जिसकी आँखें अजीब, लगभग डरावनी हद तक खाली-खाली नजर आती थीं, रहने लगी थी। उनका मन अब सजने-धजने से उखड़ गया था। वे रसोईघर में व्यस्त रहतीं, संतोषी माता का व्रत रखतीं, तुलसीघरा में नियमित जल चढ़ातीं, प्रतिदिन बढ़ते जा रहे सफेद बालों को उखाड़तीं, सोमवार को निर्जल व्रत रखतीं तथा अकेले बैठे हुए न जाने क्या तो सोचा करतीं। अब वे कोशिश भी करतीं तो सपने में कोई ऐसा नौजवान न आता, जो उन्हें बाँहों में भरकर चकनाचूर कर दे। बल्कि कुछ अरसे से उन्हें सपनों में ऐसे अधेड़ दूल्हे दिख रहे थे जो पहली पत्नी की मृत्यु के बाद, उनसे शादी करने आए थे और बारात में अपने तीन बच्चों

के साथ झेंपते से चल रहे थे। ये ऐसे सपने थे, जिनके साकार होने की प्रतीक्षा नहीं थी, बल्कि डर था।

इन पाँच वर्षों में यदि इस परिवार से संबंधित कोई व्यक्ति ऊँचा उठा था, तो वह था धर्मेंद्र। छुट्टन के देखते-देखते धर्मेंद्र फिल्म-उद्योग पर छा गया था। छुट्टन उसके विषय में सारी जानकारी रखते थे। धर्मेंद्र के गठे हुए शरीर तथा सौम्य मुसकुराहटवाले चेहरे के अनगिनत फोटो उन्होंने यहाँ-वहाँ के अखबारों तथा पत्रिकाओं से काटकर सहेज रखे थे। पहले उनका मन था कि घर की दीवारों पर इन सुंदर तसवीरों को चिपकाकर सजा दें, ताकि यह घर कम-से-कम रहने लायक तो बन सके, परंतु गुच्चन के भय से यह कर पाना संभव नहीं था। छुट्टन ने धर्मेंद्र की एक ऐसी तसवीर अंदरवाले कमरे में एक बार चिपकाकर देख लिया था। तसवीर में धर्मेंद्र आशा पारिख के दुबले-पतले जिस्म को अपनी बलिष्ठ बाँहों के घेरे में दबोचे मुसकुरा रहा था। यह तसवीर छुट्टन को विशेष तौर पर पसंद आई थी क्योंकि वे प्रायः अपनी अंतरंग मुलाकातों में बिब्बो से कहा करते थे कि तू एकदम आशा पारिख लगती है। बात झूठ थी। बिब्बो कहीं से आशा पारिख नहीं लगती थीं। पर मुहब्बत में ऐसे मीठे झूठों का अपना स्थान होता है, यह बात छुट्टन जानते थे। फिर लगातार यह झूठ दोहराते हुए अब उनको भी यह सच-सा लगने लगा था। इसी वजह से इस तसवीर में नारंगी-सी निचोड़ी जा रही आशा पारिख में वे बिब्बो को देखते थे और बाँहों में दबोचकर निचोड़नेवाले धर्मेंद्र में वह स्वयं को पाते थे। स्पष्ट था कि ऐसी रसमय तसवीर से वे भावात्मक स्तर पर जुड़े थे तथा लगातार रस प्राप्त करने के लिए वे उसे दीवार पर चिपकाना चाहते थे। तसवीर को उन्होंने रात में दीवार पर चिपकाया था और मुँह-अँधेरे ही घर से निकल गए थे। गुच्चन का कोई भरोसा नहीं था कि वे इस पर कैसी प्रतिक्रिया दिखाते। वही हुआ भी जिसका डर था। गुच्चन को धर्मेंद्र, आशा पारिख आदि से कोई मतलब नहीं था। वे धर्मेंद्र को शोहदा तथा आशा पारिख जैसी लड़कियों को छिनाल मानते थे। जिन दीवारों पर भगवान राम, विवेकानंद तथा गांधी की तसवीरें लटकती थीं या लटकनी चाहिए, वहाँ धर्मेंद्र की तसवीर देखकर गुच्चन भौंचक्के रह गए। फिर जिस बदतमीजी से धर्मेंद्र इस हीरोइन को, जिसे गुच्चन पहचानते भी नहीं थे, दबाकर खड़ा था, तथा उसके स्तनों पर अपनी बाँहों का घेरा डाले था, वह तो नितांत गुंडागर्दी थी। हीरोइन इसके बावजूद खिलखिला रही थी, यह बात भारतीय नारी की गरिमा तथा चरित्र के अनुकूल नहीं थी। भारतीय नारी को ऐसे नाजुक मौकों पर या तो तड़पकर मर्द की बाँहों से निकल जाना चाहिए था, या फिर बत्ती बुझाकर ऐसा काम करना चाहिए था। कुल मिलाकर तसवीर संस्कारों पर बुरा असर डालनेवाली थी। गुच्चन ने तसवीर को फाड़कर फेंक दिया और छुट्टन के वापस घर लौटने की प्रतीक्षा करने लगे। पर उस दिन नई बात यह हुई कि छुट्टन चुपचाप नहीं पिटे। जब गुच्चन ने तसवीर की बाबत बात करते हुए उन्हें मारना शुरू किया, तो हँसते हुए पिटते छुट्टन यही कहते रहे कि तसवीर में ऐसी क्या बुराई थी ? बल्कि

बाद-बाद में जब गुच्चन ने गुस्से में अपनी रबर-सोल की चप्पल से मारना चाहा तो छुट्टन ने लगभग पलटकर उनका हाथ ही पकड़ लिया और गुस्से में बोले कि गुच्चन जो भी समझते रहें, परंतु इन तसवीरों में ऐसा बुरा कुछ भी नहीं है और हिंदुस्तान के घर-घर में ये तसवीरें चस्पाँ हैं और फिर भी हर आदमी पतित नहीं हुआ जा रहा, जैसा कि गुच्चन को लगता है। गुच्चन सन्न रह गए। चप्पल फेंककर वे चुपचाप चले गए और पूजा में बैठ गए। छुट्टन ने पहली बार उनसे पलटकर बहस की थी। वे बरदाश्त नहीं कर पाए। छुट्टन को भी अपने ऊपर गुस्सा आया था कि उन्होंने ऐसा क्यों किया ? वह भी धर्मेंद्र की तसवीर के पीछे ! पर वे धर्मेंद्र के फैन थे। वह उनकी आकांक्षाओं और स्वप्नों का प्रतीक था। एक दिन छुट्टन को भी यूँ ही दुनिया पर न सही, अलीपुरा पर तो छा ही जाना है। वे जानते थे कि भाग्य बड़ा प्रबल कारक होता है। जिसने धर्मेंद्र को गुमनामी से उठाकर आसमान पर बिठा दिया, वही छुट्टन पर भी मेहरबान होगा। तब, जब सब तरफ निराशा, असंतोष, गरीबी और बदहाली थी, धर्मेंद्र का यूँ छा जाना बड़ा संतोष देता था। वैसे इसके बाद इन्होंने उसकी तसवीर कहीं नहीं टाँगी। वैसे भी हृदय में जो बड़ी-सी तसवीर उन्होंने लटका रखी थी, उसे गुच्चन कैसे उतार फेंक सकते थे ?

तो इन पाँच वर्षों में जैसे सब ठहर-सा गया। ईश्वर जैसे इस परिवार को अपनी कायनात के किसी कोने में फेंककर भूल-सा गया था। वर्षों की धूल जम रही थी इस अटाले पर, कि एक दिन इसी अटाले से धूल का बवंडर-सा उठा। एक हलचल हुई।

भैयन मामा एक नया ही प्रस्ताव लेकर घर आए।

हवा बंद थी।

गर्म आसमान की देग खदबद कर रही थी।

जून की तेज गर्मी में अलीपुरा का जो होता है, वही अलीपुरा का हो रहा था। सुबह से जो लू चलती, तो रात तक लपट लोगों के मुँह पर थप्पड़-से मारती रहती। अलीपुरा-निवासियों के मुँह चिंयाँ जैसे निकल आते। सूखा मुँह, सूखे होंठ, बालों से बह रहा हरदिल-अजीज नारियल का तेल, पसीने-तेल-धूल-धक्कड़ से सने रचे-बसे बिखरे चीकट बाल। लोग दिन-भर घर की पौंर में या बरामदे में पड़े रहते, हाथ से पंखा झलते रहते और गर्मी से घबराकर बेवजह गुस्सा होते रहते। इन दिनों पत्नियाँ गालियाँ खातीं और बच्चे कसरत से पीटे जाते। तेज गर्मी, पसीने तथा लू से परेशान लोग पड़ोसियों से बहस करते, अपरिचितों से बाजार में या सड़क पर आते-जाते मामूली बात पर लड़ने लगते और कुत्तों को पत्थर मारते। इस तरह गर्मी में बड़ी मारपीट होती, लाठियाँ चमकतीं और जूते तो खैर लगभग अनवरत चलते। पर लड़ाई खत्म भी जल्दी हो जाती क्योंकि आदमी पस्त भी बड़ी जल्दी ही हो जाता था। बल्कि वह पहले ही गर्मी से पस्त रहता था और मजबूरी में ही लड़ता था।

पर यह बात नहीं थी कि आदमी दिमाग को गर्म होने से रोकने का प्रयत्न न करते हों। गर्मी से बचने तथा दिमाग को ठंडा रखने के लिए जो भी संभव हो सकता था, सब किया जाता था। इन तरीकों में सबसे लोकप्रिय तरीका था, शाम को ठंडाई पीना। औकात तथा हैसियत के अनुसार लोग ठंडाई में पिस्ते-बादाम-दूध इत्यादि तो खैर घोंटते ही थे। परंतु उसमें असली तत्त्व या कहिए आत्मा होती थी भाँग। इस ठंडाई को गर्मी कम करने के लिए पिया जाता था, पर इसे पीते ही किसी को पीटने की तीव्र इच्छा जागती थी। आदमी ठंडाई का गिलास रखता और लाठी उठा लेता। फिर जो व्यक्ति निकटतम होता, उस पर लाठी चला देता। निकटतम प्रायः वही होता, जो उनके साथ ही ठंडाई पीकर निबटा था और हाथ में लाठी लिए दूसरे निकटतम की तलाश में होता था। सो शाम को अँधेरा होते-होते यहाँ लाठियाँ चल जातीं और लोगों को रात में छतों पर लेटे-लेटे या चबूतरे पर अधनंगे बैठकर समय काटने के लिए गप्प का विषय मिल जाता। किसने कैसी लाठी चलाई और पहले अजुद्दी कक्का क्या लाठी चलाते थे और अब लाठी-चालन का स्तर किस कदर चिंतनीय हदों तक गिर गया है, इस पर विशद चर्चा होती। फिर बात पिछले साल हुए कुछ मर्डरों पर से होती हुई मूरतसिंह डाकू पर टूटती, जिसके अनगिनत किस्से सभी को पता रहते थे और सभी जिनको सुनाना तो चाहते थे, पर दूसरे से सुनना नहीं चाहते थे। रात गहराते-गहराते इसी मासूम गपशप में से गाली-गलौज के स्वर उभरने लगते और लोग एक दूसरे को छत से फेंक देने की बातें करने लगते।

गर्मी कम करने का यह तो शाम से शुरू होने वाला तरीका था। फिर दोपहर में क्या करें ? दोपहर में, जब गाँव धू-धू करके जलता, गर्म धूल के बवंडर उठकर जब आँखों में मिर्ची झोंक जाते, तब मिचमिची आँखों में कंकड़ों को मसलते लोग रबड़ी-मलाई का बरफ, कुल्फी तथा बरफ के गोलेवाले ठेलों की प्रतीक्षा करते थे। ये ठेले कस्बे की जान, आन, बान तथा शान थे। दस पैसे की कुल्फी बच्चे को दिलाकर लोग अपने आपको रईस महसूस कर लेते थे। जमाना सस्ता था तथा रईसी झाड़ने के लिए ज्यादा कलदार टेंट से नहीं निकालने पड़ते थे। तरह-तरह की रंगीन बोतलों से सजा ठेला जब आवाजें देता घर के सामने से गुजरता तो अधनंगे, पसीना बहाते लोग, जो पौर में पड़े-पड़े बदन मलकर उसमें से मैल की बत्तियाँ बनाकर अपने चहुँओर बीज जैसे बिखेर रहे होते थे, कूद-कूदकर सड़क पर आ जाते और ठेलेवाले से मोलभाव के अपने पुराने करतब में लग जाते। फिर बरफ का टुकड़ा रंदे पर घिसा जाता था। एक तीली पर गोले की तरह बरफ की छीलन को टिकाया जाता, फिर यह झगड़ा शुरू होता कि गोले में नारंगी बोतल का मीठा द्रव्य तो डाला ही नहीं गया और जो गुलाबीवाला डाला भी तो वो चिरैया के मूत के बराबर भी नहीं था। ठेलेवाला भुनभुनाता हुआ मन में गालियाँ देता तथा सारी बोतलों में से थोड़ी-थोड़ी बूँदें गोले पर छिड़कता। अंततः लोग गोले पर जीभ फिराते हुए टेंट से पाँच पैसे निकालकर देते हुए यही कहते कि यार तैने कल का गोला बड़ा खराब खिला दिया। हलकेवाले मोंड़ा को तो पतरी

टट्टियाँ लग गईं। ठेलेवाला चुपचाप आगे बढ़ जाता। वह जानता था कि ये कहने के लिए ही कह रहे हैं और इससे ज्यादा इनकी शिकायत का कोई अर्थ नहीं है क्योंकि वास्तव में गोला खाकर यदि इनके सुपुत्र को दस्त लग जाते तो ये पहले थप्पड़ मारते, फिर बात करते।

गर्मी कम करने का एक रास्ता और भी था, जो गाँव के किशोर तथा जवान लौंडों के बीच बड़ा लोकप्रिय था। वे जब देर रात तक गर्मी की वजह से न सो पाते, तो रात दो-तीन बजे ही अँगोछा उठाकर नदी पर चले जाते, जो गाँव से दो मील फासले पर बहती थी। नदी गर्मी में सूखकर नाली जैसी पतली हो जाती और कहीं-कहीं तो उतनी भी नहीं रहती। मरघट के पासवाले नदी के तट पर जहाँ नदी का पाट काफी चौड़ा था, रेत के विशाल विस्तार के बीच, पानी के बड़े-बड़े चहबच्चे छूट जाते थे। गर्मियों में इन्हीं गड्ढों में लौंडे रात-भर पड़े रहते, आपस में फोश मजाक करते, मरघट तथा मसान के विषय में रहस्यात्मक सूचनाओं तथा कहानियों का आदान-प्रदान करते तथा इस बार किस स्कूल में कैसी तगड़ी नकल चली और उसमें स्वयं उन्होंने क्या-क्या जौहर दिखाए, इस बारे में विस्तार से चर्चा करते थे। मरघट के रास्ते पर ही महुआ के अनगिनत पेड़ सड़क के दोनों ओर लगे थे। रात में महुआ टपटप करके गिरता, जिसे उठाकर बटोर लिया जाता और चूसा जाता। फिर वे महुए के नशे में नदी के उथले पानी में नंगे-अधनंगे पड़े रहते और सुबह तक वहीं रहते।

अलीपुरा में जिसे मरना होता, वह गर्मियों की प्रतीक्षा करता। वैसे सर्दियों और बरसात आदि में भी आदमी के मरने का माकूल इंतजाम था और वह बाढ़, साँप के काटने, निमोनिया आदि से मर सकता था, परंतु गर्मियों में ये अवसर स्वर्णावसरों की भाँति मिलते। हैजा फैल जाता और कुछ मर जाते। पेचिश होती और रामलाल की बहू, जो रामलाल द्वारा रोज लात-घूँसों की बज्र मार मारे जाने पर भी नहीं मरी थी, पेचिश से मर जाती। मलेरिया बाबू के रहते तथा मलेरिया की जीपें शहर से गाँव तक दौड़ते रहने के बाद भी बहुत से मलेरिया से मर जाते। फिर बहुतों को लू लग जाती। फिर बहुत सारे लोग बारात में बासी भात खाकर या बासी सब्जी खाकर या ठूँस-ठूँसकर मिठाइयाँ भकोसकर बीमार हो जाते। गर्मियों में डटकर शादियाँ होतीं, लोग बारातों में उत्साह से जाते और वहाँ से आकर ऐसे बिस्तर से लगते कि सिवाय झगड़ने तथा लाठी चलाने के अपरिहार्य कार्यों के वे अन्य किसी काम के लिए नहीं उठ पाते। इनमें से कई मर जाते। बड़े-बूढ़े, पहले से बीमार-कमजोर चल रहे लोग यह कहते कि देखो, ये सर्दियाँ तो निकल गईं, अब ये गर्मियाँ निकाल ले जाएँ, तो बात है। प्रायः वे निकाल नहीं पाते। गाँव में डॉक्टर थे नहीं और जो थे वे भी गर्मी में लोगों के मरने में सहायक ही हुआ करते थे।

धूल-धक्कड़, बीमारियों, पसीने, मैल, कुल्फी, भाँग, ठंडाई और गपशपवाली जागती रातों की गर्मियाँ फिर अलीपुरा में आ गई थीं।

ऐसी ही गर्मी की एक रात थी, जब भैयन मामाजी उस नए प्रस्ताव के साथ घर आए।

रात लगभग नौ बजे का समय।

छत पर लल्ला पानी की आठ-दस बाल्टियाँ डालकर गए थे।

छत ठंडी तो खैर क्या होती, गर्म भाप अवश्य पूरी छत से उठने लगी थी। दिन-भर की तपी छत पर इस समय गुच्चन भाईसाहब खरारी खटिया पर मात्र जाँघिया पहने भाप के बादलों के बीच पड़े थे और अयाचित स्टीमबाथ-सा ले रहे थे। छत पर अँधेरा था और थी अनंत आकाश में कैद घुटन। हवा बंद थी। गर्म भट्ठी-सा जल रहा था आसमान, जिसमें यहाँ-वहाँ सितारे सुलग रहे थे। न जाने किस सोच में गुच्चन अपने नंगे शरीर से बह रही पसीने की धार से बेखबर लेटे थे। उनकी आँखें खुली थीं। आसमान में न जाने किस तारे को खोजतीं। क्या पता इंटर की परीक्षा में पास करवानेवाला भी कोई तारा हो ? जरूर होगा। पर क्या यह वही तारा था, जो अभी टूटा और तेजी से जमीन की तरफ आता अँधेरे में कहीं गुम हो गया ? इंटर की परीक्षा का यदि कोई तारा होता भी, और मान लो कि वह तारा टूटता नहीं, तो भी वह तारा और इस तरह के अन्य तारे उनके हाथों से बहुत दूर थे। इस बार की परीक्षा तो हुई भी और नहीं भी हुई। हुआ यह कि परीक्षा से ऐन पहले पेपर आउट हो गए। पेपर आउट तो पहले भी हो जाया करते थे परंतु इस दफे सस्ते में बिके। स्थिति यह हुई कि गाँव में सभी को पता चल गया कि इस बार स्कूली लौंडों के मजे रहने वाले हैं। लोग प्रिंसिपल साहब को छेड़ने लगे कि क्या मास्साब, इतने महँगे कर दिए इस दफे पेपर, जिस पर झल्लाकर प्रिंसिपल ने कई लोगों को फटकारा भी कि क्या स्सालों, मुफ्त में पास करवाना चाहते हो लौंडों को ? प्रिंसिपल ने तथा अन्य मास्टरों ने अलीपुरावालों की कंजूसी की चर्चा अपने स्टाफ रूम में भी की, जो न तो पेपर आउट करवाने के लिए पैसे देने को तैयार थे, न ही नकल करवाने के लिए। शिक्षा-पद्धति में यूँ आ रही गिरावट के लिए शिक्षक-जगत अपनी ही तरह से चिंतित था।

गुच्चन के लिए पेपर छुट्टन ने कहीं से कबाड़ कर दिए तथा गेस-पेपर से नकल की पर्ची भी बना दी। गुच्चन खैर नकल तो क्या करते पर जितने जैसे भी याद कर सकते थे, करके उत्तर लिख आए। इस दफे पूरी उम्मीद थी कि इंटर का वह तारा जो दूर आसमान में टिमटिमाता था, मुट्ठी में आ जाएगा। पर वह न हुआ। वह तारा ही टूट गया। किसी दिलजले ने ऊपर उनसे शिकायत कर दी, जो इस तरह के भ्रष्टाचार के सख्त विरोधी थे; खासतौर पर तब, जब उनका उचित हिस्सा उन तक न पहुँचाया गया हो। उन्होंने इस केंद्र की सारी परीक्षाएँ ही रद्द कर दीं। बड़ा हल्ला-गुल्ला मचा। छात्र-एकता जिंदाबाद, हर जोर-जुल्म की टक्कर में संघर्ष हमारा नारा है, आदि अस्त्र निकले और हवा में व्यर्थ ही भाँजकर वापस विवशता की म्यान में धर लेने पड़े। शिक्षाधिकारी ने एक न सुनी। अब दोबारा परीक्षाएँ जुलाई में होना तय हुआ था, जिसका टाइम-टेबल कल ही स्कूल में आया था। अफ़वा़ह यह थी कि न केवल इस बार पेपर पता नहीं चल पाएँगे, वरन नकल की पारंपरिक सुविधाएँ भी प्राप्त नहीं होंगी। ऐसी स्थिति में परीक्षा में बैठना नादानी ही होती। गुच्चन भाईसाहब कल से

इसी परेशानी में थे कि जब अन्य बहुत से लड़के परीक्षा में नहीं बैठ रहे, तो वे भी बैठें या न बैठें ?

खटिया पर पड़े-पड़े वे यही सोच रहे थे। अम्माँ नीचे रसोईघर में बिन्नू के साथ थीं। ढेर सारा धुआँ आँगन के रास्ते छत पर आ रहा था। रात की रोटियाँ थापी जा रही थीं, जो सुबह की बची पनीली अरहर की दाल तथा फफूँदे आम के अचार के साथ खाई जानेवाली थीं। अम्माँ रोटियाँ बेल रही थीं और बिन्नू चूल्हे पर सेंक रही थीं। काली हो चुकी लालटेन से रसोईघर में उजाला हो रहा था या अँधेरा, कहना मुश्किल था। चूल्हे में धधक रही चिड़चिड़ करती लकड़ियाँ और सुलगते कंडों की रोशनी के वृत्त में बिन्नू की देह सोने-सी दमक रही थी। अम्माँ बिन्नू को देखती जा रही थीं। बिन्नू की आँखों में अंगारों का बिंब चमक रहा था। फिर भी ये आँखें कितनी अँधियारी थीं ? उदासी ने बिन्नू के चेहरे पर जो-जो लिख रखा था, वह अम्माँ पढ़ रही थीं। रोटियाँ बेलते हुए अम्माँ की आँखें भर आईं। कितने सपने अभी भी बिन्नू के आसपास तैर रहे थे। अम्माँ जानती थीं कि उनकी बेटी कितनी सुघड़ और अच्छी है। ऐसी लड़की को कोई वर क्यों न मिलेगा ? अम्माँ ने प्यार से कहा—

"चिमटा ले लो बिन्नू, हाथ न बर जाएँ।"

"नहीं जलेंगे।" बिन्नू ने कहा।

अम्माँ चुप रह गईं।

बिन्नू चुप थीं ही।

तभी आँगन में हल्ला-सा हुआ और हँसते-बतियाते छुट्टन और भैयन मामा पौंर से आँगन में आए। अम्माँ ने आवाजें पहचानीं तो आटा लगे हाथों से ही रसोई से बाहर आ गईं। बिन्नू ने भी आवाजें पहचानीं तो और भी अपने आप में सिमटकर पटा-बेलन अपनी तरफ खींचकर अम्माँ का काम भी सँभाल लिया। वे भैयन मामा जी की आवाज तक से आजकल भयभीत हो जाती थीं। भैयन मामा के आगमन का मतलब था एक और रिश्ता, एक दौर नुमाइश का, और फिर कुछ दिनों तक घर में उस पोस्टकार्ड की निरर्थक प्रतीक्षा, जो लड़केवाले या तो डालते ही नहीं या गोलमोल भाषा में 'न' लिखते या साफ-साफ भी लिख भेजते कि लड़की काली है या लड़के की तुलना में छोटे कद की है। बिन्नू ने ऐसे हर मौके पर अपने घिसते जा रहे दर्पण के सामने खड़े होकर स्वयं को भरपूर निहारा है और सोचा है कि वे ऐसी काली क्यों हैं या वैसी क्यों नहीं हैं कि कोई लड़का उन्हें देखते ही पसंद कर ले ? हर ऐसी घटना के बाद वे और-और काली तथा और-और ठिगनी तथा और-और अनाकर्षक हो जा रही थीं।

अम्माँ आँगन में आईं, तो भैयन ने पैर छुए।

"कितें से आ रहे हो ?"

"झाँसी से, और कितें से आएँगे ?"

"मामाजी, आपका क्या है ! रेल आपकी, जहाँ से आना चाहो, आओ।" बीच में

छुट्टन बोले।

''इस टेम कौन-सी गाड़ी से आए ?''

''मालगाड़ी से। आने की तो वैसे भी सोच रहे थे, फिर पहचान का गार्ड दिख गया। बोला, चलते हो अलीपुरा ? हमने भी कहा कि चलो। सो आए तो थे टेसन घूमने-फिरने, पर चढ़ गए मालगाड़ी पे।''

''और भौजी ? वे न घबराएँगी कि कितें को कढ़ गए ?''

''अम्माँ, मामी को इनकी आदत पता है कि रेलगाड़ी दिख-भर जाए। मामाजी फिर रोके नहीं रुकते... अच्छा मामाजी, महीने के हजार-दो हजार तो रेल वाले आपके किराए में गला देते होंगे ?''

''रेल जा रही है और हम पैंतालीस किलो के उसपे बैठ गए, तो कौन साली घिस जाएगी ? हमारे बिना भी तो जा ही रही है।''

''ऐसे तो सभी कहें और चढ़ जाएँ बिना टिकिट।'' मजा लेते हुए छुट्टन बोले।

''ऐसे किसी के बाप का राज है क्या ? चढ़े, तो बेंड़ भी दिए जाएँगे जेल में। तीन महीने की होती है, बिना टिकिटवालों को। पता है कि ऐसे ही...,'' मामाजी चिढ़े।

''पता है, तभी तो हमें डर लगता है, भारी होती है, आप तो जेल की चक्की को एक दफे भी नहीं घुमा पाओगे। बिना टिकिट न चढ़ा करो मामाजी, हमें घबराहट होती है।'' छुट्टन ने छेड़ा।

''ऐसे न घबराओ। अभी ऐसा भी कलजुग नहीं आ गया है कि रेलवेवालों को भी टिकिट लेकर रेल में चढ़ना पड़े।'' मामाजी चिढ़कर बोले।

छुट्टन को मजा आ रहा था।

''वो तो ठीक है, पर जेल में, स्साले खाना तसले में धरके देते हैं।''

''चुप, नासपीटे।'' अम्माँ ने प्यार से फटकारा।

''सच्ची अम्माँ, अपना वो छदामी है न, पनवाड़ी ? वो बता रहा था। एक दफे जेल हो आया है वो।''

''बिना टिकिट चलने में?'' मामाजी ने मखौल उड़ाते हुए पूछा।

''बिना टिकिट चलने में कौन-सा कानून टूट गया ? छदामी ऐसे चिड़ीमार काम में नहीं फँसते। वे तो जेल गए थे एक का टिकट काटने की कोशिश में। पता नहीं है जलबिहार मेले में नौटंकी में चक्कू चला दिया था छदामी ने ? अच्छा मामाजी आपने कभी चक्कू चलाया ?''

''चुप हो जा छुट्टन, नहीं तो...,'' अम्माँ इस बार वास्तव में गुस्सा हो गईं।

छुट्टन चुप हो गए। पर चुप होते-होते बोल गए, ''हमने तो एक बात कही अम्माँ कि यदि आदमी को बिना टिकिट ही चलना है, तो तसले में खाना खाने की आदत डाल लेनी चाहिए। न जाने कब काम आ जाए।''

''तुम्हारा राज आ गया बेटा, तो वो भी सीख लेंगे।'' मामाजी ने कहा और अम्माँ की ओर मुखातिब होकर बोले, ''गुच्चन कहाँ हैं ?''

"ऊपर छत पे।"

"चलो तो, ऊपर कढ़ चलो..."

"क्या हुआ ?"

"तुम ऊपर तो चलो।"

"कोई नया रिश्ता लाए हो बिन्नू के लाने ?" छुट्टन ने पूछा।

"नहीं, बिन्नू के लिए नहीं। गुच्चन के लिए। एक अच्छी लड़की देखी है हमने... बरुआसागरवाले रिछारियाजी की।"

यह एकदम अप्रत्याशित तथा नई बात थी।

बिन्नू की शादी की बात नेपथ्य में चली गई थी और गुच्चन का रिश्ता आया था।

"पहले बिन्नू की बात तो कहीं पक्की...," अम्माँ ने अवाक्-सा होते हुए कहने की कोशिश की।

"वो तो हो ही जाएगी। पर उस चक्कर में यदि यह रिछारियावाला रिश्ता निकल गया तो गुच्चन को इससे अच्छा दूसरा घर न मिल पाएगा।"

"पर बिन्नू की लगन के बिना..."

"सोच लो जिज्जी..."

अम्माँ न जाने क्या सोचती खड़ी रह गईं। छुट्टन सारी बातों को समझने का प्रयास करते चुप खड़े रहे। भैयन ने बीड़ी सुलगा ली और सुट्टा खींचते हुए अम्माँ की तरफ देखते रहे। छुट्टन कभी अम्माँ को चिंतापूर्वक और कभी बीड़ी को हसरत से देखते रहे।

फिर बीड़ी से निकले धुएँ को, रसोई से आ रहे धुएँ में फूँककर मिलाते हुए भैयन ने अम्माँ से कहा, "क्या सोच रही हो जिज्जी ?"

"कछू समझ नहीं आ रहा है, भैया कि का करें..."

"करें क्या...गुच्चन की पक्यात कर डालें।"

"ऐसो सीधो काम होतो तो का बात थी।"

"सब सीधो ही है।"

"सीधे की ऐन कही, पर बिन्नू..."

"अब बिन्नू के लिए भी कोशिशें कर ही रहे हैं। दो टीपना तो अभी मँगाई हैं। जहाँ संयोग बैठ जाए।"

"सो तो भली कही, भैया, पर..."

"पर बिन्नू के चक्कर में लड़कों को कब तक कुँआरा बिठाओगी जिज्जी ?"

यह प्रश्न बरछी की तरह उठा, तीर की तरह रसोईघर में घुसा और तोप के गोले-सा बिन्नू के पास आकर फटा। उनके कान साँय-साँय कर उठे। उनकी देह सुन्न हो गई। वे बैठी रह गईं। वे सदियों तक बैठी रह जातीं, पर चौंककर वापस अपने संसार में आ गईं। अंगारों पर रोटी और उनकी उँगलियाँ जल गईं थीं। लाल, तपती अँगुलियों को वे देर तक फूँक मारकर सहलाती रहीं।

परंतु ठंडी फूँक मारने से भी कहीं जलन कम होती है !

होती, तो अपने पूरे वजूद पर ही फूँक मार रही होतीं बिन्नू।

''रेवन ककवारे की कुतिया की कहानी सुने हो गुच्चन कि नहीं ?¨ हम सुनाते हैं।

''गुरसराय के पास दो गाँव पास-पास बसे हैं— रेवन और ककवारा। दोनों के बीच डोलती-फिरती थी एक कुतिया। जहाँ जूठन मिली, सो खा ली। और जे पड़ीं शान से जाने ?¨तुम चुप रहो छुट्टन, बीच में अपना मूड़ न घुसेड़ो।¨तो एक दफा क्या हुआ कि भई पंगत दोनों गाँवों में एक साथ, तो कुतिया के सामने आ गई दुविधा कि दोनों जगह की जूठन कैसे खाए ? एक जगह खाए, तो दूसरी छूट रही। क्या करें, क्या न करें ? पर कुतिया तो भई कुतिया ठहरी। वो काहे को छोड़े कहीं की भी जूठन ? सो कुतिया पहले भगी-भगी पहुँची रेवन तो क्या देखती है कि पंगत तो अभी चल रही है और लोग दबा के भोजन किए चले जा रहे हैं। अब क्या करें ? इधर तो अभी अबेर है। फिर ? तो भैया कुतिया ने सोचा कि चलो वापस ककवारे कि तब तक ककवारे की जूठन खाएँगे। फिर लौट के खाएँगे रेवन की¨यार तुम मों बंद रखो अपना, छुट्टन। अब कहानी तो ऐसे ही चलती है। जल्दी कैसे खत्म कर दें ? ठठ्ठा है क्या ? तो हम कहाँ थे ?¨यार तुम भुलवा दोगे ऐसे तो¨हाँ तो कुतिया भगी-भगी वापस आई ककवारे। यहाँ क्या देखती है, जाने ? देखती है, कि इधर भी रेवनवाला ही हाल। पंगत चल रही है। अब कुतिया ने सोचा कि इधर भी अभी है अबेर, सो चलो वापस रेवन, और रेवन पहुँचती है कुतिया तो जानते हो, वहाँ क्या देखा ?¨यार छुट्टन¨तुम न बताओ कि क्या देखा¨अरे हमने तो ऐसे ही कहानी कहते में पूछ लिया¨तो कुतिया वापस भागते-भागते पहुँची रेवन। वहाँ देखती है कि लोग तो पंगत जीम के घर की तरफ कढ़ गए हैं और जूठन भी भंगी-बसोर उठा ले गए।¨घबरा गई बिचारी कुतिया। कोई भी घबरा जाता। फिर वो तो कुतिया थी¨सो घबरा के उल्टे पाँव ककवारे को भागी। अब, तब तक उतें भी पंगत उठ गई थी। और उठाबेवाले जूठन भी उठा ले गए थे¨सो कुतिया दुविधा में दोनों तरफ से गई और दोनों गाँवों के बीच डोलती भूख से मर गई। जाने भैया ?¨यार छुट्टन, तुम बीच में बोलो मत, तुम तो जान ही गए हो—तुम सब जानते हो। अंतर्यामी हो¨पता है¨अरे¨अरे¨गुच्चन, तुम बड़े गुस्सैल हो भैया¨इतनी-सी बात पर चप्पल मारने की क्या जरूरत थी¨।''

''कोई बात नहीं¨बड़े भाई हैं।'' कहकर छुट्टन चुप बैठ गए। चप्पल खाकर उनकी इज्जत कम हुई हो या उनके अहं को ठेस पहुँची हो, ऐसी कोई बात नहीं थी। चप्पल या जूते या थप्पड़ का दो भाइयों या बाप-बेटे या पति-पत्नी के रिश्ते में जो महत्त्वपूर्ण स्थान होता है, उसे छुट्टन पूरा सम्मान देते थे। फिर आदमी यदि जूते खाने आदि से घबराने लगे तो हिंदुस्तान में उसका कोई भविष्य नहीं है, यह बात छुट्टन जानते थे। वे जानते थे कि जहाँ जूते पड़ रहे हों, वहाँ चुपचाप जूते खा लेने से यह

फायदा रहता है कि आप भी किसी को जूता मारने लायक बने रहते हैं।

"तो ऐसा होता है गुच्चन कि यदि आदमी समय पर निर्णय न ले और फालतू भटकता ही रहे कि यह करें कि वह करें तो इसी कुतिया की तरह कहीं का नहीं रहता।" मामाजी ने कहानी से प्राप्त होनेवाली शिक्षा का खुलासा करते हुए गुच्चन की दिशा में देखा। गुच्चन चुपचाप खटिया पर बैठे थे। फिर वे पैर के अँगूठे से छत की मटमैली सतह को कुरेदकर कुछ गोल-गोल-सी आकृति बनाने लगे। मामाजी को लगा कि गुच्चन गोल बनाकर यह बता रहे हैं कि उनकी कहानी का प्रभाव शून्य ही रहा है। भैयन मामाजी शिक्षाप्रद कहानियाँ सुनाने के लंबे अनुभव से यह बात जानते थे कि इन कहानियों से आदमी मजा तो ले लेता है, पर जब अंत में कहानी से शिक्षा प्राप्त करने की बात आती है, तो ऐसे ही गोल-गोल दायरे बनाने लगता है। शिक्षाप्रद कहानियों के इस हश्र से भैयन मामा खूब परिचित थे, परंतु फिर भी अवसर आने पर ऐसी कहानियाँ उनके गले में खट्टे पानी के कुल्ले जैसी अपने आप ही आ जाती थीं।

गुच्चन चुपचाप ही बैठे रहे। वे अँगूठे के लंबे नाखून से छत को अब ऐसी तन्मयता से कुरेद रहे थे कि लग रहा था कि वे मूलतः छत कुरेदने के लिए ही बैठे हैं और मामाजी, छुट्टन तथा अम्माँ का वहाँ होना महज एक संयोग है।

छुट्टन पर तब तक चप्पल का संक्षिप्त प्रभाव समाप्त हो गया था। वे बोले, "आपकी यह कहानी कुछ जमी नहीं..."

"क्यों भैया...," भैयन मामा ने चिढ़कर पूछा।

"आजकल आप गलत जगह पर गलत कहानी ठोंक देते हैं।" छुट्टन ने अपनी आलोचक दृष्टि पेश की।

"बड़े होशियार हो भैया, जरा हम भी तो सुनें।"

"जरूर सुनिए...जे बताइए कि मान लीजिए कुतिया की इच्छा जूठन खाने की न हो, तो...?"

"क्या मतलब...?"

"मामाजी, मान लो कि आप कुतिया हो...अच्छा...अच्छा नाराज न हों। मान लो कि हम ही कुतिया हैं...वोई आपकीवाली कुतिया, रेवन ग्राम-वासिनी, ठीक ? अब हमारी कोई इच्छा नहीं है जूठन की...पेट भरा है, या मान लो अपच ही चल रही है, या मान लो कुत्ते से रिसानी बैठी है कुतिया। नहीं खानी हमें जूठन...तब ?"

"सो...?"

"सो ये कि जब हमें जूठन खानी ही नहीं, तो हम काहे जाएँ रेवन और काहे जाएँ ककवारे ?...समझे न आप..."

"हम तो नहीं समझे सरकार...जरा खुल के समझाया जाए, तो किरपा होगी...," भैयन मामा ने खिसियाकर कहा।

"वह यूँ मामाजी कि जब गुच्चन भैया शादी के लिए तैयार ही नहीं हैं, तो उनके लिए क्या रेवन और क्या ककवारा—कहीं से भी रिश्ता आता रहे।" छुट्टन ने कहानी

की मूल गलती की दिशा में इशारा किया।

भैयन मामा बहुत देर बाद अब मुसकुराए।

छुट्टन लाख चंट सही, पर हैं तो लौंडे ही—भैयन मुसकुराए, बोले, "रेवन, ककवारे से रिश्ता आएगा तुम्हारे लिए। यह रिश्ता आया है बरुआसागर के रिछारियाजी के घर से...जानते हो बरुआसागर के रिछारियाजी को...?"

"राजा हैं शायद...," छुट्टन ने कहा।

"राजा ही समझो...," मामाजी ने कहा।

"तो राजकुमारी ला रहे हैं आप, इस घर में...आपका भी जवाब नहीं मामाजी। लल्ला के लिए परी दिलवाने का वादा करते हैं, गुच्चन के लिए राजकुमारी ला रहे हैं... हमारे लिए क्या लाएँगे मामाजी ?"

"चुप रह, नासमिटे...," अम्माँ ने प्यार से फटकारा।

"तुम्हारे लिए लाने की जरूरत नहीं, बेटा। तुम्हारे लच्छन ऐसे हैं कि तुम खुद ही कोई ले आओगे।"

"लच्छनों पर मत जाइए मामाजी...आप तो हमारे लिए भी तलाशते रहिए। हमें रेवन की भी चलेगी और ककवारे की भी...और दोनों भी..."

"मों बंद कर छुट्टन, नईं तो दई हमने एक लात...," अम्माँ ने फिर दुलारते हुए फटकारा।

छुट्टन मुसकुराते हुए चुप हो गए।

मामाजी गुच्चन को देख रहे थे। छुट्टन की ऐसी शरारतपूर्ण बातचीत का लाभ भी गुच्चन ने नहीं उठाया और छुट्टन को लात-जूतों से नवाज़ा नहीं था, यह बात बताती थी कि गुच्चन कहीं गहन विचारों में भटक रहे हैं। पैर के अँगूठे से बनाए दायरे के आसपास गुच्चन ने खरोंच-खरोंचकर, और भी कई आकृतियाँ इसी बीच छत की सतह पर उकेर दी थीं।

विचारों के गोते खाते गुच्चन को बाहर निकालने के लिए भैयन ने विस्तार से बरुआसागरवाले रिछारियाजी के विषय में बताया, जिसको सुनकर किसी को भी आश्चर्य हो सकता था कि पृथ्वी पर ऐसा भी कोई शख्स अभी रहता है और फिर भी उसको देखने के लिए अभी तक टिकट नहीं लगता। रिछारियाजी की सैकड़ों एकड़ जमीन थी, जिसका सही-सही उनको तक पता नहीं था, उनके मकान बरुआसागर के अलावा झाँसी तथा बिलहरी में भी थे। वे बुंदेलखंड क्षेत्र के सरयूपारी समाज के अध्यक्ष रह चुके थे और जब उन्होंने अध्यक्ष पद छोड़ा तो सरयूपारी समाज ने उनके पैर पकड़ लिए कि आपके बिना इस संगठन की ऐसी ऐसी-तैसी हो जाएगी जैसी किसी की न हुई होगी। रिछारियाजी स्वभाव से गऊ थे, यद्यपि किसी भी साँड़ को मात करते हुए उन्होंने आठ संतानें पैदा की थीं, परंतु प्रसन्नता की बात यह थी कि उनकी लड़की सात भाइयों की अकेली बहन थी और दहेज में न जाने क्या-क्या लानेवाली थी। फिर रिछारियाजी खानदानी लड़का चाहते हैं और गुच्चन से बेहतर खानदानी

दामाद उन्हें कहाँ से मिलता ?

कुल मिलाकर भैयन मामा ने यह बतलाया कि सारे संयोग ऐसे थे कि एक बार यह स्वर्ण अवसर चूक जाने पर आगे मात्र पछतावा ही शेष रह जाना तय था। पर उनके लिए खुशी की बात यह थी कि गुच्चन समझदार हैं और ऐसा शानदार अवसर वे अपने हाथों से निकल जाने दें, ऐसा हो नहीं सकता था।

भैयन मामाजी ने रेवन-ककवारे की कुतिया की कहानी सुनाकर और रिछारिया-माहात्म्य समाप्त करके जब गुच्चन से यह पूछा कि फिर लड़की देखने कब चलते हो, तो उसके जवाब में सिवाय छत को थोड़ा और कुरेद देने तथा दाढ़ी में उँगलियाँ फिराते रहने के, गुच्चन ने कोई जवाब नहीं दिया। भैयन उनकी प्रतिक्रिया से निराश नहीं हुए। उन्होंने अपने जीवन में इतने रिश्ते तय कराए थे कि ऐसी समस्याएँ उन्हें निराश करने की जगह उत्साहित तथा उत्तेजित ही करती थीं। भैयन बोले, "यार, गुच्चन, तुम यह दाढ़ी कटवा लो, भैया।"

गुच्चन चुप रहे।

अम्माँ चिंतित-सी उनको देखती रहीं।

छुट्टन पास की छत पर बच्चे को गोद में लिए घुमाती हुई रम्मू की बहू को गौर से देखते रहे तथा इस नतीजे पर पहुँचे कि आँखें सेंकने के लिए चीज ऐसी बुरी भी नहीं है।

"दाढ़ी में तुम एकदम साधू लगते हो। लड़की बिचारी घबरा जाएगी।"

गुच्चन फिर भी चुप रहे। ऐसे मारू चुटकुले पर भी गुच्चन का चुप रहना भैयन को अखर गया।

"यार, कछू तो बक काढ़ो मूँ से...कब चलें लड़की देखने ?" मामाजी ने पूछा।

"गुच्चन क्या कहते हो, बेटा ?" अम्माँ ने इतनी देर में पहली बार कुछ कहा।

"हमें शादी नहीं करनी, अम्माँ...," गुच्चन ने अंततः बिना सिर उठाए कहा।

"काहे भैया, काहे नहीं करनी ?" मामाजी चिढ़कर बोले।

गुच्चन चुप रहे।

"ऐसा रिश्ता क्या बार-बार मिलनेवाला है ?"

गुच्चन चुप रहे।

"बरुआसागरवाले रिछारियाजी..."

गुच्चन उँगलियाँ चटखाने लगे...

"तुम एक बार लड़की तो देख लो। लाखन में एक है।"

गुच्चन दाढ़ी खुजाने लगे।

"बिन्नू के कारण परेशान हो रहे हो तो मत हो, हम उसका भी तो रिश्ता ढूँढ़ ही रहे हैं। फिर रिछारियाजी भी तो लग लेंगे हमारे साथ..."

गुच्चन दाढ़ी सहलाते रहे।

"यार, तुम यह दाढ़ी कटवा लो। कल तुमने सवेरे-सवेरे ये न कटाई तो हमसे बुरा

कोई न होगा।'' भैयन रिसाकर बोले, ''स्साली, करोंदे की झाड़ी-सी टँगी है मों पे।''

छुट्टन अब तक रम्मू की बहू को देखते हुए ऊब चुके थे। फिर रम्मू का बच्चा भी काँय-काँय कर रहा था और चुप होने पर ही नहीं आ रहा था। तेज गर्मी से परेशान होकर वह रो रहा था, परंतु छुट्टन के सौंदर्यदर्शन में वह विघ्न उत्पन्न कर रहा था। छुट्टन का मन उसे झापड़ रसीद करने को कर रहा था, जो इतनी दूर से संभव नहीं था। छुट्टन थोड़ी देर में ही इस कें-कें से ऊब गए। फिर उन्होंने यह भी पाया कि इस तरफ दाढ़ी तथा विवाह को लेकर कुछ रोचक आयामों पर चर्चा की गुंजाइश बन रही है, सो छुट्टन छत पर चल रहे भैयन-गुच्चन संवाद की दिशा में मुखातिब हुए।

''दाढ़ी क्यों कटवाएँ ?'' छुट्टन ने विरोध प्रकट किया।

भैयन ने पूछा, ''क्यों भैया ?''

''जिसे पसंद करना हो वो दाढ़ी में ही पसंद करे, नहीं तो भाड़ में जाए।'' छुट्टन ने दाढ़ी पर बहस के सूत्र अपने हाथ में ले लिए।

''भैया, लड़का, लड़के जैसा तो लगे⋯जे नहीं कि पहुँच गए दाढ़ी लगाए, चीमटा बजाते⋯''

''चीमटा कौन बजा रहा है ?''

''अब दाढ़ी ऐसी धर ली है, तो चीमटा भी आ ही जाएगा, कहीं न कहीं से⋯''

''क्या पता बरुआसागरवाले दहेज में दे दें⋯,'' छुट्टन ने संभावना बताई।

''दाढ़ी नहीं कटाई, तो दे भी सकते हैं,'' भैयन ने कहा और फिर थोड़ी देर चुप रहकर बोले, ''दाढ़ी कटाओ, चाहे न कटाओ, पर लड़की देखने तो चल पड़ो⋯''

गुच्चन चुप रहे।

गुच्चन की तरफ से छुट्टन ने कहा, ''जब आप कहोगे, निकर चलेंगे।''

''तुम न जाना साथ में, नहीं तो बना काम भी बिगर जाएगा।''

''काए मामाजी, हममें कौन से काँटे गड़े हैं।''

''तुम अपनी न ही खुलवाओ, तो ठीक रहे।''

''हमें नई ले गए, तो हो गया तुम्हारा रिश्ता⋯बरुआसागरवाले स्साले ऐसे हरामी हैं कि⋯''

छुट्टन ने आगे कुछ कहा भी हो, तो सुनाई नहीं दिया क्योंकि पीछे से गुच्चन ने एक करारी लात मारते हुए कहा, ''भेन⋯गाली देते हो।'' छुट्टन गिरे नहीं। अलबत्ता, लड़खड़ा अवश्य गए और इस अप्रत्याशित हमले से उनकी विचार-शृंखला भी तितर-बितर हो गई। वे सँभलने के बाद जब दुबारा बोले, तो कुछ अलग ही बात बोले।

छुट्टन ने अम्माँ से कहा, ''यह स्साला रम्मू का लौंडा भी दिन-रात किंकियाता रहता है।''

बहुत देर से चुप अम्माँ ने कहा, ''गुच्चन, न हो, तो भैया देखई आओ कन्या को⋯''

गुच्चन ने चुपचाप अम्माँ की बात मान ली। धार्मिक ग्रंथों में जहाँ स्त्रियों से बचने

की बात कही गई थी, वहीं माँ के आदेश को सर्वोपरि मानने की बात भी तो कही गई थी।

तय हुआ कि सोमवार को ही भैयन, गुच्चन तथा अन्य बरुआसागर जाएँगे। काहे से जाएँगे ? भैयन तथा भारतीय रेल के रहते और जाते भी कैसे ? अलसुबह जानेवाली मानिकपुर पैसेंजर से जाना तय हुआ।

सभी छत से उतर आए।

सभी खाना खाने बैठे।

किसी ने नहीं देखा कि बिन्नू के चेहरे पर क्या लिखा था। वैसे भी इस इबारत को बस अम्माँ ही पढ़ सकती थीं, परंतु वे भी भैयन द्वारा बाँचे जा रहे रिछारिया-पुराण को सुनने में मग्न थीं।

''बहुत उम्दा चीज है भैया। वहाँ एक से एक उम्दा चीजें थीं, पर क्या करते ? पैसों से मार खा गए। पर जे है कि पचहत्तर रुपैया में जे भी अच्छी मिल गई। चार रौंड की है। गोसाईंजी से कारतूस मिल जाएँगे। निसाना दारी से ऐसा सही लगता है, कि क्या कहें। आप तो बस उठाके दबाओ धाँय से। फिर देखो। आदमी कबूतर की नाईं धूल में न लोट जाए तो हमारा नाम फिरंगी नहीं। हमने खुद वहीं अतर्रा के जंगल में अजमा के देखा, तभईं जाके पचहत्तर काढ़ के दिए अंटी से। मारी हमने खरहा में। सच्ची, निसाना भी काहे का साधा। बस, ऐसे ही घाल दी दबाके। बो साला वहीं झाड़ी में लोट गया। सच्ची...''

फिरंगी लल्ला को उस देसी पिस्तौल के विषय में बता रहे थे, जो उन्होंने अतर्रा के एक लोहार से खरीदी थी, जो ऐसे देसी कट्टे, बंदूकें आदि बनाने के विषय में पूरे क्षेत्र में विख्यात था और इस सिलसिले में एक लीजेंड की हैसियत में पहुँच चुका था। देसी कट्टा अपनी बनियान, कमीज, धोती, पैंट या चड्ढी में छुपाकर घूमना अलीपुरा के शोहदों तथा शरीफों--दोनों के बीच एक जैसा लोकप्रिय शगल था तथा आन-बान-शान आदि का द्योतक माना जाता था। अच्छा, सुगठित, कसरती, पहलवानी शरीर और कमर में खुँसा देसी कट्टा--इन दो नियामतों के स्वामी अलीपुरा में ठाठ से सीना काढ़कर चलते थे। अवैध अस्त्र-शस्त्र अधिनियम वाली इंडियन-पीनल-कोड की जो भी धारा ऐसा करने का निषेध करती है, उस धारा पर देसी कट्टों की नाव तैराते न जाने कितने माँझी बिना 'ओ रे माँझी' गाए अलीपुरा में घूम रहे थे। हथियार-हरबा लेकर घर से निकलना अलीपुरा में एक साथ ही संपन्नता तथा समझदारी दोनों की निशानी मानी जाती थी। लाठी लेकर तो सभी लोग निकलते थे। यह लाठी जब तक लठैत के सर से एकाध हाथ ऊपर की तरफ न जाती हो, लाठी नहीं मानी जाती थी।

वैसी लाठी को लोग फिर बेंत समझते थे जिसे लेकर वयोवृद्ध दिशा-मैदान को या घूमने जाते हैं तथा जिससे अलीपुरा के कुत्ते तक नहीं डरने वाले।

अलीपुरा में भाईचारा-अपनापा-घरोबा-आपस में प्रेम-व्यवहार आदि तो गचागच था, परंतु दुश्मन से निबटने को तैयारियाँ भी उसी हद तक थीं। आम सोच यह था कि बैरी कहीं भी हमला बोल सकता है, जिसका मुँह-तोड़ जवाब देने के लिए आदमी को हरदम तैयार रहना चाहिए। बैरी होते भी खूब थे। लोगों में यह चिंता व्याप्त रहती थी कि अपने खेत के बगलवाले खेत की जमीन कैसे दबा ली जाए ? बगल के खेत का पानी काटकर अपनी तरफ मोड़ लेने में वे आत्मिक सुख प्राप्त करते थे। दूसरे के खेत में अपने ढोर ढीलकर वे अपने खेत की मेंड़ पर बैठकर गाँजे की चिलम सुलगा लेते। इसी चिलम की आग से दूसरे के खलिहान में आग लगा देने में भी वे निपुण थे। पड़ोसी की बकरी का दूध निकाल लेना उनका जन्मसिद्ध संवैधानिक अधिकार था। पटवारी-गिरदावर और कानूनगो की किताबों में खसरा अपने पक्ष में चढ़वाकर दूसरे की जमीन अपने नाम करवाने के लिए आधा अलीपुरा पास की तहसील के चक्कर काटा करता था। इन नेहायत ही जायज कारणों से तो बैरी बनने ही थे और उस संदर्भ में सिवाय बैरियों से निबटने के लिए देसी कट्टा खरीद लेने के और किया भी क्या जा सकता था ?

फिर बैरी और भी कारणों से पैदा होते थे। कुछ बैर थे, जो खानदान में चले आ रहे थे और जिन्हें निभाने के लिए लोग बाध्य थे। बाप के बाप के बाप के भी बाप की, किसी और के बाप के बाप के भी बाप के भी बाप से कभी भरी हाट-बाजार में गाली-गुफ्तार होकर अंततः लाठीबाजी हो गई थी, जिसमें एक बाप के भी बाप के भी बाप के भी बाप ने दूसरे बाप के भी बाप के भी बाप के भी बाप की खोपड़ी खोल दी थी, जिससे निकलकर उनके प्राणों के पखेरू अलीपुरा के आकाश में विलीन हो गए थे, तब से अब तक इनके बेटों के भी बेटों के भी बेटों के बेटे उनके बेटों के भी बेटों के भी बेटों तक को प्राकृतिक रूप से बैरी ही मानते आए थे और अँधेरे-उजाले में एक दूसरे पर ढेला मार देने, टँगड़ी देकर गरदनिया दे देने, आँगन में पत्थर फेंकने, दूसरे के बच्चे को अकेला पाकर थपड़िया देने, दूसरे की गाय-भैंस-बकरी-कुत्ते को लाठी द्वारा मार-मारकर भुरकस कर देने, दूसरे की लगी-लगाई सगाई तुड़वाने के लिए उसकी बिरादरी में ढके-छुपे प्रयास करने, चक्कू मारने, मूठ मारने, तंत्र-मंत्र द्वारा बैरी के संपूर्ण परिवार का नाश करवाने के लिए मसान जगाने, बात-बात में लाठी चमकाने, स्थानीय थानेदार के घर घी का पीपा, गेहूँ आदि पहुँचाकर पहचान का डौल जमाने का प्रयत्न करने ताकि दुश्मन पार्टी को अंदर पड़वाकर अच्छी ठुकाई करवाई जा सके, टोटकेवाला नीबू-सेंदुर बैरी के रास्ते में डाल देने, आदि न जाने कितने तरीकों द्वारा यह बैर निभाने-बढ़ाने-पनपाने के प्रयत्न किए जाते थे। 'जिनके बैरी चैन से सोवें उनके जीवन को धिक्कार...' आल्हा की यह पंक्ति उनके जीवन-दर्शन का महत्त्वपूर्ण आधार थी और इस जीवन-दर्शन में देसी कट्टे का अपना ही स्थान था। आज कोई बैरी न

भी हो पर बैरी का कोई तय तो था नहीं—ऐसे माहौल में बैरी पैदा होते देर नहीं लगती थी। सो आदमी के नश्वर जीवन में देसी कट्टे का अपना महत्त्वपूर्ण स्थान था, जिसे देखकर जीवन की नश्वरता पर विश्वास और दृढ़ होता था क्योंकि बैरी का देसी कट्टा कभी भी, आपका जीवन नश्वर है, यह सिद्ध कर सकता था।

सभी स्थानीय लोहार देसी कट्टा बना लेते थे और बनाते थे। लोहे का कैसा तो भी टेढ़ा-मेढ़ा टुकड़ा, जिसमें एक लिबलिबी हो, जिसे दबाने पर गोली पीछे की तरफ निकलकर चलाने वाले को ही न मार दे और जिसके चलाने के दौरान नली ही न फट जाए और जिसके चलने पर गोली कम-से-कम दो-तीन फीट तक की यात्रा तो करे ताकि दुश्मन पर वार करने के लिए एकदम उसकी गोदी में बैठकर ही पिस्तौल न चलानी पड़े—जो भी इतना तकनीकी ज्ञान प्राप्त कर लेता था, वही लोहार दावा करने लगता था कि वह देसी कट्टा बनाकर आपकी सेवा में पेश कर सकता है। पर ऐसे कट्टे बस नाम के ही कट्टे थे। ये कमर में आभूषण की तरह होते थे। सामने आने पर, जब तक आप बैरी पर यह कट्टा तानें और लिबलिबी दबाएँ और दबाने पर बस पिटपिट की आवाज होकर रह जाए, तब तक बैरी आपको दस जूते मार चुका होता था। सो ऐसे देसी कट्टों की कोई साख नहीं थी। लोग इन कट्टों की चर्चा मजाक करने के लिए करते थे। ''अभी उस दिन देखा था न पंचम मामा को ? उनकी एक आँख भला कानी कैसे भई हती ? वही देसी कट्टा दागते में नली फट गई और लोहे का एक टुकड़ा सीधे आँख में धँस गया। बस बंद हो गई एक तरफ की बत्ती।'' तो ऐसे कट्टे का क्या लेना और क्या न लेना। ''फालतू की चीज। सस्ता सौदा, माल खराब। खुदई का मों जला दें। कट्टा लेना है तो अतर्रा के नारायनदास लुहार से लो। चार रौंड का। मारो धाँय से। तो गोली स्साली कहीं भी मारो पर सीने में ही धँसे। कलदार लगते हैं, पर चीज भी बड़ी जालिम होती है।''

ऐसा ही अतर्रे का कट्टा फिरंगी लाए थे और बेहद उत्तेजित थे। लल्ला ने भी अतर्रा के नारायणदास के बनाए देसी कट्टों के माहात्म्य की बड़ी चर्चा सुनी थी, पर देखने को आज मिल रहा था। रोमांचित होकर लल्ला ने कट्टा फिरंगी के हाथ से लेकर अपने हाथ में ले लिया। उलट-पुलटकर वे उसे देखते रहे और उसके ठोस लोहे के जादुई स्पर्श से अभिभूत होते रहे। ''कैसा है हल्के राजा ?'' फिरंगी ने गर्व से पूछा। फिरंगी की आवाज और आँखों में चमक थी, गर्व था, प्रशंसा प्राप्त करने की अपेक्षा थी—और ये सारी चीजें मिलकर उनकी आँखों से प्रायः टपकती मूर्खता को कुछ देर के लिए ओझल कर रही थीं।

लल्ला कुछ न बोले।

बस हाथ फेरते रहे।

फिर कट्टे की लिबलिबी पर उँगली रखकर बोले, ''भरो तो नँई है तमंचा भैया ?''

''खाली है भैया''कारतूस के लाने पैसा नहीं बचे थे''''

''चीज जोरदार है।'' लल्ला ने किसी अंतर्राष्ट्रीय हथियार-विशेषज्ञ की तरह

राय दी।

"है के नँई ?" फिरंगी अभी भी अभिभूत थे।

"है, भैया, है..."

"सच्ची ?"

"तुम्हारी सौगंध।"

"बस, अब तुमने कह दी, तो हमें, मान लो दुनिया ने कह दी। हम जेई सोच के लाए थे कि तुमको जरूर पसंद आएगी। अब जे अच्छा हो गया कि रात-बिरात कहीं निकरबे में डरबे की बात नहीं रही।" फिरंगी ने कहा।

"खैर, डरने की बात पहले भी नहीं थी...याद नहीं है, जब रात में नद्दी में लोट के वापस आ रहे थे, तो मसान के पास क्या हुआ था ? तीन लठैत मिल गए थे। कहन लगे कि जो टेंट में हो, सो सामने निकार के धर दो।"

"हओ, याद है। टेंट में तो भैया वैसे चवन्नी भी नहीं थी, पर तुमने उछल के जो दई हचक के लात तो सारे वहीं मसान की राख में लोटन-कबूतर हो गए थे। हमने भी खूब हाथ निकाले थे उस दिन। स्साले हा-हा खान लगे थे के भैया, छोड़ दो तो तुम्हारी जिंदगी-भर गुलामी करेंगे।" फिरंगी ने माना।

"फिर भी तमंचा की बात कुछ और है।" लल्ला ने भी माना।

"जे बात आपने सही कही। तभी तो हम ले आए।"

"कित्ती दूर से फैर करबे की बनती है।" लल्ला ने पूछा।

"जेई तो मजा है कट्टे का कि स्साला दुश्मन पचास गज पे बढ़िया सटासट चला जा रहा हो कि अपुन ने दी दबा के इतें से। बस...निपुर गई संक्रांत उतें..."

"पचास गज तक फैर करेगी ?" लल्ला ने प्रशंसामिश्रित आश्चर्य प्रकट करते हुए प्रश्न पूछा।

"पचास की तो हमने कही है। जान लो कि सौ-सवा सौ गज पे भी मारो, तो आर-पार तो मान लो ना निकल पाए, पर खून तो निकाल ही देगा।" फिरंगी ने कट्टे को प्यार से निहारते हुए कहा।

"अब, एकाध-दिन चला के दिखा दो, तो दिल को ठंडक हो जाए।" लल्ला ने पिस्तौल की नली में अंदर तक उँगली डालकर न जाने क्या तलाशते हुए कहा।

"दो दिन थोड़ा और गम्म खा लो। परसों चच्चा ने नोट देने की कही है। मिले, के अपुन ने लिए कारतूस। फिर जब कहो, तभी निकल चलेंगे जंगल में। वहीं चलवाएँगे तुमसे। लगाइयो ठाठ से निसाना।"

"चमड़ा की पेटी और बनवा लेते...कमर में लटकाते, तो एकदम सुलताना डाकू की नाँई सनाका खेंच देते।" लल्ला ने सुझाव दिया।

"बो भी बनेगी लल्ला भैया, बो भी बनेगी। बस, थोड़ा-सा पैसा आने दो। कितें से भी आए।" फिरंगी ने चमड़े की पेटी तथा ऐसी ही अन्य झंके-मंके की स्कीमों को पूरा करने की बात की, तो लल्ला कुछ देर के लिए हाथ में धरे देसी कट्टे को भूल गए।

"सारा खेल ही पैसे का है, फिरंगी।" लल्ला ने फिलॉसफी झाड़ी।

"सच्ची कह गए आप। कलदार के बिना जीने का क्या मतलब ?"

"गरीब की मौत है।" लल्ला फिलॉसफी में और गहरे उतर गए।

"बताओ राजा, स्साली पिस्तौल इतें-उतें से मार-कूट के खरीद ली, तो साले कारतूस के लिए रो रहे हैं—ऐसी जिंदगी कौन काम की ?"

"मेरे पास नोट होते तो पूरी कारतूस पेटी खरीद के तुम्हारी छाती पे टाँग देता।" लल्ला ने फिरंगी पर प्यार उँड़ेलते हुए कहा।

"कट्टे में चार रौंड फायर भरे हों हरदम, फिर देखो जलवा ̈स्साला, जो मिले, उसी की चूतड़ पर चार लातें जमाएँ हम तो ̈," फिरंगी ने छाती पर पूरी कारतूस पेटी लटक जाने पर उनके व्यक्तित्व में उतर आनेवाली दबंगई की चर्चा की।

"चूतड़ पर चार लातें तो, भैया ऐसा है कि आपकी जेब में चार पैसे हों तो आप वैसे भी किसी को भी ठोंक सकते हैं। ससुरा कोर्ट-कचहरी ही तो करेगा, सो पैसा किस दिन काम आएगा ? नहीं, फिरंगी, चार लातें मारने के लिए कट्टा नहीं चाहिए। उसके लिए या तो खीसे में नोट चाहिए या फिर कल्ले में जोर ̈," लल्ला ने मारपीट में पैसे तथा बाहुबल के रोल की चर्चा की।

"पर कट्टे की बात ही कुछ और है।" फिरंगी ने कट्टे को लल्ला के हाथ से अपने हाथ में लेकर, उसे प्यार से सहलाते हुए कहा।

"सो तो है।" लल्ला ने माना।

"फिर अतर्रा के नारायनदास के बनाए कट्टे की तो क्या कहें और क्या न कहें। हमारे चच्चा कहते हैं कि भैया दुश्मन की छाती पे दता के इत्तो-भर बोल दो कि जे कट्टा, बेट्टा नारायनदास अतर्रावाले को बनाया है तो साला बिना गोली खाए ही डरके मारे मर जाएगा," फिरंगी ने बुंदेलखंड में नारायणदास लुहार के बनाए देसी कट्टे के विख्यात होने तथा आतंक होने—दोनों की चर्चा करते हुए बताया।

"सो तो है," लल्ला ने माना और कहा, "अच्छी, भारी पिस्तौल है।"

"लोहे की है, भैया। पकड़ने की मूठ तक लोहे की बनाई है। जे नईं कि आधी पिस्तौल में लकड़ी का फट्टा ठोंक दिया और कह दिया कि भइया जे धरी पिस्तौल, लटकाओ चाहे बाँध लो ̈," फिरंगी ने पिस्तौल के भारी होने को उसका दुर्गुण न मानते हुए उसकी विशेषता सिद्ध करते हुए कहा।

"गोली खतम हो जाए, तो मूँठ से सिर फोड़ दो।" लल्ला ने भारी पिस्तौल का एक फ़ायदा और बताया।

"और क्या, अरे भैया, जोर से फेंक के मार दो तो मुंडी के दो टुकड़ा तो समझो कि हो ही जाएँ। क्या कहते हो, लल्ला ?" फिरंगी ने पिस्तौल के तारीफनामे में अपना शेयर जोड़ते हुए कहा।

"सच्ची कही।" कहकर लल्ला ने पिस्तौल फिरंगी के हाथ से अपने हाथ में ले ली।

रात गहरी हो रही थी।

बेहद गर्म रात थी।

इस हाथ से उस हाथ में पिस्तौल जाती रही।

पुलिया के पत्थर अभो तक गर्म थे। हल्की-सी चाँदनी, यदि इसे चाँदनी कह सकें तो, वरना खासा अँधेरा। पुलिया के नीचे से बहते-सूखते नाले की भीनी-भीनी बदबू वातावरण में थी पर लल्ला और फिरंगी, दोनों ही इससे बेखबर से थे क्योंकि यही अलीपुरा की गंध थी। पेड़ हिल नहीं रहे थे। स्तब्ध से खड़े थे। इक्का-दुक्का कोई आदमी निकल जाए, तो अलग बात, वरना सड़क पर सन्नाटा-सा ही था। स्तब्ध सन्नाटे में लिपटी काली गर्म रात में ये दो साए, बैठे हैं पुलिया पर, कट्टा सहलाते।

एक कुत्ता पास से गुजरा। लल्ला ने यूँ ही पत्थर उठाकर दे मारा। अलीपुरा में यह रिवाज-सा था। कुत्ते को देखते ही आदमी जमीन पर पड़ा कोई पत्थर का टुकड़ा उठाता और कुत्ते को फेंककर मारता। जमीन पर, सड़कों पर, गलियों में, पत्थर लाखों थे और अलीपुरा में कुत्ते भी सैकड़ों थे, जो कुत्तों की तरह डोलते हुए यहाँ-वहाँ पिटते घूमते थे। आदमी एक कुत्ते को मारकर निबटता, तब तक दूसरा कुत्ता कहीं से निकल आता। कुत्ते पिटते रहते। आदमी मारता रहता। अलीपुरा के कुत्ते आज तक अलीपुरा के आदमी को नहीं समझ पाए थे। आदमी या तो कुत्ते को मारता था या आपस में ही मारपीट करता था। देर तक कुत्ता न दिखे, तो वह अपने पड़ोसी या राहगीर या भाई-बाप से ही मारपीट करने लगता था। इस मामले में कुत्तों का रोल अलीपुरा में शांति के दूतों जैसा था कि वे स्वयं पिटकर आदमी को व्यस्त रखते थे, जो फुरसत में होता तो आपस में सिर-फुटौवल करता।

लल्ला ने इसी सहज प्रवृत्ति के अंतर्गत कुत्ते को एक नुकीला पत्थर फेंककर मारा था। कुत्ता तेज चला जा रहा था। अँधेरे में निशाना साधना भी कठिन था। फिर पुलिया पर बैठे-बैठे हाथ जोर से घुमाना भी कष्टसाध्य क्रिया थी—परंतु इन कठिनाइयों तथा सीमाओं के बावजूद पत्थर सीधा कुत्ते के पेट पर पड़ा। कुत्ते ने पलटकर पीछे भी नहीं देखा। तेजी से कैं-कैं करके उसने जीवन की नश्वरता तथा दुखों को बयान करनेवाला कुत्ता-गीत आलाप लेकर गाया और चाल में और भी तेजी लाते हुए नाले की तरफ उतर गया। लल्ला और फिरंगी, दोनों हँसने लगे। आनंद का अवसर था। दोनों खुलकर हँसे। अलीपुरा में कुत्ते पर यदि पहली दफे में ही निशाना सही लग जाए, तो आदमी को बड़ा आत्मिक संतोष प्राप्त होता था। हँसते हुए लल्ला ने पूछा, "कैसी रही ?"

हँसते हुए ही फिरंगी बोले, "क्या कहने तुम्हारे निसाने के, तुम्हारे हाथ में कट्टा पड़ गया तब तो न जाने क्या करोगे।"

"देखते जाओ।" लल्ला ने गर्व से कहा।

दोनों जन आधी रात तक वहीं पुलिया पर बैठे बतियाते रहे। बातों का दायरा देसी कट्टे से चलता हुआ पहलवानी, पैसा कमाने के सरल उपाय, कम पूँजी में बड़ा व्यापार खड़ा करने के सहज तरीकों, ब्रह्मचर्य के महत्त्व, पहलवानी के क्षेत्र में नए

दाँव-पेंचों की संभावनाओं, मजबूत मुक्के के विकास में दीवार पर प्रतिदिन सौ मुक्के मारने का महत्त्व, बकरी के दूध तथा भैंस के दूध के बीच तुलनात्मक अध्ययन तथा इन दोनों के संदर्भ में ऊँटनी के दूध के रहस्यात्मक पहलुओं की चर्चा, प्रतिदिन शहद सेवन करने के फायदे, लँगोट लाल अच्छी लगती है या काली तथा लँगोट की डोरी को बाँधने के तरीकों पर परंपरागत तथा आधुनिक विचारों की टकराहट, हस्तमैथुन के दुष्प्रभाव, सुना है कि झाँसी में कोई टेरीलीन नामक वस्त्र आया है, जिसका पैंट बनवाओ तो क्रीज खतम नहीं होती, फिरंगी के बाप तथा लल्ला के बड़े भैया में से कौन तेज झापड़ मारता है, गाँव में रमतूला कौन ठीक बजाता है, अमराई में प्रतिदिन बैठनेवाली फड़ में कल कौन जीता और किसने किस पर आरोप लगाया कि आजकल जुए जैसे सच्चे खेल में भी बेईमानी उतर आई है, लालबहादुर शास्त्री को गला मसक के मारा खुद अयूब खान ने और साली हमारी सरकार कुछ न कर पाई जबकि हम होते तो पाकिस्तान पर एटम बंब गिरा के ही मानते, अमरीका ने ऐसा राकिट बनाया है जो सीधे चाँद पर उतरनेवाला है और ये साले अमरीका-रूसवाले हमें चूतिया समझते हैं कि हम उनकी ऐसी गप्प पर भरोसा कर लेंगे, वो कहारन जो कुएँ में कूद के परकी साल मरके चुड़ैल बन गई थी, उसे कल ही लल्ला ने कुएँ पर पानी भरते देखा, अजुद्दी कक्का से बड़ी मसान-सिद्धि झाँसी तक किसी की नहीं है, आत्मा के आह्वान के खतरे, प्लेनचेट चलाने के तरीके, भूत चिपट जाए या पास बुलाए तब हनुमान चालीसा जोर-जोर से पढ़ने का प्रभाव, हाईस्कूल के प्रिंसिपल के प्राथमिक शाला की शीला भेनजी से अवैध संबंध, पड़ोस के गाँव में आई नौटंकी अलीपुरा भी आएगी या नहीं और आई तो उसमें वह मशहूर नाचनेवाली होगी या नहीं, जिसे लेकर उस गाँव में फौजदारी हो चुकी है, जमाना ऐसा खराब आ गया है कि सगा भाई भी आपकी कटी उँगली पर नहीं मूतेगा, धोबीपाट की जगह कैंचीदाँव मारने के फायदे, त्रिफला से आँखें धोने से नेत्र-ज्योति में अपूर्व फायदे, अकउवा के दूध के खतरे तथा उपयोग, एक दिन फुरसत निकालकर पटवारी को मारने चलना है, हेडमास्टर के घर पर रात में पत्थर कौन फेंकता है, छुट्टन को कब-कहाँ जुआ खेलते फिरंगी ने पाया, देसी घी तथा डालडा वनस्पति घी के बीच तुलनात्मक विवेचन, आदि अनेक लोकप्रिय तथा रोचक विषयों को समेटता वापस देसी कट्टे पर ही समाप्त हुआ। पुलिया से उठते हुए अपने-अपने घर की दिशा में प्रस्थान करने से पूर्व लल्ला और फिरंगी के बीच तय हुआ कि जैसे ही कुछ पैसों का जुगाड़ हुआ, कारतूस खरीदे जाएँगे। और पास के जंगल में जाकर निशानेबाजी का अभ्यास किया जाएगा। दोनों के चले जाने के बाद खाली पड़ी पुलिया देर तक अकेलापन महसूस करती रही।

अलीपुरा का रेलवे स्टेशन।

छोटे कस्बों के ऐसे स्टेशन, जो कस्बे के बाहर वीराने में बसे होते हैं, वैसा ही

उजाड़-सा, अकेला, तनहा, उदास-सा स्टेशन। अलीपुरा से बाहर निकलो और दो मील लंबी, गिट्टीवाली ऊबड़खाबड़ सड़क से जाओ तो इस स्टेशन पर पहुँचोगे। स्टेशन पहुँचने के दो तरीके थे। एक कि पैर-पैदल निकल जाओ और दूसरा यह कि आप ताँगे में बैठ जाइए और सड़क की गिट्टियों पर उछलते-गिरते ताँगे में हिलते-डुलते जब तक स्टेशन पहुँचिए, तो उतरने के पाँच मिनट बाद तक ताँगे को पकड़कर खड़े रहिए। सड़क के दचकों में सिर ऐसा हिल जाता था कि यदि ऐसे न पकड़ो तो चक्कर खाकर घोड़े के चरणों में गिर पड़ो। वैसे घोड़े इतने मरियल होते थे कि यदि इन्हें घोड़ा कहकर पुकारा न जाए, तो गधे से अलग कर पाना कठिन ही था। ये पैदा ही ऐसे हुए थे, या फिर अलीपुरा की गड्ढों से अटीं सड़कों पर ताँगा खींचकर उनका यह हाल हुआ था, या फिर नियमित जुलाब इन्हें दिया जाता था—कहा नहीं जा सकता। पर सत्य यही था कि ये मरियल घोड़े बड़े तुनकमिजाज, आलसी तथा बात-बात पर भड़क जाने वाले थे। यदि आप चक्कर खाकर इनके आसपास गिरे तो ये इसका भी बुरा मान सकते थे।

स्टेशन की छोटी-सी इमारत थी, जिसके बाहर ये ताँगे खड़े रहते थे। इनका मूल काम तो लोगों को स्टेशन से अलीपुरा कस्बे तक ले जाना या वहाँ से लाना ही था पर दिन-भर में एक ही ट्रेन, मानिकपुर पैंसेजर, यहाँ आती थी—सो शेष समय ये ताँगे या तो बेकार पड़े रहते थे या अलीपुरा में एक जगह से दूसरी जगह बोरियाँ तथा अन्य ऐसा भारी सामान, जिसको उठाने में आदमी की काँच खुल जाने का भय रहता था, ऐसे सामान को ढोने का काम करते थे। पर कुल मिलाकर ताँगों से बहुत कमाई थी नहीं। इसी कारण घोड़ों या ताँगे के रख-रखाव पर ज्यादा खर्च करना मूर्खता मानी जाती थी। घोड़े प्रायः अधभूखे होते। ताँगे में बैठनेवाली गद्दियों की जगह पटिए होते, जिनमें कीलें निकली रहतीं और जो उखड़े रहते तथा किसी भी समय सवारी को हवा में तैराते हुए सड़क पर गिरा सकते थे।

घोड़े चलने को राजी ही नहीं होते थे। जैसे ही कोई सवारी ताँगे पर चढ़ती, वे ऐसे घोड़े की मुद्रा अपना लेते थे जिससे यह उम्मीद करना कि वह अभी ताँगे को घसीटेगा, सारी सभ्यता तथा संवेदनशीलता के विरुद्ध होता। साईस खूब लगाम खींचता, पीठ को चाबुक के बेंत से कोंचता पर घोड़ा चलता ही नहीं। फिर साईस माँ की गाली देता, जिसे सुनकर घोड़ा एक बार पीछे की तरफ गर्दन मोड़कर देखता और अपने चेहरे को और लटकाकर इस गाली-गलौज पर आपत्ति प्रकट करता। साईस तब दो-चार बार हवा में हंटर लहराकर सटाक-सटाक की आवाजें पैदा करके घोड़े को डराने का निरर्थक प्रयत्न करता, जिसे सुनकर घोड़ा हँसने लगता और हँसते हुए एक-दो कदम बढ़ाकर फिर खड़ा हो जाता। सवारी पूछती कि भैया घोड़े को दाना-वाना दिया कि नहीं? तब साईस घोड़े की माँ, बहन, बेटी इत्यादि से नितांत व्यक्तिगत तथा निकट के संबंध स्थापित करनेवाली गालियाँ देता हुआ सवारी को बताता कि ऐन ठूँस के खिलाया है और 'सुबह से दाना खाबे के अलावा भैया ने किया ही क्या है?' तब

सवारी कुछ देर तक और ये रंग-ढंग देखती, फिर ताँगे से उतरने का उपक्रम करती हुई कहती कि जे आज नहीं चलबेवाले लगता है कि घोड़ी से रिसा गए हैं, तब साईस अपना संकल्प बताते हुए कहता कि जे क्या, इनके बाप भी दौड़ेंगे। तब यात्री कहता कि जे दौड़ें चाहें न, पर कम से कम चल तो पड़ें। जब साईस तथा सवारी इस तरह की बातचीत में मुब्तिला होते, तभी घोड़ा यकायक बगटुट भागने लगता। सवारी ताँगे से गिरते-गिरते बचती। प्रायः कीलों में फँसी रहने के कारण वह गिर न पाती। कभी गिर भी जाती या उसकी टीन की पेटी तेज आवाज के साथ नीचे गिर जाती, जिसे सुनकर शेष ताँगों के घोड़े भी चौंककर भागना शुरू कर देते। कुछ देर खासा शोरगुल रहता। घोड़े रोज इन हरकतों पर पिटते, परंतु फिर भी बाज न आते।

इतनी भव-बाधाओं के रहते हुए भी अलीपुरा के ताँगों का अपना सौंदर्य था तथा उनमें सवारी करने का एक अलग आनंद भी। ये छोटी-मोटी समस्याएँ थीं, जिनके कारण ताँगे पर बैठकर स्टेशन तक पहुँचने की शान को तजा तो नहीं जा सकता था। जो सिर पर अपनी पेटी लादे, बगल में बिस्तर लटकाए पैदल ही टेसन जाते थे, टुटपुँजियों में गिने जाते थे। रईसी दिखाने का एक तरीका यहाँ ताँगे पर टेसन जाने का था।

ताँगे में बैठकर अलीपुरा की गलियों से निकलना, निकलते हुए सबको राम-राम, नमस्कार करना तथा सभी को यह बताते चलना कि यही मानिकपुर पैसेंजर से थोड़ा निवाड़ी तक जा रहे थे—इस सारे कर्मकांड का अलग ही सुख था। अठन्नी में यह सुख महँगा भी नहीं था।

ऐसे ही एक ताँगे से (जिसे उधार पर छुट्टन यह कहकर लाए थे कि अब इस दफे के मिलाके कुल चार रुपैया हो जाएँगे, जो जल्दी ही तुमको चुका दिए जाएँगे) सारे लोग स्टेशन पहुँचे थे और इस समय प्लेटफार्म पर मानिकपुर पैसेंजर की प्रतीक्षा चल रही थी, जो हस्बे-मामूल दो घंटे लेट थी।

प्लेटफार्म पर खासी भीड़ थी।

परंतु इनमें से यात्री गिने-चुने ही थे। शेष अलीपुरा के वे फुरसतिया लोग थे, जो शाम को प्रतिदिन ही मानिकपुर पैसेंजर 'देखने' आया करते थे। अलीपुरा में शाम की मानिकपुर पैसेंजर देखने का फैशन-सा था। दिन-भर फालतू-फंड घूमकर, यहाँ-वहाँ टहलकर, खटिया पर देर तक पड़े रहकर, बच्चों को पीटकर, पत्नी से गाली-गलौज कर, चबूतरे पर पटलेदार चड्ढी पहनकर उकड़ूँ बैठकर पड़ोसी के घर को देर तक ताककर, मंदिर जाकर, बार-बार बीड़ी पीकर, गाँजे की चिलम खींचकर, ताश के फटे पत्तों से ही कोट-पीस, तीन-दो-पाँच आदि खेल-खेलकर घर के सामने से गुजर रहे किसी से भी कोई भी बात करके, पुरानी दाद को च्यूँटी में लेकर देर तक मसलकर, तंबाखू को देर तक हथेली पर मसलकर मुँह में रखकर और फिर मुँह में भरा थूक इधर-उधर थूककर, लवण-भास्कर चूर्ण फाँक-फाँककर यहाँ-वहाँ प्रचंड उद्घोष करती पेट की वायु को वायुमंडल में विस्फोट के साथ फेंकते भी जब शाम आते-आते यह

न समझ में आता कि अब क्या करें तथा बचे हुए समय को कैसे काटा जाए, तो लोग वही गिट्टीवाली रोड पकड़कर, दो-दो तीन-तीन के गुटों में स्टेशन की तरफ चल देते। घूमते-बतियाते वहाँ पहुँचते, प्लेटफार्म पर घूमते, बैठे रहते और 'मानिकपुर' निकल जाने पर ही वापस घर लौटते। वे स्टेशन-मास्साब से उनके स्वास्थ्य का आज का बुलेटिन सुनते, टीटीआई साहब को नमस्कार कहकर उन्हें बीड़ी पेश करते तथा लाइनमैन इत्यादि के साथ खड़े होकर स्टेशन-मास्साब की महरारू के अंतरंग किस्से सुनते। वे सुदूर क्षितिज को जा रही पटरियों पर चलते, प्लेटफार्म की बजरी पर ठोकर मारकर किसी पत्थर को उसके एक सिरे से दूसरे सिरे तक मुफ्त यात्रा कराते, बंबे का पानी पीते, मर्दोंवाले तथा जनाना—दोनों पेशाबघरों में मूतकर आते और कौन कहाँ जा रहा है, इसका जायजा लेते। इससे एक फायदा यह होता था कि सारे अलीपुरा को पता रहता था कि आज किसने गाँव छोड़ा तथा कौन गाँव में आया।

सिग्नल का गिरना तथा उठना उन्हें अभिभूत कर देता। कोई मालगाड़ी निकल जाती तो वह बोनस का मजा दे जाती। हरी, लाल झंडी बगल में दबाए आदमी दिख जाता तो लोग इज्जत से रास्ते से अलग हटकर उसे राह देते और जोर से उसे जैरामजी की करते। इंजिन के ड्राइवरों को वे सभी नमस्ते करते। कैसे अद्‌भुत थे ये लोग जो झंडी हिलाते थे, सिग्नल उठाते-गिराते थे और इतनी लंबी रेलगाड़ी को यूँ जरा से इंजिन से खींच ले जाते थे ! अलीपुरावाले इन अद्‌भुत दिव्य-रेलवे-पुरुषों से अभिभूत थे। रेलवे का सारा ठाठ ही उन्हें पारलौकिक और रहस्यात्मक लगता। यहाँ प्लेटफार्म पर आकर वे मानो एक अलग ही दुनिया में आ जाया करते थे।

यात्रा करनेवाले लोग अलग ही नजर आते थे। लोग थोड़ी दूर की यात्रा भी पूरी तैयारी के साथ किया करते थे। हर यात्री के पास टीन की एक पेटी हुआ करती थी, जिसके कोने नुकीले, कब्ज़े जंगशुदा तथा कुंदे धारदार होते थे। इस पेटी पर मानिकपुर पैसेंजर आने तक बैठा जाता था तथा पैसेंजर के आने पर इसे डिब्बे में जोर से फेंक दिया जाता था, जहाँ यह अपनी जगह स्वयं बनाती थी। फिर एक झोला होता था, जिसमें सत्तू, चिलम, अफीम, बीड़ी का बंडल, आल्हा-ऊदल की गाथा की किताब, काँसे या ताँबे का एक लोटा (डोरी सहित, ताकि रास्ते में कहीं कुएँ से पानी खींचना हो, तो काम आए), थाली-कटोरी, दाल-चावल-आटा आदि होता था। इसी झोले में सबसे नीचे रेल का टिकट रखा जाता था, जो टिकटबाबू द्वारा माँगने पर पूरे झोले का सामान सारे डिब्बे में उलटकर बिखरा देने पर ही मिल पाता था। दरी में बँधा हुआ एक बिस्तर होता था, जिसमें न जाने क्या भरा होता था कि वह खासा भारी तथा पथरीला हो जाता था। दरी को मूँज की कँटीली डोर से बाँधा जाता था, जिसकी गाँठ आमतौर पर ऐसी बाँधी जाती थी, जैसी एक जमाने में सिकंदर भी नहीं खोल पाया था। इनके अलावा चार-पाँच पोटलियों में और भी न जाने क्या-क्या होता था, जिनके बारे में स्वयं इन लोगों को भी पता नहीं होता था कि क्या बाँध लिया है। यात्रा के बारे में मान्यताप्राप्त फिलॉसफी यह थी कि जो सामान सामने दिखे, पेटी या पोटली

में धरकर ले चलो—न जाने कब, कहाँ काम आ जाए।

यात्री न केवल अपने सामान से पहचाने जा सकते थे, बल्कि उनकी एक पहचान और थी। वे बड़े घबराए रहते थे। ट्रेन आने तक उन्हें यह भय बना रहता था कि आज रेल छूट जाएगी। वे लगातार इस आशंका से परेशान रहते थे कि रेल आएगी, तो या तो वे चढ़ ही नहीं पाएँगे, या पीछे कुछ सामान रह जाएगा या एकाध बाल-बच्चा गलत डिब्बे में चढ़ जाएगा। रेल के पहुँचने तक, प्लेटफार्म पर वे घबराए पिल्ले की भाँति बेचैन यहाँ-वहाँ टहलते रहते, बार-बार उस दिशा में गौर से देखते जहाँ से रेल को आना होता तथा उस तरफ बीड़ी का धुआँ भी दिख जाए तो सामान उठाकर भागना शुरू कर देते थे, जब तक वास्तव में रेल आती, वे बच्चों को दस बार पीट चुके होते, बीस बार पेशाब कर आए होते, पचास बार बंबे का पानी पी आते और सौ बार पत्नी को गरिया चुकते। वे बार-बार सामान उठाकर देखते कि मौके पर उठ पाएगा या नहीं। पत्नी को बार-बार आगाह करते कि "हमरे ही पीछे-पीछे चढ़ जइयो डब्बा में, जे नँई कि मूसल सी खड़ी रह जाओ इँतई..."। वे बार-बार पास खड़े लोगों से, टिकटबाबू से तथा और भी जो मिले, उसी से पूछते रहते कि "भैया, जे मानकपुर कब लों आएगी...?" बतानेवाले बताते या फटकार देते। ये दोनों स्थितियों में एक से रहते अर्थात घबराए पिल्ले की तरह ही बने रहते।

प्लेटफार्म पर शौकीन फुरसतियों, यात्रियों तथा रेलवे कर्मचारियों के अलावा बेर बेचनेवाले, गजक-रेवड़ी वाले, अमरूद की डलिया सिर पर उठाए बच्चे, कुछ धैर्यवान भिखारी, बहुत से लतखोर कुत्ते तथा एक लूले बब्बा भी थे। लूले बब्बा एक बूढ़ा व्यक्ति था, जो लगभग अर्धविक्षिप्त-सा था और प्लेटफार्म पर ही पड़ा रहता था। उसका एक हाथ लकवे से बेकार हो गया था, सो अलीपुरावाले उसे लूले कहते थे। लूला कहने के पीछे कोई निरादर करने की इच्छा नहीं थी, बल्कि साथ में बब्बा कहकर पूरा आदर दिया जा रहा था। दरअसल अलीपुरा में जैसे को तैसा ही कहकर पुकारने का रिवाज था, इसी कारण गाँव में कुछ लंगड़ मामा, एक काने कक्का, एक पगलट मौसी तथा दो-तीन सूरे चाच्चा थे। किसी को पता नहीं था कि लूले बब्बा स्टेशन पर कितने वर्षों से थे। बतानेवाले बताते थे कि वे टेसन खुलने के साथ ही एक दिन मानिकपुर पैसेंजर से उतरे थे और यहीं रह गए थे। प्लेटफार्म पर समय काट रहे लोगों के लिए लूले बब्बा के साथ छेड़छाड़ करना एक लोकप्रिय शगल था। लोगों की लूले बब्बा के विषय में अलग-अलग राय थी। कुछ कहते थे कि इसकी महरारू दारी सारा मालमत्ता लेकर एक अहीर के साथ निकल भागी और भगते-भगते उस सरऊ अहीर ने दई लाठी घुमाके तो हाथ अलग तोड़ दओ बब्बा को...। कुछ उसे सरकार का जासूस बताते, जो सरकार की तरफ से 'बिला-टिकिट' वालों पर नजर रखता था तथा लिस्ट बनाकर सरकार को भेजता था ताकि 'एक दिन इन सबकी कुर्की का वारंट निकाला जा सके...।' कुछ उसे प्रेतबाधा से पीड़ित बताते थे, जिसने एक दिन पीपल के पेड़ पर गलती से मूत दिया था तो 'पीपर का भूत तभी दबोच लिया बब्बा

को¨।' तो कुछ लोग बताते कि यह बड़ा 'गुनी फकीर' है और जिसको फेंक के 'पत्थर' मार दे, उसकी खोपड़ी के अलावा किस्मत भी खुल जाए¨। बहरहाल, लूले बब्बा अलीपुरा टेसन पर सिग्नल तथा हरी झंडी की भाँति ही एक स्थायी चीज थे।

प्लेटफार्म पर घूमनेवालों में लूले बब्बा को लेकर तीन तरह से व्यवहार करनेवाले लोग थे। कुछ अलीपुरावासी उन्हें बुजुर्ग मानकर 'राम-राम' कर देते थे, कुछ उन्हें पागल तथा तिलिस्मी समझकर उनसे दूर-दूर रहते थे, परंतु बड़ा गुट वह था जो आते-जाते लूले बब्बा को छेड़ता था। ये लोग उसकी लाठी खींच लेते या उसका झोला लेकर भागने का उपक्रम करते ताकि वह पीछे भागे। वह भागता भी। गालियाँ देता। लोग मजे लेते। बब्बा की धोती खींचकर लोग भागते। चिल्लाते 'खुल गई काँच—खुल गई काँच'¨ अधनंगा बूढ़ा गालियाँ देता भागता तो ये हँसते। बड़ा दारुण हास्य-बोध था लोगों का।

इसी तथा ऐसे अलीपुरा टेसन का प्लेटफार्म।

प्लेटफार्म पर रखी पेटी।

पेटी पर बैठे दो शख्स। पेटी के पास खड़े चार-पाँच और शख्स।

पेटी पर जो शख्स बीड़ी धौंक रहा है, वह अपने पिचके गालों, गंजी चाँद, फूलती श्वास तथा लगातार खों-खों की आवाज के साथ 'ऑक थू' करके ढेर-सा बलगम बार-बार वहीं प्लेटफार्म पर थूकने के कारण दूर से ही पहचाना जा सकता है। वह भैयन मामा हैं¨। अलबत्ता, पेटी के बचे हुए हिस्से पर अपने नितंब का एक चौथाई हिस्सा टिकाकर भी, चमत्कारिक रूप से, बिना धराशायी हुए बैठे दूसरे आदमी को पहचानना थोड़ा कठिन है। चेहरा पहचाना-सा लगता है, पर फिर भी समझ में नहीं आता कि कौन है तथा पिछली बार कहाँ देखा था। इसी चेहरे पर यदि साधूकट दाढ़ी लगा दी जाए तो आदमी तुरंत पहचान लेगा कि ये गुच्चन हैं। लड़की देखने जाना है तो दाढ़ी कटाना ही ठीक रहेगा—ऐसा विचारकर तथा दाढ़ी की उपयोगिता, फालतूपन और दाढ़ी से व्यक्तित्व में आनेवाले उचक्केपन, बुजुर्गियत तथा डाकूपन आदि पर लंबे बहस-मुबाहिसे के बाद कल ही गुच्चन की दाढ़ी मुड़वाई गई थी। गुच्चन तब से ही रिसाए बैठे थे और किसी से भी बातें नहीं कर रहे थे। अजीब-सा चिकना मुँह लग रहा था उनको। नाई ने बुंदेलखंड में प्रचलित तथा अत्यंत लोकप्रिय तलवार-कट मूँछें अलबत्ता चेहरे पर छोड़ दी थीं, जो चिकने चेहरे पर फिसलती नजर को पैर जमाने का अवसर देती थीं। दाढ़ी के बालों से खेलने की अभ्यस्त उँगलियाँ भी इतनी बेचैनी तथा अकेलापन महसूस कर रही थीं कि वे नाक में प्रवेश करना तक भूल गई थीं जो गुच्चन का प्रिय शौक था। गुच्चन इस समय पेटी पर बैठे जूते की नोक से प्लेटफार्म की बजरी पर कुछ लाइनें खींच रहे थे।

इधर छुट्टन और छदामी प्लेटफार्म के अंतिम सिरे पर खड़े हैं। बीड़ी पीने के लिए इधर तक आना पड़ा। उधर गुच्चन हैं। गाँव के और भी बुजुर्ग हैं। उनके सामने बीड़ी पीना ठीक नहीं माना जाता। पीठ पीछे खूब पियो। बुजुर्ग भी जानते हैं कि पीछे खड़े

होकर पी रहा है। पर वे खुश होते हैं कि लिहाज रखा जा रहा है। लिहाज रखते हुए आप कुछ भी करिए, आप शरीफ कहलाएँगे। अलीपुरा के दो ऐसे ही शरीफ बीड़ी पी रहे हैं। तभी रेलवे-लाइन को पार करते हुए एक शख्स प्लेटफार्म पर चढ़ा। पहलवानी, गठा शरीर, घनी मूँछें, नारियल के तेल में चुचुआते लच्छेदार बाल, बदन पर पतला मारकीन का कुर्ता, जिसमें से चौड़ी छाती और उससे चिपकी कंधे से आ रहे पट्टे पर लटकी पिस्तौल साफ नजर आ रही है। संपूर्ण व्यक्तित्व ही ऐसा, जिसे देखते ही बुंदेलखंड में आदमी जान जाता है कि आदमी या तो मर्डर करके आ रहा है या मर्डर करने जा रहा है या मर्डर कर सकता है। उनके आगे-पीछे एक-एक लठैत। तीनों तेजी से निकल गए। छुट्टन ने जोर से आवाज देकर 'पाँय लागी कक्का' कहा। पार्टी रुक गई। छुट्टन तेज कदमों से आगे बढ़े। बढ़कर पिस्तौलवाले आदमी के पैर छुए और भुनगा से बनकर खड़े हो गए–

"कैसे हो छुट्टन ?"

"ठीक हैं, आप सुनाइए।"

"बस, यहीं झाँसी तक जा रहे हैं। पेशी है। जज्जी में।"

"गुरसराय मर्डर केसवाली ?"

पिस्तौलवाले सज्जन हँसने लगे। ठठाकर बोले, "वो केस तो खतम हो गया। कोई गवाही देने ही नहीं आया। एक मास्साब जरूर लगे हुए थे कि गवाही देंगे, गवाही देंगे, पर वे भी नहीं आए। पहले ही बिचारे कुआँ में डूब के मर गए। कोई कहता है खुद कूद गए, कोई कहता है कि मार के फेंक दिया गया। पता नहीं सच क्या है ?"

"फिर अभी कौन-सा केस···"

"एक हो तो बताएँ, चलते रहते हैं। क्यों रे···आज कौन-से केस में पेशी है ?" पहलवान ने एक लठैत से पूछा।

"आज तो, सरकार, वो भाँडेरवाली डकैती का केस है।" लठैत ने बताया।

"अच्छा वो वाला···," पहलवान आगे बताने लगे, "भाँडेर में डकैती पड़ी थी न परकी साल···वो स्साले अगरवाल के घर··· वहाँ पुलिसवालों ने एक बंदूक बाद में जब्त करी थी। कहते हैं कि डकैत भागते में छोड़ गए। वो बंदूक अब हमारी बताते हैं, जबकि हमने उसकी चोरी की रपट दो दिन पहले ही इतें के थाने में कराई हती···केस में दम नहीं है पर चल रहा है···फिर अगरवाल के घर भी हम बता आए हैं कि एक भी आदमी की शिनाख्त करी तुमने कि हमने दई धाँय से और तुम उलट गए उतंई अपनी गद्दी पे···।"

पहलवान यह बताकर हँसने लगे। लठैत भी मालिक के साथ हँसे।

छुट्टन को भी हँसना पड़ा।

"और तुम इतें कैसे ?" पहलवान साहब ने प्लेटफार्म पर विहंगम दृष्टि डालते हुए पास ही थोड़ी दूर खड़े छदामी को देख लिया। बोले, "जे कौन हैं ?"

"छदामी हैं···हमारे दोस्त···"

"कौन जात के¨?"

"पान बेचते हैं ?" छुट्टन ने हिचकिचाते हुए कहा।

"तुम्हारी संगत ठीक नहीं। बाँभन होके पनवाड़ी-फनवाड़ी के साथ घूमते फिरते हो, यह ठीक नहीं।"

छुट्टन ने बात को नजरअंदाज करते हुए जवाब दिया, "गुच्चन लड़की देखबे बरुआसागर जा रहे हैं।"

"जे अच्छी बात सुनाई तुमने। बरुआसागर में कौन के घर ?"

"रिछारियाजी की कन्या है।"

"रिछारियाजी ?"

"हओ¨"

"बे रिछारियाजी, जिनपे बीडीओ वाला मर्डर केस चल रहा है ?"

"हमें पता नहीं।"

"बे ही हैं बरुआसागर के रिछारियाजी।"

"बड़े आदमी बताए जाते हैं। भैयन मामा कह रहे थे।"

"मर्डर कर चुके हैं, चार मुकदमे एक साथ लड़ रहे हैं—बड़े आदमी ही कहाए¨"

"कैसे हैं ?"

"अच्छे आदमी हैं, झाँसी की जज्जी में मिलते रहते हैं।"

"लड़की कैसी है उनको कक्का¨?"

"यार कौन लड़की को शहद लगाके चाटना है। दहेज खूब मिलेगा और क्या चाहिए ?"

"सही कही आपने।"

"भैयन कितें हैं ?"

"उतें पेटी पे बैठे हैं, नल के बंबा के बगल में।" छुट्टन ने इशारे से बताया।

तीनों लोग भैयन मामा की दिशा में निकल गए। छदामी ने पास आकर पूछा, "जे कौन हते भैया ?"

"वाह राजा, इन्हें नहीं पहचानते ? भैया, निवाड़ी के लालारामजी¨"

"अरे जे हैं लालाराम !" छदामी ने कानों को छूकर हवा में दंडवत जैसा करते हुए लालारामजी की महिमा का बखान किया, "नाम कितनों सुनो हतो¨आज दर्शन हो गए¨इन्हें कौन नहीं जानता ? झाँसी से मानिकपुर के बीच डंका पिट रहा है इनका। सात मर्डर कर चुके और खुपड़िया तो न जाने कितनों की खोल चुके।"

"लाठी तो ऐसी घुमाते हैं कि बीस लठैतन के बीच से लट्ठ घुमाते निकल जाएँ।" छुट्टन ने बताया।

"डरते अपने बाप तक से नहीं। पिछले महीना में हमने सुनी कि निवाड़ी के तहसीलदार को उतँई तहसील में पटक-पटक के बो मारो, के ससुर की कमर टूट

गई...''

''और गोली ऐसी ठिकाने पर चलाते हैं कि रात के अँधेरे में भी चलवा लो, तो भी गोली मुंडी के आर-पार कर दें।''

''धन्य हैं...''

''सच्ची कही।''

दोनों देर तक लालारामजी की गुंडागर्दी, लट्ठबाजी, डकैती, मर्डरों इत्यादि की चर्चा ऐसे आदर के साथ करते रहे, मानो गाँधी या नेहरू की जीवनी के प्रेरक प्रसंगों की बातें कर रहे हों। बुंदेलखंड में जो भी बढ़िया लाठी चला सकता था, अँधेरे-उजाले में अपने बैरी पर पिस्तौल, बंदूक, बल्लम, छुरे से वार कर सकता था तथा किसी भी अफसर से अबे-तबे करके उसका पानी उतार सकता था—वह आमजन की दृष्टि में अत्यंत सम्मान तथा ईर्ष्या का पात्र माना जाता था। लालाराम तथा ऐसे ही अन्य नायकों की किंवदंतियाँ गाँव-गाँव में फुरसत में सुनाई जाती थीं। लोग बड़ी रुचि लेकर ये किस्से कहते तथा सुनते थे। किसने, कब, किसको, कहाँ, किस-किसके ऐन सामने ही जमीन पर दचककर कुल्हाड़ी से मुंडी काट ली, या कौन-कौन मोंठवाली डकैती में शामिल था या किसने किस थानेदार को कितनी रकम पहुँचा के किसको, किसके कत्ल में फँसवा दिया या कौन सही लाठी भाँजता है या बिलहरीवालों की जायजाद के बँटवारे में किसका हिस्सा बदमाशी करके चाँप लिया और इस कारण से किसका मर्डर किसके हाथों से होनेवाला है—ये बातें प्रतिदिन ही होती थीं। और खूब होती थीं। लोग पूरी प्रामाणिकता से डकैती, लठैती, मर्डर, मारपीट आदि की बातें ऐसे करते थे, मानो वे हर घटना के प्रत्यक्षदर्शी रहे हों।

छुट्टन तथा छदामी में ये मनभावन बातें होती रहीं। धूप तेज हुई। सुबह नौ बजे ही लू चलनी शुरू हो गई थी। बजरी के प्लेटफार्म पर लाल-पीली धूल के बगूले उड़ने लगे। प्लेटफार्म पर मौजूद भीड़ ने लाल अँगोछे कंधे से उतारकर सिर पर बाँध लिए। पेटियाँ गर्म होने लगीं। पेटियों पर बैठे लोग गर्म टीन पर तब तक बैठे रहे, जब तक धोती और पाजामा धुआँ नहीं देने लगे।

'लालाराम-प्रसंग' के इस आयोजन में जब छुट्टन तथा छदामी के बीच प्रसंगवश इलाके के अन्य स्वनामधन्य उचक्कों की भूरि-भूरि प्रशंसा से भरी चर्चा हो रही थी, तभी भैयन इस तरफ आते दिखाई दिए। वे बीड़ी पीते चले आ रहे थे। बीड़ी माँगने नहीं आ रहे हैं तो क्यों आ रहे हैं—यह बात छुट्टन समझ नहीं पाए। मामाजी पास आ गए।

''क्यों मामाजी, पेटी गरम हो गई क्या ?'' छुट्टन ने कहा।

''तुम्हारे जैसे नालायक भानजे हों तो चारों तरफ दमार ही मची है।''

मामाजी नाराज दिखे।

''अब हमने क्या कर दिया ? हम तो और उतें से इतें आके खड़े हो गए कि कोई बात गुच्चन को बुरी न लग जाए।'' छुट्टन नाराजी का कारण नहीं जान पाए।

"तुम इतें रहो, चाहे उतें—फरक नहीं पड़ता। तुम्हें तो सरग में भी बिठा दो तो तुम इंद्र भगवान के आसन में आग लगा दो।" मामाजी वास्तव में नाराज थे।

"क्या हो गया मम्मा ?" छुट्टन ने मनाते हुए कहा।

"लालाराम अभी इतें तुमसे बातें करके गए हते क्या ?"

"हओ।"

"और तुमने मों खोल दिया पूरा ?"

"हमने ऐसी कौन-सी बात कह दी लालारामजी से ?"

"अब वे 'जी' हो गए ?"

"आप ऐसे गरम काहे हो रहे हैं ?"

"तुम्हें पता भी है कि लालाराम और रिछारिया एक दूसरे के जनम के बैरी हैं ? परकी साल ही लालाराम के लठैतन ने रिछारियाजी के मँझले मोंड़ा को घेर के हाथ-पाँव तोड़ दिए थे। रिछारियाजी से कम-से-कम दस मुकदमा चल रहे हैं, झाँसी की जज्जी में, लालाराम के।" यह नई बात थी। छुट्टन को दुःख हुआ कि अनजाने में वे बेवकूफी कर बैठे। वैसे भी अलीपुरा में शादी तय होने तक किसी को भनक भी नहीं लगने दी जाती थी कि कहीं बात भी चल रही है, क्योंकि गुमनाम पत्र डालकर, अफवाहें फैलाकर, उस गाँव की यात्रा करके, उनके रिश्तेदारों को बरगलाकर—कुछ भी करके लोग शादी में विघ्न डालने का प्रयत्न करते थे। जहाँ भैयन मामाजी जैसे बहुत से लोग थे, जिन्हें लोगों की शादियाँ तय कराने में आनंद आता था, वहीं बहुत से ऐसे भी थे जो रिश्ता तुड़वाने के लिए किसी भी सीमा तक जाने को तत्पर थे। विशेष तौर पर, बैरी के घर कोई रिश्ता आसानी से हो जाए, तो फिर ऐसे घटिया बैर का अर्थ ही क्या था ?

"अब ?" छुट्टन ने चिंतित स्वर में पूछा।

"देखते हैं। वैसे लालाराम पूरी कोशिश करेगा कि कुछ गड़बड़ हो···"

"यह लालाराम वैसे अपना दूर का रिश्तेदार···," छुट्टन ने आशा की किरण तलाश की।

"रिश्तेदार ही डुबाते हैं।" भैयन ने अँधेरे पक्ष की ओर इशारा किया।

"फिर ?"

"देखते हैं। एक तो सँभलकर जाना होगा। यह लालाराम भी इसी ट्रेन से जानेवाला है। इसका भरोसा नहीं। तुम ऐसा करो कि अब यहाँ से निकल लो···वो फिर आके तुमसे और पूछताछ करेगा। तुम हो लबाड़ी···"

"ऐसा नहीं है मामा।"

"भैया, ऐसा ही है। तुम फिर कछू ऊँच-नीच बक दोगे, तो···"

"अबकी आने तो दो लालाराम को···हम भी बताएँगे कि अलीपुरावाले भी कम हरामी नहीं होते···"

"यह हरामीपन बाद में दिखइयो···अभी सुटारे कढ़ जाओ पीछे की तरफ से···"

छुट्टन अनमने से, छदामी के साथ प्लेटफार्म छोड़ गए। थोड़ी दूर जाकर जब वे कँटीले तारों की बाढ़ को फाँदते हुए हवा में थे, उन्होंने हवा में तैरते हुए ही चिल्लाकर भैयन मामा को बताया…

"कट्टा लल्ला के पास है…"

"लल्ला तो हमारे साथ जा ही रहे हैं," जाते हुए भैयन ने रुककर आगे कहा, "तुम यहाँ-वहाँ न अटकियो सीधे घर को निकरियो…"

"अब और कहाँ अटकना है," छुटंके तार की दूसरी ओर कूदते हुए बोले। फिर थोड़ा स्थिर होकर उन्होंने शेष वाक्य धीमे स्वरों में छदामी को सुनाकर पूरा किया—

"अटकना कहाँ है। अटकानेवाली तो इतें है ही नहीं।" उनका आशय बिब्बो से था, यह समझने के लिए विशेष विद्वत्ता की आवश्यकता नहीं थी। जितनी की थी, उतनी छदामी में थी।

"कितें निकल गईं बिब्बो ?" छदामी ने पूछा।

"दतिया गई हैं। पंद्रह दिनों से," चेहरे पर जितनी विरह-वेदना ला सकते थे, उतनी लाते हुए छुट्टन ने कहा।

"तभी हम कहें कि भैया ने बहुत दिनों से उधार नहीं माँगा, बात क्या है ? हम तो सोच रहे थे कि कहीं बिब्बो का पेट-वेट तो खराब नहीं चल रहा है।" छदामी ने कहा।

छुट्टन ने छदामी की बात पर विशेष ध्यान न देते हुए अपनी बात जारी रखी, "उनके बाप का ट्रांसफर भांडेर से दतिया हो गया है, सो कुछ दिन को उतें घूमने गई हैं।"

"आपको इतें छोड़के ?" छदामी ने छेड़ा।

"हम उनके बाप का काम तो न करेंगे…बाप से मिलने की इच्छा हो तो बाप के घर ही जाना होगा…," छुट्टन ने कहा।

"फिर आप कौन-सा काम करोगे…?" छदामी छेड़ने पर उतारू थे।

"हम तो वोई करेंगे—पंपिंग-संपिंग…," छुट्टन ने दोनों हाथों से बस का भोंपू बजाने का एक्शन करते हुए अपना आशय समझाने में कोई कसर नहीं छोड़ी।

"आपकी यही बात तो हमारे करेजे में घुस जाती है कि जो कहना ऐलानिया कहना।" छदामी ने लाड़ जतलाया।

"छुपके करना और ऐलानिया कहना।" छुट्टन ने अपना सिद्धांत बताया।

"वाह, ऐन कही आपने।" छदामी ने छुट्टन द्वारा कहे आप्त वाक्य पर बलिहारी होते हुए कहा।

दोनों स्टेशन के बाहर आ गए थे और सड़क के दोनों ओर खड़े ताँगों की कतार के बीच से सलामी लेते हुए से निकल रहे थे।

"राम-राम हल्के राजा।" एक ताँगेवाले ने छुट्टन को नमस्कार की।

छुट्टन उसके नमस्कार में छुपे निहितार्थ को समझते थे।

"देंगे, भैया देंगे···न तुम भगे जा रहे अलीपुरा से, न हम।" छुट्टन ने ताँगेवाले की चिर-उधार को चुका देने का चिर-आश्वासन पुनः देते हुए कदम बढ़ाए।

"हम मर जाएँ, तो भैया, बड़े मोंड़ा को दे देईयो।" ताँगेवाले ने कहा।

"यार तुम मर जाओगे, तो हमें उधार में ताँगा कौन देगा ?" छुट्टन ने चलते-चलते कहा।

"फिर भी, हमने तो एक बात कही," ताँगेवाले ने मरियल घोड़े के सामने खाने के लिए न जाने कौन-सी चीज डालते हुए कहा।

"बात कहते रहो। बात कहने से कौन स्साला रोकता है।" छुट्टन ने कहा।

"कलेजे में वैसे भी कोई बात दबाके नहीं रखनी चाहिए," छदामी ने राय दी और आगे कहा, "दिल पे खराब असर पड़ता है। मन में जो बात आए, तुरंत कह डालो।"

" 'आई मिलन की बेला' में धर्मेंद्र कैसे तुरंत ही आशा पारिख को गाना गाके अपने दिल की बात साफ-साफ कह देता है ? याद है छदामी ?" छुट्टन ने भी छदामी की राय से इत्तेफाक जाहिर करते हुए कहा। वे अब ताँगेवालों के बीच से निकलकर आगे कच्ची सड़क पर आ गए थे, जिसके दोनों ओर दूर तक खेत थे, जिनमें कटाई हो चुकी थी और ठूँठ खड़े थे।

"याद है भैया, याद काहे न होगी ?"

"कुछ भी कहो, धर्मेंद्र की स्साली बात ही अलग है।" छुट्टन ने कहा।

एक स्वस्थ-सी लड़की खेत की मेंड़ पर, लहँगे को टाँगों के काफी ऊपर तक खींचकर बैठी रोटी खा रही थी। छदामी उसकी टाँगों में उलझकर रह गए थे। छुट्टन की बात पर उन्होंने संक्षिप्त में इतना ही कहा, "सो तो है।"

"वो कौन-सी फिल्म थी, जिसमें धर्मेंद्र आशा पारिख को खेत में ले जाता है ?"

"याद नहीं···"

"अरे, यार, वो जिसमें प्राण झूमर से लटक के फैट मारता है ?"

"सभी फिल्मों में तो मारता है···"

"वैसा ही सोचते हैं कि एक दिन बिब्बो को खेत में ले आएँ···"

"ठीक रहेगा।"

"पर इधर तो खेत में ठूँठ ही ठूँठ हैं। एकाध इधर-उधर गड़ गया तो···"

छदामी ऐसे सड़कछाप चुटकुले पर भी नहीं हँसे, तो छुट्टन ने चिंता से उनको देखा, "तुम कितें देख रहे हो ?"

"उतें···बो कन्या देखी आपने ?"

"चलें क्या ?" छुट्टन ने पूछा।

तब तक छदामी ने कन्या के पीछे मेंड़ की ओट से प्रकट होते हुए किसी को देखा और वापस प्रकृतिस्थ होकर बोले, "बाप लगता है उसका···निकल चलो सुटारे।"

दोनों जन ऐसी ही निरर्थक बातें करते हुए उस कच्ची सड़क पर चलते गए, जहाँ अब गर्म हवा की तेज लपटें धूल उड़ाती चल रही थीं।

अलीपुरा में गर्मी की शामें यूँ भी बड़ी गर्म होती हैं, पर आज की शाम मानो धधक रही थी।

अम्माँ पौंर में रखी चक्की में गेहूँ पीस रही थीं।

जैसा कि उपरोक्त वाक्य पढ़कर मूर्ख पाठक तक समझ सकता है और समझदार पाठक तो समझ ही चुका होगा, कि घर की पौंर में पत्थर के पाटोंवाली चक्की थी, जिससे अम्माँ गेहूँ पीसा करती थीं। यह चक्की, इस घर में, अम्माँ से भी पुरानी थी। अम्माँ को याद आता है¨जब वे बारह वर्ष की उम्र में इस घर में शादी करके आई थीं। अमृतलाल बीस के थे और इलाके के मशहूर कवियों में गिने जाते थे। पर जिज्जी को तब न कविता की समझ थी, न ही शादी की। एक धूमधाम तथा गाने- बजानेवाले किसी खेल में शामिल होने जैसी अनुभूति थी, बस। इस घर में आकर वे बहुत रोती रही थीं। माँ-बाप की बड़ी याद आती। लगता कि भागकर ओरछा वापस पहुँच जाएँ। भाइयों के साथ कच्चे आँगन में शाम को छुपा-छुपौवल खेलनेवाली छोटी-सी लड़की यकायक लंबा-सा घूँघट काढ़कर, अंदरवाले उसी अँधेरे कमरे में शादी की मोटी-चमकीली साड़ी पहनकर रोती रही थी। चमकीले बदन में तागे गड़ रहे थे। तब भी ऐसी ही गर्मी के दिन थे।

तीसरे दिन, इसी अँधेरे कमरे में वे रोते-रोते उठीं और चक्कर खाकर गिरीं तो टीन के बक्से से टकराकर सिर फूट गया। तब अम्माँ की सास, सिर पर पट्टी बाँधे लेटी अम्माँ को दुलराती प्यार करती रही थीं। इसी प्यार के दौरान उन्होंने अम्माँ को शादी, नए घर की जिम्मेदारियों, अमृतलाल के बहुत बड़े कवि होने, अमृत की आदतों, पसंद-नापसंद आदि के बारे में बताया था और बताया था कि नारी-जीवन में ऐसे नाजुक तथा क़मजोर होने से बात नहीं बनती। उन्होंने बताया था कि नारी-जीवन का तो मतलब ही था, कष्टों, परेशानियों, जिम्मेदारियों, मजबूरियों, मेहनत-मशक्कतवाला जीवन। अपनी पसंद-नापसंद, अपनी भावनाएँ, अपना सोच, अपने लिए कुछ भी नहीं। सब छोड़कर दूसरों के लिए जीना। और कुछ भी नहीं है नारी-जीवन। हमेशा औरों के लिए जीती, खटती, मरती। यह जानना जरूरी था और धीरे-धीरे अम्माँ यह जान भी गई थीं। जैसे ही अम्माँ ठीक हुई थीं, सास ने ब्रह्म-मुहूर्त में ही उठाकर अपने साथ ही चक्की पर बिठाना शुरू कर दिया था। चक्की के दोनों ओर टाँगें फैलाकर वे बैठ जातीं और धीमे स्वरों में गाती हुई चक्की पीसतीं।

अब हिसाब करें तो जिज्जी तब से आज तक रोज ही चक्की चलाती रही हैं। पचास वर्ष से ऊपर हो गए चक्की पीसते। चक्की पीसने के शानदार पचास वर्ष। ये पचास वर्ष मानो उन्होंने चक्की के दो पाटों के बीच पिसते हुए ही गुजारे हैं।

जब वे बाईस वर्ष की थीं, तब अमृत गुजर गए। पाँच बच्चों की माँ, जवान बेसहारा विधवा का जैसा जीवन अपने यहाँ हो सकता है, वैसा जीवन अम्माँ के सामने था। दो रास्ते थे। एक यह कि वे आत्महत्या कर डालतीं और दूसरा यह कि वे जीतीं। वे जीती रहीं। चक्की के दो पाटों को वे चलाती भी रहीं और उनके बीच खुद ही

पिसती भी रहीं—जीवन कुछ इस तरह से जिया गया, अब तक। हर पल, जो उन्होंने बिताया, वह चक्की के पाटों को घुमाने जैसा था। छः जिंदगियों का बोझ। इस भारी चक्की को एक चक्कर देना भी कठिन। पर चलाती रही हैं अम्माँ अब तक, लगातार। बिना थके। बिना उफ किए।

आज जब सारे लोग रेलवे स्टेशन की तरफ निकल गए। तो अम्माँ को अचानक बड़ा अकेलापन लगने लगा। वे यूँ कभी भी घबराती नहीं तथा भावुक होते हुए भी, भावुकतावश रोने नहीं बैठ जातीं, जैसा कि प्रायः नारियों से आशा की जाती है। अमृत की मृत्यु के समय भी वे इसी कारण टूटी नहीं थीं, वरना तोड़ने के सारे सामान वहाँ मौजूद थे। तब लल्ला सबसे छोटा था, उनकी गोद में ही, और बिन्नू पेट में थीं। अमृत की लाश देखकर लल्ला गोद में ही ताली पीटकर हँसने लगा था। सभी सोच रहे थे कि अम्माँ यह सब देखकर बेहोश हो जाएँगी। उन्हें लाश के पास नहीं जाने दिया जा रहा था। पर वे गईं। सबको नकारकर गईं। देर तक अमृत की लाश के पास बैठी रहीं। चुपचाप। बिना रोए। आज जब सभी स्टेशन चले गए, तो अम्माँ बहुत देर तक यूँ ही पौर में बैठी रहीं। चुपचाप।

और बैठे-बैठे अम्माँ को वह सबकुछ फिर से याद आया, जिसे वे कभी भी भूली नहीं थीं।

वे अपने में ही डूब गईं। अपने दुःख-सुख, यादों, स्वप्नों, दुःस्वप्नों और खालीपन की अनंत गहराई में डूबीं चक्की चलाती जा रही थीं, वे, बेखयाल-सी। देर तक वे खाली चक्की ही चलाती रहीं। उनका जीवन भी तो ऐसा ही रहा। खाली चक्की-सा। वे पीसती जाती थीं, पर कहाँ निकलता था कहीं भी कुछ ?

बिन्नू तब छत पर थीं।

तब, जब अम्माँ चक्की पोस रही थीं, तब, जब छुट्टन और छदामी खेत में बैठी कन्या को बाँहों में भरने के हवाई किले की नींव डाल रहे थे, तब, जब लल्ला मानिकपुर पैसेंजर में भैयन और गुच्चन को अंदर धकेलकर तीन-चार लोगों को दचककर, टीन की पेटी हवा में अस्त्र की भाँति झुलाते हुए रेल के डिब्बे में उस तरह जगह बना रहे थे जिस तरह बनाने का बुंदेलखंड में रिवाज था, तब बिन्नू छत पर खड़ी थीं।

चारों तरफ ऊँची-नीची छतों का जंगल-सा था। दूर क्षितिज तक कच्चे-पक्के मकानों की छतें। कबेलू की नीची छतों से लगातार ऊँची सीमेंट की छतों का एक ऊँची-नीची लहरोंवाला समंदर मानो अलीपुरा पर लहरा रहा था, जिसमें बिन्नू किसी कागज की नाव-सी असहाय डोल रही थीं कि अब डूबीं कि तब डूबीं। ऐसा अकेलापन, ऐसा अबूझा भय, ऐसा सूनापन ? क्या लड़की की कहानी इतनी छोटी-सी लघुकथा जैसी ही होती है कि वह पैदा हुई और फिर उसकी शादी की प्रतीक्षा होने लगी। बस। और मान लो कि उसकी शादी न हो सकी, तो ? तो फटे पन्ने पर लिखी एक अंतहीन लघुकथा-सी फालतू चीज, जो ढंग से फड़फड़ा भी नहीं सकती—ऐसी ही तो बिन्नू रह

गई थीं। जिन्होंने लघुकथाएँ लिखी हैं या जो लघुकथा का ही धंधा करते हैं, वे जानते हैं कि कई बार वे ऐसी लघुकथा लिखना शुरू करते हैं, जिसका अंत नहीं सूझता। क्या करते हैं वे, तब ? तब वे उसका कुछ भी उल्टा-सीधा अंत बनाकर लघुकथा से मुक्ति पा लेते हैं। क्या बिन्नू भी ऐसे ही अंत की तरफ बढ़ रही थीं, जहाँ कैसे तो भी, घरवाले, उनकी बोझिल, बोर, पिटी हुई कथा से मुक्ति पाना चाहने लगे थे ?

वे इसी कारण तथा इस तरह अपने छोटे-से संसार में और भी अकेली तथा और निराश हो चली थीं—छोटा-सा संसार, जहाँ चूल्हा था, धुआँ था, बासी रोटियाँ थीं, पुराना दर्पण था, जुओं की कंघी थी, नारियल का तेल था, कुछ पुरानी छीजती साड़ियाँ थीं, गोबर के उपले थे, अँधियारे कमरे थे, सीलते गद्‌दोंवाली ढीली चारपाई थी और चारों तरफ रोज-रोज बढ़ता जा रहा अजनबीपन था। बिन्नू देख रही थीं कि भाइयों की अपनी दुनिया हो गई थी और वे परिवार में लगभग अजनबी-सी हुई जा रही थीं, जिसे आप कहीं मिलो तो याद करना कठिन हो कि पहले कहीं देखा तो था, पर कहाँ ? अम्माँ के अलावा और किसी के चेहरे पर बिन्नू को पहचान लेने के भाव नजर नहीं आते थे। क्या वास्तव में ऐसा था, या बिन्नू ही निराशा के पलों में उल्टा-सीधा सोचने लगी थीं ?

छत पर चटाई पड़ी थी।

और पड़ा था दर्पण।

दर्पण में देखने पर उन्हें मानो एक डरावना भविष्य नजर आ रहा था। उनका चेहरा, जिस पर कभी लुनाई-सी रहती थी, अब सख्त तथा सूखा हुआ जा रहा था। कुछ झुर्रियाँ भी मानो गालों पर तंबू गाड़ने की तैयारियाँ कर रही थीं। सफेद बालों की तो एक बस्ती बस ही चुकी थी। अधपके बालों को जतन से काले बालों के नीचे छुपा देने की इच्छा भी अब उनकी नहीं होती। जैसे हैं, ठीक हैं। हाथ से फिसल रहा है सब कुछ। चेहरे पर भाँय-भाँय करता सन्नाटा-सा है। डरावना सूनापन। मानो एक चेहरे को कालकोठरी में बंद कर दिया गया हो। ऐसे उदास परिदृश्य में स्थित बिन्नू क्या करतीं ? क्या कर सकती थीं बिन्नू, बी.ए. करने के सिवाय—जो वे प्राइवेट परीक्षार्थी के तौर पर कर ही रही थीं। बी.ए. की सेकेंड हैंड किताबें कहीं से छुट्टन ने कबाड़कर ला दी थीं, जो दीवार के एक ऊँचे ताक में रखी रहती थीं और रखे-रखे ही यदि रेडियो-सक्रियता की भाँति कुछ ज्ञान-किरणें उनमें से फूटकर बिन्नू की खोपड़ी में जाती रही हों, तो कहा जा सकता है कि बी.ए. की पढ़ाई चल रही थी।

पढ़ाई न करने के हजारों कारण अलीपुरा में हुआ करते थे, विशेष तौर पर लड़कियों के लिए। ये कारण कुछ भी हो सकते थे। पानी भरने दूर जाना था, खाना बनाना था, कंडे थापने थे, लकड़ियाँ गीली थीं, बुआजी आ गई थीं, विमला के घर कीर्तन का बुलौआ था, बाल धोने थे, प्रदोष था, डोलग्यारस थी, संतोषी माता का व्रत पड़ गया था, अम्माँ बीमार थीं, भैया को झाँसी जाना था, बाबूजी ने अम्माँ की सुताई कर दी

थी, मन्नू की लुगाई ने आग लगा ली थी, पौंर में गोबर लीपना था, गाय की सानी बनानी थी, जलबिहार का मेला पड़ गया, भालू का नाच देखने लग गए, ऐसे ही छत पर बैठी रही, लड़केवाले आनेवाले थे, कढ़ाई करते रहे, रम्मू की लुगाई भग्गू के साथ भाग गई, अखंड रामायण बैठ गई, चैत आ गया, गेहूँ बीनने लग गई, सुनार बब्बा के घर चार घंटा लगा आई, अंबे माता के दर्शन को चली गई थी—न जाने कितने जरूरी काम या बड़ी बाधाएँ लड़कियों और पढ़ाई के बीच खड़ी थीं। इन्हीं कारणों से बिन्नू की बी.ए. की किताबें ताक पर रखी-रखी उन्हें ताका करती थीं, पर बिन्नू को उन्हें पलटने तक की फुरसत ही नहीं मिल पाती थी। बहरहाल, परीक्षाएँ तीन माह बाद थीं, जिसमें बैठना और पास होना उनके लिए अति आवश्यक था क्योंकि लड़के आजकल बी.ए. पास लड़की माँगने लग गए थे—ऐसा भैयन मामा का आकलन था।

बिन्नू चटाई पर बैठ गईं।

वे दर्पण को उलटती-पुलटती रहीं।

तभी उन्होंने दर्पण में उलटती-पुलटती एक छाया देखी, जो पीछे की छत पर थी। बिन्नू ने पलटकर देखा। रम्मू पलटेदार पाजामा और सैंडोज बनियान पहने अपनी छत पर खड़े थे और बेशर्मी से बिन्नू को ताक रहे थे। बिन्नू से नजरें मिलीं, तो रम्मू ने अपने तिकोने चेहरे के ठुड्डीवाले कोण को तिरछा करते हुए कुछ अजीब-सा मुँह बनाया, जिसके दौरान उनके होंठ दूर तक फट से गए और सारे दाँत त्रिकोण के एक कोण से दूसरे कोण तक बिखर गए, इस प्रकार, वे मुसकुराने की कोशिश में खिलखिला से रहे थे और इस तरह उनकी बेशर्मियत और उचक्कापन और भी उभरकर सामने आ रहा था। वे बिन्नू को पूरे अधिकार तथा दबंगई से यूँ ताक रहे थे कि उनका पापी मंतव्य उनकी आँखों में पूरे मिचमिचेपन के बावजूद स्पष्ट नजर आ रहा था। बिन्नू समझ गईं। उन्होंने सिर झुका लिया।

बिन्नू दरी पर बैठी रहीं।

रम्मू उत्साहित हुए। लड़की यूँ सिर झुका ले तो वे इसे लड़की की हाँ मान लेते थे। जब तक जूता न खा जाएँ, मऊरानीपुर में लड़की की हर गति को उसकी रजामंदी ही माना जाने का रिवाज था।

रम्मू उत्साहित हो गए।

अलीपुरा में युवक ऐसे ही उत्साहित होते थे। लड़की मुसकुरा दी, लड़की ने देख लिया, लड़की ने गर्दन उठाई थी, लड़की ने गर्दन झुकाई, लड़की ने कुछ नहीं कहा, लड़की ने टाइम बताया, लड़की ने हमें देखकर जमीन पर थूका नहीं, लड़की छत पर अकेली आई, लड़की ने खाँसी की, लड़की ने सिर खुजाया, लड़की की दोस्ती उस लड़की से है जो हमें भाईसाहब कहती है। लड़की पड़ोस में रहती है, लड़की अपनी जाति की है, लड़की नीच जाति की है, लड़की की शादी नहीं लग रही, लड़की काजल लगाए थी, लड़की ने नई कट का ब्लाउज पहना था, लड़की ने इत्र लगाया था, लड़की मटककर चलती है, लड़की लड़की है—यानी कि लड़की कुछ भी करे, रम्मू जैसे उचक्के

उत्साहित तथा प्रोत्साहित महसूस करते थे। लड़की का लड़की होना ही पर्याप्त था। शेष उद्दीपन वे आरोपित कर लिया करते थे। तो रम्मू के जिगर पर छुरी-सी चल गई। रम्मू के पास एक अदद जिगर था जो छुरियों के नीचे ही पड़ा रहता था और इसके बावजूद वे स्वस्थ थे, यह आश्चर्य की बात हो सकती थी, पर थी नहीं। अलीपुरा में प्रायः लड़कों का जिगर छुरी चल-चलकर कीमा की स्थिति में आ चुका था, परंतु फिर भी वे मुस्टंडे की हद तक स्वस्थ हुआ करते थे।

रम्मू के कमीने मन में कुछ कमीने इरादे थे, जिन्हें वे बिन्नू के प्रति अपना प्यार समझते थे। बहुत पहले उन्होंने बिन्नू के नाम एक 'लभ-लेटर' या प्रेम-पत्र जैसा कुछ गोदा भी था। प्रेम-पत्र को जितना अश्लील तथा खुला बनाया जा सकता था, उतना बनाकर, पत्र में उन्होंने विस्तारपूर्वक इस बात का सोदाहरण जिक्र किया था कि कब से वे बिन्नू के साथ क्या-क्या करने को आतुर रहते हैं। लिखने के बाद वे स्वयं घबरा भी गए थे और वह प्रेम-पत्र बिन्नू को वे कभी देने की हिम्मत नहीं कर पाए थे। छत के ऊपर ही जो उनका कमरा था, उसकी टाँड़ में उन्होंने वह पत्र खोंस दिया था और भूल-से गए थे। आज बिन्नू को यूँ अकेले, छत पर यूँ बैठे देखकर वे जब उत्साहित हुए तो उत्साह के प्रेशर में वे भागकर वह पत्र निकाल लाए। उन्होंने छत पर पड़े एक कबेलू के टुकड़े पर पत्र को करीने से पुड़िया-सा बाँध लिया। पुड़िया बाँधने में वे माहिर थे ही, दुकान पर वे दिन-भर पुड़िया ही तो बाँधते थे। परंतु प्रेम-पत्र की पुड़िया बाँधने का अपना रोमांच होता है। रोमांचित रम्मू ने बिन्नू की छाती का निशाना साधकर पुड़िया फेंकी, तो कुछ तो उनकी पतली तथा अधमरी मांसपेशियों के कारण और कुछ रोमांच में हाथ काँप जाने की वजह से, पुड़िया उस दिशा तथा गति को नहीं पकड़ पाई, जो वांछित थी। पुड़िया बिन्नू के सिर में लगी। उनका सिर ठनक गया। परंतु रम्मू के लिए संतोष की बात यही रही कि बिन्नू थोड़ी देर सिर सहलाने तथा उनको गुस्से से घूरने के बाद उस पत्र को खोलकर पढ़ने लगीं।

बिन्नू ज्यों-ज्यों पत्र पढ़ती गईं, उनके चेहरे की रंगत बदलती गई। बिन्नू तमतमा उठीं। बिन्नू की बुझी आँखों में आग की लपटें-सी उठीं, जिनकी आँच रम्मू की छत तक पहुँची। रम्मू घबरा गए। भय ने मानो स्केल लेकर, उनके तिकोने चेहरे पर, एक कोण से दूसरे तक और दूसरे से तीसरे तक चिंता की पचासों रेखाएँ खींच दीं। वे घबराए पिल्ले की शक्लवाले हो गए। तिकोने चेहरेवाले पिल्ले कम ही होते हैं—पर, जैसे भी वे होते हों, वैसा होकर वे घबराकर मुँडेर के पास तक आए और अपनी पिछली टाँगों पर खड़े होकर घिघियाकर बिन्नू से बोले, "लल्ला को मत बताना।" रम्मू बड़ी दयनीय मुद्रा में, लगभग याचक से खड़े थे और बिन्नू की प्रतिक्रिया को आगे ताड़ रहे थे ।

बिन्नू ने कुछ नहीं कहा।

उन्होंने, रम्मू को लगभग अनसुना-सा कर दिया। सख्त चेहरा लिए वे चटाई लपेटने लगीं। रम्मू को पेट में गाँठ-सी बँधती मालूम हुई, जिसे कोई कसे जा रहा था।

बुंदेलखंड में ऐसे पत्रों का, जो किसी लड़की को चालू मानकर लिखा जाए और वह वैसी न निकले और पत्र को आगे, उचित कार्यवाही हेतु भाइयों या बाप तक अग्रेसित कर दे—ऐसे पत्रों का जवाब प्रायः सनसनीखेज किस्म का मर्डर हुआ करता था। ये मर्डर वहाँ होनेवाले अन्य मर्डरों से कई मायनों में भिन्न होते थे। ये दिन-दहाड़े किए जाते थे, प्रायः पूर्व चेतावनी के बाद होते थे तथा इनके दौरान आमतौर पर पहले तो पत्र-लेखक के हाथ-पाँव तोड़े जाते थे और बाद में मूल मुद्दे यानी हत्या पर आया जाता था। आँखें निकाल लेने, गुप्तांग काट लेने, नाक-कान काट देने आदि की प्रयोगवादी कोशिशें इनमें भी की जाती थीं। लल्ला यह सब कर सकते हैं—यह सोचकर घबराए रम्मू ने छत से नीचे झाँककर देखा, तो वहाँ अपनी लाश पड़ी देखी, जिसको दो टुकड़ों में चीरकर गली में फेंक दिया गया था। वे घबराहट में गिड़गिड़ाने लगे। यह गिड़गिड़ाहट भी फुसफुसाहट के स्वरों में अंजाम दी जा रही थी, ताकि नीचे कोई सुन न ले।

रम्मू ने गिड़गिड़ाते हुए कहा, "चक्कू मार देगा लल्ला मुझे छिमा कर दो बिन्नू। पैर छूता हूँ, तुम्हारे गोड़े लगता हूँ। कहियो मती किसी से..."

बिन्नू की तमतमाई, जलती आँखों में अब तक आँसुओं की एक परत तैरने लगी थी। उन्होंने घृणा से रम्मू को यूँ देखा कि रम्मू का दिल दहल गया। फिर बिन्नू ने उनके पत्र के कई टुकड़े किए और मुँडेर से नीचे फेंक दिए। अश्लील वाक्य, घटिया शेरो-शायरी और फिल्मी गानों के टुकड़े हवा में डोलते हुए गली की नाली में समा गए। बिन्नू ने हिकारतपूर्वक छत से गली में थूका और सीढ़ियाँ उतर गईं।

पत्र नष्ट हो गया तो रम्मू की श्वास लौटी, चेहरे का तिकोनापन वापस आया और दाँत पुनः खिल उठे। गहरी आश्वस्ति के भाव से भर गए वे। डरने की कोई बात नहीं रही। वे यूँ ही घबरा गए थे। हिम्मत रखनी चाहिए थी उन्हें। बिन्नू किसी को कुछ नहीं बताएँगी, यह उनके द्वारा पत्र फाड़ देने से ही साफ हो गया था। रम्मू न केवल भय से मुक्त हुए, वरन वे लगभग वापस पुराने उत्साह पर उतर आए, जहाँ यदि फिर मौका मिले तो वे बिन्नू के प्रति ऐसे ही प्रेम प्रदर्शित करेंगे। रम्मू लगभग खिलंदड़े अंदाज में उछलते-कूदते हुए अपनी छत से उतरने लगे।

सपने दरक रहे हैं

एक वर्ष और बीता। हर परिवार में कभी कोई एक वर्ष ऐसा आता है, जिसके बीतते-बीतते ऐसा कुछ होता है कि सारे परिवार के जीवन की दिशा ही बदल जाती है। दशा भी। यदि आप इस परिवार की कथा लिख रहे हों, तो आप यकायक अवाक रह जाते हैं। अच्छी-भली चल रही कथा ऐसी दिशा बदल लेती है कि कलम चकरा जाती है। कोई एक वर्ष, समय का कोई एक टुकड़ा, बीच में आता है और सबकुछ बदल देता है। बाप मर गया, मुकदमा हार गए, खेत से बेदखल हो गए, जवान बेटा हैजे में मर गया, खलिहान में आग लग गई, बिटिया की लगी-लगाई शादी टूट गई, बाप सस्पेंड हो गए, थानेदार की नजर पत्नी पर पड़ गई, तहसील की आग में जमीन का रिकार्ड जल गया, कैंसर हो गया, घर का बँटवारा हो गया, दद्दा ने मरते टाइम सारी संपत्ति मठ के नाम कर दी, बाप ने पनिहारिन को रखैल रख लिया, सूखा पड़ गया, बड़े घर की बहू घर में आ गई, बिटिया भाग गई, चकबंदी में फँस गए, मिल बंद हो गई, छँटनी में आ गए, गबन में फँस गए, बैंक डूब गया, बाढ़ आ गई, बाँध टूट गया, पत्नी ने जहर खा लिया, बस पलट गई, बैल मर गया, छत गिर गई, डकैती पड़ गई, बेटों ने घर से निकाल दिया, सट्टा हार गए, टी.बी. हो गई, स्टोव फट गया—कुछ भी हो गया और जीवन बदल गया। 'बदल गया' का मतलब यह कि कुछ और बिगड़ गया। कुछ भी हो जाता है और पूरा परिवार गड़बड़ा जाता है। इस फिलॉसफी पर गंभीर बातचीत के लिए यदि कभी छुट्टन तथा छदामी बैठते तो वे उसे यूँ बयान करते कि याद है धर्मेंद्र की फिल्म 'सूरज चंदा', जिसमें उसका बड़ा भाई अशोक कुमार, जो पूरा घर चलाया करता था, कैसे रेलगाड़ी के नीचे आके मर जाता है और बीमा कंपनी से धर्मेंद्र को पूरे पाँच लाख रुपए मिल जाते हैं ? कैसे पलटती है रे किस्मत धर्मेंद्र की कि रातोंरात टुकड़खोर से हो जाता है लखपति, पर फिर भी दिल को चैन नहीं क्योंकि विधवा भाभी से मिलने रात में कोई आया करता है। छदामी इस पर यही कहते कि धन्य री किस्मत। यह तो अच्छा हुआ कि बाद में वह आदमी खुद अशोक कुमार ही निकला, पर इसी चक्कर में पूरी फिल्म निकाल डाली स्सालों ने।

यह वर्ष इस परिवार पर कठिन बीता। एक कहलाता है घटना-चक्र, जो प्रायः तेजी से घूमता बताया जाता है। यहाँ भी यही हुआ। इस एक वर्ष में घटना-चक्र विकट गति से घूमा। इस एक वर्ष में परिवार के लगभग हर सदस्य के जीवन में कुछ-न-कुछ ऐसा

घटा, जिसने उसके भविष्य की दशा, दिशा तथा दुर्दशा तय की। छोटे कस्बों में जीवन प्रायः बड़ी मंथर गति से चला करता है और वर्षों बाद भी किसी से मिलो, तो बहुत कुछ बदला हुआ नहीं पाते। जो खेत जोत रहे थे, वे अभी भी जोत रहे होते हैं। जो गरीबी में खट रहे थे, वे अब भी उसी शौक में मुब्तिला पाए जा सकते हैं। पनवाड़ी की दुकान के पास जो भीख माँगता था, वह अभी भी वहीं भीख माँगता मिलता है, बशर्ते वह इसी बीच मर-मरा न गया हो। कस्बा बहुत बदलता नहीं। वही टूटी सड़कें, छकड़े, रिक्शे, पुलिया पर बैठे फुरसतिए, चबूतरे पर पड़ी ढीली चारपाइयों पर यूँ ही पड़े ढीले लोग, न जाने किस आस में जी रहे बूढ़े लोग, ढोर-डंगर, हाथ-ठेले, बैलगाड़ियाँ, दमादमन, बवासीर के विज्ञापन, भड़भड़ करते टेंपू या पुरानी खटारा बसें—समय का पहिया कैसा भी तेज घूमने के लिए कुख्यात हो, वह कस्बे की रेत पर तेज घूमता तो है, पर रेत पर घूमते पहिए की तरह ही किसी भी दिशा में बढ़ता नहीं। परंतु इस वर्ष इस परिवार के साथ ऐसा नहीं हुआ। पहिया घूमा और बाक़ायदा आगे बढ़ा। रोड-रोलर की भाँति यह घूमा और सभी के सपनों के ऊपर से घूमता हुआ चला गया। वर्ष बीता तो इस परिवार के आँगन में बहुत से क्षत-विक्षत तथा चकनाचूर स्वप्न पड़े थे।

मध्यमवर्गीय पात्रों की कहानी लिखने का यही रोमांच है कि यहाँ सबकुछ बदल भी जाए, तो भी बहुत-कुछ बदलता नहीं। अतः आगे, जब हम इस वर्ष की कथा पर नजर डालेंगे, तो बहुत-कुछ रोमांचकारी घटने की उम्मीद मत बाँधिएगा। अभी तक के लिखे से यदि यह लगने लगा हो कि वास्तव में इस एक वर्ष में कुछ क्रांतिकारी टाइप घटा होगा, तो क्षमा कीजिएगा, आप गलत हैं। यहाँ क्रांतिकारी जैसा कुछ घटता नहीं है। फिर अलीपुरा जैसे छोटे-से कस्बे में क्रांति आए भी, तो चुंगी नाके पर ही रोक ली जाएगी। यहाँ किसी के जीवन में कभी कोई क्रांति नहीं घटी है। न घटेगी। यहाँ कभी यदि एक बार क्रांति हुई थी, जिसे लोग आज तक याद करते हैं, तो वह यही थी कि एक बार एक अंग्रेज मेम यहाँ आकर डाक-बँगले पर चार दिन अकेली रही थी। तब सारा कस्बा घनघोर रोमांचित तथा उद्वेलित हो रहा था, या फिर तब जब राधारमणजी ने ब्राह्मण होते हुए भी भंगन को घर में डाल लिया था और मरते मर गए, पर आशिकी निभा गए थे। या, फिर, तब जब पुत्तल का लौंडा तहसीलदारी में आ गया था कि स्साला कलियुग और किसे कहेंगे कि बढ़ई के लौंडे भी तहसीलदार बनने लगे हैं और अब इनकी इजलास में जुहार करनी पड़ेगी। या फिर मेरा मतलब है इस तरह की छुटपुट घटनाएँ, जिन्हें हम शहर में क्रांति तो खैर क्या कहेंगे। उसको याद भी न करें, वैसी कुछ क्रांतियाँ घटती रहती हैं कस्बों में। खैर, हम इस वर्ष की बात करें।

इस एक वर्ष में पहली उल्लेखनीय घटना (जिसे आगे चलकर हम दुर्घटना भी मान सकते हैं) थी, गुच्चन का विवाह, दाढ़ी-विहीन, सपाट, उजबक-से-के चेहरे के बावजूद (जिसे बुंदेलखंड में चूतियाटिक चेहरा कहने का चलन है) दुबे परिवार का दलिद्दर जगजाहिर होने के बावजूद, गुच्चन की शैक्षणिक पैसेंजर का इंजिन इंटर के आउटर

पर ही कट जाने के बावजूद, गुच्चन की नौकरी की कोई आशा या आशंका दूर-दूर तक न होने के बावजूद, जब यह विवाह बरुआसागर के, हैसियतदार कहलाए जानेवाले रिछारियाजी की लड़की के साथ तय हो गया, तो कुछ दिनों तक सारा अलीपुरा सनाके में रहा। हर अंडी-बच्चा आश्चर्यचकित रहा। ऐसों के घर लड़की कैसे दे दी, खासकर गुच्चन जैसे बैरागी को, जो अपनी सुहागरात के मौके पर मंदिर में घंटी बजाते रह जाएँगे या जहाँ कुछ और लगाना चाहिए वहाँ सिंदूर पोत देंगे ? एक रहस्य-सा ही था, कि ऐसा हुआ कैसे ? वे तह तक गए। जब तक बारात जानेवाला दिन आया, अलीपुरा में यह बात दूर तक सुनाई दे जानेवाली खुसपुस के लहजे में एक दूसरे के कान में कही जाने लगी कि रिछारियाजी की लड़की ऐसी-वैसी है, कि इसको स्वयं रिछारियाजी ने काछी के लौंडे के साथ छत पर रँगे हाथों पकड़ा था, कि बरुआसागर में तो उस लड़की की रग-रग सब जानते हैं, कि रिछारियाजी ने अपनी छिनाल बिटिया गुच्चन जैसे सज्जन के सिर पर इसीलिए थोप दी है कि और कहीं उसका संबंध तय ही नहीं हो रहा था। बारात में जानेवाले शादी के दौरान इस मामले की तह में इस हद तक गए कि एकदम तली तक होकर आ गए। बारात लौटकर आई तो अलीपुरा में यह बात आँख दबाकर, होंठ एक तरफ खींचकर, बदमाशीवाली मुसकान के साथ कही जाने लगी कि अपने गुच्चन का बहुत बढ़िया रहा कि उन्हें मेहनत नहीं करनी पड़ेगी क्योंकि लड़की पहले ही पेट में बच्चा लेकर आई है।

बहुत दिनों तक इसी को लेकर अलीपुरा में च्च च्च चला। और जब शादी के आठ माह बाद ही गुच्चन एक पूर्ण स्वस्थ बच्चे के बाप बन गए, तब तो अलीपुरावाले नाचने लगे। हर कोई यही कहता कि हमें तो पहले ही पता था। हमने कहा था न, गुच्चन ने बड़ी भक्ति करी तो भगवान ने वरदानस्वरूप एक बच्चा भिजवा दिया। इसको कहते हैं भक्ति में शक्ति। शक्ति काछी के लौंडे की, भक्ति अपने गुच्चन की—दोनों ने मिलकर गुच्चन को मुफ्त में बाप बना दिया। ये बातें और ऐसी अन्य और बातें घर तक पहुँचनी ही थीं और वे पहुँची भी। इन अफवाहों का असर होना ही था और हुआ भी। गुच्चन और बैरागी से हो गए। लल्ला और छुट्टन अपनी भाभी से कटे रहते। चंदू तक ये बातें बड़ी देर बाद पहुँचीं और जब पहुँचीं तो कुल असर यह हुआ कि वे अपने अश्लील दिवास्वप्नों में हीरोइन के स्थान पर भाभी को रखकर मजे लेने लग गए। जिज्जी ने कभी इन अफवाहों पर विश्वास नहीं किया। उन्होंने ज़माना देखा था। जवान विधवा का लंबा कठिन जीवन बिताया था और अलीपुरा के शरीफों की कमीनता का पूरा अंदाज उन्हें था। कितना सुंदर बच्चा हुआ था—एकदम अपने गुच्चन की शक्ल पर गया था। दाढ़ी लगा दो तो एकदम गुच्चन लगे—जिज्जी कहतीं। छुट्टन कहना चाहते हैं कि किसी भी बच्चे को दाढ़ी लगा दो, वह गुच्चन ही लगेगा। परंतु वे कहते नहीं। जिज्जी बच्चे की घंटों मालिश करतीं, अपनी गोदी में लटकाए रहतीं और एक पल को भी नजरों से ओझल नहीं होने देतीं। जब वह बुक्का फाड़कर रोता तो जिज्जी हँसकर कहतीं कि गुच्चन भी ऐसा ही रोते थे। उनके ऐसा

कहने के दौरान यदि लल्ला, छुट्टन आदि वहीं बैठे हों तो सनाका-सा खिंच जाता था।

उन्हें विश्वास था कि उनके परिवार के साथ धोखा हुआ है। वे स्वयं लाख लंपट सही, परंतु वे खुद के घर में पवित्र बहू लाने के हामी थे—इसीलिए नाराज रहते थे। लल्ला का अपना मत था कि ऐसी औरत को चीरकर फेंक देना चाहिए परंतु गुच्चन के प्रति घोर सम्मान-भाव होने के कारण वे यह विचार प्रकट नहीं कर पाते थे। वे यह विचार फिरंगी पर प्रकट कर सकते थे, परंतु फिरंगी इसी बीच जेल चले गए थे, जिसकी अपनी कहानी थी।

फिरंगी जेल चले गए।

लल्ला जाते-जाते बचे।

हुआ यह कि फिरंगी अतर्रा के नारायणदास द्वारा अंतर्राष्ट्रीय मानकों के अनुरूप बनाएं गए देसी कट्टे को इस तरह छुपाकर अलीपुरा में घूमने लगे कि हर कोई पूछने लगा कि भैया, 'जे माल कितें से लाए ?' यह ऐसी गुप्त सूचना थी जो सबको पता चल गई कि फिरंगी ऐसा तमंचा लाए हैं कि पचास गज से भी खोपड़ी उड़ा दे। अलीपुरा के शोहदों तथा शरीफों, दोनों के बीच रातोंरात उनकी इज्जत बढ़ गई। अतर्रा के नारायणदास से हर किसी का परिचय तो था नहीं। लोग फिरंगी के पास आकर कहने लगे कि एक ऐसा हमारे लिए भी इंतजाम करा दो और कलदार की चिंता न करना। पचास गज से ही बैरी को लुढ़का देनेवाला अस्त्र कौन नहीं चाहेगा ? फिरंगी अतर्रा के शस्त्र-कारखाने के स्थानीय डीलर बन गए। वे बीच-बीच में अतर्रा जाते और एक-दो कट्टे ले आते। धंधा बुरा नहीं था और फिरंगी प्रायः पुलिया पर होनेवाली अपनी दैनिक बैठकों में लल्ला को यही बताते थे कि धंधे को आसपास के गाँवों में फैलाना होगा, तभी ठीक-ठाक कलदार मिलेंगे। अब्बू भी सहमत तो थे परंतु साथ ही उनका विचार यह भी था कि यह बहुत फायदे का धंधा नहीं है। क्योंकि असली माल तो नारायणदास काट रहा था। इधर फिरंगी का कहना यह था कि नारायणदास को भी थाने का हिस्सा देना पड़ता था और बहुत माल तो वह भी नहीं काट रहा होगा। फिर माल काटने का ऐसा ही ज़ज्बा अगर है तो उसका असली तरीका है, डकैती डालना। लल्ला भी इससे पूर्ण सहमत थे। निवाड़ी के लालारामजी का जलवा उस दिन स्टेशन पर देखा ही था उन्होंने। वह सब काहे से था ? सबको पता था कि लालारामजी इस इलाके के मान्यताप्राप्त डकैत हुआ करते थे। लल्ला तथा फिरंगी एक आम सहमति पर पहुँच गए थे कि डाका डाले बिना गत नहीं है, परंतु कब तथा कहाँ डाला जाए—इस पर सहमति होने को ही थी कि फिरंगी को हथकड़ी पड़ गई। नारायणदास का वह तथाकथित कारखाना, जिसका पता पुलिस को वर्षों से था तथा जहाँ थाने के लोगों का आना-जाना लगा ही रहता था, उसी पर एक रात, पूरी सतर्कता से पुलिस ने दबिश दी और मुकाबले के बाद नारायणदास को रँगे हाथों पकड़ लिया। दस देसी कट्टे मौके पर ही बरामद दिखाए गए। इनमें वे कट्टे शामिल नहीं थे, जो पुलिसवाले बीच-बीच में नारायणदास से ले जाया करते थे ताकि यहाँ-वहाँ

उनकी बरामदगी दिखाकर लोगों को फँसा सकें। नारायणदास का गिरफ्तार होना अत्यंत अप्रत्याशित था क्योंकि पुलिस से उसके संबंध हमेशा ही बड़े मधुर तथा घरोबेवाले थे। थानेदार कोई भी आया पर नारायणदास ने सभी का हिस्सा ईमानदारी से पहुँचाया था। थाने में नारायणदास की एक साख थी। जब जिले में कहीं के पुलिसवाले कहलवाते कि दो देसी कट्टे तुरंत बरामदगी दिखाने के लिए रात तक चाहिए, तो अतर्रा का थानेदार विश्वासपूर्वक उन्हें सांत्वना दे सकता था कि शाम तक ही सिपाही के हाथों सही माल पहुँच जाएगा। ऐसे नारायणदास पर छापा मारना पुलिस के चरित्र के प्रतिकूल था। पर ऐसा ही हुआ था। बेचारे फिरंगी भी उसी रात, वहीं कारखाने में अपना माल बनवाते धर लिए गए थे।

थाने में फिरंगी की खूब कुटाई हुई। फिरंगी का शरीर पहलवानी था और उनका विश्वास था कि पुलिसवाले स्साले उन्हें तो क्या मारेंगे और क्या उगलवाएँगे। परंतु वे गलत सिद्ध हुए। पुलिसवाले जब थप्पड़ों, जूतों, डंडों से मारकर भी उनसे कोई और नाम नहीं उगलवा पाए तो ट्रक की बैटरी से जुड़े नंगे तारों द्वारा उनको उचित स्थानों पर करंट दिया गया। यह करंट अच्छे-अच्छों की कमजोर याददाश्त को ठीक कर दिया करता था। अलफनंगे फिरंगी को जब हवाई जहाज बनाकर थाने की छत पर लगे हुक से लटकाया हुआ था और जहाज हिचकोले खाता थाने के आकाश में उड़ रहा था, तब एक सिपाही नंगे तार लेकर फिरंगी की स्मरणशक्ति बढ़ाने के प्रयोग उनके गुप्तांगों पर कर रहा था। फिरंगी टूट गए। उन्होंने लल्ला का नाम बक दिया कि पाँच कट्टे अभी उनके घर रखवाए हैं।

अतर्रा का सिपाही, लल्ला, गुच्चन, एक स्थानीय कांग्रेसी नेता तथा छुट्टन, ये उस मीटिंग के माननीय सदस्यगण थे, जो नेताजी के घर पर बैठकर इस महत्त्वपूर्ण प्रश्न का हल खोज रही थी कि इस तरह के मामले में पुलिस को कितनी रिश्वत लेने का हक बनता है या यूँ कहें कि पुलिस को कितनी रिश्वत देने का हमारा कर्त्तव्य बनता है ? पुलिसवाले ने पाँच सौ से बात शुरू की थी और बात गिरकर दो सौ तक पहले ही आ चुकी थी। नेताजी का कहना यह था कि ऐसे लौंडहाईवाले मामले में हमारे तरफ की पुलिस तो दो-चार थप्पड़ मारकर छोड़ देती है या बहुत हुआ तो मुर्गा-दारू लेकर ही गम्म खा जाती है। इस पर अतर्रा के सिपाही का यह विचार था कि ऐसी बातें नेताजी मजाक में कर रहे हैं, वरना ऐसे मामलों में वे स्वयं भी जानते ही होंगे कि शस्त्र-अधिनियम की धारा अलानी, डकैतों को शस्त्र देने की धारा फलानी तथा स्वयं डकैती डालने की धारा ढिकानी लगनी तो तय रहती ही है और इन सभी धाराओं की अपनी अलग-अलग रेट फिक्स हैं, जो यदि एक साथ लगा दें तो कुल मिलाकर हजार रुपए का नजराना बैठेगा और इतना देने में अच्छे-अच्छों की कल्ला जाएगी। फिर सिपाही का कहना यह भी था कि फिरंगी ने पाँच कट्टे देना कबूल किया है, परंतु लल्ला तीन ही बरामद करवाए हैं—तो दो कट्टों का हिसाब भी कायदे से नजराने में जोड़ना चाहिए। तब नेताजी ने इंसानियत का तकाजा किया और लल्ला के अनाथ

होने का मार्मिक जिक्र करते हुए मानवता के आधार पर रिश्वत का रेट गिराने का अनुरोध किया। लल्ला यह सब सुनकर कसमसाते रहे। वे गुच्चन के डर से कुछ बोल नहीं पा रहे थे, वरना उनका इरादा दो थप्पड़ नेताजी को और चार सिपाही को रसीद करने का बन रहा था। बुंदेलखंड में यह मसल आम थी कि भइया, जेल ही न भिजवा दोगे, तो भिजवा दो—दो टैम की रोटी का बंदोबस्त और हो जाएगा, बैठे-बिठाए। लल्ला रिश्वत देने के सख्त खिलाफ थे और जेल जाने को तैयार थे। देसी कट्टे रखना वे अपना जन्मसिद्ध अधिकार मानते थे और ऐसा करके उन्होंने कोई जुर्म किया है, वे यह बेवकूफी-भरी बात सुनने को तैयार नहीं थे। फिर भी वे अब तक चुप बैठे थे परंतु जब सिपाही ने फिर से पाँच में से तीन कट्टे ही बरामद करवाने पर क्षोभ प्रकट किया, तो वे झुँझलाकर बोले, ''जित्ते थे, निकाल दिए।''

''तुम चुप रहो, नहीं तो अब हम जूते से मारनेवाले हैं।'' गुच्चन ने, जिन्होंने न जाने क्यों अभी तक लल्ला को ठोंका नहीं था, उन्हें रोका।

लल्ला जानते थे कि गुच्चन को ऐसा करते देर नहीं लगेगी। वे चुप रह गए।

गुच्चन ने डाँटते हुए पूछा, ''बकाया के दो कट्टे कहाँ धरे हैं तुमने ?''

लल्ला चुप रहे।

गुच्चन उबल पड़े।

एक जोरदार थप्पड़ लल्ला को मारकर वे बोले, ''भेन जल्दी बता कि कहाँ रखे हैं?''

थप्पड़ इतना जोरदार था कि सिपाही तक घबरा गया, जिसका पूरा जीवन ही तड़ातड़ के बोल सुनते तथा उन पर संगत देते बीता था। इतने लोगों के बीच वह यूँ भी अकेला पड़ गया था और जो भी मिल सके, उसी को झटककर निकल जाना चाहता था।

लल्ला मानो थप्पड़ की ही प्रतीक्षा कर रहे थे। थप्पड़ खाते ही उन्होंने बताया कि एक कट्टा उनके पास और है। तय हुआ कि सिपाही डेढ़ सौ रुपए तथा एक कट्टा और लेकर मामले को खत्म कर देगा। सिपाही ने असंतोष जाहिर करने के लिए जमाने का रोना रोते हुए कहा कि जमाना ऐसा आ गया है कि नेताजी से बिगाड़कर भी पुलिस चल नहीं सकती और रिश्वत के लिए भी पुलिस को आजकल इतनी झिकझिक करनी पड़ती है कि अब तो पुलिस की नौकरी छोड़ने का मन करता है। सभी ने उसका रोना चुपचाप सुन लिया क्योंकि सभी जानते थे कि वह ये बातें कहने के लिए ही कह रहा है और इनका कोई भी मतलब निकालने की कोशिश करना पागलपन है। सिपाही के जाने के बाद लल्ला देर तक घर पर इस प्रतीक्षा में बैठे रहे कि गुच्चन मारेंगे तो पिट-पिटा लिया जाए ताकि सारा मामला एक बार में ही खत्म हो जाए। परंतु जब देर तक उनको जूते नहीं पड़े तो वे गुच्चन के व्यवहार में आ रहे इस परिवर्तन पर चिंतित होते हुए पुलिया पर जाकर देर रात तक अकेले बैठे रहे। उनके हाथ में बचा हुआ एक देसी कट्टा था, जिसे वे प्यार से सहलाते जा रहे थे। एक कुत्ता देर से

पुलिया के आसपास मँडरा रहा था और आश्चर्यचकित था कि अभी तक लल्ला ने उसे पत्थर नहीं मारा था। बल्कि कहिए कि वह लल्ला के व्यवहार में इस परिवर्तन पर चिंतित था। कुत्ता उनके बहुत पास आकर उन्हें गौर से देखने लगा। पर लल्ला अपने उथले चिंतन में डूबे हुए थे। गुच्चन ने उन्हें मारा तो नहीं था, परंतु एक ऐसी चुभती बात कह डाली थी, जो लल्ला को अभी तक मथ रही थी। गुच्चन ने कहा था कि स्कूल छोड़कर आदमी और बनेगा भी क्या, बेपढ़ा ढोर। लल्ला देर तक सोचते रहे थे कि स्कूल छोड़ने या पढ़ाई बंद कर देने से व्यक्तित्व का विकास क्यूँकर रुक सकता है ? फिर उनके स्कूल छोड़ने में उनका दोष था या प्रिंसिपल का, जो, चार जूते क्या मार दिए, इतनी-सी दिल्लगी का बुरा मान बैठा, वरना मास्टरों को भला पिटने-पिटाने से काहे को परहेज़ होना चाहिए ? अरे स्साला पढ़ने से होना भी क्या है ? वही 'रामः रामौ रामाः' रटते-रटते राम-नाम-सत्य हो जाना है। बताइए भला कि जीवन में 'पंच परमेश्वर' काम आनी है कि देसी कट्टा ? जो शिक्षा-पद्धति आदमी में यह बुनियादी समझ भी पैदा नहीं कर सकती, ऐसी शिक्षा-पद्धति लतियाए जाने के काबिल ही है। आसपास शिक्षा-पद्धति तो कहीं भी नहीं दीख रही थी, सो लल्ला ने पास मँडरा रहे कुत्ते को ही जोर से लात मारी। कुत्ता पुलिया के नीचे जाकर गिरा। वह 'पैं पैं' जरूर करता रहा, परंतु उसे अब संतोष था कि लल्ला ठीक-ठाक थे तथा कुत्तों के प्रति उनके विचार बदले नहीं थे।

शिक्षा की बात आई है तो इस एक वर्ष में परिवार के शैक्षणिक विकास की बात भी कर ही ली जाए। 'विकास' शब्द पर आपको उज्र हो तो 'पतन' कह लीजिए—यूँ भी विकास और पतन मात्र सापेक्ष मूल्य हैं। जैसे 'स्कूल से निकाल दिया जाना' आपकी संकुचित दृष्टि में पतन हो सकता है, परंतु वही घटना लल्ला की दृष्टि में विकास की राह में उठा उनका एक लंबा कदम है। लल्ला की बात हम कर चुके। शेष लोग शिक्षा की राह में कहाँ पड़ाव डाले हैं, इसकी चर्चा करें क्योंकि जिज्जी के सारे सपनों का मूल आधार ही यह विश्वास था कि बच्चे पढ़-लिखकर हिल्ले से लग जाएँगे।

एक मध्यमवर्गीय भारतीय परिवार में माँ-बाप का एकमात्र, छोटा-मोटा-सा या बड़ा-सा सपना यही तो रहता है कि बच्चे पढ़-लिख लें, ठीक-ठाक डिग्री ले लें और किसी नौकरी में जम जाएँ। बँधा-बँधाया वेतन, फिर दहेज, फिर बहू, फिर बच्चे, नाती-पोतों की घिचपिच। सँकरी-सी ट्रेक पर भागते सपने। एक निरंतर बाधा दौड़। एक छोटा-सा सपना और वह भी अधूरा-सा ही, साकार हो जाए, तो क्या कहने ! कितनी बाधाएँ सपनों की टाँगों में उलझती हैं और कितने सपने लहूलुहान होकर दौड़ से बाहर ही हो जाया करते हैं। अम्माँ के सपनों के तार इन बच्चों के पास आते-आते इस कदर गुत्थमगुत्था होकर उलझ गए थे कि सिरा मिलता ही नहीं था। पर वे सपने बुनती थीं और बुनती चली जाती थीं। गुच्चन का पढ़ाई से मोह-भंग हो चुका था। पढ़ाई से न भी कहो तो इंटर की परीक्षा से तो विशेष तौर पर, और उसमें भी विशेष

तौर पर अंग्रेजी के पेपर से। गुच्चन पिछली दो परीक्षाओं में लगातार अंग्रेज़ी में फेल हो रहे थे। मुख्य परीक्षा, पूरक परीक्षा, री-चेकिंग—हर बार अंग्रेजी उन्हें छल जाती। गुच्चन को विश्वास हो गया था कि 'अंग्रेजी हटाओ' आंदोलन के सफल होने तक इंटर की उम्मीद फालतू थी।

वैसे, अलीपुरा के शैक्षणिक जगत में यह अफवाह व्याप्त थी कि वह दिन दूर नहीं जब अंग्रेजी को इंटर परीक्षा में अनिवार्य विषय नहीं माना जाएगा। गुच्चन के सामने समस्या थी कि तब तक वे प्रतीक्षा करें या एक बार फिर बैठ लें ? इस बार, उनकी तथा इंटर की परीक्षा की पुरानी धारावाहिक कथा में नया मोड़ यह आया था कि इस दफे गुच्चन की ससुरालवालों की तरफ से दबाव था कि वे बरुआसागर से परीक्षा में बैठ लें। बरुआसागर का दमेले इंटर कॉलेज रिछारियाजी के बाप का माल नहीं था, परंतु वे उसे ऐसा ही मानते थे। कॉलेज की मैनेज़िंग-कमेटी का अध्यक्ष उनका चचिया ससुर था, प्रिंसिपल उनके साथ दारू पीता था तथा आधे अध्यापक मामा, चाचा, भतीजे या भानजे लगते थे। शेष रहे आधे अध्यापक, तो वे उनको जब कहो तब और जहाँ कहो वहाँ पिटवा सकते थे। कुल मिलाकर कॉलेज उनकी मुट्ठी में था और ऐसे में उनका दामाद इंटर में फेल होता रहे, यह उनकी तथा उनकी घरेलू-नौकरानी-टाइप-शिक्षा-पद्धति का अपमान था। रिछारियाजी का कुल एक्शन प्लान यह था कि गुच्चन इस दफे फर्स्ट डिवीजन मारकर इंटर पास कर लें, फिर झाँसी से बी.ए. फटकार लें, तो यहीं बरुआसागर के दमेले इंटर कॉलेज में ठाठ से मास्टर बन जाएँ और राज करें।

परंतु गुच्चन की राय इसके प्रतिकूल थी।

दांपत्य को लेकर जो अजीब वैराग्य-सा उनमें था और जिसमें बरुआसागर से 'स्मगलित' अफवाहों ने अपना रंग मिलाया था और जिसमें रिछारियाजी की सुपुत्री यानी गुच्चन की पत्नी के 'बड़े घर की लड़की' वाली मानसिकता ने अंतिम कूँची फेरी थी—उसका सीधा नतीजा यह हुआ था कि गुच्चन ससुराल तथा ससुरालवालों से छिटकने लगे थे। बरुआसागर नाम से भी उन्हें वितृष्णा-सी होती थी। यह बात और है कि वे ये सारी आहत भावनाएँ अपने अंदर रखते थे और दुर्गा-स्त्रोत के ऊँचे स्वरों में सारा आवेश निकाल दिया करते थे। सो, गुच्चन इंटर करना तो चाहते थे तथा इस संदर्भ में नकल इत्यादि करने या सिफारिशें लगवाकर नंबर प्राप्त करने के लोकप्रिय और प्रचलित तरीकों से उन्हें कोई विशेष परहेज भी नहीं था, परंतु वे बरुआसागर से यह सब नहीं करना चाहते थे। पत्नी का दबाव था कि वे दाढ़ी कटवा लें और लुच्चों जैसी शक्ल से निजात पाकर बरुआसागर से परीक्षा में बैठ लें। गुच्चन दोनों कामों के लिए तैयार नहीं थे। दाढ़ी उन्होंने पुनः बढ़ा ली थी, जो बढ़ती ही जा रही थी और इंटर का परीक्षा फार्म वे दबाए बैठे थे। घर में रोज ही इस बात पर चिकचिक होती। घर से मतलब है, गुच्चन और उनकी पत्नी के बीच। एक बार अम्माँ ने भी दबे स्वर में गुच्चन को समझाने का प्रयत्न किया कि वे बरुआसागर से ही फार्म भर दें। इस

पर गुच्चन ने उन्हें इतनी कातर दृष्टि से देखा कि वे अंदर तक काँप गईं। गुच्चन ने इतना ही कहा—"अम्माँ, अब घरजमाई बनना और बाकी रह गया है, वह न बनवा देना हमें...।"

छुट्टन में तीन परिवर्तन स्पष्ट दृष्टिगोचर हो रहे थे। इन्हें क्रांतिकारी परिवर्तन कहने से क्रांति शब्द के साथ बलात्कार तो नहीं, पर छेड़छाड़ का मामला तो बनता ही है। फिर भी इन्हें उल्लेखनीय का विशेषण दिया जा सकता है। एक तो यह कि वे कवि हो गए थे। कवि होना उनके लिए कठिन भी नहीं था बल्कि पिटे हुए वाक्य में कहें, तो बाएँ हाथ का खेल था। जिस दिन उन्होंने तय किया, उसके अगले दिन वे कवि हो भी गए—पिताजी की कविता की डायरियाँ, कापियाँ तथा पन्ने और कब काम आते ? रातों-रात वे पाए के कवि हो गए, जिसमें अलीपुरा के विद्वान आलोचक अमृत जैसी संभावनाएँ देखने लग गए।

दूसरा परिवर्तन यह भी हुआ कि वे इंटर पास करने के लिए यकायक कटिबद्ध से हो गए। इस साल इंटर पास करना ही है—ऐसे दृढ़ निश्चय की आभा उनके चालाक चेहरे पर बिखरने लगी। इसका मतलब यह कतई नहीं था कि वे लाल लँगोट पहनकर, शीतलपाटी लेकर इंटर की पढ़ाई में जुट गए। पास होने के लिए पढ़ना भी पड़ता है, ऐसे बेवकूफी-भरे अंधविश्वास के वे सख्त खिलाफ थे। जब तक नकल करने, पर्ची आउट करने, कापियों में नंबर बढ़वाने या सीधे-सीधे जाली मार्कशीट की सुविधाएँ उपलब्ध थीं, तब तक पढ़ाई करने जैसे दकियानूसी, प्रतिगामी तथा त्याज्य तरीकों से पास होने की क्या तुक थी ?

हुआ यह कि छुट्टन को छदामी ने बताया कि ग्राम रहटी, तहसील अलीपुरा में एक भला आदमी प्रिंसिपल बन गया है। संयोग से उसके पाँच लड़कियाँ हैं। आदमी गऊ है, पर दूध बेचकर तो दहेज जुटता नहीं। आदमी गऊ है, पर बैल की तरह बच्चे पैदा करने में जुटा रहा, जब तक कि एक लड़का पैदा न हो गया। आदमी गऊ है सो रेट भी फिक्स नहीं कर रखी है—जो जितना दे दे, ले लेता है। लड़कियों का मामला है सो लोग भी कहते हैं कि पैसे न ले, तो बिचारा करे क्या ? नकल की माकूल व्यवस्था स्कूल में कर रखी है। क्योंकि आदमी एकदम गऊ है, सो कोई शिकायत नहीं करता। कोई करे भी, तो ऊपर कोई सुनता नहीं क्योंकि ऊपर भी सबका मानना है कि वह एकदम गऊ आदमी है। सुनकर छुट्टन ने भी हामी भरी कि सही कहते हैं आप—आदमी एक बार गऊ-भर बन जाए, तो इस गऊ-पूजक देश में वह जहाँ सींग समाए, घुस सकता है । पर यह भी सही है कि ऐसे गऊ आदमी मिलते कहाँ हैं क्योंकि सही बात यह भी है कि यह स्साला गऊपन साधना इतना सरल नहीं है, जितना ऊपर से सरसरी तौर पर देखने में पहली नजर में लगता है। बड़ी 'हें हें' लगती है इसमें। ठट्ठा नहीं है कि हर ऐरा-गैरा गऊ बन सके। गऊ बनने के लिए आदमी का पहले लोमड़ी होना बहुत आवश्यक है। बिना लोमड़ी बने आदमी वैसी गऊ नहीं बन सकता, जैसी ये प्रिंसिपल साहब थे। यह तय हुआ कि एक दिन ग्राम रहटी ही चला जाए तथा गौपूजा

का संपूर्ण विधि-विधान तथा सामग्री आदि का पता कर लिया जाए।

छदामी और छुट्टन गाँव के एक दलाल के जरिए एक दिन प्रिंसिपल के घर पहुँच गए। "यह दलाल भी कोई कम गऊ नहीं है स्साला," छुट्टन ने छदामी से कहा। "गऊ ही गऊ तक पहुँचा सकती है," छदामी ने समझाया। प्रिंसिपल साहब पूजा में थे, सो ये लोग बैठक में ही बैठकर वहाँ करीने से रखे कल्याण के अंक पलटते रहे। प्रिंसिपल साहब की बड़ी लड़की पानी दे गई। छुट्टन ने गिलास उठाते हुए लड़की की उँगलियों को छू लिया और देर तक निहाल होते रहे। छदामी को इशारा करते हुए उन्होंने लड़की के विषय में आँख दबाकर अपना मंतव्य स्पष्ट किया। छदामी फिर भी शरीफों-टाइप बैठे रहे।

प्रिंसिपल साहब वास्त्व में गऊ निकले।

एकदम धार्मिक धज में। धोती डाले, उघारे बदन, माथे पर लंबा टीका, वजनी गठान लगी चोटी, लंबा जनेऊ और हाथों में चरणामृत की गिलसिया। उन्होंने हें-हें करते हुए सभी को चरण मृत बाँटा। छुट्टन ने मौका ताड़कर उनके पैर छू लिए, जिस पर प्रिंसिपल साहब गदगद्दा गए। वहीं एक टूटी कुर्सी पर बिराजकर उन्होंने पूछा कि ये बालक क्योंकर आए हैं ? दलाल ने बताया कि ये प्राइवेट परीक्षार्थी के रूप में इंटर में अपने केंद्र से बैठना चाहते हैं, बशर्ते कि आपका आशीर्वाद मिल जाए।

"हमारा आशीर्वाद तो हर बालक पर है," प्रिंसिपल साहब ने हाथ आशीर्वाद की मुद्रा में उठाते हुए कहा

फिर दलाल ने विस्तार से छुट्टन के सिर पर बाप के न होने की बात बताई तथा बताया कि इस कारण इतनी जिम्मेदारियाँ इनके सिर पर हैं कि पढ़ने का समय ही मिल नहीं पाता, वरना बालक बड़ा होशियार है तथा कविताएँ वगैरह भी करता है।

"जो हमसे बन पड़ेगा करेंगे। हमारा तो जीवन ही देश के बालकों के भविष्य के प्रति समर्पित है," प्रिंसिपल ने बताया।

दलाल ने फिर बताया कि यद्यपि बालक के मन में बड़ा पूजाभाव है, परंतु अनाथ होने के कारण उस स्तर पर पूजा शायद न कर सके जिस स्तर पर करने का शास्त्रों में विधान है। प्रिंसिपल साहब निश्छल हँसी हँसकर बोले, "तें अनाथन को ही ला रहा है रे इस दफे ?" फिर और भी खिलखिलाकर, और इस तरह यह बताते हुए कि पहला वाक्य मात्र मजाक में कहा गया माना जाए, बोले, "पूजा तो मन की श्रद्धा से होती है, सामग्री से नहीं। बातक के मन में पूजाभाव है, यही पर्याप्त है।" बात अंततः काफी चिकचिक के बाद सौ रुपए पर टूटी। साथ ही यह भी तय हुआ कि परीक्षा देने के दौरान छुट्टन प्रिंसिपल साहब के घर की छत पर बने कमरे में किराए से रह सकेंगे, जिसके लिए वे नकद रुपए न देकर पचास सेर गेहूँ लाकर दे देंगे।

लौटते में छदामी ने बरजा कि प्रिंसिपल के घर में पंद्रह दिन रहते हुए कुछ अंट-संट न करना क्योंकि हर लड़की बिब्बो नहीं होती और बाहर-गाँव पिटो तो कोई बचानेवाला भी नहीं होता। छुट्टन का विचार इससे अलग था। उनका विचार था कि

लड़की अच्छी थी और कोशिश करना हर कर्मठ इंसान का फर्ज बनता है। साथ ही बाहर-गाँव पिट भी जाएँ तो विशेष फर्क नहीं पड़ता क्योंकि मूँछ का प्रश्न तो अपने गाँव में उठता है।

इंटर पास करने के प्रति छुट्टन के यकायक लालायित होने के पीछे एक कहानी थी। संक्षेप में वह यूँ थी कि ग्राम अलीपुरा के एक छुटभैया कांग्रेसी नेता श्री रज्जन उर्फ राजेंद्र चौबे थे। रज्जन बेनीबाई के आदमी थे। बेनीबाई यहाँ की विधायिका थीं, जो झाँसी में रहती थीं। रज्जन इस इलाके में ट्रांसफर, पदोन्नति, कोतवाली से छुड़वाने आदि के लिए बेनीबाई के स्थानीय कमीशन एजेंट थे। रज्जन के साथ छुट्टन की विशेष दोस्ती आदि न थी, परंतु फिर भी दोनों के बीच एक दूसरे के प्रति सहज सम्मान का वही भाव था जो सिकंदर और पोरस के बीच कभी बना था। दोनों एक दूसरे को तिकड़मी मानकर वही सम्मान देते थे जो एक तिकड़मी दूसरे को देता है। इन्हीं रज्जन से छुट्टन की मित्रता झाँसी की एक यात्रा के दौरान विचित्र परिस्थितियों में हो गई, जो आगे चलकर इस वायदे में फलीभूत हुई कि यदि छुट्टन इंटर पास कर लें तो बेनीबाई उनकी नौकरी लगवा देंगी क्योंकि अमृत की कीर्ति से कौन परिचित नहीं है तथा उनके बेटे को वे जरूर मदद करेंगी। अभी जब झाँसी में 'आई मिलन की बेला' लगी तो छुट्टन तथा छदामी, हमेशा की तरह मानिकपुर पैसेंजर से बिना टिकट चढ़ लिए। धर्मेंद्र को देखने के लिए कायदे से तो चलती ट्रेन की छत पर कूदकर जाना चाहिए था, परंतु ऐसा कर पाना कतिपय व्यावहारिक कठिनाइयों के कारण संभव न होने पर कम-से-कम ट्रेन में बिना-टिकट तो चला ही जा सकता था। ऐसे भी बिना-टिकट ट्रेन में चलना उनके लिए श्वाँस लेने की भाँति सहज तथा स्वाभाविक क्रिया था। लोग टिकट की खिड़की पर पैसा लिए रिरियाते रहते हैं कि 'जल्दी से टिकट दे दो, नहीं तो गाड़ी निकल जाएगी'—यह देखकर छुट्टन तथा छदामी हँसा करते थे। ट्रेन पर यदि हम बिना टिकट बैठ भी गए तो कौन-सा पाप हो जाएगा, यह बात वे समझ नहीं पाते थे।

निवाड़ी स्टेशन पर एक टिकट-चेकर उनके डिब्बे में घुस आया।

प्रायः ऐसे मौकों पर वे डिब्बा बदल लेते थे पर इससे पूर्व कि डिब्बा बदल पाते, ट्रेन चल दी। अब कुछ नोट-पानी करना होगा, टिकट-चेकर को देखकर छदामी ने यह सोचा और पाँच का नोट निकालकर मुट्ठी में रख लिया। इतने तो देने ही पड़ेंगे। थोड़ी झिकझिक, थोड़ी कानूनबाजी तथा 'इस बार छोड़े दे रहे हैं, पर आगे से टिकट लिया कीजिए' के साथ पाँच का नोट हमेशा ही काम कर जाता था। पर इस बार ऐसा नहीं हुआ। टिकट-चेकर शक्ल से ही ईमानदार-टाइप लगता था और शायद था भी। इसी कारण काफी चिड़चिड़ा रहा था क्योंकि इस देश में ईमानदार आदमी चिड़चिड़ाने के अलावा और कर भी क्या सकता है ? दो-तीन के चालान काटता हुआ वह इधर पहुँचा। छुट्टन ने बताया कि हम निवाड़ी से ही चढ़े हैं, परंतु ट्रेन छूट रही थी सो टिकट नहीं ले पाए हैं, इतना कहकर उन्होंने छदामी को इशारा किया। छदामी ने पाँच

का नोट टीटी की तरफ बढ़ाते हुए बताया कि यह बच्चों की मिठाई के लिए है। टीटी के बच्चे नहीं थे, या उनको मिठाई पसंद नहीं थी, या यह म.त्र ईमानदारी की गड़बड़ी थी, यह कहना कठिन है, पर टीटी छदामी की इस हरकत पर एकदम ही उखड़ गया और ऐसा चिड़चिड़ाने लगा, कि उसके ईमानदार 'नेचर' पर छुट्टन को तरस आने लगा।

"ले लीजिए...शरमाइए मत...," छुट्टन ने समझाइश दी।

"आप लोगों की हिम्मत कैसे हुई...?" टीटी ईमानदारी के ताप में सन्निपात की स्थिति में पहुँच रहा था।

"हिम्मत की बात न करें...आज इतने ही हैं। कम लगते हों तो अगली दफा बाकी चुका देंगे। हम इस लाइन पर चलते ही रहते हैं।"

"आपने हमें समझा क्या है ?" टीटी हाथ-पाँव पटकने लगा था।

"आप टीटी हैं हमें पता है, हमारे मामाजी भी टीटी थे। भैयन टीटी का नाम सुने हैं कि नहीं ?"

"नहीं सुना," टीटी ने चिढ़कर कहा।

"नहीं सुना, तभी तो कुछ सीख नहीं पाए। उनकी पूरी जिंदगी बिना टिकट यात्रा करते-करवाते निकल गई..."

"वो बेईमान होंगे।"

"टीटी होकर बेईमानी से परहेज करेंगे तो रेलवेवाले निकाल बाहर करेंगे।"

"देखिए तमीज से बात करिए।"

"तमीज से ही कर रहे हैं। रख लीजिए...छदामी टीटी साहब को दे दो न यार।"

छदामी ने जबरदस्ती पाँच का नोट टीटी की ऊपर की जेब में घुसेड़ दिया। टीटी बिखर गया। उसने नोट उठाकर छदामी के मुँह पर फेंका तथा साथ-ही-साथ छदामी को अपने से परे करने की कोशिश करते हुए उन्हें धकेला। छदामी को उससे इसी बेवकूफी की उम्मीद थी तथा प्रतीक्षा भी। वे इतने जोर से नीचे गिरे मानो किसी ने उनकी छाती पर बम फोड़ दिया हो। वे गिरे और फिर उठे नहीं। ऐसा गिरने पर आँखें फेर लेने की परंपरा होती है, सो वे भी फेर लीं।

फिर वही हुआ, जो ऐसे मौकों पर बुंदेलखंड में हुआ करता है। छुटंके ने टीटी का गिरेबान पकड़ लिया। टीटी गिड़गिड़ाने लगा कि हमने तो भाई साहब को बस यूँ ही हाथ लगाया था। कुछ लोग छदामी के मुँह पर पानी के छींटे मारने लगे। एक बुढ़िया ने सबको अलग हटाकर उनका सिर अपनी गोदी में रख लिया और बाँस का पंखा इतनी तेजी से उन पर झलने लगी कि कई बार छदामी के मुँह पर वह ऐसा तेजी से लगा कि वे होश में आते-आते बचे। छुट्टन टीटी को थप्पड़ मारने का उपक्रम करने लगे और बीच-बचाव करनेवाले पूरे शबाब पर आ गए।

"बिना टिकट चल रहे हैं तो स्साला मार डालोगे क्या ?" छुट्टन दहाड़े।

"हमने तो बस ऐसे ही...," टीटी मिमियाया।

"चलती गाड़ी में दरवाजे की तरफ फेंक दिया और कहते हैं कि हमने बस ऐसे ही पुलिस केस बनता है साहेब"

"सुनिए तो"

"घंट सुनिए बेहोश हो गया मेरा भाई न जाने सिर फोड़ दिया भेन या क्या कर दिया"

"देखिए गाली-गुफ्तार न करें।"

"तुम गाली पे रो रहे हो ? झाँसी पे उतरो, जूतों से मारेंगे हम और पुलिस में देंगे, सो अलग।"

अब तक छदामी होश में आने लगे थे, जो वह कराह-कराहकर जतला रहे थे। वे चाहते थे कि छुट्टन जल्दी से मामला सुलटाएँ तो वे पूरी तरह होश में आएँ। यूँ भी पीठ के नीचे किसी का झोला आ गया था, जिसमें न जाने स्सालों ने कौन-सा नुकीला सामान भर रखा था। परंतु छुट्टन यूँ भावुक हो रहे थे मानो वास्तव में ही किसी ने उनके भाई की जान लेने की कोशिश की हो। वे अभिनय करते-करते अपने रोल में खो गए थे, सो बात सुलझ नहीं रही थी। डिब्बे के सारे यात्री जानते थे कि असली मामला क्या है, पर वे आपस में यही कह रहे थे कि ज़माना जब ऐसा खराब चल रहा है, तब टीटी साहब को खुद ही ऐसे हरामियों से नहीं उलझना चाहिए था। आदमी बिना टिकट जा रहा है तो कौन स्साला टीटी साहब के ऊपर चढ़कर जा रहा है ? फिर आदमी देख के उलझना चाहिए। और पाँच का नोट भी तो दे ही रहे थे। ले लेते। निकल जाते लेके, जैसे और सब निकलते हैं। कुल मिलाकर टिकट-चेकर की नादानी पर तरस का वातावरण निर्मित हो गया था। टिकटबाबू रुआँसे हो आए थे और छुट्टन की गाली-गलौज के आगे ध्वस्त हो गए थे। उनके पूरे शरीर पर पसीने की धाराएँ बह रही थीं, जबान लड़खड़ा रही थी, पाँव काँप रहे थे और आँखों के सामने चिनगारियाँ-सी उड़ रही थीं। बार-बार छुट्टन उन्हें मारने को आगे आते और बार-बार ऐसे मामलों में रोज ही बीच-बचाव करवाने के आदी लोग बीच में आ जाते। बातचीत में एक गतिरोध-सा आ गया था।

तभी ट्रेन रुक गई।

अगले स्टेशन से रज्जन डिब्बे में चढ़े और सीधे मामले की तह में उतर गए। खद्दर का पाजामा-कुर्ता डाले, खादी का ही झोला लटकाए, आँखों पर काला चश्मा पहने तथा कंधे पर लाल अँगोछा डाले उन्होंने ज्योंही दृश्य में प्रवेश किया, जाननेवाले त्योंही जान गए कि अब टिकटबाबू पूरी तरह बधिया होकर ही यहाँ से निकल पाएँगे। रज्जन ने छुट्टन से नमस्ते की, पूछा कि झाँसी कैसे जा रहे हैं, बेहोशी से उबरकर जमीन पर ही उकडूँ बैठकर दर्दनाक तरीके से कराह रहे छदामी की पीठ पर हाथ फेरा और लोगों से घिरे, भीगे पिल्ले जैसा घबराए टिकटबाबू से अत्यंत आत्मीय बनते हुए पूछा कि मामला क्या है ?

सहानुभूति पाकर टिकटबाबू रोने लगे।

थोड़ी देर तक आरोप-प्रत्यारोप, गाली-गुफ्तार तथा तू तू-मैं मैं के बाद रज्जन भैया ने मामला सुलझा दिया। उन्होंने छुट्टन को समझाया कि टिकटबाबू इस इलाके में नए हैं तथा अभी तबादले पर भुसावल से यहाँ आए हैं। इधर का इन्हें पता नहीं है, सो इन्हें माफ कर दिया जाए। धक्का धोखे से लगा ही माना जाए और जो वाजिब मुआवजा बनता हो, सो टिकटबाबू देने को तैयार हैं। फिर टिकटबाबू को उन्होंने समझाइश दी कि ये दोनों उनके ही गाँव के हैं तथा बेनीबाई, जो शायद रेलवे की मंत्री बननेवाली हैं, के खास आदमी हैं। ये हरामीपने पर आ जाएँ तो आपको छिपने को इंजिन में भी जगह नहीं मिलेगी। उन्होंने टिकटबाबू को यह नसीहत भी दी कि इलाका खराब है और दस-पाँच, जो जितना दे, ले लिया जाए, यही ठीक रहेगा। "बिना टिकटवाले का चालान काटने लगे, तो यहाँ आपका कुछ भी काटा जा सकता है"—कहकर रज्जन हँसे। सभी उनके इस अश्लील मजाक पर खुलकर हँसे। अंततः छुट्टन इस बात पर राजी हो गए कि टिकटबाबू बीस रुपए दे दें तथा उन्हें अच्छी तरह पहचान लें कि वे कितने हरामी हैं, तो वे भूल जाएँगे कि कुछ हुआ था। तब छदामी ने याद दिलाया कि उनके उस पाँच के नोट का भी हिसाब हो जाए तो ठीक रहेगा, जो टिकटबाबू ने गुस्से से ऐसा फेंका था कि खिड़की के बाहर ही उड़ गया था। टिकटबाबू ने ऐतराज किया कि उन्होंने स्वयं वह पाँच का नोट छुट्टन को उठाते देखा है। छुट्टन तमतमा गए। रज्जन भैया ने मामला सँभाल लिया और टिकटबाबू को फटकारा कि वे ऐसा ओछा आरोप लगाकर भुसावल के नाम को बदनाम ही कर रहे हैं और उन्हें पता होना चाहिए कि शराफत भी कोई चीज होती है। थोड़ी देर तक फिर चिकचिक चलती रही। अंत में पच्चीस रुपए नकद देकर टिकटबाबू अगले स्टेशन पर चलती गाड़ी से उतरकर किसी और डिब्बे में चढ़ गए। वैसे, दिखते शरमदार थे और कोई आश्चर्य न होता यदि वे उतरकर पटरी पर सिर रख देते।

झाँसी में ये पच्चीस रुपए मिल-बैठकर फूँके गए।

देसी दारू की गमक में डूबे रज्जन बाबू से ढाबे पर बड़ी आत्मीय चर्चा हुई। रज्जन बाबू ने छुट्टन के बारे में कहा कि यार हमने तुम जैसा शातिर नहीं देखा और छुट्टन ने भी रज्जन बाबू के हरामीपने को लेकर सम्मान प्रकट किया। फिर बात राजनीति की तरफ आई। रज्जन बाबू ने बताया कि वे बेनीबाई के कितने खास हैं तथा इतने पास हैं जितना बेनीबाई के स्थान-विशेष पर रहनेवाला पिस्सू भी न होता होगा। तब छदामी ने, जो अभी तक सारा ध्यान तन्मयतापूर्वक देसी दारू की बोतल गुटकने में लगाए हुए थे, भावुक होकर रज्जन बाबू का हाथ पकड़ लिया और कहा, "अगर ऐसी ही कहते हो, तो हमारो एक काम करवा दो, हम तुमारे सात जनम के गुलाम बन जाएँगे।"

"कौन सो काम ?" रज्जन बाबू ने दाँतों से प्याज कतरते हुए पूछा।

"अपने छुट्टन की नौकरी लगनी चाहिए।"

रज्जन ने जोर से हँसकर यह जाहिर किया कि इत्ती-सी बात ! फिर पूछा कि

छुट्टन इंटर तो कर ही लिए होंगे ? जब उन्हें पता चला कि छुट्टन दो बार इंटर में फेल हो चुके हैं, तो रज्जन देसी दारू के प्रवाह में गाली-गलौज करने पर उतर आए। पहले उन्होंने छुट्टन को गालियाँ दीं, जो इतने तिकड़मी होते हुए भी इंटर में नकल नहीं कर पाए और फिर भावुक होकर पूछने लगे कि आप तो उस मादर¨ का नाम हमें बताओ, जिसने आपको फेल किया था, तो हम उस भेन¨ की माँ¨ देंगे। गुस्से से उन्होंने ढाबे की एक टूटी कुर्सी को लात मारकर तोड़ दिया। बड़ी समझाइश तथा मान-मनौवल के बाद तथा यह बताने के बाद कि स्वयं छुट्टन ने ही कभी गंभीरतापूर्वक इंटर पास करने की कोशिश नहीं की थी, वे माने। तय रहा कि इस वर्ष छुट्टन इंटर पास करेंगे और रज्जन उन्हें नौकरी दिलवाएँगे। दारू की बोतल की कसम खाते हुए उन्होंने कहा कि बेनीबाई ने अगर उनका यह काम करने में आगा-पीछा किया, तो बेनीबाई की माँ के साथ भी वही किया जाएगा जो ऐसे मौकों पर किया जाना चाहिए।

झाँसी में किया गया वायदा नशे की झोंक में नहीं किया गया था, यह बाद में सिद्ध हुआ, जब अलीपुरा में रज्जन के साथ और बैठकें हुईं तथा संबंध घनिष्ठ मित्रता के हो गए। रज्जन ने बताया कि पटवारी की नौकरी तो खैर मिलने से रही क्योंकि उस शानदार नौकरी के लिए चीफ मिनिस्टर तक पर दबाव रहते हैं, पर अन्य किसी भी माकूल नौकरी में फिट करवाया जा सकता है, बशर्ते आप कलेक्टरी ही न माँगने लगो। तब छुट्टन ने बताया कि कलेक्टरी से क्या मिलना है। अपन तो मास्टरी करना चाहेंगे। अलीपुरा तथा उसके आसपास पढ़े-लिखे लोग मास्टर बनना चाहते थे। मास्टरी की नौकरी करते हुए आदमी सारे दीगर कामों के लिए, जैसे कि खेती, किसानी, ज्योतिष, चोरी-डकैती, गाना-बजाना, नौटंकी आदि के लिए समय निकाल सकता था। मास्टरी में और भी कई फायदे थे। पढ़ाना नहीं पड़ता था क्योंकि छात्र पढ़ना ही नहीं चाहते थे। पढ़ना नहीं पड़ता था क्योंकि जब आपको पढ़ाना ही नहीं है तो आप चूतिए नहीं हैं कि आप पढ़ेंगे। कहीं पर किसी पर भी गुस्सा आ रहा हो तो पीटने के लिए स्कूल में बच्चे सहज ही उपलब्ध थे, जिन्हें किसी भी बहाने से दचककर अपना गुस्सा निकाला जा सकता था। सब्जी-भाजी मुफ्त में आ जाती थी क्योंकि किसान के बेटे को यदि रोज ही कक्षा में नहीं पिटना है तो वह इतने सुरक्षा-उपाय तो करेगा ही। और, गाँव में सभी नमस्कार किया करते थे सो अलग। रज्जन ने बताया कि मास्टरी दिलवाना उनके बाएँ हाथ का खेल है, फिर अलीपुरा के पास पोस्टिंग कराना उनके दाएँ हाथ का खेल है और फिर उस हेडमास्टर का गिरेबान पकड़कर उठाना उनके दोनों हाथों का खेल होगा जो नौकरी में छुट्टन से काम करने की कहने का दुःसाहस करेगा।

सो छुट्टन ने तय किया था कि वे इंटर करेंगे। इंटर की परीक्षा में चूँकि अभी काफी समय था, सो वे फिलहाल अपना ध्यान बिब्बो पर केंद्रित कर रहे थे, जो दिनों-दिन कठिन होता जा रहा था। छोटे कस्बों में प्रेम करना तलवार की धार पर चलना, कीचड़ में ईंट फेंकना, आग के दरिया को पार करना, काजल की कोठरी में

उतरना आदि एक साथ ही होता है। लोगों के पास बला की फुर्सत होती है और वे पराई बहू-बेटियों पर, या तो बुरी निगाह रखते हैं या कड़ी निगाह रखते हैं। सो प्यार ज्यादा दिन छुप नहीं पाता और आगे-पीछे आपका रँगे हाथों पकड़ा जाना तय होता है। मार-पिटाई की नौबत तो इतनी तेजी से आती है कि व्याकरण का वह वाक्य याद आने लगता है कि इधर मोहन प्लेटफार्म पर पहुँचा ही था कि रेलगाड़ी चल दी। इधर प्रेम हुआ, उधर पिटे। कई दफे तो प्रेम हो जाए, इसी कोशिश में थे कि पिट गए। छुट्टन का बिब्बो से प्रेम अब उस स्थिति में आ गया था कि बात मार-पिटाई तक पहुँच सकती थी। परंतु छुट्टन जैसों से मुँह लगने में स्वयं बिब्बो के पिता की पिटाई तक बात पहुँच सकती थी, सो जोर इस बात पर ज्यादा था कि बिब्बो की निगरानी की जाए। इसी के चलते बिब्बो का घर के बाहर आना-जाना बंद-सा था और छुट्टन की प्रेम-कहानी में विरह का टुकड़ा चल रहा था। छुट्टन मिलन को आतुर थे और वे अंततः एक दिन मिले भी—पर उसकी कहानी बाद में।

पढ़ाई की बात हो रही थी। पढ़ाई-लिखाई में यूँ भी प्रेम की बातें बाधक मानी जाती हैं सो अभी, पढ़ाई की बातें।

पिछले दिनों में चंदू की इज्जत यकायक अलीपुरा में बढ़ गई थी क्योंकि वे डॉक्टरी लाइन में आ गए थे। डॉक्टरी लाइन का मतलब यह कि वे पीएमटी की तैयारी करने लगे थे। डॉक्टरी लाइन में तो वे उस दिन से ही कहे जाते थे, जिस दिन उन्होंने नौवीं कक्षा में बायोलोजी-साइंस में प्रवेश लिया था। लल्ला से लेकर गुच्चन तक का यह सपना था कि चंदू एक दिन डॉक्टर बनें। अलीपुरा के स्कूल में साइंस की प्रयोगशाला नहीं थी। मेढक वगैरह चीरकर बायोलोजी सीखने के लिए चंदू को मऊ के अग्रवाल कालेज में जाना पड़ता था। लल्ला उनके लिए तालाब से मेढक पकड़कर लाते, जिन्हें चंदू छत पर चीरकर न जाने क्या सीखा करते थे। परिवार में चंदू द्वारा विज्ञान विषय लेने के कारण यूँ ही सनसनी-सी थी। बायोलोजी के लिए जब वे मेढक-केंचुए आदि को चीरने लग गए, तब तो घर में सभी को रोमांच-मिश्रित विश्वास हो गया था कि अब वह दिन दूर नहीं जब चंदू डॉक्टर बनकर, इसी कुशलता से आदमियों को चीरने लगेंगे।

फिर चंदू ने इंटर में प्रथम श्रेणी में परीक्षा पास कर ली। यह एक ऐसी घटना थी, जिसकी तुलना 'भए प्रकट कृपाला' से की जा सकती थी। घर में मानो एक अवतार ने जन्म लिया था। चंदू इस घर के कीचड़ में कमल की भाँति उग आए थे। और यह कमलडंडी कीचड़ से इतना ऊपर निकलती जा रही थी कि चिंता होने लगी थी।

जब अखबार में इंटर की परीक्षा का रिजल्ट छपा तो छुट्टन सीधे बस-स्टैंड से अखबार लेकर भागते हुए आए थे और रास्ते में सभी को बताते आए थे कि चंदू ने फर्स्ट डिवीजन मारी है। छदामी ने रोककर पूछा कि "और तुम्हाओ को भओ?"

"हमारा क्या होता है?"

"फिर भी..."

"अच्छा, तुम्हीं बताओ कि हमारा क्या होना चाहिए ?"

"पास कि फेल…"

"फट्टा साफ भैया…फट्टा साफ… पर अबकी अपुन को रहटी से बैठना है… प्रिंसिपल साहब की जय…"

"और गुच्चन ?"

"उनका रोल नंबर छापने की सरकार ने सख्त मनाही कर रखी है…यार तुम हम लोगन को छोड़ो…चंदू ने फर्स्ट क्लास मार दी, यह सुन लो।"

"हम जानते थे।"

"हमने भी कही थी न तुमसे ? अब देखियो, डाक्टर बनेंगे अपने चंदू…"

"धन्य हैं।"

"धन्य तो हैं ही…धन्य तो होना ही चाहिए यार। परिवार में कोई भेन…तो धन्य हो…साला, धन्य होने को तरस गए।"

चंदू फर्स्ट आए। चंदू ने कमाल कर दिया। चंदू ने 'धन्य-धन्य' मचा दी। चंदू ने ग़ज़ब कर दिया। अलीपुरा से और कोई फर्स्ट नहीं। बस, दो जन सेकेंड। दस थर्ड। शेष की उठ गई संक्रांत। निबट गए शेष सब। गुच्चन और छुट्टन सहित न जाने कितने थे, जो फेल होने के आदी-से थे। या कहें, इंटर की परीक्षा में बैठने के आदी थे। सभी ने चंदू को घेर लिया। बैठक में चंदू के चारों तरफ प्रशंसकों की भीड़ थी। गुच्चन, छुट्टन तथा लल्ला अपनी पढ़ाइयों की चिंताजनक तथा शर्मनाक नियति को भूलकर वहीं चंदू के करीब सीना तानकर बैठे थे। अलीपुरा के छात्र-जगत को जो प्रश्न मथे जा रहा था, वह भी पूछा गया। "भैया जे बताओ कि रोज कित्ते घंटा पढ़ते थे?" एक लड़के ने चंदू की तरफ प्रशंसा-भरी नजरों से देखते हुए पूछा।

जवाब छुट्टन ने दिया—

"दिन-रात ही समझो। हम तो जब देखें तो पाएँ कि चंदू कुर्सी पे बैठे हैं और लगे हैं। आप-हम इतनी देर बैठें तो चूतड़ में भट्टे पड़ जाएँ…"

"सही कही…कौन बैठ सकता है? बड़ी तपस्या चाहिए।" एक ने कहा, जो दो बार से फेल हो रहा था।

"फिर बैठने से का होत है? हम बैठे भी रहें तो स्साला समझ ही न पाएँ कि बैठ के का करें, का न करें?" एक और ने अपने ढंग से चंदू की प्रशंसा की।

"हमारा तो राजा ऐसा है कि पढ़बे बैठे, कि उँघाई आई। कुर्सी पर बैठके तो हम पढ़ते ही नहीं कि कहीं सोते में गिर-गिरा न पड़ें। खटिया पे पढ़ो। उँघाई आए तो सो जाओ," एक और बोले।

छुट्टन ने चर्चा के सूत्र अपने हाथों में लिए।

"कितने घंटा पढ़े, इससे नहीं उखड़ता घंटा कुछ भी। फर्स्ट आने के लिए चाहिए दिमाग। वरना लगे रहो—रात-भर पीसो पारे में कछू नहीं।"

"सही कह गए आप।"

"चंदू बहुत होशियार हैं। मोटी-मोटी किताब को यों रटकर फेंक दें।"

"हमें तो मोटी किताब देखकर चक्कर आने लगते हैं।"

"सभी को आने लगते हैं। मोटी-मोटी किताबें याद रखना स्साला कोई ठठ्ठा है। इन किताबों से नकल के लिए पुरजी बनाने में ही पसीना निकल आता है!"

"सही कही। हम तो नकल के लाने कारतूस बनाबे बैठें तो किताब का ओर-छोर समझ में ही न आए कि उतारें तो कितें से उतारें भेन¨?"

"फिर कैसे निबटे आप¨?"

"हम तो किताब के पन्ना के पन्ना फाड़ ले गए।"

"हमारा बस चले तो हम तो पन्ना ही चिपका के आ जाएँ कापी में, कि भैया जे रहा हमारा उत्तर—डाल तो, जहाँ डालना हो।"

"पर धन्य हैं भैया आपने चंदू¨"

"अब क्या बनबे का इरादा है हल्के राजा का?"

"बनेंगे बड़े अफसर¨"

"वो तो बनना ही चाहिए। अफसर न बने तो भेन¨फर्स्ट-क्लास में पास होने का क्या मतलब हुआ? आप तो कलेक्टर बनिए और मारिए रोज चार लातें दुनिया के पिछाड़े पर।"

"भैया, अफसर होके हमें भुला न देना।"

"हओ भैया, जे सही कही आपने। कहीं बड़े अफसर लग जाओ तो हमें भी कहीं चपरासी-फपरासी में फिट करा देना।"

"तुम्हें कौन-सी जरूरत चपरासी बनबे की है? बाप के इकलौते, और इत्ती खेती तुम्हारे बाप की¨"

"अब इंटर फेल तक पढ़ लिए हैं भैया—इतना पढ़कर भी खेत में काम करना पड़े तो डूब मरबे की बात है। भैया, चंदू बनेंगे अफसर, तो अपुन बन जैहैं उनके चपरासी। अफसर के चपरासी को रुतबा कौन कम होता है? देखा नहीं तहसील में ? तहसीलदार का चपरासी कैसी लात मारता है, वहीं स्टूल पर बैठे-बैठे, और सबसे हें-हें करते बनती है।"

"जे तो आपने सौ टंच बात करी है। स्साली, सरकारी नौकरी की बात ही निराली है। अफसरी मिले चाहे चपरासीगिरी—बनना है तो सरकारी नौकर बनिए। जे क्या है भेन¨कि चला रहे हैं हल खेत में¨स्साला जे भी कोई काम है ?" एक किसान के बेटे ने कहा।

बातें खेती, किसानी, नौकरी, अफ़सरी, रिश्वत, नकल इत्यादि पर मँडराती रहीं। सारी चर्चा के दौरान चंदू चुपचाप तथा असंपृक्त से रहे। हौले-हौले मुसकुराते। मानो कह रहे हों कि वे इन ओछी चर्चाओं से कहीं बहुत ऊपर हैं। वे अलीपुरा के कीचड़ में कमलवत् थे। कम-से-कम वे स्वयं तो ऐसा मानते ही थे। वे हर ऐरे-गैरे को मुँह नहीं लगाते थे। वे जानते थे कि एक दिन उनको पढ़-लिखकर बड़ा आदमी बनना है,

जिसका कोई संबंध इन छोटे आदमियों से नहीं रहना है। वे कभी भी इस सोच से मुक्त नहीं हो पाए कि वे चंदू हैं। 'चंदू' होना एक बड़ी बात थी—वे यह भूलते नहीं थे। पाखाना करते हुए भी वे इस बात पर गर्व कर सकते थे कि चंदू की दिशा-मैदान करने की भी अपनी अलग अदा है। वे हर चीज में लोगों से अलग थे। कम से कम, उन्हें तो यही लगता था। इंटर में फर्स्ट आकर उनका यह विश्वास दृढ़ ही हुआ था। सो, आसपास भुनगों की भाँति एकत्रित होकर भिनभिन-सा शोर मचाते अलीपुरा के हमउम्र नौजवानों की बातें सुनकर वे रामलीला के राम की भाँति आशीर्वाद की मुद्रा में मुसकुराते बैठे रहे। क्या जवाब दें वे ऐसी बचकानी बातों का ?

"कछू स्पेशल खिलाई-पिलाई करते हुइएँ? काय भइया?" छुट्टन से जो चंदू के अधिकृत प्रवक्ता के तौर पर वहाँ बैठे थे, किसी ने फुसफुसाकर पूछा।

"पहलवानी की बात कर रहे हो कि फर्स्ट आबे की?" छुट्टन ने हँसकर ऊँची आवाज में पूछा।

"फिर भी भैया, बादाम-उदाम तो...," पूछनेवाले ने खिसियाकर कहा।

"बदाम खाए से फर्स्ट आने लगे तो हम एक किलो खा जाएँ," एक ने कहा।

"हमारे बाप ने तो हमें खूब बादाम खिलाए," दूसरे ने बताया।

"फिर क्या हुआ ?" छुट्टन ने पूछा।

"होना क्या था ? दस्त लग गए।" दूसरे ने बताया।

"फेल भए सो अलग।"

"बादाम खिलाने ही हों तो भैया प्रिंसिपल को खिलाएँ।"

"हओ, हमने बादाम तो नहीं दो बोरी गेहूँ भसकवा दिए प्रिंसिपल को..."

"तो भैया पास भी तो हो गए..."

"गांधी डिवीजन में।"

"जे कोई कम बात है? इंटर हो गए। अब बी.ए. करना। उतें पाँच बोरी गेहूँ देना। फिर ऐ मे। उतें दस बोरी। फिर नौकरी ढूँढ़ियो। उसके लिए बेच देना खेत।"

"दो बीघा जमीन बेच के अभी बद्री के बाप ने दिए कलदार कलेक्ट्री में, तो बद्री बन गए ठाठ से क्लर्क..."

देर रात तक चंदू को बधाई देने लोग आते रहे। उनके बहाने अमृतलाल को याद किया गया। चंदू बड़े आदमी बनेंगे, चंदू ने अलीपुरा का नाम ऊँचा कर दिया, चंदू जैसे बच्चे होने लगें तो माँ-बाप का जीवन सार्थक हो जाए, ऐसी बातें चलती रहीं। सभी को छुट्टन ने बताया कि बड़ी मेहनत की चंदू ने। हजारों मेढक चीर के फेंक दिए। केंचुए तो इत्ते फाड़े कि क्या कहें? और दिन-रात की लगे-लगे मचा दी चंदू ने—तब जाके यह हुआ है। सभी ने कहा कि—चंदू धन्य हैं। रात उतरते-उतरते, ज्यों-ज्यों भीड़ छँटी, यह बात साफ हुई कि चंदू को बड़ा आदमी तो खैर बनना ही है तथा उसके दसों रास्ते दसों दिशाओं में चंदू के लिए खुले हैं, परंतु लल्ला-छुट्टन-गुच्चन की आम राय यह बनी थी कि चंदू को पीएमटी की परीक्षा में बैठकर डॉक्टरी में घुसना चाहिए। फिर

बात डॉक्टर बनने से होनेवाले लाभ, डॉक्टरी की पढ़ाई में स्थान- विशेष का गूदा निकल जाने तथा पीएमटी की तैयारी के लिए क्या-क्या तामझाम की दरकार हुआ करती है—इस पर चल पड़ी।

अम्माँ सुबह से सबकुछ देख रही थीं और चिंतित थीं। अम्माँ यूँ भी जब-जब चंदू को देखती थीं तो उन्हें अच्छा तो लगता था पर साथ ही भय भी लगता था। चंदू का कद उन्हें इतना बड़ा लगता कि वे चिंतित हो जातीं कि इस कद को समेटने लायक यह परिवार है भी या नहीं ? चंदू उन्हें हमेशा एक अमानत से लगते, जो आगे-पीछे उनके हाथों से निकल जानी है। चंदू से वे कोई आशा नहीं करती थीं। चंदू पर वे परिवार की कोई जिम्मेदारी भी नहीं डालती थीं। चंदू उन्हें अपने घर में अतिथि से लगते, जिसकी सेवा करना उनका धर्म था और जिसे मेजबान परिवार की परेशानियों में नहीं डाला जा सकता था। चंदू की किताबें, चंदू की पढ़ाई, चंदू के कपड़े, चंदू का खाना-पीना, सबके लिए वे अतिरिक्त सतर्क रहतीं और अतिरिक्त प्रयत्न करतीं। गेहूँ बेचकर, उधार उठाकर, गहने गिरवी रखकर—आज जब अम्माँ पीछे मुड़कर देखती हैं, तो सोचती हैं कि चंदू को अभी तक की यात्रा में अपनी तरफ से कोई कमी उन्होंने आने नहीं दी। पर आगे की यात्रा कठिन थी। रास्ता, यहाँ के बाद एकदम ऊँचा उठ गया था। अभावों की तेज धूप में यह यात्रा और भी कठिन साबित होनी थी। चंदू को जब सभी लोग डॉक्टरी करवाने की बात कर रहे थे, तब, रसोई में चुपचाप घुसकर रोटियाँ सेंकती अम्माँ को चंदू की आगे की यात्रा की तपन ऐसी तेज लग रही थी कि वे पसीने से नहा गई थीं। रसोईघर में गुच्चन घुसे, तब वहाँ मानो आग-सी लगी हुई थी।

''अम्माँ तुमें तो बड़ा पसीना आ रहा है?''

''गरमी है बेटा,'' अम्माँ रोटियाँ सेंकती रहीं।

गुच्चन पास जाकर पटे पर बैठ गए।

''बिन्नू को बोल दो बाकी रोटियाँ बे डाल दें''

''बिन्नू की तबीयत ठीक नहीं।''

''तो शीला को बोलतीं बो क्या कर रहीं हैं?''

''अभी जचगी से उठी है कमजोर है।''

''और तुम ?''

''मुझे क्या होना है बेटा''

गुच्चन चुपचाप पटे पर बैठे रहे। अम्माँ चुपचाप रोटियाँ सेंकती रहीं। दोनों चुप थे, परंतु दोनों के बीच एक मौन संवाद चल रहा था। कहीं बच्चे के रोने की आवाज। फिर और तेज रोने की आवाज। फिर गुच्चन की बहू की बड़बड़ाहट। फिर उसकी गुस्से से भरी आवाज। बच्चा रोए जा रहा है। अम्माँ ने आवाज लगाकर बिन्नू को कहा है कि बच्चे को शीला से लेकर थोड़ा घुमा दें। गुच्चन चुप हैं। अम्माँ चुप हैं।

पर वे कब तक न बोलें?

बोलना पड़ा।

अम्माँ ने कहा, "अब क्या करना है चंदू का ?"

गुच्चन ने कहा, "सबकी राय यही बन रही है कि चंदू डाक्टरी पढ़ें।"

"हम भी जेई कह रहे हैं।"

"चंदू की भी बड़ी इच्छा है कि..."

"डाक्टरी की पढ़ाई बड़ी महँगी सुनते हैं ?"

"सो तो है जिज्जी..पर कुछ न कुछ तो करेंगे।"

"क्या करोगे भैया?"

"खाल बेचकर भी पढ़ाना पड़ा, तो पढ़ाएँगे।"

"हमाई-तुमाई खाल कौन खरीदेगा भैया?..नहीं..ऐसी अँधरसट्ट बातों से तो काम न चलेगा गुच्चन..."

"कहूँ से उधार भी मिल सकता तो..."

"भिखारिन की रिश्तेदारी भिखारिन में ही होती है..."

"सोना-चाँदी गिरवी रखें तों ?"

"इत्तो सोना-चाँदी नहीं छोड़ गए तुम्हारे बाप..."

"फिर चंदू को समझाते हैं कि इस चक्कर में न पड़ें..."

"ऐसी बात भूल के भी न कहियो बेटा..चंदू अगर पढ़ें, तो हमें पढ़ाना ही है..."

देर तक चर्चा के बाद तय पाया गया कि गाँव जाकर खेती की एक चौथाई जमीन बेचनी पड़ेगी। यदि चंदू का डॉक्टरी में प्रवेश होता है तो उसके खर्चों के लिए यह तो करना ही होगा। आगे की देखी जाएगी—यह कहकर आगे जिज्जी ने वह लोकप्रिय वाक्य कहा, जो आम हिंदुस्तानी को बड़े से बड़े दलिद्दर में भी जीवित रखता है। उन्होंने कहा कि "जिसने डाक्टरी में घुसाया, वही आगे भी कुछ इंतजाम करेगा।" 'जिसने' का मतलब ईश्वर ने। इस तरह ईश्वर को बीच में डालकर जिज्जी तथा गुच्चन दोनों का मन थोड़ा हल्का हुआ।

अब बिन्नू।

देश की अन्य अधेड़ होती कुँवारी लड़कियों की भाँति, जो अपने विवाह की प्रतीक्षा में एम.ए., बी.ए., बी.एड. किए चली जाती हैं और सिलाई-कढ़ाई सीखती रहती हैं; अचार डालने में निष्णात हो जाती हैं, पापड़-बड़ियाँ आदि बनाने में विशेषज्ञता हासिल कर लेती हैं, सफेद बालों को उखाड़ने में प्रवीण हो जाती हैं, बिन्नू ने भी वह करते हुए बी.ए. के प्राइवेट विद्यार्थी के तौर पर फार्म भर दिया था, जिसकी तैयारी की चर्चा हमने पहले भी की है। बिन्नू होशियार थीं। उन्होंने अपनी सारी परीक्षाएँ ठीक-ठीक नंबरों से एक बार में ही पास की थीं। परंतु उनकी पढ़ाई की कोई चर्चा या चिंता नहीं की जाती थी क्योंकि माना यह जाता था कि लड़की का क्या तो पढ़ना और क्या न

पढ़ना। बल्कि ज्यादा पढ़ जाए तो ससुरी मुसीबत कि अब उससे ज्यादा पढ़ा-लिखा वर खोजने निकलिए। सो, बिन्नू का क्या पढ़ना और क्या पढ़ाई।

उनकी पढ़ाई से महत्त्वपूर्ण था, उनके विवाह का तय होना, जो फिलहाल ठंडे बस्ते में था क्योंकि भैयन मामा के बीमार पड़ जाने के कारण इलाके में बहुत से विवाह-अभियानों को धक्का लगा था। भैयन बीमार होकर झाँसी के रेलवे अस्पताल में भरती थे, जहाँ डॉक्टर पचासों जाँचें करके भी एकमत नहीं हो पा रहे थे कि भैयन की साँस क्यों उखड़ती है और उखड़ती भी है तो ऐसी क्यों उखड़ती है कि लगता है भैयन को ही जड़ से उखाड़ देगी? झाँसी होकर आए एक अलीपुरावासी श्रीबनवासी ने परसों ही भैयन की बीमारी की गंभीरता का ऐसा घनघोर तथा भयानक विवरण घर पर अम्माँ को सुनाया था कि सुनते ही समझ में आ सकता था कि यह आदमी झूठ बोल रहा है। अम्माँ ने छुट्टन को कहा कि वे झाँसी जाकर उन्हें देखकर आएँ। छुट्टन यूँ भी झाँसी जाना चाहते थे क्योंकि धर्मेंद्र की नई फिल्म 'आए दिन बहार के' लग गई थी, जिसमें संयोगवश आशा पारिख भी थी, जिसमें वे बिब्बो की छवि देखते थे।

अम्माँ की आँखों में मोतियाबिंद उतर आया।

इन्हीं आँखों में न जाने कितने स्वप्न भी रहते थे, जो अब वहीं पैर सिकोड़कर बैठ गए ताकि मोतिया को जगह मिले। अम्माँ की आँखों में अनगिनत सपने एक दूसरे के ऊपर लदपद थे। भम्भड़ मचा हुआ था स्वप्नों का। एक दूसरे को धकियाते, जगह बनाते, गिरते-पड़ते स्वप्न। दूसरे स्वप्नों के नीचे कुचलते स्वप्न। जैसे बिन्नू की शादी का स्वप्न, चंदू की डॉक्टरी के स्वप्न के नीचे कुचल रहा था क्योंकि दहेज का पैसा चंदू के स्वप्न साकार होने में लग जाना था। मध्यवर्गीय आँखों के स्वप्न ऐसे ही हालात में जीते-मरते हैं। एक दूसरे को ठेलते, दौड़ते-चढ़ते-उतरते स्वप्न। कितने सपने हैं जो दूसरे सपनों के नीचे दबकर दम तोड़ देते हैं। कितने स्वप्न हैं, जो सपनों की भीड़ में गुम हो जाते हैं।

फिर अम्माँ की आँखों में तो सपनों की पूरी बस्ती थी।

सपना था कि लल्ला सुधर जाएँगे। सपना था कि छुट्टन भी सुधर जाएँगे। सपना था कि गुच्चन दुनियादार बनेंगे। सपना था कि बिन्नू का घर बस जाएगा। सपना था कि चंदू के सपने बिना किसी बाधा के पूरे हो जाएँगे। सपना था कि बच्चे अपनी जिम्मेदारियों को समझेंगे। सपना था कि लल्ला कुछ तो बन जाएँगे। सपना था कि छुट्टन कुछ तो बनेंगे। सपना था कि गुच्चन कुछ तो करने लगेंगे। सपना था कि इस घर में भी अच्छे दिन आएँगे। सपना था कि यह देहरी भी सिर उठाकर अलीपुरा को देख सकेगी।...न जाने कितने स्वप्न थे, जो अम्माँ की आँखों में यूँ पड़े हुए थे, जैसे गाड़ी आने की प्रतीक्षा में प्लेटफार्म पर यात्री पड़े रहते हैं, पर इन स्वप्नों की गाड़ी थी कि आती ही नहीं थी। ये स्वप्न अपनी मंजिल तक पहुँचने के लिए नहीं बने थे

शायद। परंतु अम्माँ में स्वप्न देखने का असीम तथा अजीब साहस था। और, विश्वास भी कि एक दिन ये साकार भी होंगे। और, इन स्वप्नों के लिए निरंतर खटने की ताकत भी उनमें थी।

सपने देखना बुरी बात नहीं। उनका टूटना भी ऐसी बुरी बात नहीं क्योंकि प्रायः सपने तो टूटने के लिए ही बने होते हैं। सपनों पर कितना भी 'हेंडल विद केयर' लिख लीजिए-- यथार्थ की ऊबड़खाबड़, पथरीली सड़कों के दचके इन्हें तोड़ ही देते हैं। सो, बुरी बात सपनों का टूटना भी नहीं। बुरा है, सपनों के टूटने से डरना और इस डर से सपने देखना ही बंद कर देना। जो सपने नहीं देखता, वह कैसे तथा क्यों जीता है—इस बात का उत्तर कठिन है। वैसे, सही यह है कि ऐसे लोग जीवन जीते नहीं, जीवन काट देते हैं। किसी तरह रो-धोकर। अम्माँ ऐसी नहीं थीं। वे सपने देखती थीं और इन्हीं स्वप्नों में उनके प्राण बसते थे।

वैसे यह वर्ष धर्मेंद्र का रहा।

छुट्टन और छदामी जैसे धर्मेंद्र के अनगिनत प्रशंसक मानिकपुर पैसेंजर जैसी अनेक रेलों द्वारा बिना टिकट या टिकट लेकर झाँसी जैसे अनेक शहरों में धर्मेंद्र की अनेकानेक फिल्मों के टिकट पाने के लिए टिकट की खिड़कियों पर धर्मयुद्ध की भावना के साथ पूरे वर्ष डटे रहे। हीरोइनें उसकी अंकशायिनी बनने को तड़पती रहीं। बिब्बो जैसी अनेक कन्याओं ने सारे देश में, जब-जब छुट्टन जैसे ढाँचानुमा शरीरों से लिपटकर प्यार जैसा कुछ किया, तब-तब उनके मन में धर्मेंद्र का बलिष्ठ शरीर रहा। छुट्टन जैसे अनेक टिरी नौजवानों ने अपनी मरे हुए चूहे जैसी मांसपेशियों में वर्ष-भर धर्मेंद्र की मछलियों-सी उछलती पेशियों का सपना देखा। नौजवान लड़के-लड़कियों में बातचीत होती, तो कहीं न कहीं से बात अंततः धर्मेंद्र पर आकर टिक जाती। धर्मेंद्र की बॉडी, उसकी मुसकान, उसके फौजीकट बाल, उसकी कसरतें, उसका उजबक ढंग से नाचना—सबकी बातें होतीं और प्रायः प्रशंसा के भाव में ही होतीं। छुट्टन और लल्ला झाँसी जाने के लिए जब प्लेटफार्म पर मानिकपुर-पैसेंजर की पारंपरिक प्रतीक्षा में थे, जो सही समय पर आने का कहकर दो घंटे से नहीं आई थी, तब छुट्टन और छदामी के बीच समय काटने की शाश्वत समस्या के हल के रूप में चल रही ऊटपटाँग बातों के बीच धर्मेंद्र का जिक्र यूँ आया :

"तुम्हारे बे मीनाकुमारी से फँस गए।" छुटंके ने बताया।

"बे कौन…?" छदामी तुरंत बात के मर्म तक नहीं पहुँच पाए और पूछने लगे।

"यार, हद है। और कौन मीनाकुमारी से फँस सकता है?" छुट्टन ने छदामी की नादानी पर तरस खाते हुए कहा।

"कोई भी फँस सकता है।"

"कोई भी?"

''और क्या कोई भी...''

''तुम फँस सकते हो...?''

''मीनाकुमारी फँसने दे तो हम तो आज फँस जाएँ।'' छदामी अब तक समझ गए थे कि बात धर्मेंद्र-मीनाकुमारी के बीच चल रहे लफड़े की राष्ट्रीय समस्या की हो रही थी, पर बात अब कुछ और ही दिशा पकड़ गई थी, तो यही सही।

''मीनाकुमारी फँसने दे, तो पूरा अलीपुरा फँसने को तैयार है—पर हम वह चूतियाटिक बात नहीं कर रहे। लौंडियाँ फँसने दे, तो मीनाकुमारी क्या, यहाँ सब स्साले कहीं भी फँसने को तैयार बैठे हैं।'' छुट्टन ने कहा।

''पर यह धर्मेंद्र ने ठीक नहीं किया।'' छदामी ने गंभीर चिंतन में डूबते हुए कहा।

''क्यों भैया...?''

''शादीशुदा आदमी है...''

''तुम्हारे गनेशी चाचा शादीशुदा नहीं हैं क्या? खुलेआम नाइन को घर में डाले हैं।...तुमने भी यार, शादीशुदा होवे की ऐन कही। अलीपुरा में ही दस शादीशुदा निकाल दें हम, जो यहाँ-वहाँ फँसे हैं। और जो बाकी बचे, सो स्साले बे भी कोई धर्मात्मा नहीं हैं। मौका-मौका की बात है, बस।''

''फिर भी यार... धर्मेंद्र की लुगाई...''

''लुगाई को खाना-खर्चा तो दे रहा है कि नहीं? बताइए, और क्या जान लेगी स्साली लुगाई...,'' छुट्टन ने धर्मेंद्र का पक्ष लेते हुए कहा।

''देखो भैया छुट्टन, हमारा यह मानना है कि धर्मेंद्र बड़ा शरीफ आदमी है। शक्ल देखो। कैसा भला आदमी लगता है। हँसता है तो एकदम साधू लगता है। ऐसे शरीफ आदमी का ऐसे टंटे में फँसना...''

''तुम यार, मीनाकुमारी को टंटा तो मत कहो...''

''फिर भी...''

''यार मीनाकुमारी आपके पीछे लग ले, तो आप कित्ते ही शरीफ हों—क्या कर लेंगे? बताइए न।''

''पर मीनाकुमारी कुजात भी है...''

''कैसे...?''

''सुनते हैं कि मुसलमानिनी है?''

''तो क्या हुआ? गांधीजी कह गए हैं कि हिंदू-मुसलमान को पास-पास आना चाहिए।''

''इतने पास आने की नहीं बताके गए महात्माजी।''

''महात्माजी हर चीज बताएँगे क्या ? अपने आप समझो यार...''

''धर्म भ्रष्ट कर रहा है...''

''इन चीजों में धर्म-वर्म भ्रष्ट नहीं होता...''

छदामी की दृष्टि हिंदूवादी थी और वे यह बर्दाश्त नहीं कर पा रहे थे कि इतनी हिंदू

हीरोइनों को छोड़कर 'उनका हीरो' किसी मुसलमान हीरोइन के चंगुल में फँस जाए। छुट्टन का दृष्टिकोण इन मामलों में उदारवादी था तथा लड़की का मामला हो तो वे तुरंत धर्मनिरपेक्षता के सख्त हिमायती हो जाते थे। धर्मेंद्र में वे स्वयं को देखते थे और धर्मेंद्र के जरिए वे अपनी इस किस्म की हरकतों को जायज ठहरा रहे थे।

दो लौंडे जो शायद चलायमान सौंदर्य के अवलोकन हेतु मानिकपुर पैसेंजर अटेंड करने आए थे, पास आकर खड़े हो गए थे और बहस में उतरने का मौका ताड़ रहे थे। लल्ला की न तो धर्मेंद्र में रुचि थी, न ही इस किस्म की बातों में। वे चुपचाप टीन की पेटी पर बैठे थे और बनियान में बनी पोशीदा जेब में रखे कट्टे पर हाथ फेर रहे थे। ये दो लड़के जबसे पास आकर खड़े हुए थे, तभी से लल्ला उन्हें संदेह की दृष्टि से देख रहे थे।

बातचीत में अयाचित ही उतरते हुए एक लौंडे ने कहा, "हमें तो 'फूल-पत्थर' देखते टेम ही शक हो गया था।"

"क्या फरमाया आपने...?" छुट्टन ने उन दो लौंडों को व्यंग्यपूर्वक देखते हुए पूछा।

"हमने जे कही भैया कि हमें तो 'फूल-पत्थर' फिल्म देखते टेम ही लग गया था कि दोनों के बीच कुछ लफंगई चल रही है।" लड़के ने कहा। छुट्टन छदामी के तर्क-कुतर्क सुनने को तो तैयार थे, परंतु हर ऐरा-गैरा धर्मेंद्र के बारे में कुछ भी कहने लगे, यह उनकी तथा धर्मेंद्र की शान के खिलाफ था। वे लड़कों से उलझ लिए—

"कितनी बार देखी 'फूल और पत्थर' आपने ?"

"दो बार !"

"हमने भेन...बीस बार देखी और हमें शक नहीं हुओ...और तुम कल के लौंडे, तुम्हें दो बार देखने में ही शक हो गया कि धर्मेंद्र और मीनाकुमारी में कुछ घसड़-पसड़ है ?"

लौंडे कम उम्र के अवश्य थे, परंतु जेनरेशन-गैप का प्रभाव उन पर भी था। वे अपने से बड़ों को उल्लू का पट्ठा मानते थे। छुट्टन उनसे पाँच-सात वर्ष ही बड़े थे, पर इस कारण ही वे अवज्ञा तथा अनादर के पात्र बन गए थे। एक लौंडे ने लापरवाही से कहा,

"दो बार देखो, चाहे पचास बार—यह तो समझ-समझ की बात है। कोई समझ जाता है, कोई नहीं समझ पाता।"

जैसा कि हमने कुछ देर पूर्व ही बताया कि लल्ला इन दोनों लड़कों को पहले ही संदेह की दृष्टि से देख रहे थे। अब, उनकी बातों तथा अपमानपूर्ण उत्तर में जैसे ही उन्हें लौंडहाई की बू आई, वे उठे और उठकर उन्होंने एक जोरदार झापड़ लौंडे की कनपटी पर मार दिया। लल्ला पहलवानी के शौकीन थे और प्रतिदिन दीवार पर दो सौ बार घूँसे मारने की प्रैक्टिस किया करते थे। समझ की बात करता हुआ नासमझ लड़का गिरती दीवार-सा प्लेटफार्म पर गिरा और लालबजरी चाटने लगा। दूसरे लड़के

ने भागने का प्रयास किया, परंतु लल्ला ने उछलकर एक जोरदार लात उसे भी मारी तो वह भी देश की मिट्टी से मुँह के बल जुड़ गया। इसके बाद लल्ला दोनों को खूब दचककर कूटने लगे।

भीड़ एकत्रित हो गई।

गाड़ी आने में अभी देर थी।

तब तक यह मुफ्त का तमाशा देखने में कोई बुराई नहीं थी।

छुट्टन तथा छदामी लड़ाई में नहीं उतरे। उन्हें लल्ला की क्षमताओं पर पूरा भरोसा था। जब लल्ला तल्लीनता से पिटाई में मगन थे, तब छुट्टन ने स्नेह से आर्द्र स्वर में छदामी से कहा, "एकदम धर्मेंद्र जैसी फाइट करता है।"

भैयन मामाजी वार्ड के पीछे के बरामदे में रखे स्ट्रेचर के भी पीछे छुपकर बीड़ी पी रहे थे, जब छुट्टन वहाँ पहुँचे।

"तुम्हें किसने बताया ?'

"नर्स बोली कि उधर छुपकर बीड़ी पीता होगा।"

"अस्पताल में बाकी ठीक है। हमें कोई शिकायत किसी से नहीं। पर ये लोग जो बीड़ी नहीं पीने देते, यह ठीक नहीं। हद है। अब जो आदमी पचास साल से बीड़ी पी रहा है, यार, वह कैसे छोड़ दे ?"

बातें करते हुए भैयन मामा की श्वास उखड़ रही थी, गले की नसें फूली हुई थीं और होंठ काले हुए जा रहे थे। छुट्टन ने जैसे ही मामाजी को देखा, तो उनका दिल बैठ-सा गया। मामाजी सूखकर काँटा हो गए थे। हड्डियों का ढेर, अस्थियों का पिंजरा, खोखले से कोटरों की तली में पड़ी आँखें, इस गाल से उस गाल तक जाते सुरंगनुमा गड्ढे, बीमार मुर्गे-सी निकल आई पतली गरदन, डगमगाते पैरों के पहियों पर हाँफते ढाँचे का ध्वस्त रथ। अँधेरे में मिल जाए, तो डर जाओ और उजाले में देखते न बने—ऐसे। यह तो हुई शरीर की बात। पर जहाँ तक आत्मा का प्रश्न था, वह अभी भी वैसी ही मस्त, सानंद तथा हरी-भरी थी, जैसे भैयन मामा की हुआ करती थी। छुट्टन को पहले झटके से सँभलने में थोड़ा समय लगा।

"बीड़ी पीओगे ?" मामाजी ने अस्पताल के पाजामे में खुँसा हुआ बंडल पेश करते हुए कहा, "छुपाके रखनी पडती है। बड़ा डाक्टर तो स्साला बीड़ी-सिगरेट का दुश्मन है। है तेज आदमी, पर हमें आज तक बीड़ी पीते नहीं पकड़ पाया।"

बीड़ी लेते हुए छुट्टन ने चिंतित होकर कहा, "जे का चिरैया जैसा मूँ निकाल के बैठे हो मामाजी? आप तो एकदमई सूख गए?"

"बुढ़ापा है भैया।" छुट्टन की बीड़ी सुलगाते हुए और होंठों के बीच हिलगी बीड़ी के अवशेष को अपने संपूर्ण अस्तित्व में समाहित कर देने के संकल्प से खींचे गए सुट्टे के साथ मामाजी ने कहा।

''बुढ़ापा कौन-सा भेन॰॰आ गया है—हमने तो आपको जब देखा, बुढ़ापे में ही देखा॰॰''

''ऐसा मत कहो, हम भी जवान थे॰॰''

''इस अफवाह पर कौन भरोसा करेगा ?''

''पर, हाँ, साला पीछे चार महीने से बुढ़ापे ने कुछ ज्यादा ही जोर पकड़ा है। दस सेर वजन गिर गया, भैया। चार कदम चलो, तो भागते कुत्ते-सी दम फूलने लगती है। बीड़ी तक जोर से खेंच लो, तो साँस फूल जाती है।''

''डाक्टर क्या कहते हैं ?''

''डाक्टर क्या कहेंगे—घंटा ! जाँचें चल रही हैं—ऐसा कहते रहते हैं। हम भी कहते हैं कि कर लो बेटा॰॰ हमारे बाप का क्या जाता है ? रेलवे का अस्पताल है। मुफ्त की रोटी तोड़ना है, सो तोड़ रहे हैं।''

कुछ देर तक दोनों चुपचाप बीड़ी पीते रहे। फिर भैयन मामा पर खाँसी का जोरदार दौरा आया, जो देर तक चलता रहा। खाँसी के उस लंबे वक्फे में भैयन का मुँह नीला-नीला-सा हो आया। ढेर-सा बलगम थूकने पर खाँसी रुकी। बलगम में खून के कतरे भी यहाँ-वहाँ दिखते थे।

''खून आ रहा है बलगम में ?'' छुट्टन ने चिंतित होकर पूछा।

''टट्टी में भी॰॰,'' भैयन ने बताया।

छुट्टन चिंतित बैठे रहे। ऐसे चिंतित थे कि बीड़ी खींचना भूल गए। उनकी बुझी बीड़ी को सुलगाते हुए भैयन हँसकर बोले, ''चिंता न करो, टीबी-ईबी नहीं है। हमने डाक्टर से साफ-साफ पूछ लई कि भैया टीबी हो गई हो, तो बता दइयो—हम नौगाँव छावनी चले जाएँ।''

''फिर भी॰॰''

''खून गिरता है तो गिरे ससुरा॰॰''

''डाक्टर से पूछा नहीं कि ये खून क्यों॰॰ ?''

''वे कहते हैं कि जाँच चल रही है।''

''क्या भेन॰॰जिंदगी-भर जाँच ही करते रहेंगे ?''

''डाक्टरी का मामला है॰॰अब तो खून भी कम ही गिरता है॰॰और सुनाओ तुम॰॰''

''क्या सुनाएँ॰॰''

''गुच्चन के क्या हाल हैं ?''

''आपने बड़े घर की बहू डलवा दी है, कर रहे हैं चाकरी उसकी॰॰''

''चाकरी की ऐन कही तुमने॰॰हमने तो सुनी कि मार-कुटाई करते हैं गुच्चन, शीला के साथ—ऐसा रिछारिया जी बता रहे थे॰॰''

''अपनी लुगाई को मार रहे हैं॰॰ किसी को इससे क्या ?''

''क्यों मारते हैं यार॰॰ ?''

''लुगाई को मारने के लिए भी कारण चाहिए क्या ?''

''गलत बात है। पेट में बच्चा था और गुच्चन ने मारा, ऐसा बता रहे थे रिछारिया जी...''

''पेट में किसका बच्चा था, यह नहीं बताया रिछारियाजी ने ?''

''चूतियों जैसी बातें मत करो।''

''सही बात सुनने में सबकी कल्लाती है।''

''हमारी कल्ला रही है क्योंकि यह गलत बात है।''

''रिछारियाजी ने आपको भी चूतिया बनाया, मामाजी।''

''हम नहीं मानते...''

''पर थू-थू तो सारे अलीपुरा में हुई, यह तो मानेंगे ? लोग न जाने क्या-क्या कहते-फिरते हैं।''

''लोगन की ऐन कही। लोग तो यह भी कहते हैं कि तुमको तहसीलदार की कन्या के साथ रँगे हाथों पकड़ लिया था।''

''कौन बता रहा था ?''

''बनवासी कह रहे थे... ?''

''और बनवासी मक्खनलाल को नहीं पकड़ पाए ?''

''कौन मक्खनलाल ?''

''जो उनकी कन्या के पास आकर हाथ रँगता है।''

''तुम अब उल्टी-सीधी बातों पर आ गए हो।''

''हम कहें तो उल्टी और बे कहें तो सीधी ?''

''तुम भी शादी कर लो।''

''करा दो।''

''सच्ची बताओ...रिश्ते अच्छे-अच्छे आ रहे हैं...''

''रिछारियाजी जैसे... ?''

''यार तुम रिछारिया की बात लेके घोंटे चले जा रहे हो...हम तो कह रहे हैं कि रिछारिया से भी उम्दा...''

''पर दहेज में बच्चा न लाए...वह हम पैदा कर लेंगे। आपके आशीर्वाद से अभी इतनी कूबत है अपनी पेशाब में।''

''तुम्हारी कूबत के चर्चे तो सब तरफ हैं, उसका बखान न करो।''

''बस...इस साल इंटर हो रहे हैं और अगले साल नौकरी पक्की...फिर कराइए हमारी भी शादी।''

छुट्टन ने इसके बाद इंटर कैसे पास होनेवाले हैं तथा कैसे बेनीबाई की अनुकंपा से नौकरी मिलनेवाली है—यह विस्तार से बताया। भैयन ने इसी बीच एक और बीड़ी सुलगा ली और मगन होकर धुआँ खींचते रहे। खाँसे। खँखारे। खून गिराया। साँस फुलाई। और फूली श्वास के साथ उनके मुख से ये वचन टपके—

''बेनीबाई राँड़ है।''

''कौन-सा हम उसके साथ विधवा-विवाह कर रहे हैं।''

''उसके कहे का भरोसा मत करना।''

''किसके कहे का करें मम्मा ? वो साली कुछ कह तो रही है। और लोग तो वह भी नहीं कर रहे।...''

''यह बात भी सही है...''

''क्या पता, दिलवा ही दे...''

''यह भी सही है।''

''फिर आप जैसे सब थोड़े ही होते हैं।''

''कैसे ?''

''कि जौन-से कही, उसी को दिलवाई।''

''अरे हम क्या किसी को नौकरी दिलवाएँगे, यार।''

''हम शादी की बात कर रहे थे। आजकल, आप बात जब तक सीधे से न करी जाए, समझते नहीं हो–क्या चक्कर है मामा ?''

''बुढ़ापा–बताया न !''

''अच्छा मामा...आपने आज तक कितनी शादियाँ लगवाई हैं ?''

''जे समझो कि बाबाजी के जटा आसीरबाद मेंई गए...''

छुट्टन नहीं समझे। मामाजी ने पूछा कि जब तक सीधी बात न कही जाए, तुम भी नहीं समझ रहे–बात क्या है ? छुट्टन चिढ़कर बोले, ''होना क्या है, बवासीर है।'' मामाजी हँसने लगे। फिर अपने कहे का अर्थ बताते हुए भैयन ने एक कथा सुनाई–

''एक थे हमारे जैसे साधू...''

छुट्टन ने टाँग अड़ाई, ''आप कब से साधू हो गए...?''

''यार तुम कहानी सुनो... चूतियों जैसा बीच में बोलने की आदत कब जाएगी ? सो एक थे साधू। बड़े दयालु। साधू भेन...होते ही दयालु हैं–पर ये तो ऐसे दयालु कि क्या कहें। सुबह से आसीरबाद लेबेवालों की भीड़ लग जाए मठिया पर। हमारो मोंड़ा बीमार, तो हमारी बिटिया की सगाई, तो हमारे बच्चा नहीं–सौ तरह के आसीरबाद माँगबेवाले। बाबाजी सबको अपना एक बाल दे दें कि गंडा बनाकर हाथ में बाँध लेना।''

''कहाँ का बाल ?''

''दाढ़ी का...और कहाँ का...यार, चुप होके सुनो... नहीं तो हम नहीं सुनाएँगे...''

''साधू गुस्सा नहीं होते...''

''हम भेन...साधू नहीं हैं।''

''रिसाओ मत...अब हम चुप रहेंगे।''

भैयन दोबारा शुरू होते, इससे पूर्व ही एक नर्स उधर से गुजरी।

''नमस्ते सिस्टर...''

''तुम इधर छुपकर बीड़ी पीता है ?''

"हम नहीं पीता इसे पिलाता है। यह हमारा भानजा है। गाँव से आया। बीड़ी नहीं पिलाएगा तो बुरा मान जाएगा। गाँव में सबसे कहता फिरेगा कि मामा ने बड़ा इनसल्ट किया—बीड़ी तक नहीं पिलाया।"

सिस्टर हँसने लगी।

"तुम्हारा मामा भोत बदमास है।" सिस्टर ने छुट्टन से कहा।

"इनको क्या हुआ है सिस्टरजी !" छुटंके ने पूरे अदब से पूछा।

"जाँचें चल रही हैं अभी तुम इनका बीड़ी क्यों नहीं छुड़वाता ?"

"यह खुद पीता है—यह क्यों छुड़वाएगा ?" भैयन बोले।

"तुम जल्दी से अपने बेड पर पहुँचो। बड़े डाक्टर के राउंड का टाइम होता है। फिर वो गुस्सा होता है।"

सिस्टर चली गई।

भैयन ने पीठ की तरह पीछे मोड़ा हुआ हाथ आगे किया और बीड़ी खींचने की कोशिश की। बुझ गई थी। दोबारा सुलगाई गई। बात शुरू हुई।

"आप अंदर जाओ। बड़े डाक्टर का राउंड"

"कहते-कहते दो घंटा बाद होएगा राउंड । और इधर स्साली किसको पड़ी है राउंड की ? वही होना है—'कैसे हो, कैसे हो—' और जब तक बताने चलो कि ऐसे हैं—तब तक बड़े डाक्टर निकल गए, उड़त भए न जाने कहाँ"

"फिर भी"

"तुम तो यार कहानी सुनो हम कितें थे ?"

"साधू न जाने कहाँ का बाल उखाड़कर देता था कि बाँध लेना गंडा बनाके।"

"हओ और साहब, बाल भी स्साला कमाल का। इधर बाँधा कि उधर काम हुआ। नाम हो गया साधू महाराज का चारों तरफ। सब तरफ उनके बाल की चर्चा। गाँव-गाँव में बात करें लोग कि भैया मुकदमा जीतना हो तो बाबाजी का बाल ले आओ। एक दफे गए साधू महाराज एक गाँव में, तो स्साला पूरा गाँव ही दर्शन करने चला आया। पर अपने यहाँ तुम तो जानते ही हो कि कोई मुफ्त में दर्शन करने तो भगवान के पास भी न पहुँचे। पढ़ा ही होगा कि भगवान के प्रकट होते ही आदमी वरदान माँगने लगता है। न माँगे तो भगवान स्वयं ही पूछ लेता है कि भैया क्या चाहिए, क्योंकि तैने बेकार में टाइम खराब करने के लिए तो भक्ति करी नहीं होगी। ऐसा ही इधर भी हुआ। स्साले, सब लोग बाल माँगने लगे। सब कहें कि हमें आसीरबाद चाहिए। आठ-दस लोगन को तो बाबाजी ने बाल दिए, बाकी भीड़ ने खुद ही उखाड़ लिए। जब भीड़ छँटी तो बाबाजी रह गए सफाचट, न दाढ़ी, न जटाएँ। मठिया पे पहुँचे तो कोई पहचाने ही न। चेला स्साले कुटिया में न घुसने दें। बाबाजी रोने लगे। रो-रो के कहें कि भैया, हमीं तुम्हारे साधू महाराज हैं। 'तुम्हीं हो, तो जटा कितें गई ?' पूछा चेलों ने। तब साधू ने कहा कि बाबाजी की जटा आसीरबाद मेंई गई ।"

इतनी कहानी बिना बीच में अड़ंगा मारे सुन ली गई, उत्साहित होकर भैयन ने कहानी सुनाने के उपरांत हँसकर पूछा, "अब समझे ? टेढ़ी कहना हमें भी आता है भैया।"

"हम कौन-सा माँ के पेट से सीखके आए थे। आपने ही सिखाया है ̈," छुट्टन ने मामाजी के चरणों को उस हाथ से स्पर्श किया, जिसमें बीड़ी नहीं थी।

"यार, मामा के पाँव छूके पाप न चढ़ाओ ̈" भैयन ने पैर हटाते हुए कहा।

दोनों थोड़ी देर चुप रहे।

छुट्टन दूर से आ रही एक नर्स को ताकते रहे, जो पास आती-आती, अंततः पास से निकल गई। नितंब मटकाती वह जब दूर निकल गई तब छुट्टन उस शैली में बुदबुदाए, जिसे नाटकवाले 'स्वगत' कहकर बयान किया करते हैं। वे बोले, "रेलवे अस्पताल वास्तव में शानदार है।"

भैयन ने ध्यान नहीं दिया। पूछा--

"जिज्जी कैसी हैं ̈ ?"

"हम जैसी संतानों के रहते जैसी रहनी चाहिए, वैसी हैं। मोतियाबिंद उतर रहा है। घुटने भी सूजे रहते हैं। काम में फिर भी लगी ही रहती हैं।"

"तभी तो कहते हैं कि शादी कर लो। बहू आए तो जिज्जी ठाठ से बैठकर राज करें।"

"जैसे अभी बरुआसागरवाली पर कर रही हैं ?"

"काम तो वह भी करती होगी ̈यार?"

"रोज की चिकचिक ̈ । बड़े घर की लड़की लाने में यही टंटा है। हमारे घर में ऐसा होता है, हमारे यहाँ छौंक ऐसे लगाते हैं। हमारे यहाँ ̈अरे माँ की आँख तुम्हारे यहाँवालों की ̈"

"बड़े नाराज दिखते हो शीला से ̈"

"अरे मामाजी नरक बना दिया घर भाभी ने ̈ । अम्माँ बिचारी ने तो पूरे जीवन में इतने दुख देखे हैं कि इस दुख को झेलना उनके लिए कुछ भी कठिन नहीं। पर गुच्चन के हाल देखे नहीं जाते। बिचारे साधू आदमी। अब गत वही है कि बाबाजी के जटा भाभी ने खेंच लिए। पूजा तक चैन से नहीं करने देती। कहती है कि पूजा में टाइम खराब करते रहते हो। उसका प्लान है कि गुच्चन को बरुआसागर ले जाके घरजमाई बनवा दें। सो रोज 'अलीपुरा में ये नहीं है,' 'बरुआसागर में तो यह है'--अरे भेन ̈ घंटा है बरुआसागर में ̈"

"बुरी बात है ̈"

"सबसे बुरी गत तो बिन्नू की है ̈ । शीला भाभी दिन-भर में एक-दो बार तो बिन्नू को याद दिला ही देती हैं कि तुम्हारी शादी नहीं हो पा रही। बिन्नू ढंग से साड़ी बाँधो, नहीं तो कोई लड़का पसंद न करेगा। बिन्नू कंघी-पट्टी ठीक से किया करो, पता नहीं चलता, कौन कब शादी के लिए देखने आया है--ऐसी बातें।"

भैयन सारी बातें सुनते रहे और कुछ सोचते रहे। फिर बोले, ''एक लड़का है। यहीं झाँसी का। बिन्नू के लिए बातचीत चलाई थी हमने।''

''फिर...''

''एक ही दिक्कत है कि लड़का दोज्या है।''

''पहली पत्नी ?''

''मर चुकी है। हैजा में। एक लड़का है। सातवीं कक्षा में पढ़ता है। लड़के को ग्वालियर में किसी हॉस्टलवाले स्कूल में डाल रखा है।''

''करता क्या है ?''

''अफसर है भैया...चकबंदी में। ऊपर की कमाई है, नौकर-चाकर हैं। हम यही डरते थे कि तुम लोग दोज्या के लिए मानो या न मानो। फिर पैसा एक नहीं लगना। दहेज की खास माँग नहीं। जहाँ तक लड़के की बात है, तो हॉस्टल में पढ़ता है। साथ में रहता नहीं। सास-ससुर की झंझट नहीं—पहले ही निबट चुके हैं। जहाँ तक दोज्या का प्रश्न है, सो किसी को न बताना कि दोज्या है।''

''बिन्नू को तो बताना पड़ेगा।''

''बिन्नू बिचारी तो गऊ हैं। मान जाएँगी।''

''गौ-हत्या पाप है, मामाजी।''

''गौ-हत्या से तुलना न करो, बिन्नू सुखी रहेंगी।''

''दोज्या तो अपनी औरतों के और नखरे उठाते हैं, हमें पता है। बहुत-सी दोज्या शादियाँ कराई हैं हमने। सब अच्छी ही रही हैं। बिन्नू खुश रहेंगी। हमें पता है।''

''सही कह रहे हैं मामाजी। अभी कौन-सी स्वर्ग में बैठी हैं।''

''हम बात चलाएँ, फिर ?''

''देख लें !''

''देखो...जिज्जी और गुच्चन को समझाना हमारा काम है। बिन्नू का निबटारा कितना जरूरी है, यह वे जानते हैं। लल्ला से पूछने की आवश्यकता नहीं। चंदू को परवाह नहीं है कि बिन्नू को भाड़ में झोंक दो, चाहे घर में डालकर बूढ़ी कर डालो। उन्हें, बस अपनी पढ़ाई दीखती है बस...तुम्हारा ही डर था हमें कि पता नहीं दोज्या लड़के के लिए हाँ कहोगे कि नहीं ?''

''अब और कोई रास्ता दिखता भी नहीं है, मामाजी।''

''फिर बताओ ?''

''क्या कहें, समझ में नहीं आता...''

''जल्दी कर लो भैया—ज्यादा देर लगाई सोचने में तो लड़कियन की कोई कमी नहीं। दोज्या-तीज्या, सब उठ जाते हैं। मरे जा रहे हैं माँ-बाप, लड़कियों से मुक्ति के लिए। दहेज चाहिए, लड़की स्साली मधुबाला जैसी चाहिए, गृहकार्य में दक्ष कन्या चाहिए, सोना चाहिए, जेवर चाहिए, गाड़ी-घोड़ा चाहिए—इत्ती चीजें माँग रहे हैं लड़केवाले। कहाँ से करें इंतजाम ? बताओ। सब हरामियों को गोरी लड़की चाहिए,

नो साँवली लड़कियाँ कहाँ जाएँ ? मार डालें क्या लड़की को, क्योंकि वह साँवली है, साधारण नैन-नक्स की है ? गला मसक दें क्या लड़की का क्योंकि देने को इत्ता दहेज नहीं है?…'' मामाजी बोलते-बोलते हाँफने लगे।

छुट्टन चुप रहे। बोलते भी क्या ? इन सवालों का जवाब किसी के पास नहीं था।

''मर रहे हैं लड़कियन के माँ-बाप। क्या करें ? तभी तो दोज्या, टेढ़े-मेढ़े, लफंगे—सब तरह के लौंडों के भाव बढ़े हुए हैं। फिर नौकरी में लौंडा हुआ, तो फिर तो कहना ही क्या। हमें तो डर यही है कि यह लड़का भी हाथ से न निकल जाए। हमने बिन्नू की फोटू दिखाई थी—सो उसने पसंद कर ली है। दोज्या लड़के तो और भी मिल जाएँगे, पर चकबंदी-अफसर जैसी कुर्सी पर बैठा शायद ही मिले। नोटों में खेलेंगी बिन्नू…।''

''वह खेल उन्हें आता नहीं। यह नोटों के खेल का सामान अपने घर कभी रहा नहीं।'' छुट्टन ने कहा। वे अब तक किसी निर्णय पर मानो पहुँच चुके थे। छुट्टन बोले, ''और कुछ हो भी नहीं सकता। आप थोड़ा ठीक हो लें। अस्पताल से छुट्टी हो जाए तो यहाँ बात कर ही लें।''

भैयन मामा उत्साहित हो गए।

उनकी उखड़ती श्वास ठीक चलने लगी।

उनकी खाँसी गायब हो गई।

चाँद निकल आया। ठंडी हवा बहने लगी। चाँदनी उतर आई।

मधुर संगीत बजने लगा।

प्रसन्न मामाजी ने बीड़ी दूर फेंकी, चप्पलों में पैर फँसाए और वे चलने को तत्पर हुए। बोले—

''फिर चलो।''

''कितें चलें ?'' छुट्टन ने पूछा।

''लड़के से अभी बात कर लेते हैं। यहीं झाँसी में ही तो घर है, सीपरी-बाजार में। जब एक दफा सोच ली, तो देर नहीं करनी है।''

''पर आपकी तबीयत…?''

''तबीयत चकाचक है। तुम तो चल पड़ो।'' मामाजी ने छुट्टन का हाथ पकड़कर खींचा।

छुट्टन उनके साथ चलकर वार्ड से निकल ही रहे थे कि दूर से बड़ा डाक्टर राउंड लेने आता दिखाई पड़ा।

''डाक्टर आ रहा है राउंड लेने…,'' छुट्टन ने चेताया।

''भाड़ में जाने दो डाक्टर को और ससुरे राउंड को…तुम तो फटाफट सीढ़ियाँ उतर लो।'' कहकर मामाजी तेजी से सीढ़ियाँ उतर गए। जिसकी श्वास बातें करने तक में फूल जाती थी, वह कैसा ऐड़ लगाकर दौड़ रहा था, यह बात किसी भी डाक्टर को चकित कर सकती थी, परंतु छुट्टन को नहीं। छुट्टन जानते थे किसी का रिश्ता तय करवाने का अवसर मामाजी में संजीवनी भर देता था।

इधर जब डाक्टर वार्ड में घुस रहा था, मामाजी अस्पताल के बाहर ताँगेवाले को समझा रहे थे कि वह उनको झाँसी के बाहर का चूतिया न समझें और चुपचाप अठन्नी में सीपरी बाजार तक चला चले।

जिला-जेल के पास ही रिक्शेवाले से लल्ला की चिकचिक हो गई। इस इलाके में आज तक ऐसा नहीं हुआ कि आदमी रिक्शा, ताँगा या बस में बैठा हो और गंतव्य पर जाकर किराए को लेकर चालक और सवारी में गंभीर मतभेद न उभर आए हों। कितना किराया तय हुआ था तथा कितना दिया जाना है, यह प्रश्न प्रायः जूते द्वारा ही सुलझाया जाता है।

लल्ला रिक्शे से उतरे और चलते हुए उसे चवन्नीं देने लगे। उन्होंने चवन्नी देकर चलना चाहा तो रिक्शेवाला रोने लग गया। लल्ला इस बात के लिए तैयार ही थे। वे जानते थे कि अठन्नी की बात तय करने के बाद में चवन्नी थमाने लगो तो आदमी शुरू में रोता ही है। यह कोई नई या आश्चर्यजनक बात नहीं थी। यह तो मानवीय स्वभाव की कमजोरी है कि कम पैसे दो, तो वह रोता है।

"मालिक।"

"क्या बात है ?" लल्ला ने रुकते हुए भी चलने का उपक्रम जारी रखा, ताकि पता रहे कि वे अत्यंत जल्दी में हैं तथा फालतू बहस के लिए समय नहीं निकाल पाएँगे।

"मालिक...अठन्नी तय करी थी।"

"तो ?"

"चवन्नी ही पकड़ाकर निकले जा रहे हैं..."

"चवन्नी ही बनती है..."

"पर तय अठन्नी का करा था भैया..."

"तुम कुछ भी तय कर लो, तो क्या हम मान जाएँगे ?"

"पर हमने पहले ही बता दिया था..."

"तुम्हारे बता देने से क्या स्साला कानून बन गया...जो किराया बनता है, वही न देंगे या कुछ भी दे देंगे ?"

"अठन्नी ही बनती है।"

"जो देता है उससे ले लो।"

"आप ही देंगे सरकार।"

"हम देंगे घंटा।"

"आप इन सिपाही जी से पूछ लें।"

"क्या पूछ लें ? कोई डरते हैं क्या पुलिसवालों से, जो उनका नाम ले रहे हो ?"

"ये तो सरकार, कानून न हुआ।"

"कानून को हम रखते हैं, इस पे।" लल्ला ने इशारा करके बताया कि वे कानून

को किस अंग-विशेष पर रखने का संकल्प रखते हैं। इसके बाद वे रिक्शेवाले के पास आए और गर्दनिया देकर उन्होंने उसे रिक्शे की सीट से घसीटकर नीचे गिरा दिया। रिक्शेवाला रिरियाता रहा, परंतु लल्ला ने दो लातें और चंद घूँसे लगाने के बाद ही उसे छोड़ा। थोड़ी दूर पर ही जिला-जेल के संतरी, सिपाही इत्यादि खड़े थे। यदि कानून इस बात की आशा में था कि सिपाही आकर इस मारपीट को रोककर लल्ला को दंडित करेगा तथा गरीब की रक्षा करेगा तो यह कानून का भोलापन तथा बचकानापन था। पहले तो सिपाही आया ही नहीं। फिर लल्ला द्वारा रिक्शेवाले की धोती खींच देने के कारण मामला दिलचस्प होता देखकर वह पास आया और आते ही उसने रिक्शेवाले को दो थप्पड़ रसीद किए।

"भाग भो के, नहीं तो पेंड़ दूँगा जेल में।" सिपाही ने भी गर्दनिया देकर उसे रिक्शे की तरफ धकेला।

रिक्शेवाला पिट-पिटाकर चुपचाप रिक्शा खींचता निकल गया। लल्ला जेल के फाटक की तरफ सिपाही के साथ-साथ ही चलने लगे।

चलते-चलते लल्ला ने हँसते हुए कहा, "स्साला, बड़ा कानून झाड़ रहा था"

"पर आपने भी बढ़िया पहलवानी हाथ दिखाया, पहलवान," सिपाही ने लल्ला के गठे, पहलवानी शरीर को प्रशंसा के भाव से देखते हुए कहा।

"और क्या करते ? कानून की बात कोई करे तो और क्या जवाब है ?"

"सही कहा आपने"

"हमने उसे यही बताया कि भैया बुंदेलखंडी आदमी को तुम कानून का डर तो मत दिखलाओ। यहाँ स्साला, पूरी जिंदगी ही कानून की सेवा में बीती है। गलत कानून हमने कभी नहीं माना। गांधीजी ने नमक कानून तोड़ा था कि नहीं ?"

"काहे का कानून साहब," अब संतरी और लल्ला जेल के मुख्य द्वार पर खड़े होकर चर्चा कर रहे थे, "कानून को कौन पूछता है ?"

"कानून सही हो तो सब पूछें, पर अब यह थोड़े ही है कि कोई चिड़ीमार आपसे बकवास करता चला जाए और कानून कहे कि स्साले को मारा भी न जाए ?"

"और क्या सही कहा आपने"

"अच्छा, आप तो अपने को ही लीजिए। आप तो सिपाही हैं। पर मान लो कि आपका बैरी आपके सामने से छाती चौड़ी करके चला जा रहा हो तो आप कानून का रोना रोते रहेंगे कि छाती में बारह बोर की उतार देंगे ? बताइए ?"

"सही कह रहे हैं। आदमी अपने बैरी को भी न मारे तो धिक्कार है। कानून का मतलब यह तो नहीं भेन कि कोई अपने दुश्मन का भी मर्डर नहीं कर सकता। ऐसा हो जाए कि कानून के कारण आदमी न मारपीट कर पाए, न मर्डर कर पाए—तो स्साला फिर काहे का जीना"

"सही कह गए आप।" लल्ला ने कहा।

संतरी बीड़ी पीने लगा। लल्ला पास खड़े हो गए। बातें चल पड़ीं। लल्ला इसी बीच

चार बार फिरंगी से मिलने जिला-जेल आ चुके थे। संतरियों तथा उनके बीच एक घरोबा-सा पनपने लगा था। संतरी के लिए बीड़ी का बंडल, मिठाई का डिब्बा, कुछ नकदी तथा अहोभाव--यह लेकर वे आते थे। ऐसे समझदार लोगों का जेल में हमेशा ही स्वागत था। जिला-जेलवाले लल्ला को पहचानने लगे थे।

आज जेल में, मुलाकात के लिए आए रिश्तेदारों की कुछ ज्यादा ही भीड़ थी।

''आज तो बढ़िया दिन लगता है ?'' लल्ला ने भीड़ पर विहंगम दृष्टिपात करते हुए संतरी से कहा।

''काहे का बढ़िया दिन ? आप जैसे मेहरबान पाँच-पाँच, दस-दस टिका जाते हैं और वह भी ऊपर से नीचे तक बँटना है। इसमें क्या होना है ? दाल-रोटी चलती जाए, यही बहुत है। फिर बहुत से सिफारिशी आ जाते हैं, जो घंटा-भर मिलेंगे, पर दान-दक्षिणा के नाम पर उनसे धेला नहीं मिलना।''

''फिर भी।''

''नहीं भैया, अब नौकरी में कुछ नहीं धरा। आदमी जेल में बंद भाई को बादाम का हलुआ पहुँचवाना चाहता है और पाँच-दस रुपए भी खर्च नहीं करना चाहता। यही है स्साला, तुम्हारा भाई से प्यार ?''

''हमने तो हमेशा दिए¨''

''तभी आपकी इज्जत भी है¨,'' सिपाही ने कहा और वह भी लल्ला की इज्जत करता है, यह दरसाने के लिए उसने लल्ला द्वारा दिए बंडल से ही एक बीड़ी उन्हें पेश की। लल्ला ने बताया कि वे बीड़ी, तंबाखू, शराब और स्त्री से दूर ही रहते हैं क्योंकि ये सारी चीजें पहलवान का रेशा कमजोर करती हैं। सिपाही 'धन्य हैं' कहकर स्वयं ही वह बीड़ी पीकर यह बताने लग गया कि भारतीय पुलिस रेशा कमजोर होने से नहीं डरती।

जेल के बाहर अहाता-सा था।

बड़ा फाटक। उस फाटक में एक छोटा फाटक। आवाजाही उसी छोटे फाटक से। झुककर निकलो, तो निकलो। एक बूढ़ा उसी फाटक से निकला। बड़ा खुश। चेहरे पर संतुष्टि का प्रकाश और आँखों में कुछ पा लेने की चमक। निकलकर संतरी जी को नमस्कार की और वहीं खड़े होकर तंबाखू मलने लगा।

''मिल लिए, नाती से ?''

''हओ भैया¨तनिक ख्याल रखियो आप भी¨''

''हमसे तो जिसकी जो सेवा बनती है, करते ही हैं--आपने बादाम भिजवाए थे, हमने पहुँचवा दिए थे।''

''कृपा है आपकी¨लड़का गुणवान और संस्कारी है। घर की नाक़ रख ली। बीच बाजार में बाप के हत्यारे को वैसा ही लुटा-लुटा के मारा है, जैसा कि इसके बाप को बैरियों ने मारा था। जनम सफल कर गया यह लड़का¨''

''गोली मारी ?''

“नहीं सरकार सीधे दो टुकड़ा,” फरसा मारने का अभिनय करके बूढ़े ने बताया।

“फरसा मारते कौन-कौन देखे हैं ?” लल्ला ने पूछा।

“भरे बाजार में मारा है भैया,” बूढ़े ने गर्व-भरे स्वर में कहा, “फिर भी सच्चा चश्मदीद गवाह एक भी न मिलेगा। अब उनकी तरफवाले झूठी गवाहियाँ तो खड़ी करेंगे ही करेंगे। पर अपने मिश्रा वकील जब सच्चे गवाहों को तोड़ देते हैं, तो ये तो ससुरी झूठी गवाहियाँ हैं—बच्चा बच जाएगा, आपकी कृपा से”

“यहाँ से बचेगा, तो वह पार्टी मारेगी, जिसका मर्डर किया है,” लल्ला ने कहा।

“उसके लौंडे हैं पींदा औरतों के पेटीकोट में घुसे रहनेवाले वे स्साले क्या मारेंगे। और उन्होंने मारा भी तो ठीक है—बैरी से लड़ते हुए मरे तो आदमी स्वर्ग तो जाएगा। मगर फाँसी चढ़के जान दी तो आत्मा भटकेगी,” बूढ़ा बोलता रहा।

बूढ़ा जो बातें कर रहा था, वह बुंदेलखंड का मन बोल रहा था। यहाँ इज्जत के अपने मापदंड थे। यहाँ मर्डर अपराध नहीं था बल्कि बैरी से बदला लेकर जन्म सफल करने का साधन मात्र था। बुंदेलखंड में अपराध की अपनी निराली दुनिया और फिलॉसफी थी। हर अपराध के पीछे घनघोर आत्मसम्मान का भाव भी था। छुपकर चोट्टों की तरह अपराध करने को यहाँ घटियापन माना जाता था। यह भी कोई बात हुई कि चोरी-चोरी गए, और चोरी करके, चोरी-चोरी ही, चोरों की तरह वापस आ गए। यहाँ के चोर जब भी चोरी करने किसी के घर घुसे तो बिना गृहस्वामी के साथ माकूल मारपीट किए कभी बाहर नहीं निकले। चोरी करने निकले हैं तो क्या किसी के बाप का कर्जा काढ़ा है कि चले जा रहे हैं छुप-छुपकर। अपराध को डंके की चोट पर करने पर जोर है। कायरोंवाला काम नहीं। डकैती डाली और जाते-जाते छाती ठोंककर कहते गए कि थाने में अपने बाप से कह देना कि रामपुर के ध्यानसिंह ने वारदात करी है—उखाड़ ले, जो उखाड़ सके। यहाँ जनश्रुतियों और लोककथाओं के नायक वे ईमानदार तथा दिलेर डाकू रहे हैं, जो तिथि तथा समय की पूर्व चेतावनी देकर डाका डालते थे और सौ पुलिसवालों को भी चकमा देकर साफ निकल जाते थे। आजकल के बुंदेलखंडी डाकू शायद इतना न भी कर पाएँ, परंतु वे यह भी नहीं करते कि मुँह पर पट्टी बाँधकर डकैती डाल रहे हैं। ऐसा परदे में ही रहना था, तो भैया डकैती पर काहे निकले—घूँघट काढ़कर घर में बैठते। यहाँ तो अपराध बाद में करते हैं, पहले जमाने-भर को बता देते हैं। रात में दो बजे भी कत्ल करके आ रहे हैं तो रास्ते में सभी दोस्तों और रिश्तेदारों को जगा-जगाकर बताते आते हैं कि आज जटाशंकर को टपका दिया। जेबकटी जैसे टुच्चे धंधों को ये अपनी शान के विरुद्ध मानते हैं। ये कभी जेब काटें भी तो यूँ काटें कि जेब काटते-काटते कहें कि यार भेन तुम हिलो-डुलो मत—हम इधर इतनी मेहनत से तुम्हारी जेब काट रहे हैं और तुम हिले जा रहे हो—ऐसे में कोई शरीफ जेबकट स्साला क्या जेब काटेगा ?

बूढ़ा जिस गर्व से अपने नाती का जिक्र कर रहा था, वह एक लंबी परंपरा से उपजा गर्व था जिसे ‘आल्हा’ की ये पंक्तियाँ बयान करती हैं कि ‘जिनके बैरी चैन से जीवें

उनके जीवन को धिक्कार...।' पाँच पीढ़ी पहले किसी ने किसी का कत्ल कर दिया था तो आगे की सारी पीढ़ियों के किसी-न-किसी ने हत्यारे की पीढ़ियों के किसी-न-किसी का कत्ल जरूर किया, वरना उसके जीवन की सार्थकता ही संदेहास्पद हो जाती। 'टपका दिया', 'खोपड़ी खोल दी', 'कतर दिया', 'दो टुकड़ा कर दिए,' 'आँतें बाहर कर दीं...', 'संक्रांत निपोर दई...'—इन सारे मासूम से वाक्यों का मतलब यही हुआ कि कहीं किसी का मर्डर करके कोई आया है और रस लेकर बता रहा है कि कैसे उसने आज दुश्मन को मारकर अपना जन्म सार्थक किया है। मर्डर न भी करें, तो मारपीट तो कहीं गई नहीं। और मारपीट करने के लिए तो दुश्मन की तलाश भी आवश्यक नहीं। यूँ ही पीट दिया किसी को भी। 'उठा के पटक दिया स्साले को, बड़ी देर से हमारी तरफ देख रहा था।' 'जा रहे थे कि हमारी साइकिल में अपनी साइकिल से कट मारके जाने लग गया कि हमने दो पैडल तेज मारके हल्के राजा की साइकिल में दई हचक के लात और जमीन पे पटक के कुटाई करी कि हाथ अभी तक कल्ला रहे हैं, स्साले।' 'बस में कंडक्टर ने बताया कि अब जतारा तक का किराया एक रुपया बढ़ गया है, तो पहले हमने साफ कहा कि हमें भैया, मजाक पसंद नहीं है और यह मजाक का टेम भी नहीं है और न हमारा तुमसे जीजा-सालेवाला रिश्ता है कि तुम मजाक करो—पर वह तो एक रुपया और माँगता ही चला गया। फिर हम क्या करते ? दई मिलाके एक लात साले को। वो तो पुलिस बीच में न आती, तो हम उतई देसी कट्टा छाती पे धरके दबा देते। बात एक रुपैया की नहीं है यार—तुम नहीं समझोगे। स्साली, इज्जत भी कोई चीज है कि नहीं ? किसी भी बहाने से थप्पड़ मार दिया, "काय भैया, बड़ी देर से हम देख रहे हैं कि, तुम भेन...हमें देख के मुसकाए चले जा रहे हो। रंडी समझ रखा है क्या ?" और दिया एक लप्पड़। कोई नहीं मिला तो घर में पत्नी तो खैर उपलब्ध है ही। 'नमक कम डाला', 'मिर्ची ज्यादा डालती है स्साली', 'बहुत सिंगार-पट्टी चल रही है आजकल', 'दो घंटा से दरवाजा पीट रहे हैं, मर गई थीं क्या ?' कुछ भी कहा और दचक के मारा। बच्चों को पीट दिया।

एक अलग ही किस्म का फौजदारी वातावरण कि जिसमें बाहरवाला आ जाए तो देखकर चकरा जाए कि चल क्या रहा है ? पर यहाँ, ये सब बातें जीवन के अभिन्न अंग हैं और लोग इनका पूरा आनंद लेते हैं।

तभी तो जेल-परिसर में भी अजीब-सा उत्सवी माहौल था।

फिरंगी हमेशा की तरह स्वस्थ तथा सानंद मिले।

लल्ला उनके लिए आम लाए थे—दिए।

दोनों मित्र बड़ी आत्मीयता से मिले।

"कैसी कट रही है ?" लल्ला ने पूछा।

"जगह खराब नहीं है, लल्ला। जेल के बारे में बाहर बड़ा हौवा फैला रखा है। ऐसा है नहीं। ठीक-ठाक जगह है। खाना-पीना भी बुरा नहीं है। यार-दोस्त भी बन गए हैं...। ठीक ही कट रही है।"

"मुकदमे का फैसला...?" लल्ला ने पूछा।

फिरंगी हँसने लगे, "अभी कहाँ यार...तीन दफे तो तारीखें पड़ गईं। जज साहब ही नहीं आए। फिर दो दफे हमारा वकील नहीं आया। फिर दो बार जेलवाले नहीं ले जा पाए।"

"जमानत की क्या कहते हैं तिवारी वकील...?"

"हम सोच रहे हैं कि एक दिन तिवारी वकील को मारें स्साले को। उतँई अदालत में उतारें चप्पल और दें दस-पाँच। काम भेन...धेले का नहीं, बाप से पैसे खेंचे जा रहा है।... पर, फिर यह सोचके रह जाते हैं कि वकीलों से लड़कर कहाँ जाएँगे ?"

"जमानत तो मिल जानी चाहिए..."

"जज बड़ा बदमास है। बड़ा ईमानदार है भेन... रिश्वत की तरफ देखता तक नहीं। अजीब चूतिया है। हम लोगों से तो ऐसा नाराज है कि जमानत की बात भी करी तिवारी जी ने तो फटकार देता है भरे इजलास में। तिवारी को हम न भी मारें पर निकल के एक बार इस जज की कुटाई जरूर करेंगे। कहता है कि अवैध हथियार डाकुओं को सप्लाई करते हो और जमानत चाहते हो ताकि दोबारा धंधा शुरू कर सकें..."

"हद है भैया बदमासी की। बहुत ही शातिर जज है..."

"हम काहे को किसी डाकू को हथियार देंगे ? अबकी निकल के हम खुद ही डाका न डालेंगे...। डकैती में बड़ी बरकत है। दबदबा रहता है, सो अलग। महीने में दो बार भी काम पे निकल जाओ तो..."

फिर दोनों ही डकैती पर देर तक बातें करते रहे। पिछली दो बार से दोनों ने डकैती की संभावनाओं, इतिहास, भविष्य, वर्तमान, प्रचलित तरीकों में सुधार की गुंजाइशों आदि पर विस्तार से बातचीत की थी। फिरंगी ने बताया था कि जेल में बंद कुछ डाकुओं से हुई दोस्ताना बातचीत के बाद वे इस नतीजे पर पहुँचे हैं कि डकैती से बेहतर कैरियर की संभावनाएँ और किसी क्षेत्र में नजर नहीं आतीं। लल्ला शुरू में तो इससे सहमत नजर नहीं आए, परंतु अब वे भी फिरंगी के तर्कों को आदरणीय तथा अनुकरणीय मानने लगे थे। लल्ला का मन व्यापार करने का था, परंतु पूँजीगत समस्याओं के कारण वह नहीं हो पा रहा था। बिना विशेष पूँजी की व्यवस्था किए ही, मात्र अपने पहलवानी शरीर और मारपीट की क्षमता के बूते पर यदि किसी व्यापार में हाथ डाला जा सकता था, तो वह डकैती ही था--यह वे भी मानने लगे थे। लोगों के पास बहुत पैसा है और ज्यादातर हराम से कमाया पैसा ही है। उनको लूटना कोई अपराध नहीं है--ऐसी बातें करते थे, दोनों। इससे दोनों को अपने घटिया इरादों की पवित्रता के प्रति आश्वासन मिलता था।

"सुल्ताना डाकू का नाम सुने हो न ?"

"कैसी बात पूछ रहे हो...? कौन चूतिया ने न सुना होगा ?"

"बस्स..., डाकू बने, ऐसा...शानदार।"

"कि सेठों पे लूटकर गरीबों में बाँट दिया..."

"अपुन भी खूब बाँटेंगे।"

"थोड़ा खुद भी रखना पड़ेगा, भैया।"

"खुद तो खैर रखेंगे ही...हम भी तो गरीब हैं, यार।"

"बल्कि शुरू में तो पूरा ही रखना पड़ेगा।"

"तो बाद में बाँट देंगे गरीबों को भी...गरीब को स्साली कौन-सी जल्दी मची है ? कुछ दिन और सूखी चबा लेगा।"

"और क्या..."

थोड़ी देर तक डकैती की बातें करने के बाद चर्चा अलीपुरा की चल पड़ी। यह तय किया गया कि उस प्रिंसिपल को एक बार और ठोंका जाएगा, जिसने लल्ला को मात्र इतनी-सी बात पर तीन साल के लिए स्कूल से निकलवा दिया था कि लल्ला ने उनके साथ थोड़ी-सी मारपीट कर दी थी। यदि पिटने से ही डरना है, तो भैया मास्टर क्यों बने ? और बने भी, तो अलीपुरा में क्यों आए ? अलीपुरा से आज तक कोई मास्टर बिना पिटे गया हो, तो बताइए ? फिर बिन्नू, चंदू, छुट्टन, गुच्चन के हाल पूछे गए और चर्चा अंततः गरीबी पर टूटी। लल्ला ने कहा कि कहीं से दस-पंद्रह हजार रुपए मिल जाते, तो बिन्नू निबट जातीं।

फिरंगी ने कहा, "दस हजार के लिए तो एक ही रास्ता है, भैया..."

लल्ला बिना आगे कुछ भी कहे ही जान गए कि किस रास्ते की बात की जा रही है।

वे जब जेल से रेलवे अस्पताल के रास्ते पर थे, तब भी इसी रास्ते की सोचते रहे। लल्ला ज्यों-ज्यों सोचते थे, डकैती का रास्ता उन्हें त्यों-त्यों अपनी ओर खींचता था। डकैती की राह पर आने का आह्वान लिए धूल-भरी आँधी आई और लल्ला की आँख-मुँह इत्यादि में धूल झोंकती निकल गई। वे जब रेलवे अस्पताल के पास उतरकर रिक्शेवाले से उलझने की तैयारी कर रहे थे, तब उनका मन सुल्ताना डाकू के गेटअप में भटक रहा था।

गुच्चन घर से लापता हो गए।

वे पूरे दो दिन लापता रहे। अंततः वे हनुमान टोरिया में मिले। हनुमान टोरिया अलीपुरा के पास के जंगल में एक उजाड़-सी पहाड़ी पर बना हनुमानजी का मंदिर था, जहाँ एक बाबा ने अपना मठ जैसा बना लिया था। बाबा के बारे में वैसी ही अफवाहें उड़ा करती थीं, जैसी अलीपुरा जैसे कस्बों में इस तरह के चरित्रों के विषय में उड़ा करती हैं। काफी लोगों का विश्वास था कि वह कोई सिद्ध तांत्रिक था, जो जंगल के एकांत में तंत्र-मंत्र के ऐसे प्रयोग कर रहा था जिनके द्वारा जंगली पशुओं की आत्मा को अपने वश में किया जा सके। ऐसा करके अंततः वह क्या पाएगा, यह कोई नहीं

जानता था। कुछ लोग उसे पाकिस्तान का जासूस मानते थे, तो कुछ भारत सरकार का सी.आई.डी. एजेंट, जो हनुमान टोरिया की इत्ती ऊँची पहाड़ी से (जिसकी पिद्दी-सी ऊँचाई पर अलीपुरावासियों को गर्व था) सारे इलाके पर जासूसी नजर रखा करता था। कुछ लोगों ने उसे लंबी दूरबीन से कुछ देखते हुए भी देखा था। जबकि अलीपुरा के हेडमास्टर को पूरा संदेह था कि यह साधु निश्चित ही सुभाषचंद्र बोस हैं, जो समय आने पर अपना सही परिचय अलीपुरा तथा देश को बताएँगे।

उसी पहाड़ी पर, उसी रहस्यमय बाबा के सान्निध्य में गुच्चन पिछले दो दिनों से थे। छुट्टन तथा लल्ला, पूरे दो दिन यहाँ-वहाँ उनकी तलाश में भटकने के बाद हनुमान टोरिया पहुँचे थे। वे वास्तव में हनुमान टोरिया के बाबा के पास यह पूछने पहुँचे थे कि गुच्चन कहाँ गायब हो गए हैं, क्योंकि बाबाजी के विषय में अलीपुरा में यह मान्यता भी थी कि वह तंत्र-मंत्र के अलावा भविष्यवक्ता, प्लेनचेट चलानेवाला, हस्तरेखा विशेषज्ञ इत्यादि भी है। अलीपुरावाले जब किसी ऐसी समस्या में फँस जाते, जो थानेदार, तहसीलदार, पटवारी आदि को रिश्वत देकर न सुलझाई जा सके, तो वे हनुमान टोरियावाले बाबाजी के पास पहुँचते थे। बाबा कभी बताते, कभी सोंटा लेकर दौड़ा भी देते! मारपीट पर उतर आनेवाले, गाली-गलौज करनेवाले तथा असंतुलित व्यवहार करनेवाले साधुओं-बाबाओं आदि की यूँ भी बड़ी इज्जत अलीपुरा में थी। ऐसे बाबा बहुत पहुँचे हुए माने जाते थे। हनुमान टोरिया के बाबा के विषय में भी ऐसे बहुत से किस्से अलीपुरा में सुनाए जाते थे। बाबा ने एक बार थानेदार को लात मार दी थी, बाबा ने मिश्राजी को पत्थर मार दिया था, बाबाजी ने फलाने को ऐसी गालियाँ सुनाईं, तो फलाने को हनुमान टोरिया से ही धकेल दिया था। पर, साथ ही, उनके बारे में वे किस्से भी उतने ही मशहूर थे जिनमें बाबाजी ने खोए हुए मवेशी का पता बता दिया था, या घर से भागा हुआ लड़का किस शहर में, कहाँ रह रहा है, यह बता दिया था, बाँझ बहू को जुड़वाँ बच्चा पैदा करवा दिया था, पागल को ठीक कर दिया था, मिरगीवाले को भभूत दे दी थी और ऐसी दी थी कि दौरा आया ही नहीं, इत्यादि। इन किस्सों के कारण बाबाजी को लेकर भयमिश्रित आदर का भाव अलीपुरा में था।

जब गुच्चन का दो दिन तक पता नहीं चला, तो जिज्जी ने ही कहा कि हनुमान टोरियावाले बाबा की बड़ी मान्यता है—उन्हीं के पाँव पकड़कर पूछो तो शायद अता-पता मालूम हो। छुट्टन को इन ढकोसलों में भरोसा नहीं था। उनका पूरा विश्वास था कि हनुमान टोरिया का बाबा कहीं किसी का मर्डर करके भागा हुआ बदमाश है, जो अभी भी रात-बिरात डकैती, चोरी इत्यादि की वारदातों के लिए जाता है। पर वे इन परिस्थितियों में, जब गुच्चन के लापता हो जाने के कारण घर में दो दिन से चूल्हा भी न जला हो, अम्माँ से ऐसी कोई बहस नहीं कर सकते थे। वे लल्ला को लेकर जंगल में गए।

एक पगडंडी-सी थी और घना जंगल था, चहुँओर।

ऊबड़-खाबड़ रास्ते पर, तेज धूप में चलते-चलते छुट्टन थक गए और चिड़चिड़ा

भी गए। परंतु लल्ला को साधुओं, मंदिरों, बाबाओं आदि में बड़ा विश्वास था और वे पूरी श्रद्धापूर्वक हाथ में वह भारी टोकरी लटकाए, बिना थके हुए चले जा रहे थे जिसमें अम्माँ ने बाबाजी पर चढ़ाने के लिए हलुवा, मालपुए इत्यादि बनाकर रख दिए थे।

"ये स्साले बाबा लोग जंगल में क्यों रहते हैं ?" छुट्टन ने एक पेड़ के नीचे रुकते हुए कहा।

"गाली-गुफ्तार मत करो दादा बड़े गुनी बाबा हैं," लल्ला ने रुकते हुए समझाया। प्रसाद की टोकरी को वे श्रद्धापूर्वक हाथों में सहेजे खड़े हो गए।

"दाढ़ी-मूँछ बढ़ाने से कोई गुनी नहीं हो जाता"

"ऊँच-नीच मुँह से मत निकालिए बाबा गुस्सा आने पर अनिष्ट भी कर सकते हैं।"

"ऊँच-नीच की बात नहीं है। हमने तो एक बात कही है।"

"बाबा त्रिकालदर्शी हैं।"

"तब भी मालपुए पर नजर है ? धन्य हैं।"

लल्ला गुस्सा हो गए। उन्होंने छुट्टन को डाँटते हुए कहा, "दादा, गुच्चन भैया का सवाल है। उल्टा-सीधा मत बोलो। बाबा से ही आशा है, वरना तो दो दिन में हम सारी रिश्तेदारी में भटक चुके हैं—कहीं गुच्चन का पता नहीं चला है।"

लल्ला सत्य ही कह रहे थे।

छुट्टन चुप हो गए।

थोड़ी देर सुस्ताने के बाद दोनों पुनः हनुमान टोरिया की दिशा में चल पड़े।

बाद के वर्षों में इसे भी बाबाजी के प्रताप की दंत-कथाओं में उचित स्थान मिलना तय ही है कि गुच्चन यूँ मिल गए। जब छुट्टन तथा लल्ला हनुमान टोरिया के मठ में घुसे, तो उन्होंने गुच्चन को बाबाजी के पैर दबाते हुए पाया। बाबा वहीं जमीन पर लेटे हुए थे और गुच्चन श्रद्धापूर्वक उनके पाँव दबा रहे थे। बाबा लेटे हुए गाँजे की चिलम खींच रहे थे। गाँजे की गमक मठ के उस कमरे में उड़ रही थी। ताँबे-सी चमकती देह, लंबे जटा-जूट, मात्र लँगोटी धारण किए हुए, हाथों में चिलम, गाँजे के नशे में डूबी हुई लाल अर्धनिमीलित आँखें और चेहरे पर अद्‌भुत प्रसन्नता का भाव, जो या तो पागलों के चेहरे पर आता है या संतों के। बाबा को देखते ही छुट्टन घबरा-से गए। गुच्चन को वहाँ पाकर उन्हें लगा कि लोग बाबा के प्रताप के विषय में जो भी कहते थे, वह कितना सत्य था। वे नतमस्तक होकर अंततः दंडवत पर उतारू हो गए। इस दंडवत में उनकी श्रद्धा तो जितनी, जैसी थी वह थी ही, परंतु श्रद्धा से अधिक यह भय भी था कि रास्ते में बाबा के विषय में इतना अनर्गल बोलने पर अंतर्यामी बाबाजी कहीं कोई कठोर एक्शन न ले बैठें। लल्ला अलबत्ता गद्‌गद थे।

बाबाजी अच्छे मूड में थे। इस मूड में बड़ा हाथ गाँजे का भी था। प्रणाम, आशीर्वाद, मालपुआ-समर्पण, परिचय इत्यादि की औपचारिकताओं के पश्चात अब मठ में एक अनौपचारिक बैठक का-सा वातावरण बन गया था। ये दोनों गुच्चन के

छोटे भाई हैं, यह जानकर बाबा स्नेह में भीग-से गए थे और बड़ी आत्मीयता से बातें कर रहे थे।

"माल अच्छा है।" चिलम में भरे गाँजे की तारीफ करते हुए बाबा बोले।

"पूरन को गाँजे की पहचान है।" गुच्चन ने बताया। जाहिर है कि कोई पूरन नाम के सज्जन गाँजे का यह स्टॉक देकर गए थे, जिसकी क्वालिटी की चर्चा बाबा कर रहे थे।

"गुनी आदमी है पूरन" बम भोलेनाथ उसका कल्याण करेंगे।" बाबा तरंग में थे।

"गाँजा तो झाँसी के शीतलाप्रसाद का पीजिए—पीते ही वो पिनक आती है कि क्या कहने"। अगली बार आपकी सेवा में हम लाएँगे"।" छुट्टन ने कहा।

"नालायक है शीतलाप्रसाद" बेईमान भी"," बाबा बोले।

"पर"," छुट्टन ने प्रतिवाद करना चाहा।

"कभी इधर आया तो हम उसे टोरिया से नीचे फेंक देंगे"," बाबाजी रौद्र हो चले।

छुट्टन भय से चुप बैठ गए।

"घास मिलाता है, स्साला गाँजे में।" बाबाजी का गुस्सा बढ़ रहा था।

छुट्टन सहमे-से बैठे रहे।

"और उसका गाँजा तुम कभी इधर लाए तो मार सोंटों के तुम्हारी भी खाल खींच देंगे"," बाबाजी ने सोंटा उठा लिया।

छुट्टन घबराकर उठ गए।

"बैठ जा नालायक। बैठ, कान पकड़ के बैठ"," बाबाजी अब अपनीवाली पर आ गए थे।

छुट्टन कान पकड़कर बैठ गए। लल्ला से कहा तो नहीं गया था, परंतु उन्होंने भी कान पकड़कर बैठने में ही भलाई समझी।

"बोले" शीतलाप्रसादवाला गाँजा तो नहीं लाएगा ?" बाबाजी सोंटा लेकर खड़े हो गए।

छुट्टन काँपने लगे। डर के मारे मुँह ऐसा सूख गया कि बोलना चाहा भी तो जीभ ता:लू से चिपककर रह गई।

"अबे" बोल न मादर" तू हमें वो गाँजा पिलवाएगा भेन" जिस पर हम कभी मूतें भी नहीं ?" बाबा ने एक सोंटा छुट्टन की पीठ पर जड़ दिया। छुट्टन बिलबिला गए। उनका मन तो किया कि उठकर बाबाजी की दाढ़ी नोच लें, परंतु न जाने क्यों वे चुपचाप पिट गए।

बाबा सोंटा लेकर गुस्से में घूमने लगे। घूमते हुए वे झाँसी के शीतलाप्रसाद को नई-नई गालियाँ देते रहे और बताते रहे कि यदि कभी शीतलाप्रसाद उनके हत्थे चढ़ा तो वे उसकी माँ-बहन-बेटी इत्यादि के साथ तो निकटतम संपर्क स्थापित करेंगे ही, बल्कि शीतलाप्रसाद के स्थान-विशेष में जलती चिलम डाल देंगे। गाँजे की क्वालिटी को लेकर कोई शख़्स इतना भावुक हो सकता था, यह छुट्टन पहली बार देख रहे थे।

गाँजा वे भी पीते थे, परंतु सिद्धांत यही था कि जैसी मिलो शराब पी ली। और शीतलाप्रसाद के गाँजे के विषय में अब भी छुट्टन की यही राय थी कि पूरे बुंदेलखंड में सबसे शुद्ध गाँजा अगर किसी से मिल सकता था, तो वह शीतलाप्रसाद ही था। परंतु बाबा का चमत्कार वे गुच्चन के यूँ चमत्कारिक ढंग से मिल जाने में देख चुके थे और अभी तक पीठ पर जहाँ सोंटा पड़ा था, वह जगह सनसना रही थी—सो वे यह राय अपने तक ही सीमित रखे हुए थे। बाबा धीरे-धीरे शांत हो गए। घूमना बंद करके वे अपनी गद्दी पर बैठ गए। पर वे अभी भी छुट्टन को जलती हुई निगाहों से देख रहे थे और बार-बार उनका हाथ पास रखे सोंटे पर जा रहा था।

"बालक नादान है गुरुजी···," गुच्चन ने कहा।

बाबाजी छुट्टन को घूरते रहे। गुच्चन की सेवा का असर था या गाँजे का नशा ही उखड़ रहा था—बाबा शांत हो गए।

"इस नामाकूल को कहो कि बाहर जाकर बैठे··· । इधर अंदर हमें दिखा तो हम पत्थर मार देंगे।" बाबा ने कहा।

गुच्चन ने इशारा किया। छुट्टन तुरंत उठकर बाहर की तरफ भागे। वे तो मानो इसी का इंतजार कर रहे थे।

फिर थोड़ी देर तक कोई नहीं बोला।

बाबा चिलम खींचते रहे। माल अच्छा था ही—मजा आ गया। बाबा का मूड एकदम बदलकर रौद्र रस से वात्सल्य रस में छलाँग मार गया। लल्ला के सिर पर हाथ फेरते हुए बोले, "बोलो वत्स, क्या चाहते हो···?"

"दादा को घर ले जाने आए हैं, अगर आपकी आज्ञा हो तो···," लल्ला ने डरते-डरते कहा।

"हाँ-हाँ···अवश्य···"

"घर से नाराज होकर भाग आए हैं।"

"हम भी ऐसे ही एक दिन भागे थे···

"बाप से लड़कर···बस···बैरागी बन गए," बाबा अपने पुराने दिनों की याद में डूब गए। "बाद में बहुत बार मन किया कि वापस जाएँ और माँ-बाप से मिलें पर ये सब तो मन के बंधन हैं बेटा···इनसे निकलकर ही तो ईश्वर के पास पहुँच पाए···"

"भाईसाहब शादीशुदा हैं। भाभी से लड़कर आए हैं।" लल्ला ने बताया।

"तिरिया चरित्तर···," बाबाजी ने गहरी साँस लेकर कहा।

"भाभी ने दो दिन से खाना नहीं खाया है।" लल्ला ने दृश्य को दर्दनाक बनाने की कोशिश की।

"तिरिया चरित्तर अद्भुत चीज है।" बाबाजी कभी गहरी चोट खाए लगते थे।

"अम्माँ बीमार पड़ गई हैं।"

बाबाजी थोड़ी देर चुप रहे। फिर गुच्चन के सिर पर स्नेहपूर्वक हाथ फेरते रहे। फिर

वे गुच्चन से बोले–

"मायामोह के बंधन काटना इतना आसान नहीं है वत्स ̈तुम घर वापस जाओ। यह हमारा आदेश है," फिर लल्ला की तरफ देखकर बोले, "परंतु इसकी शादी करके बड़ा अन्याय किया है इसके साथ तुम लोगों ने–इसके तो माथे पर ही विधाता ने वैराग्य लिख दिया है–आज ले जाओ, पर इसे सांसारिक बंधन बहुत दिनों तक बाँध नहीं पाएँगे।"

लल्ला घबरा गए।

"गुच्चन भाईसाहब का एक पुत्र भी है महाराज ̈," लल्ला ने कहा।

"गौतम बुद्ध भी एक पुत्र के पिता थे ̈," बाबा ने कहा, "पर अभी तो तुम इन्हें ले जाओ। ईश्वर रक्षा करेगा। जाओ, तुम अपने भाइयों के साथ जाओ ̈"

गुच्चन अनमने होकर बोले, "महाराज, अब मुझे अपनी ही शरण में रहने दो।"

"नहीं बेटा ̈तुम जाओ, अभी वह समय नहीं आया।"

"नहीं बाबा ̈मुझे ̈"

"तुम जाते हो कि लगाऊँ एक लात ̈," बाबा ने सोंटा हाथ में ले लिया।

अब कोई चारा नहीं बचा था। गुच्चन उठे। बाबाजी के चरणों में दंडवत् प्रणाम करके वे लल्ला के साथ निकल आए।

बाहर निकलकर गुच्चन ने पीछे मुड़कर एक बार मठ को देखा और फिर तेजी से नीचे उतरती पगडंडी पर धीमे-धीमे चल पड़े। छुट्टन बाहर ही एक शिलाखंड की छाया में पनपी घास पर लेटे हुए थे। दोनों भाइयों को सही-सलामत आते देखकर उनको राहत मिली। छुट्टन को विश्वास हो गया था कि बाबाजी के विषय में वे गलत सोच रहे थे। बाबाजी मर्डर करके भागे हुए व्यक्ति नहीं थे–यह वे जान गए थे। अब उनका पूरा संदेह था कि यह शख्स किसी पागलखाने से भागकर निकला हुआ है। या कहीं वास्तव में ही पहुँचा हुआ महात्मा तो नहीं, क्योंकि पहुँचे हुए महात्माओं की सनक के अनेक किस्से अलीपुरा में सुनाए जाते थे। वे तय नहीं कर पा रहे थे। तीनों घने जंगल से होकर वापस गुजर रहे थे। गुच्चन हमेशा की भांति चुप थे। दाढ़ी में उनकी उँगलियाँ घूम रही थीं। लल्ला और छुट्टन उनके पीछे चल रहे थे।

"बाबाजी कहते थे कि गुच्चन के माथे पर वैराग्य लिखा है।" लल्ला ने दबे स्वरों में छुट्टन को बताया।

"चूतिया बना रहे थे।" छुट्टन ने लापरवाही से कहा।

"चूतिया बनाकर उन्हें क्या मिलेगा?" लल्ला ने एक उचित आपत्ति दर्ज की।

"बाबा लोगों का तो टीमटाम ही चूतिया बनाने पर टिका होता है," छुट्टन ने बताया। छुट्टन की पीठ पर अभी भी उस जगह जलन हो रही थी, जहाँ बाबा ने सोंटा जमाया था। वे मठ से जितना दूर आते जा रहे थे, उतना ही उन पर से बाबा के व्यक्तित्व का तिलिस्म टूटता जा रहा था। अब तो वे महसूस कर रहे थे कि उनको यूँ चुपचाप नहीं पिटना चाहिए था, बल्कि उठाकर वहीं मठिया में पटककर मारना

चाहिए था स्साले को।

तीनों चलते रहे।

गुच्चन काफी आगे चल रहे थे।

"भाभी का रवैया अगर यही रहा, तो गुच्चन वैरागी बन जाएँगे, जान लो...," लल्ला ने चेतावनी-सी देते हुए कहा। बाबाजी की भविष्यवाणी को वे जब गुच्चन के व्यक्तित्व और भाभी के साथ होने वाली रोज की चिकचिक से जोड़कर देखते थे तो उन्हें बाबाजी की बात पर विश्वास होने लगता था। "औरतों का इलाज है जूता...," छुट्टन ने अपनी फिलॉसफी बताते हुए आगे कहा, "दांपत्य तो बिना जूते के एक कदम भी ठीक से नहीं चल सकता। अब इसमें ऐसा होता है कि जो पहले मार ले। आपने मार लिया, तो ठीक,वरना पिटते रहो।"

"गुच्चन करें भी तो क्या—मारके भी तो देख लिया।"

"यह बात तो है, कि औरत अगर बेशर्मी पर उतारू हो जाए तो जूता भी फेल ही समझो।" छुट्टन ने लल्ला से सहमत होते हुए कहा। फिर तीनों चुपचाप चलते रहे।

गुच्चन के हाथ में बाबाजी की दी हुई रुद्राक्ष की माला थी, जिसके मनके घुमाते हुए वे मंत्रोच्चार-सा करते चले जा रहे थे। अलीपुरा पास आने लगा। अलीपुरा की बाहरी सीमा पर चमारों का मुहल्ला था। चमराटोली से गुजरते हुए ये मंत्रोच्चार और तेज हो गए। चबूतरे, पगडंडी, पत्थर, खटिया—यानी जो चमार जहाँ बैठा था, वहीं से उठकर गुच्चन को प्रणाम करने लगा। गुच्चन ने किसी को जवाब नहीं दिया। गुच्चन की तरफ से छुट्टन ही प्रणाम के जवाब में आशीर्वाद की मुद्रा में हाथ उठाते रहे। गुच्चन तो अपने में मगन चलते चले जा रहे थे।

जब तक वे घर के पास पहुँचे, बीस-पच्चीस आदमियों की भीड़ साथ हो गई थी। गुच्चन के गायब हो जाने का पता सारे अलीपुरा को था और अब जब वे यूँ वापस आ गए थे, तो सारे मामले की तह तक पहुँचने पर आमादा लोग भी साथ-साथ ही घर तक पहुँच चुके थे। अम्माँ को किसी उत्साही नागरिक ने पहले ही बता दिया था। वे बाहर चबूतरे पर ही खड़ी मिलीं।

गुच्चन उनके चरणों को स्पर्श करके गले से लिपट गए और फफक-फफककर रोने लग गए। अम्माँ भी रोने लग गईं। अम्माँ के कंधे से चिपका गुच्चन का पुत्र भी घबराकर रोने लग गया। भीड़ में कई पेशेवर रोने वाले थे। वे भी रो पड़े। गली में यूँ ही किसी काम से निकलती जा रही औरतों ने भी रुककर रोना शुरू कर दिया। खासा रोना-धोना मच गया।

छुट्टन ने यह देखा और फिर चारों तरफ खड़ी तमाशबीन भीड़ को ललकारकर कहा, "यहाँ कोई सनीमा हो रहा है भेन...भागो यहाँ से।"

भीड़ छँटने के बाद भी रोना-गाना तो मचा ही रहा।

चंदू की पीएमटी की पढ़ाई जोर-शोर से जारी थी।

"डाक्टरी लाइन में घुसने की पढ़ाई है, कोई ठठ्ठा नहीं है और इस पढ़ाई में अच्छेखाँ का गूदा बाहर निकल आता है"–ये विचार थे छुट्टन के। "हमें ऐसा पढ़ने का बोल-भर दो, तो सुनकर ही हमारी काँच खुल जाए"–यह कथन था छदामी का। "एक साथ हजार दंड पिलवा लो, पर ऐसी पढ़ाई की न कहो। ऐसी पढ़ाई हजार दंड से भी भारी है"–लल्ला द्वारा फिरंगी को लिखे पत्र का एक अंश। "धन्य है चंदू जिन पर तेरी ऐसी कृपा है माँ"–गुच्चन द्वारा पूजा करने के दौरान दुर्गा माँ के समक्ष माथा टेककर कथन। "चंदू कब जा रहे हैं, डाक्टरी पढ़ने?"–मुहल्लेवालों का विश्वासपूर्ण प्रश्न। "हमें तो पता ही नहीं चलता कि चंदू कभी सोते भी हैं, या नहीं– दिन-रात मोटी-मोटी किताबों में सिर दिए रहते हैं"–बिन्नू द्वारा मोहल्ले की चाची के सामने गर्वोक्ति। "आसमानी ताकत ही है, जो इत्ती पढ़ाई करवा रही है, वरना कौन पढ़ाई कर सके है इतनी...,"–अम्माँ द्वारा बहू के समक्ष बयान, जिसे बहू ने मुँह बिचकाकर सुना।

कुल मिलाकर चंदू की पढ़ाई का आतंक पूरे परिवार पर था।

चंदू मुँह-अँधेरे चार बजे उठ जाते और देर रात तक पढ़ते रहते।

अम्माँ साथ-साथ उठ जातीं और चंदू के सो जाने के बाद भी इस चिंता में जगी रहतीं कि सुबह उन्हें उठाने में देर न हो जाए। उन्हें यह भी चिंता रहती कि इतनी विकट पढ़ाई करके चंदू बीमार न हो जाएँ। गुच्चन ने चंदू की खुराक ठीक रखने पर बड़ा जोर दिया था क्योंकि उन्हें भी चंदू के बीमार हो जाने का भय लगता था। दूध, लस्सी आदि का इंतजाम कर दिया गया था और बादाम के लिए पैसे का इंतजाम करने की बात भी हवाओं में थी। घर में एक अघोषित कर्फ्यू-सा लागू था। लोग आपस में बातचीत भी धीमी आवाज में या फुसफुसाकर करते थे ताकि चंदू की पढ़ाई में व्यवधान न हो। गुच्चन का सुपुत्र रोए, तो तुरंत कोई न कोई उसे लेकर पीछे की दालान में या छत पर भागता था कि चंदू शोर से कहीं परेशान न हो जाएँ।

चंदू की पढ़ाई सभी की चिंता के केंद्र में थी।

चंदू को तो शायद जीवन-भर पता ही नहीं चला, न चलेगा कि उनकी पढ़ाई के लिए पूरा परिवार किस मशक्कत से गुजरा। बल्कि लगता तो यह है मानो चंदू का यह मानना था कि उनकी पढ़ाई के लिए इस तरह खटना तो सबका कर्तव्य था।

आज भी चंदू सुबह से पुस्तकालय में बंद थे।

गुच्चन ने पूजा बिना शोर-शराबे के संपन्न की। दुर्गा-स्त्रोत, जो वे प्रतिदिन दो-तीन घंटों तक ऊँचे स्वरों में यूँ उच्चारते थे कि पूरा घर गूँजता था–आज उन्होंने मन में ही दोहराए। पूजा जल्दी ही खत्म की। दूधवाले को पैसे देने जाना था और बादाम का इंतजाम भी करना था। अम्माँ अपने अटारीवाले कमरे में घुसी हुई थीं। गुच्चन की शादी के बाद अटारीवाला कमरा और भी महत्त्वपूर्ण हो गया था। बरुआसागरवालों ने नकदी तथा सोना ठीक-ठाक दिया था और वह भी अब इसी कमरे की धरोहर थे।

वैसे, बहू ने दबे स्वरों में 'अपने सामान' की चर्चा कभी-कभी की थी, परंतु साफ-साफ माँग करने की नौबत अभी तक नहीं आई थी। गुच्चन की शादी में मिले रुपयों से ही लल्ला का पुलिस केस निबटा था, जब वे देसी कट्टे के चक्कर में फिरंगी के साथ फँस गए थे। इन्हीं पैसों की खबर छुट्टन को भी थी, सो वे ग्राम नकटी के प्रिंसिपल के साथ इंटर में नकल करा देने पर दी जानेवाली 'दक्षिणा' तय कर आए थे। इन्हीं पैसों पर लल्ला की नजर थी ताकि वे कोई धंधा शुरू कर सकें। इन्हीं पैसों को अम्माँ सहेजकर रखना चाहती थीं ताकि ये बिन्नू की शादी में काम आ सकें। और आज इन्हीं पैसों में से चंदू के लिए दूध-बादाम के लिए भी पैसे निकाले जा रहे थे—न जाने ऐसा कौन-सा खजाना मिल गया था कि जिससे सारे कार्य संपन्न हो जाने की आशा सबको थी।

गुच्चन का बेटा रो रहा था। शीला नहाने में थीं और बिन्नू सुबह की रोटियाँ थाप रही थीं। बच्चे को उठानेवाला कोई नहीं था। गुच्चन झोला खोज रहे थे। लल्ला नदी पर नहाने गए थे। छुट्टन न जाने कहाँ गायब थे।

अम्माँ अटारी से नीचे आईं और लगभग उसी समय शीला नहाकर निकलीं। जिज्जी के हाथ में पाँच-पाँच रुपयों के बहुत से नए नोट थे। शीला अपने नोट खूब पहचानती थीं। अम्माँ ने रुपए गुच्चन को देते हुए कहा कि बादाम देखभाल कर ही लेना। शीला सारा मामला समझकर अंदर तक दहक गईं।

बच्चा रोए जा रहा था।

अम्माँ ने शीला से कहा, "पीछे की दालान में ले जा मुन्ना को।" शीला ने न तो मुन्ना को उठाया और न ही कोई जवाब दिया। बालों को सहेजते हुए वह देखती रहीं अम्माँ को, जो गुच्चन को पैसा दे रही थीं। शीला का चेहरा सारी कहानी कह रहा था।

मुन्ना रोता रहा।

गुच्चन ने गुस्से में कहा, "रो रहा है मुन्ना..."

"बच्चा है, तो रोएगा...," शीला ने ढीठता से कहा।

"उठाकर पीछे ले जाओ...शोर हो रहा है...चंदू पढ़ रहे हैं।"

"हम सभी पीछे चले जाते हैं न...," शीला ने बच्चे को उठाते हुए बड़बड़ाना शुरू किया, "दिन-भर यही गाना—चंदू पढ़ रहे हैं, चंदू पढ़ रहे हैं। चंदू पढ़ रहे हैं, ऐसा मत करो...चंदू पढ़ रहे हैं, वैसा मत करो—जब तक चंदू पढ़ रहे हैं, हम लोगों को या तो बरुआसागर भेज दो, या फिर जेल में डाल दो..."

अम्माँ समझ गईं कि यदि अभी बात नहीं सम्हाली गई तो यह मारपीट पर ही समाप्त होगी। गुच्चन कुछ दिन पहले ही, ऐसी ही लड़ाई के बाद घर से लापता हो गए थे। अम्माँ ने शीला से कहा, "मुन्ना हमें दे दो...हम ले जाते हैं..."

"रहने दो अम्माँ...आप तो बादाम-दूध का इंतजाम करो..."

"जबान सँभाल के बोल अम्माँ से, नहीं तो...," गुच्चन तेजी से शीला की तरफ बढ़े।

अम्माँ दोनों के बीच में आ गई।

"नहीं तो क्या करोगे ? सूली पे लटकवा दोगे ?" शीला ने कहा।

"चुप रह भेन''नहीं तो''"

अम्माँ ने फटकारा, "घर की औरतों से गाली-गलौज करते हो गुच्चन ?"

"वह इसी लायक है अम्माँ।" गुच्चन आगबबूला थे।

"और तुम किस लायक हो''?" शीला ने कहा।

इस प्रश्न के उत्तर में वही हुआ जो पत्नी द्वारा ऐसे प्रश्न पति से पूछने पर हुआ करता है।

गुच्चन ने लात फटकारी, जो शीला को नहीं लगी।

परंतु शीला ने ऐसी तेज चीख मारी, जैसी भरपूर लात खाने पर मारी जाती है। मुन्ना घबराकर और तेज रोने लगा। शीला पूरे गले से न केवल रोने लगीं, बल्कि साथ-साथ अपनी बात भी कहती रहीं, "मुफ्त का दूध-बादाम आता है न ? मुन्ना को पीने के लिए दूध नहीं है तो पैसे का रोना रोते हैं''लोगों के दूध-बादाम के लिए नए-नए नोट निकल आते हैं''हमें भी पता है कि कहाँ से आते हैं ये पैसे''"

अब शीला का बचना असंभव था।

अम्माँ को परे हटाकर गुच्चन मैदान में उतरे और शीला के गीले झोंटे पकड़कर उन्हें ऐसा करारा हाथ मारा, जैसा दुर्गा माँ ने राक्षस को भी कभी नहीं मारा होगा। शीला बिलबिलाकर नीचे गिरीं, पर गिर नहीं पाईं क्योंकि गुच्चन ने उन्हें झोंटे से टाँग रखा था। मुन्ना उनकी गोद से छिटककर दालान में पड़ी अनाज की बोरियों पर गिरा और लुढ़ककर जमीन पर आ गया।

"माड्डूडाला रे''" के शोर के साथ शीला ने झटके से अपने आपको गुच्चन के चंगुल से छुड़ाया और पुत्र को उठा लिया। मुन्ना अब इतना तेज रो रहा था कि उसका मुँह नीला पड़ रहा था। शीला का मुँह गुस्से से लाल था। अम्माँ का चेहरा भय से राख जैसा हो रहा था। गुच्चन के चेहरे का रंग बताना मुश्किल है क्योंकि गुस्से में बिफरते गुच्चन के लंबे बाल उनके चेहरे को वहाँ तक ढँक रहे थे, जहाँ से उनकी दाढ़ी शुरू होती थी।

गुच्चन ने शीला को धुनकना शुरू किया। शीला चीख-चीखकर जमाने को बताती रहीं कि उनके मायके के पैसे को लोग कैसे दूध-बादाम में उड़ा रहे हैं और सच बात कहो तो लोग मार-कुटाई करते हैं, पर मारापीटी से उनका मुँह बंद नहीं किया जा सकता। मुन्ना रोए जा रहा था। शीला हर लात-घूँसे पर 'हाय, हाय' के साथ चीखें मार रही थीं।

गुच्चन 'खट खट खट तेगा बाजे''' की आल्हावाली भावना के साथ तन्मयता से शीला को कूट रहे थे और चिल्ला-चिल्लाकर बरुआसागरवालों की किस-किसके साथ क्या-क्या करेंगे—इन इरादों को प्रकट करनेवाली गालियाँ दिए जा रहे थे। अम्माँ चिल्ला-चिल्लाकर इस युद्ध को रोकने का प्रयास कर रही थीं।

हंगामा बरपा था कि पुस्तकालय का दरवाजा खुला और चंदू बाहर आए। स्पष्ट था कि शोर-शराबे से उनकी पढ़ाई में व्यवधान हुआ था।

चंदू ने बाहर चल रही मार-पिटाई देखी। वे कुछ नहीं बोले। उनको देखते ही गुच्चन ने मार-पिटाई बंद कर दी और चेहरे पर ऐसे भाव लेकर खड़े रह गए मानो चंदू की पढ़ाई में व्यवधान पैदा करके वे अपराधी महसूस कर रहे हों। अम्माँ भी चुप हो गईं। चंदू के प्रभामंडल का कुछ ऐसा प्रभाव इस परिवार पर था, कि शीला तक चुप हो गईं। मुन्ना अलबत्ता रोता रहा। चंदू ने सारे दृश्य पर एक उड़ती-सी निगाह डाली। फिर वे पुस्तकालय में वापस चले गए।

अलबत्ता, चंदू ने जब पुस्तकालय का दरवाजा बंद किया, तो, शायद गुस्से में, जोर से बंद किया। कम-से-कम गुच्चन और अम्माँ को तो यही लगा।

बिब्बो और छुट्टन का प्रेम अलीपुरावासियों की सतर्क तथा पैनी निगाहों से छुप न सका।

जब, एक दिन वे (यानी छुट्टन) उनको (यानी बिब्बो को) अपने आगोश में लिए बेनी की बगिया की निरापद अमराई में बैठे थे तथा घटिया शेरो-शायरी के जरिए अपने प्रेम की ऊँचाइयाँ, और घटिया हरकतों द्वारा अपने प्रेम की नीचाइयाँ, एक साथ प्रकट कर रहे थे, तभी बन्ने पहलवान वहाँ पहुँच गए थे। बन्ने पहलवान उस तनहाई में किस इरादे से पहुँचे थे, यह आज भी रहस्य है, परंतु उनको देखते ही छुट्टन समझ गए थे कि अब बात फैलते देर नहीं लगने वाली। बन्ने पहलवान ने शाम तक आधे कस्बे को बता दिया कि छुट्टन वहाँ बिब्बो के साथ क्या कर रहे थे। बता तो वे पूरे कस्बे को देते, परंतु हर शख्स को पूरे विस्तार, रस तथा अभिनय के साथ छुट्टन द्वारा बिब्बो के साथ एकांत में की जा रही क्रियाओं का सूक्ष्मतम विवरण देने में समय तो लगता है। शुरू के कुछ लोगों को उन्होंने बताया कि दोनों के बीच चूमाचाटी चल रही थी कि हम पहुँच गए। लोगों ने जिस उत्साह तथा उत्सुकता से यह विवरण सुना, उससे बन्ने पहलवान के अंतर में छुपा सुसुप्त कहानीकार जाग उठा। आगे उन्होंने लोगों को कल्पना के सहारे, बिब्बो तथा छुट्टन के बीच घटे रोमांचक तथा रोमांटिक घमासान का ऐसा रंगीन तथा खुला विवरण सुनाया कि यकायक वे अलीपुरा में, कुछ दिनों के लिए, खासे लोकप्रिय व्यक्तित्व हो गए। लोग उन्हें रास्ते में रोककर, चाय की गुमटी पर ही दो कप चाय पिलाकर, पुलिया पर सादर आमंत्रित करके, उनके घर जाकर, यानी जहाँ भी वे उपलब्ध हो सकें, वहीं, यह यक्षप्रश्न पूछने लगे थे कि (हे सूत मुनि) उस दोपहर को, जो कुछ अघट बिब्बो तथा छुट्टन के बीच में घटा और शेष जो आपके पहुँचने के कारण घटते-घटते रह गया, वह कृपया विस्तार से बताएँ ताकि अलीपुरा के सांसारिक लोगों का यह लोक सुधर सके।

इसके बाद तो फिर बहुत से चश्मदीद गवाह सामने आ गए।

बन्ने पहलवान की बढ़ती लोकप्रियता को देखते हुए बहुतों को याद आया कि उन्होंने भी, कभी, कहीं, किसी समय, किसी पोशीदा जगह पर छुट्टन और बिब्बो को किन संदेहास्पद स्थितियों में देखा था। कुछ दिनों अलीपुरा में इस प्रेम-संबंध को लेकर पहले ढकी-छुपी, फिर खुले अधिवेशन-सी चर्चा चलती रही। फिर यह चर्चा उन दो स्थानों तक जा पहुँची, जहाँ ऐसी चर्चाएँ अंततः अपनी तार्किक परिणति के रूप में पहुँचती ही हैं—अर्थात, छुट्टन के घर तथा बिब्बो के बाप तक।

एक शाम, जब छुट्टन अपने बालों में चिरैया-सी बनाकर, धर्मेंद्र की चाल में घर से निकल रहे थे, तब गुच्चन ने उनको आवाज देकर बैठक में बुलाया।

जब गुच्चन ने उठकर बैठक का दरवाजा बंद किया और उनको अपने पास बैठने को कहा, तभी छुट्टन जान गए कि आज की बंद कमरे की चर्चा का एजेंडा क्या होनेवाला है। पर भोले तथा अनजान बने रहे क्योंकि इसी में उनकी भलाई थी तथा वर्तमान परिस्थितियों में कोई भी समझदार व्यक्ति यही करता।

"हम यह क्या सुन रहे हैं ?" गुच्चन ने पूछा।

"क्या सुन रहे हैं ?" आवाज में जितना भोलापन घोला जा सकता था, वह था।

"तुमने कुछ नहीं सुना?" गुच्चन के स्वर में व्यंग्य था, जिसे छुट्टन ने नजरअंदाज करना ही बेहतर समझा।

"नहीं तो, किसके बारे में ?"

"आपके अपने बारे में¨," गुच्चन ने वह किया, जिसे अंग्रेजीवाले थैले से बिल्ली को बाहर निकाल देना कहते हैं।

छुट्टन ने बिल्ली पर ध्यान नहीं दिया और थैले की बात करने की पॉलिसी पकड़ी।

"हमारे बारे में ???"

"ये बिब्बो कौन हैं ?" गुच्चन उठकर छुट्टन के ठीक सामने आकर खड़े हो गए।

छुट्टन जान गए कि गुच्चन अब उस स्ट्रेटेजिक-पोजीशन में उनके सामने खड़े हैं जहाँ से वे किसी भी पल जोरदार थप्पड़ मार सकते हैं। गुच्चन का मारपीट करने का यह विशिष्ट अंदाज था। जिसे थपड़ियाना हो, वे उस शख्स के इतने करीब आकर खड़े हो जाते थे कि थप्पड़ तथा उस शख्स के गाल के बीच थप्पड़ मारने से पूर्व ही एक आत्मिक किस्म की घनिष्ठता स्थापित हो जाती थी। पास आकर, जब वे बातें करते-करते यकायक थप्पड़ मारते थे तो पिटनेवाला थप्पड़ की इतनी तीव्र गति पर चकित रह जाता था।

मूल मुद्दे को अब और नजरअंदाज करना सुरक्षित रणनीति नहीं थी।

"लोग झूठ-मूठ बातें कर रहे हैं।" छुट्टन ने कहा।

"तो बिब्बो कौन लगती हैं आपकी ?" गुच्चन थपड़ियाने और न थपड़ियाने के 'नो-मैन्स-लैंड' पर खड़े होकर पूछ रहे थे।

"हमारी कौन क्या लगेंगी ?" छुट्टन ने भोलेपन और वास्तविकता के बीच के 'नो-मैन्स-लैंड' पर जगह बनाते हुए आगे कहा, "बिब्बो श्रीवास्तव तहसीलदार की

लौंडिया हैं– बस…"

"उसकी लौंडिया है, और तुम्हारी ?"

"हमारी क्या लगनी है…"

"माँ है तुम्हारी… । माँ है तुम्हारी, भेन… माँ है, तुम्हारी…," गुच्चन ने दो-तीन थप्पड़ रसीद करते हुए बार-बार यह पुराना उपदेश दिया कि पराई नारी माँ के समान होती है।

छुट्टन चुपचाप पिट लिए। गुच्चन जब मारकर निबट लिए, तब छुट्टन ने शिकायती लहजे में कहा, "पीट लिया… ?"

गुच्चन चुप होकर गुस्से से उन्हें घूरकर देखते रहे।

"किसी चूतिए ने हमारे बारे में कुछ भी कह दिया और आपने फटाकदेनी से मान लिया ?"

"तो तुम बताओ न कि सही बात क्या है ?"

"अब क्या बताएँ… ? यहाँ तो पहले ही आप हमें अपराधी मानकर बैठे हैं और मारने के बाद पूछते हैं कि हम बताएँ कि सही बात क्या है ?"

"हम तुम्हें खूब जानते हैं छुट्टन।"

"जब सब जानते ही हैं, तो फिर आगे बात करना ही फजूल है।" छुट्टन उठने लगे।

गुच्चन ने उनकी बाँह को झटके से पकड़ा और जोर से नीचे बिठा दिया।

"उठने से पहले हमारी बात सुन लो… । हमें उल्टी-सीधी पट्टी पढ़ाने की कोशिश न करना… । खुद श्रीवास्तव तहसीलदार घर आए थे। इत्ता बड़ा पुलंदा दे गए हैं तुम्हारे प्रेम-पत्रों का। कह गए हैं कि हम तुमको समझा दें…"

"और क्या कह गए हैं?" छुट्टन ढीठपने की एक-एक सीढ़ी उतरने लगे क्योंकि अब जबकि प्रेम-पत्र बरामद करके इजलास में पेश किए जा चुके हैं, तब भोलेपन की पॉलिसी पर चलते जाना नितांत बेवकूफी होती।

"और क्या कहेंगे ?…लड़की के बाप हैं। वे क्या कहेंगे ? रो रहे थे, तुम्हारे नाम को…"

"आपने क्या कहा उनको… ?" छुट्टन ने पूरा ढीठ बनते हुए पूछा।

"हम क्या कहते ? नाक कटाकर पूछते हो कि हमने क्या कहा," गुच्चन ने फिर से थप्पड़ मारने का प्रयत्न किया, परंतु छुट्टन इस बार सतर्क थे, सो पीछे की तरफ सिर घुमाकर बच गए।

"किसी चूतिए ने आकर अपनी लौंडिया की तोहमत आपके भाई के सिर पर लगा दी और आपकी नाक भी कट गई–हद्द हो गई स्साली… । न जाने कौन-कौन उस लड़की के पास आते हैं, और न जाने किसने वो प्रेम-पत्र लिख दिए हैं…आप हम पर…," छुट्टन ने पुनः ढीठत्व की नई ऊँचाइयाँ छूते हुए कहा।

"हम तुम्हारी लिखाई नहीं पहचानते हैं क्या… ? सारी दुनिया को चूतिया मानके मत

चलो छुट्टन...''

''हमने कोई पत्र किसी को नहीं लिखे...,'' छुट्टन ने साफ नटते हुए कहा।

''और वो बंडल...?''

''वो किसी और की अमानत है...वापस कर दीजिए। या हमें दीजिए तो हम श्रीवास्तव साहब को दे आएँगे...,'' छुट्टन स्वयं अपने ढीठपन पर चकित थे।

गुच्चन अब तक क्रोध में बिफर रहे थे, परंतु छुट्टन द्वारा 'नो-गिल्टी' का ऐसा आत्मविश्वासपूर्ण मोर्चा खोल लेने के कारण मारपीट का उनका प्रोग्राम गड़बड़ा गया था। वैसे अब उनको छुट्टन के ढीठपन पर भी गुस्सा आ रहा था। जाहिर है कि अब यदि मारपीट होती तो बड़ी संगीन होती। छुट्टन को भी यह तथ्य पता था। सो वे सतर्क होकर अपनी चालें चल रहे थे।

''वो पत्र तुमने नहीं लिखे...?'' गुच्चन पुनः बिलकुल पास आकर खड़े हो गए थे।

''कौन-से पत्र...? हमने किसी को कोई प्रेम-पत्र नहीं लिखे...,'' छुट्टन ने साफ मना किया।

''वही जिसमें आपने मेरे हृदय की स्वामिनी बिब्बो लिखा है,'' गुच्चन ने 'मेरे हृदय की स्वामिनी' को अभिनयपूर्वक बताया।

''ऐसी चिड़ीमार बातें हम नहीं लिखते...''

''आप कैसी लिखते हैं...''

''जब लिखेंगे, तब देखेंगे...पर ये हमने नहीं लिखा...''

छुट्टन इतने विश्वास से मना कर रहे थे कि एक बार तो गुच्चन भी धोखा खा गए। वे छुट्टन से थोड़ी दूर हट गए और बोले, ''तो तुमने वो पत्र नहीं लिखे हैं।''

''नहीं।''

''और वो राइटिंग ? वो तो तुम्हारी है ?''

''राइटिंग का क्या है,'' छुट्टन देख रहे थे कि गुच्चन को शक हो रहा है कि वे पत्र शायद उनके नहीं हों। वे बात में वज़न पैदा करने के लिए धर्मेंद्र को बीच में ले आए, ''राइटिंग पर मत जाइए गुच्चन...आपने वह फिल्म नहीं देखी धर्मेंद्र की...नाम हम भी भूल रहे हैं...पर उसमें भी यही राइटिंग का इलजाम लगाकर धर्मेंद्र को झूठे ही जेल में पेंड़ देते हैं कि भैया...मरनेवाले की लाश की जेब से जो चिट्ठी निकली है, उसमें तुम्हारी राइटिंग हैगी।''

कोई और दिन होता, तो फिल्म की बात लाने पर गुच्चन चुप नहीं रहते, बल्कि फिल्म जैसी अपसंस्कृति की चर्चा करनेवाले को मारकर ध्वस्त कर देते, पर अभी उन्हें वास्तव में लगा कि हो सकता है कि छुट्टन भी धर्मेंद्र नामक भोले हीरो की भाँति मिलती-जुलती राइटिंग के कारण गलत ही फँस रहे हैं।

''फिर जानते हैं कि क्या हुआ ? आखिरी रील में जाकर पता चला कि सारी करतूत थी प्रेम चोपड़ा की कि उसने ही बैठ के बनाई थी राइटिंग धर्मेंद्र की...हू बहू...?

"तुम यह धर्मेंद्र की कहानी अपने पास रखो" हम इतना कहे देते हैं कि अब बिब्बो से मिलने तुम गए और हमें पता चली तो हम तुम्हारी चमड़ी उकेल लेंगे"

"हमें क्या करना बिब्बो-फिब्बो से"," कहकर छुट्टन उठ लिए। बिना गंभीर फौजदारी के ही सारा मामला सुलट जाने पर वे प्रसन्न थे। जहाँ तक बिब्बो से न मिलने की धमकी का प्रश्न था, सो ऐसी कितनी ही धमकियों के बाद भी धर्मेंद्र आशा पारिख से मिलता ही रहता था—कौन-सी पिक्चर थी वह ? आज क्या बात है कि संदर्भ याद आते हैं, पर फिल्म का नाम याद नहीं आ रहा है ?

जब छुट्टन संतुष्ट चाल से बैठक छोड़कर जा रहे थे, तब गुच्चन यह तय कर रहे थे कि छुट्टन के 'लच्छन' ठीक नहीं हैं और खराब लच्छनवालों का एक ही इलाज अलीपुरावालों को पता था। गुच्चन ने तय किया कि छुट्टन की शादी कर देनी चाहिए। वास्तव में यही सलाह उन्होंने श्रीवास्तव तहसीलदार को भी दी थी कि यदि लड़की के लच्छन ऐसे हैं तो तुरंत कहीं जाति-बिरादरी में ठीक-ठाक-सा लड़का देखके निबट लें।

चाँदनी रात।

चाँद, एक बड़ी थाली-सा नजर आ रहा था। चाँदी की बड़ी-सी थाली। लल्ला चाँद को तब से देखे जा रहे थे, जब वह क्षितिज पर उभरा था। अब चाँद उनकी खोपड़ी पर चमक रहा था। लल्ला ने चाँद को देखा और देखते रहे। खालिस चाँदी की परात-सा। बड़ा। चाँद को देखकर उनके मन में कोई कविता नहीं उठी। अमृत का यह अंश उनमें आया ही नहीं। पूरा चाँद, धवल बिखरी चाँदनी, चारों तरफ जंगल में सोए-सोए से पेड़ और जागा हुआ जंगल, हल्की बहती हवा—लल्ला के सिवाय और कोई होता तो उसके हृदय में छोटी-मोटी कविता न सही, पर कामचलाऊ तुकबंदी तो उग ही आती या कोई फिल्मी गीत। पर एकमात्र विचार जो चाँद को देखकर लल्ला के पापी मन में उठा, वह यही था कि यदि चाँद के बराबर की चाँदी की थाली उनके हत्थे लग जाए, तो वह कितने में बिकेगी और उतने पैसे से आढ़त का काम किया जा सकता है या नहीं ?

अलीपुरा से लगा हुआ एक जंगल था, जिसका जिक्र हम पहले भी कर चुके हैं। वैसे, जंगल जैसा वहाँ कुछ विशेष था नहीं। बेर, मकोई जैसी झाड़ियों का सिलसिला और यहाँ-वहाँ उगे बबूल, पीपल, महुवा आदि के पेड़। ऊँची-ऊँची घास बीच में। पथरीला इलाका। चट्टानें बहुतायत से। जंगली जानवरों के नाम पर खरहा, सियार, बिज्जू आदि। साँप-बिच्छू-चीटे भी। और आम रूटीन पक्षी। बस। पर जैसा भी था, कहने को एक कामचलाऊ-सा जंगल तो था जो लोगों के बड़े काम आता था। गरीब लोग यहाँ लकड़ियाँ बटोरने जाते। गर्मियों में अलस्सुबह लोग महुवा बटोरते और चूसते। प्रेमी अपना प्रेम प्रदर्शित करने के लिए रात-बिरात इन चट्टानों को कृतार्थ

करते। मर्डर करने के बाद लाश फेंकने के लिए भी यह जगह मुफीद थी—ऐसा विचार अलीपुरा के उन लोगों का था, जो मर्डर करना चाहते थे। कुछ लोग वहीं ले जाकर भी मर्डर करते ताकि लाश को लादकर न ले जाना पड़े। छोटे-मोटे डकैत यहीं पर एकत्रित होकर अपनी रणनीति बनाते और डाके के माल का बँटवारा भी यहीं होता। इसी जंगल में कच्ची शराब उतारने की भट्ठियाँ लगतीं। यहीं वे भी आते जिनके मन में वैराग्य जाग रहा होता। यहीं ढोर चरानेवाले अपने जानवरों को लाकर ढील देते और शाम ढले हाँक ले जाते। लोग गड़ा हुआ खजाना खोदने भी यहीं आते और टोने-टोटकेवाले जादू-मंत्र-तंत्र की प्रयोग-भूमि भी यहीं थी। लल्ला यहाँ देसी कट्टे से निशानेबाजी की प्रैक्टिस करने आया करते थे। आज भी वे इसी शुभ कार्य के लिए शाम को आए थे। एक चट्टान पर डालडा घी का डिब्बा रखकर उन्होंने दो-चार निशाने शुरू में लगाए। एक भी सही नहीं लगा। सारा जंगल मानो लल्ला पर हँसने लगा। हद्द है! यदि यही आलम निशानेबाजी का है तब तो हो चुकी डकैती। डकैत का निशाना तो पृथ्वीराज चौहान जैसा चाहिए, जो शब्द-बेधी चोट कर सके। अभी तो ऐसा निशाना देखकर वह पुलिस भी हँसने लगेगी, जो पीछा कर रही होगी। थानेदार अपने हवलदार से यही कहेगा कि ऐसे-ऐसे नौसिखिए लौंडे स्साले डकैती के धंधे में उतर आए हैं कि थानेदारी से त्यागपत्र देने का मन करता है। ऐसे चूतियों का पीछा करते शर्म आती है। लल्ला ने खीजकर एक लात डालडे के डिब्बे को मारी। पीला डिब्बा हवा में उड़ा और पथरीली चट्टानों पर लुढ़कता हुआ टन-टना-टन आवाज करता दूर चला गया। फिर वे उसी चट्टान पर वहीं बैठ गए, जहाँ पहले डालडे का डिब्बा रखा था।

और तब से, वे वहीं बैठे थे।

बैठकर वे भविष्य के बारे में सोचते रहे। शाम ढल गई। रात हुई। पूर्णमासी की रात। चाँद निकल आया। चाँदनी खिल गई। जंगल जाग गया। पेड़ चाँदनी में नहा गए। जंगल की आवाजें और जंगल का सन्नाटा—दोनों बज रहे हैं कानों में। चाँद चढ़ा आसमान में। चाँदी का थाल-सा आ गया लल्ला के सिर के ऊपर। रात आधी बीत रही थी। वे चौंके। कितनी देर से बैठे थे लल्ला वहाँ ?

और क्या-क्या वे सोचते रहे थे?

वे सोच रहे थे कि क्या करें कि रातों-रात पैसा बरसने लगे। जैसे चाँदनी बरस रही है, ठीक वैसे। डकैती का सुझाव फिरंगी ने दिया था, वह लल्ला को जम गया था, परंतु जब तक फिरंगी जैसा भरोसे का साथी जेल से बाहर न आ जाए—इस धंधे में नहीं उतरा जा सकता था। लल्ला का मन बार-बार व्यापार की तरफ दौड़ता। ऐसा नहीं है कि लल्ला ने व्यापार न किया हो। पिछली दीपावली को उन्होंने अपने घर के चबूतरे पर ही पटाखों की दुकान सजा ली थी। लोगों से सुना था कि पटाखों के धंधे में बड़ी बरकत है। कुल तीन सौ के पटाखे खरीदे, जिसमें पचास का नुकसान हुआ। ये तीन सौ रुपए जिज्जी से कितनी मिन्नतों, बहस, दाँव-पेंच, लड़ाई, रूठा-राठी और झिकझिक

के बाद, गुच्चन की सिफारिश पर मिले थे। परंतु न मालूम क्या था कि लोग लल्ला की छोटी-सी दुकान पर पटाखे लेने आए ही नहीं। मोहल्लेवाले तक दूर बाजार में जाकर पटाखे खरीदकर ले आए। बाद में तो लल्ला इतने नाराज हुए कि वहीं चबूतरे पर खड़े होकर उन्होंने हवा में खूब गालियाँ उनको दीं, जो नहीं चाहते कि दुबे परिवार आगे बढ़े। दो लड़कों को दुकान से उठाकर लप्पड़ भी लगा दिया क्योंकि वे लल्ला को देखकर हँस रहे थे। एक बार रम्मू ने समझाया कि पटाखों-अटाखों की दुकान लगाने में कुत्तक्का नहीं मिलने का क्योंकि अलीपुरावाले हो गए हैं हरामी, स्साले, दीवाली पर भी कम से कम खर्चे में पूरा मजा लेना चाहते हैं। असली पैसा है आढ़त में। जब अनाज खूब आ रहा हो मंडी में तो उठा लो और रख लो—बाद में सही टेम पे निकाल दो। पाँच के दस। या दस के बीस, तुरंत। जितने लगा सको। मंडी में लाइसेंस की बात है तो रम्मू के लाइसेंस पर काम कर ले। बात लल्ला को जम गई थी। वे सारा सिस्टम समझने के लिए पास की मंडी में मऊरानीपुर जाया करते। रम्मू के साथ। सचमुच ही पैसा बरस रहा था मंडी में। आढ़तिए, वहीं गद्दी पर बैठे-बैठे, रिरियाते किसानों से हजारों का अनाज मिट्टी-मोल खरीद लेते और बाद में अच्छे भावों पर निकाल देते। पिछले दिनों ही मूँग के भावों में वो खेल चला कि हजारों के वारे-न्यारे हो गए। स्वयं रम्मू ने हजारों रुपए पीट लिए। जब, समोसे जैसे चूतियाटिक चेहरेवाला रम्मू, जो चलता है तो कमर लचकती है और रुकता है तो लात मारने का मन करता है, वह इतना पैसा पीट सकता है तो उन जैसा व्यक्ति आढ़त में न जाने क्या-क्या कर सकता था। पर आढ़त में उतरने के लिए चार-पाँच हजार तो चाहिए ही। और इतना पैसा कहाँ से आए ?

लल्ला ने सिर पर तने चाँद को देखा। चाँदी की थाली की उपमा उनके मन में फिर कौंधी। अम्माँ की अटारी में चाँदी का ऐसा ही सामान भरा है। लल्ला को संदेह है कि मानो इस चाँद के आकार की कितनी ही चाँदी की थालियाँ उस कमरे में भरी पड़ी हैं। परंतु अम्माँ खजाने पर बैठी हैं। यदि वे चाहें तो लल्ला को फटाफट पैसे मिल सकते हैं। फिर आढ़त। दाल। मूँग। अनाज। गल्ला-मंडी। गद्दी। गाड़ियाँ। वाह। वाह।

लल्ला जब चाँदनी में धुली पगडंडियों से गुजरकर घर की ओर जा रहे थे, तब भी चाँदी की थाली-सा चाँद उनके साथ था—उनकी खोपड़ी के ऊपर आसमान में, और उनकी खोपड़ी के भीतर भी। वे फिर से अम्माँ से पैसा माँगेंगे, यह निश्चित था।

गुच्चन तो एकदम गऊ हैं।

साधु प्रकृतिवाले। बस, पूजा-पाठ से मतलब। न किसी के लेने में, न किसी के देने में। ईश्वर सबको ऐसा बेटा दे।

छुट्टन में बचपना है।

शरारती है वो। छेड़छाड़ करनेवाला। पर बड़ा गुनी। उड़ती चिड़िया ताड़ ले। दुनिया में कोई उसे उल्लू नहीं बना सके। बल्कि वो ही अच्छे-अच्छे बदमासन की नाक में नकेल डाल दे। इस बार इंटर की परीक्षा दी है। नकटी से दी है। वहाँ से क्यों दी ? यहाँ अलीपुरा के मास्टर नाराज हते—हर बार छुट्टन की परीक्षा की कापियन में गड़बड़ कर दें। कभी कापी ही फाड़ दें, तो कभी कापी पे स्याही ढोल दें। ऐसा कर-करके जब चार बार फेल कर दिया, तब जाकर छुट्टन को पता चला कि ये चक्कर है। इस बार नकटी से बैठ रहे हैं। लड़का होनहार है।

भगवान ऐसी औलाद सबको दे।

और चंदू ?

ईश्वर ऐसा पुत्र तो सबको देना चाहे तो भी न दे पाए। कैसा विद्वान। कितना पढ़ा-लिखा। पढ़ाई करबे के अलावा पता नहीं कि दुनिया में क्या चल रहा है। दिन-रात किताबन से चिपटे। खाने-पीने तक को होश नहीं। लड़कनवाली कोई बदमासी नहीं। न बीड़ी, न तंबाखू। न ताका, न झाँकी। बस। किताबन के मीत। एकदम अपने बाप पे। ऐसो पुत्र पाके तो हम धन्य भए।

लल्ला भी बुरे नहीं हैं।

जे बात जरूर है कि पढ़ाई-लिखाई में दीदा उनका लगता नहीं है। मारपीट भी कर देते हैं। गरम स्वभाव है, पर हैं सीधे। जब हेडमास्साब को मार दिया तो हमने सबसे यही बात कही कि उन्हें किसी बात पे गुस्सा आया होगा, वरना हैं लल्ला एकदम सीधे। शरीर का भी खूब ख्याल रखता है। कसरती है। अच्छी खुराकवाला। भरा बोरा गेहूँ का उठा लेता है, एक हाथ से। शंकर भगवान ऐसा पुत्र सबको दे।

अम्माँ अपने बेटों की तारीफ में अभिनंदन-ग्रंथ के ये पृष्ठ न जाने कौन-सी बार पढ़ रही थीं। श्रोता थीं, रम्मू की माताजी, जो यह जानते-बूझते हुए भी दोपहर में समय काटने के लिए अम्माँ के पास आकर बैठ गई थीं कि अम्माँ के पास बैठने का मतलब है, उनके पुत्रों की तारीफ उनके मुँह से फिर सुनना।

रम्मू की माँ जब अपने घर वापस गईं तो रम्मू के बाप सामने ही सरौते से सुपारी छीलते मिले। उनके द्वारा कुछ पूछे जाने से पहले ही वे बोल उठीं, "धन्य हैं जिज्जी ऐसी नालायक औलादों पर भी उन्हें कैसा गुमान है—कहीं सच्ची में ही बच्चे अच्छे निकल आते तब तो सरग में झंडा गाड़तीं"

शीला के दिन चढ़ गए।

बल्कि सही वाक्य यह होगा कि शीला के दिन फिर चढ़ गए।

इस सही वाक्य को जब तक एक और सही वाक्य के साथ जोड़कर नहीं पढ़ा जाए, तब तक स्थिति का संपूर्ण आकलन संभव नहीं होगा। यह एक और सही वाक्य है कि बुंदेलखंडी आदमी को बाप बनते देर नहीं लगती।

अब इन सही वाक्यों को सिलसिलेवार पढ़ें, तब हमें वस्तुस्थिति का ज्ञान होगा। वाक्य हैं, 'शीला के दिन फिर चढ़ गए,' 'बुंदेलखंडी आदमी को बाप बनते देर नहीं लगती।' अब दोनों वाक्यों के बीच 'क्योंकि' लगा दीजिए। वाक्य यूँ बना, 'शीला के दिन फिर चढ़ गए क्योंकि बुंदेलखंडी आदमी को बाप बनते देर नहीं लगती।' अब इसमें यह वाक्य और जोड़िए कि चाहे वह आदमी फिर गुच्चन जैसा ही क्यों न हो, जो अपना आधा समय पूजा-पाठ में तथा शेष आधा शीला की सुताई-सुटन्ना में गुजारता रहा हो।

पहले बच्चे के दो माह का होने के बाद ही शीला के दिन चढ़ गए थे। फिर गर्भपात हो गया, जिसे शीला ने गुच्चन द्वारा लात मार देने से जोड़ने की कोशिश की थी, परंतु उनकी दलील यह कहकर ठुकरा दी गई कि यदि ऐसे ही गर्भपात होने लगे तब तो हर औरत को गर्भपात न हो जाए क्योंकि कौन-सी ऐसी औरत है, जिसे उसका आदमी लातें न मारता हो ? कुछ दिनों रोना-गाना रहा। अब शीला के दिन फिर चढ़ गए थे और वे मायके जाना चाहती थीं क्योंकि 'हमारे बरुआसागर की दाइयों जैसी दाइयाँ कहीं नहीं हैं।' बात यहीं तक रहती, तो शायद कोई बात नहीं थी, परंतु इसके साथ ही वह सदाबहार माँग भी पुनः जोर पकड़ गई थी कि गुच्चन भी उस बरुआसागर चले चलें, जहाँ की न केवल दाइयाँ ही सर्वश्रेष्ठ थीं, वरन जहाँ के बारे में शाहजहाँ ने कहा होता कि 'स्वर्ग यहीं है, यहीं है, यहीं है,' बशर्ते कि मुमताज महल का मायका बरुआसागर होता। इसके चलते गुच्चन और शीला के बीच चिकचिक बढ़ गई थी और गुच्चन का पूजा-पाठ भी।

तेज चिलचिलाती धूप। सुबह के दस बजे हैं, परंतु धूल-भरे अंधड़ अलीपुरा के बस-स्टैंड पर उड़ रहे हैं। लाल बजरी का सँकरा-सा मैदान और उस पर खड़ी तीन-चार प्रागैतिहासिक काल की लगभग कालकवलित-सी बसें, जिनमें भेड़-बकरियों से ठुँसे तथा ठूँसे गए यात्री, जो आश्चर्यजनक रूप से बड़े संतुष्ट तथा खुश कि बस पकड़ ली। यही अलीपुरा का बस-स्टैंड है।

बला की गर्मी।

उस पर सस्ते से कपड़े का उजबक-सा सिला सूट। पर सूट तो सूट है और उसको पहनने की एक अलग ही अकड़ तथा शान है। तो वैसी अकड़ और शान की भी गर्मी। सिर पर चमकीली टोपी। सूट के कोट के सामने से एक कंधे से नीचे कमर की तरफ तिरछी जाती हुई चमकीली डोर से लटकी चमकीली कटार। पैरों में नए चमकते पंप शू। धूल से सने बाल, जिनमें कभी फुग्गे बनाए गए होंगे। गले में एक-एक के नए नोटों की माला, जो अंधड़ में यहाँ से वहाँ सरसराती हिलती है। चेहरे पर लाल धूल के धब्बे। हाथ में ट्रांजिस्टर, जिस पर ऊँची आवाज में मोहम्मद रफी ज़माने को अपने दिल के टूटने की कहानी गा-गाकर सुना रहा है। सुन कोई नहीं रहा। पैरों में

सस्ते से मोजे। चेहरे पर मूँछ अभी आ ही रही हैं। तेरह-चौदह वर्ष का दूल्हा। टीन की पेटी पर बैठा है। साथ में बीस-पच्चीस आदमियों का दल। बाराती। कुर्तों, कमीजों पर पीले हाथों के हल्दी के छापे। होली के रंग भी। और, एक कोने में लंबा-सा घूँघट काढ़े, मोटी चमकीली साड़ी की गठरी में बँधी दुलहन। एक नई साइकिल, जो दहेज में झटकी गई है। बर्तनों के ढेर का एक बोरा। यह भी दहेज का। कुछ पोटलियों में सूखी, बासी, पूड़ियाँ, बूँदी के लड्डू तथा कद्दू की तरकारी--बारातवालों को रास्ते में तकलीफ न हो, सो यह भी बाँध दिया गया है। कुछ बाराती पूड़ी पर सब्जी धरकर खा भी रहे हैं।

बस का इंतजार करती हुई एक बारात है यह, अलीपुरा बस-स्टैंड पर। एक और बारात सामनेवाली बस में अभी-अभी घुस गई है। एक और बारातवाले अभी आई एक बस से उतर रहे हैं और चिल्ला रहे हैं कि दो पेटियाँ नहीं दिख रही हैं--कहीं गुरसराय में ही तो नहीं रह गईं। किसी काशीप्रसाद को गालियाँ दी जा रही हैं। लड़कीवाले लेने आए हैं और उनसे भी झिकझिक चल रही है। सभी बारातों के दूल्हे प्रायः किशोरवय के हैं। अभी एक बारात ट्रैक्टर-ट्राली पर लदी हुई निकल गई। गचागच भरी ट्राली में पसीने द्वारा आपस में चिपके लोग। सारी बारातों में गजब का उत्साह। सारे दूल्हे सहमे-से, पर उत्तेजित।

"अब आप भी कर ही डालो...," छदामी ने कहा।

छुट्टन और छदामी बस-स्टैंड की एक पान की दुकान पर खड़े थे, जो छदामी के चचेरे भाई की थी। छदामी को कुछ काम अपनी इस दुकान से था--सो वे बस-अड्डे आए थे। छुट्टन के पास कोई काम नहीं था, सो वे भी बस-स्टैंड आए थे। अब दोनों ही यहाँ-वहाँ बिखरी हुई बारातों को देख रहे थे। उसी को देखते हुए तथा उसी संदर्भ में छदामी ने उपरोक्त वाक्य कहा।

छुट्टन बड़े गौर से बस में बैठी एक लड़की को ताक रहे थे, जो किसी-किसी कोण से बिब्बो का भ्रम दे रही थी। उन्होंने सुना नहीं कि क्या कहा गया है।

"कुछ कह गए आप ?"

"हमने कही कि अब आप भी निबट लो..."

"काहे से ?" जानकर भी अनजान बनते हुए छुट्टन ने कहा।

"कटार टाँग लो आप भी..."

"काहे भैया..."

"शादी की सायत चल रही हैं। देव उठ गए हैं..."

"कर लेंगे। इंटर का रिजल्ट आने दो...देवों का क्या है, फिर उठेंगे..."

"इंटर तो पास ही समझो..."

"फिर भी..."

"सौ रुपैया नकद दिए हैं नकटी के प्रिंसिपल को..."

"यार प्रिंसिपल ने नकल करा दी... पर करी तो हमने है न ?...मान लो कि हमने

नकल में ही चूतियाई कर दी हो, तो…?"

"जूता मारके सौ रुपए वसूलेंगे…"

"वो तो है ही…"

"वैसे, इंटर तो पास ही समझो आप।"

"यह भी सही कही अपने।"

अब तक पान तैयार हो गए थे। मोटे-मोटे पान, मुँह में गले-गले तक ठूँस लिए गए। एकबारगी तो लगा कि अब श्वास कहाँ से ले पाएँगे और कहीं पान से उनका दम न घुट जाए, पर ऐसा कुछ नहीं हुआ। बड़े कौशल से, इतने बड़े पान को चबाया जाने लगा और थोड़ी ही देर में मुँह में थूक का बड़ा-सा चहबच्चा ठाँठें मारने लगा। भलभलाकर ढेर-सा थूक वहीं बगल में थूकते हुए छुट्टन ने कहा, "लड़की तो दिलवाओ…"

"आपके लिए लड़कियन की कौन कमी…? वैसे भी, भैयन मामा के रहते रिश्तन को कौन अकाल पड़ने…"

"भैयन मामा को कैंसर निकाल दिए हैं स्साले रेलवे के डाक्टर…"

"अरे राम रे…"

"कहते हैं कि फेफड़े का कैंसर है। भैयन मामा मानते नहीं कि उन्हें कैंसर है। डाक्टर कहते हैं कि मुंबई जाना पड़ेगा। इलाज के लिए। भैयन कहते हैं कि फेफड़े तो दो होते हैं। मान लो कि कैंसर से एक खराब भी हो गया, तो स्साला दूसरा तो बचेगा।"

"बात तो पते की कह गए।"

"पर डाक्टर माने, तब न। कहते हैं कि एकाध साल की जिंदगी और है…"

"हे प्रभु…दीनदयाल…," छदामी ने आसमान की तरफ मुँह ऊँचा उठाकर कहने की कोशिश की क्योंकि दीनदयाल प्रभु की रिहाइश इसी दिशा में सुनी जाती थी। दीनदयाल तक उनके उद्‌गार पहुँचे कि नहीं, कहा नहीं जा सकता, परंतु तंबाखू की पीक, मुँह ऊँचा उठाने के चक्कर में होठों के बगल से होती हुई गले तक बह आई। उसे पोंछते हुए वे बोले, "तब तो भैयन लग गए खटिया से…"

"काहे लग गए ? अभी भी लोगों की शादी करवाने के लिए दौड़ते रहते हैं। कहते हैं कि कौन-सा स्साला टाँगों का कैंसर हो गया है कि चल नहीं सकते…"

"धन्य हैं।"

"बिन्नू के लाने खूब चक्कर चला रहे हैं। कहते हैं कि मरने के पहले बिन्नू को निबटाना है…"

"हरिओम…"

"हमारे लाने भी रिश्ते भिजवाए हैं। सबको यह बताके भेजते हैं कि लड़का नौकरी में आ गया है।"

"कौन-सा गलत कहते हैं…इधर आप इंटर किए, उधर बेनीबाई ने आपकी नौकरी

लगवाई।''

''देखो···''

''देखबे की कौन-सी बात है हल्के राजा···रज्जन की बात टालबे की हिम्मत नहीं है बेनीबाई में···''

''सही कह गए तुम···रज्जन ने बेनीबाई के लिए बहुत किया है।''

''गौरझामर में कम-से-कम तीन बूथन पे कब्जा करके हजारों वोट छाप दिए थे··· याद है?''

''याद काहे न होगा···ऐन ठेठ अलीपुरा की भूल गए ? रज्जन ने छाती पे कट्टा धर दिया था प्यारेलाल की कि बेट्टा या तो नाम वापस ले लो चुनाव से या फिर बताते जाओ कि तुम्हारे लिए चंदन की लकड़ी की चिता ठीक रहेगी कि आम के लक्कड़ की···''

''हओ···काहे याद न होगी··· ? भागते फिरे थे प्यारेलाल बाद में कि दबाव डालके नाम वापस लिवाया गया है···पर थानेदार और डिप्टी कलेक्टर ने फटकारकर भगा दिया था कि मामला खारिज।''

''कट्टे के आगे सारे मामले खारिज ही होते हैं।''

''सही है।''

''पर वे ही रज्जन आप पे न्योछावर हैं।''

''देखो··· पहले इंटर तो हो जाए···भैयन मामा ने कहलवाई है कि इंटर हो जाओ और अगले दिन ही ऐसा रिश्ता दिलवाएँगे कि आँखें फटी रह जाएँगी दुनिया की···''

''भैयन करा सकते हैं···''

''पर पहले बिन्नू का निबटना जरूरी है।''

''सो तो है···''

''एक अच्छा रिश्ता बताया है बिन्नू के लाने···लड़का चकबंदी में है—बिन्नू की तसवीर भी पसंद कर ली है···''

''फिर क्या देर है···कर डालो भैया···''

''एक खोट है···लड़का दोज्या है···''

थोड़ी देर के लिए दोनों के बीच सन्नाटा तथा सनाका छा गया। दोनों जन पान को चबाने के बहाने चुप हो गए। छदामी इस विषय पर अपनी राय देने से पूर्व छुट्टन का रुख भाँपना चाहते थे। छुट्टन बेपरवाह से बनकर अपना भावहीन चेहरा लिए खड़े थे, जिससे कुछ भी अंदाजा नहीं लग सकता था। चुप्पी। दोनों के मुँह पान-तंबाखू की पीक से ऐसे लबालब भर चुके थे कि होठों का किनारा तोड़कर कोने से पीक बह चली। उधर एक खटारा बस आकर खड़ी हो गई थी। बस पर कोई बोर्ड नहीं था कि वह कहाँ जाने का इरादा रखती है। दो बारातें तथा और भी यात्री दौड़कर बस में घुसने के लिए धर्मयुद्ध कर रहे थे। कटारशुदा दूल्हे भी इनमें थे, जिनको देखते हुए छदामी यह कल्पना करने का प्रयास कर रहे थे कि दोज्या इस धज में कैसा लगेगा ?

“दोज्या से न करियो भैया...”

“पर लड़का अच्छा है...,” छुट्टन ने पूरा पान थूकते हुए कहा, “न जाने क्या डाल दिया रे पान में...पूरा मुँह जल गया...”

“चूना तो आपने ही तंबाखू में मलकर डाला। हम तभी कह रहे थे कि ज्यादा लगा रहे हैं...। अच्छा है, पर दोज्या तो है...।”

“हमें तो पसंद आया...। भैयन के साथ जाकर बात भी कर आए हैं।”

“देख लो...लोग क्या कहेंगे ?”

“लोगन को रखते हैं हम इस पर...,” छुट्टन ने इशारे से वह स्थान बताया जिस पर वे लोगों को रखने का इरादा रखते थे। छदामी को पहले ही पता था, सो उन्होंने विशेष महत्त्व न देकर कहा, “वो तो खैर रखना ही चाहिए...और अम्माँ क्या कहती हैं ?”

“अम्माँ को समझा रहे हैं...”

“बिन्नू ?”

“बिन्नू से क्या पूछना...अब यार, लड़कियन से पूछने लगे कि कितें रिश्ता करें, कितें न करें—तब तो चल गया संसार...”

“फिर भी...”

“बे मना नहीं करेंगी...। बहुत सीधी हैं। गऊ...।” गऊ कहते हुए उन्हें मामाजी का खयाल आया जिन्होंने भी बिन्नू को गऊ घोषित करते हुए कहा था कि वे गऊ होने के कारण कोई विरोध नहीं करेंगी और तब छुट्टन ने गौवध का जिक्र किया था। छुट्टन डरे कि कहीं छदामी गऊ-हत्या की बात न कह दें। पर छदामी समझदार निकले।

“बड़ी गर्मी है।” वे एक निरापद वाक्य बोले।

“ये स्साले गर्मियन में शादी क्यों करते हैं ?” छुट्टन ने बस-स्टैंड की चहल- पहल पर विहंगम दृष्टि डालते हुए कहा। एक बारात उस खटारा बस में ठुँस गई थी। कुछ यात्री छत पर चढ़ गए थे। कुछ लटक गए थे। कुछ और न जाने किस कौशल से ठसाठस भरी बस में न जाने कहाँ बिला गए थे। कुछ अभी भी दौड़ रहे थे। कुछ उस सामान के लिए चिल्लाकर आवाजें दे रहे थे, जो चढ़ाने से रह गया था, जिसके जवाब में कुछ लोग चिल्लाकर यह बता रहे थे कि चिल्ला-चिल्लाकर जान देने की आवश्यकता नहीं है क्योंकि सामान न केवल बस पर चढ़ाया जा चुका है, बल्कि वे उसी पर बैठकर तो जवाब दे रहे हैं। दूसरी बारात भी आधी घुस गई थी कि तभी हल्ला मचा कि भैया जे बस जतारा नहीं जाएगी। भगदड़ मच गई। चढ़े लोग चढ़ते हुओं को रौंदते, बस से उतरने-टपकने तथा कूदने लगे। दूल्हे की कटार गिर गई और सूट के बटन टूट गए, जिसके चलते एक बुजुर्ग सज्जन, जो लंबी मूँछें लगाए थे, उसे गरियाने लगे। जाहिर है कि वे दूल्हे के पिता थे। क्या यह सब वही था, जिसे देखकर बच्चनजी ने 'जीवन की आपाधापी में' लिखा होगा ?

''देव गर्मियन में उठेंगे तो गर्मियन में करनी पड़ेगी।'' छदामी ने कहा।

''हम तो न करेंगे गर्मियन में।'' छुट्टन ने गर्मी में शादी करने के विरुद्ध शपथ ली।

''आप सर्दियन में कर लेना—देव तब भी उठते हैं। और मान लो कि बीच में ही कभी करबे की इच्छा करे, तो भी पंडित लोग करा देंगे उसका भी पूजा-विधान है...''

''बहुत हरामी हैं ये स्साले पंडित भी...,'' छुट्टन ने पंडितों के बारे में राय जाहिर की।

''ऐसा न कहें आप खुद भी तो बाँभन हैं पंडित आदमी...''

''तभी तो बता रहे हैं हमसे बढ़िया और कौन बता पाएगा ? एक से एक छँटे हुए बैठे हैं इनमें... । सारे शुभकार्यों की एक शुभ-लग्न है और सारे शुभकार्य बिना लगन के भी हो सकते हैं। सबके पूजा-विधान हैं। सबके टोटके हैं।''

''कोई टोटका बिब्बो के लाने भी होगा ?'' छदामी ने दुखती रग पर हाथ की जगह लात रखने का प्रयत्न किया और आश्चर्यचकित हुए कि छुट्टन पर अपेक्षित प्रभाव नहीं पड़ा।

छुट्टन ने लापरवाही से कहा, ''अब उनके लाने का टोटका-टंटा...''

''क्यों...?''

''उनकी हो रही है सगाई इसी नौवीं को...''

छदामी मानो आसमान से गिरे।

बिब्बो से, वैसे तो मोहब्बत छुट्टन की थी, परंतु उस मोहब्बत के आर्थिक संसाधन पक्ष को छदामी ही देखते आए थे। छुट्टन ने कितनी बार बिब्बो के लिए समोसे-रसगुल्ले-गिलट के झुमके-चूड़ियाँ-कंघी-पट्टी-इतर-फुलैल आदि के लिए (यानी कि वे अस्त्र-शस्त्र खरीदने के लिए जिनको लेकर प्यार के मैदान में उतरना पड़ता है) छदामी से ही पैसे लिए थे। उनको बिब्बो की सगाई की सुनकर बुरा लगा क्योंकि वे अपना इतना अधिकार तो मानने ही लगे थे कि इतना महत्त्वपूर्ण समाचार छुट्टन उनको अवश्य ही बताएँगे। बिब्बो के साथ बीते अत्यंत आत्मीय तथा गोपनीय किस्म के क्षणों का रस ले-लेकर विवरण सुनानेवाले छुट्टन ने उन्हें इस विषय में अँधेरे में रखा, यह बात छदामी को अखर गई। वे रिसा गए।

''जे कौन-सी बात भई हल्के राजा...?''

''कौन-सी...''

''जेई बिब्बो की सगाई की...''

''सबकी होती है उनकी भी हो गई...,'' छुट्टन ने लापरवाही का प्रदर्शन करते हुए कहा।

''हमसे छुपाए रहे इत्ती बड़ी बात... ? जेई है तुमारी दोस्ती...?'' छदामी का दुख चेहरे के उस हिस्से पर स्पष्ट दिख रहा था, जो पान की पीक में सनने से बचा रह गया था।

"तुमें कब बताते ? हमें खुद आज ही पता चली जब हम तुम्हारी तरफ आ रहे थे, तब..."

"कौन ने बताई?"

"खुद बिब्बो के बाप ने..."

इसके बाद छुट्टन ने जो विस्तार से बताया, उसका संक्षेप में विवरण इस प्रकार है। छुट्टन आज जब अपनी गली से निकलकर बिब्बो की गली के मुहाने पर पहुँचे, तब वहाँ कीचड़, कचरे तथा घूरेनुमा बजबजाती धरा पर सुअरों का परिचय-सम्मेलन समाप्त ही हुआ था और अब सामूहिक-प्रीतिभोज़ का वातावरण था। कचरे में थूथन घुसेड़े सुअर, सुअर के बच्चे तथा अन्यान्य सुअर एक दूसरे को धकियाते यूँ बिखरे हुए थे कि गली में प्रवेश का रास्ता बंद-सा हो गया था। छुट्टन ने पहले 'हुश हुश' की आवाज करके सुअरों को फुसलाने तथा बाद में 'भाग स्साले' कहकर धमकाने की कोशिश की, पर जिन्होंने सुअरों को तन्मयता से कचरे में साधनारत देखा है, वे जानते हैं कि उनकी तपस्या को भंग करना सहज नहीं होता। छुट्टन ने वहीं पड़ा एक पत्थर उठाकर जोर से मारा, जो एक सुअर की पीठ से टकराकर उछला और सनसनाता हुआ आगे गली में बने कीचड़ के एक और टापू पर जा गिरा। जिस सुअर की पीठ पर पत्थर पड़ा था, उसने बुरा नहीं माना और जिस आदमी की टाँगों में पत्थर तथा पाजामे में उस टापू का कीचड़ उछलकर लगा, उसने भी बुरा नहीं माना। वह आदमी बिब्बो के पिताजी थे और उनका दृढ़ मत था कि छुट्टन लफंगे हैं और साथ ही यह दृढ़ मत भी था कि लफंगों के मुँह नहीं लगना चाहिए। छुट्टन ने जब तक उन्हें पहचाना, तब तक उनके पीछे की तरफ भी सुअर आ गए थे और वे वापस नहीं लौट सकते थे। छुट्टन ने आगे बढ़कर क्षमा माँगते हुए बताया कि वे सुअर को पत्थर मार रहे थे। बिब्बो के बाप ने विनम्रता से कहा कि यदि वे उन्हें भी मार रहे होते, तो वे क्या कर लेते ? छुट्टन ने बताया कि वे बुजुर्गों का बड़ा सम्मान करते हैं और उन्हें पत्थर से नहीं मारते। बिब्बो के बाप ने तब जिज्ञासा की कि वे बुजुर्गों को किस चीज से मारते हैं ? छुट्टन ने तब स्थिति और स्पष्ट करते हुए बयान दिया कि वे बुजुर्गों को मारते ही नहीं, बल्कि प्रायः बुजुर्गों से स्वयं पिटते रहे हैं। तब बिब्बो के बाप ने हिम्मत करते हुए उनसे प्रार्थना की कि जो हुआ सो हुआ, अब वे उनकी लड़की का पीछा छोड़ दें। छुट्टन तब हँसने लगे और इस प्रकार उन्हें विश्वास दिलाने का प्रयत्न करने लगे कि उन्हें गलतफहमी हुई है और वे बिब्बो को ही नहीं, कस्बे की हर औरत को माँ-बहन मानते रहे हैं। बिब्बो के बाप ने उनकी इस उदार भावना की भूरि-भूरि प्रशंसा करते हुए कहा कि हर नौजवान में यदि ऐसे ही भाव आ जाएँ तो भारत स्वर्ग बन जाए। छुट्टन ने कहना चाहा, पर कहा नहीं कि यदि हर नौजवान, सबको माँ-बहन ही मानने लग जाए तो भेन...शादी किससे करेगा ? यह कहने की जगह वे इतना ही बोले कि वे तो बचपन से ही इन भावनाओंवाले रहे हैं और बिब्बो से कभी मिले भी हैं या कभी उनके घर की दीवार फाँदकर रात-बिरात बिब्बो के पास आते देखे या पकड़े भी गए

हैं, तो वह भी उन्होंने इन्हीं पवित्र विचारों के तहत ही किया है तथा आगे भी वे बिब्बो से यदि कभी मिलेंगे तो ऐसे ही पावन दृष्टिकोण के साथ मिलेंगे। बिब्बो के बाप ने तब अपने पैरों के बीच से निकलने का प्रयत्न करते एक सुअर को ठोकर मारते हुए और छुट्टन के हाथ जोड़ते हुए कहा कि अब वे उनके परिवार पर कृपा करें और बिब्बो का जीवन और बरबाद न करें, क्योंकि बिब्बो की शादी पक्की हो गई है और इसी नवमी पर उनकी पक्यात तय हुई है। छुट्टन ने एक पल को लड़खड़ाते हुए, और दूसरे ही पल उसी सुअर को एक और ठोकर मारते हुए, प्रसन्नतापूर्वक कहा कि यह तो बड़ी प्रसन्नता की बात है कि बिब्बो की सगाई हो रही है और वे इस शुभ अवसर पर स्वयं आकर बधाई देंगे। तब बिब्बो के बाप ने लगभग रुआँसा होते हुए उनसे पुनः हाथ जोड़कर कहा कि वे उन पर रहम करें और उनके घर की तरफ फटकें भी नहीं। वे शायद झुककर छुट्टन के पैर भी पकड़ लेते, परंतु उनके आसपास इतने सुअरों का आवागमन हो रहा था कि यदि ये पैर पकड़ने जाते, तो कोई सुअर ही उनकी पकड़ में आता। छुट्टन ने कहा कि वे बिब्बो की चिंता न करें, क्योंकि बिब्बो उनकी बहन की भाँति हैं और वे बिब्बो की ससुरालवालों की टाँगें तुड़वा देंगे यदि उन्होंने बिब्बो को कोई भी कष्ट देने का प्रयास किया। इससे पूर्व कि बिब्बो के बाप कुछ और कह पाते, वे नमस्ते करके गली में छपाछप करते आगे निकल लिए।

तो यह था संक्षेप में बिब्बो की सगाई तय होने का किस्सा, जो छुट्टन ने छदामी को मजे ले-लेकर सुनाया।

"तभी हम कहें कि हल्के राजा उखड़े-उखड़े क्यों हैं ?"

"यह तो होना ही था, राजा।"

"सो तो है।"

"और कौन हम उससे शादी करे ले रहे थे।"

"सही कह गए आप...शादी तो अपनी बिरादरी में करनी चाहिए..."

"प्यार कहीं भी करो, पर शादी बिरादरी में..."

"वही तो हमने कही..."

"सही कही..."

"मिले बिब्बो से ?"

"मिलेंगे...सगाई हो गई तो का मिलबो छोड़ देंगे ?"

"एकाध कविता-फविता भी लिख डालियो आप...आप तो आजकल कवित्त भी खेंच लेते हो...ऐसे मौके पे कविता कहने का रिवाज भी है..."

"लिख डालियो क्या, समझ लो कि हमने लिख डाली है...कहो तो सुनाएँ ?" छुट्टन ने आँखें मींचकर, मुँह आसमान की तरफ करके अपनी आशुकवि की प्रतिभा तथा फिल्मी गीतों के भावों को मिलाकर एक विरह गीत सुनाना शुरू कर दिया। कविता क्या थी उजबक-सी तुकबंदी थी, जिसमें किसी बेवफा सनम को लानतें भेजी गई थीं, जो किसी के हृदय को चकनाचूर करके किसी और की डोली में रवाना हुआ

जा रहा है। डोली के कहारों को हिदायतें दी जा रही थीं कि डोली को सँभालकर 'हैंडिल विद केयर' की भावना के साथ उठाकर ले चलें क्योंकि डोली में बैठा सनम काँच से भी नाजुक है। इसी बेवफा सनम की याद आने पर क्या-क्या किया जाएगा, यह भी विस्तार से बताया गया था और इस सिलसिले में आहें भरने, तारे गिनने तथा रोने-गाने के पुराने चोंचलों का प्रोग्राम भी बनाया गया था।

गीत अभी अधूरा ही था और उस दिशा में बढ़ रहा था, जहाँ समस्त बेवफाई के बावजूद बेरहम सनम हमेशा सुखी रहे, इसकी प्रार्थना ईश्वर से की जानी थी और वह हिस्सा काफी दर्दनाक साबित होनेवाला था, ऐसा छुट्टन का विश्वास था—कि तभी एक बूढ़े ने पास आकर रंग-भंग कर दिया। वह एक बाराती था, जैसा कि उसके कुर्ते पर पड़े हल्दी के छापों से जाहिर हो रहा था।

''बाबूजी, जतारा की बस कबे मिलहे ?'' उसने छुट्टन से पूछा।

छुट्टन ने गीत सुनाना बंद किया और बाराती को गौर से देखा—बढ़िया मारकीन का कुर्ता, पसीने तथा शुद्ध आँवला तेल की गमक से गंधाते बाल, मुँह में जर्देवाला पान, पैरों में चमरौधा जूते, चेहरे पर वही दयनीय भाव जो सदियों से धूल-धक्कड़ और धक्के खाकर पैदा होता है। छुट्टन ने उसके प्रश्न के उत्तर में प्रतिप्रश्न किया, ''किसकी बरात है ?''

''रामदीन की⋯''

''कुछ आगे-पीछे भी है रामदीनजी के, कि बस कोरे रामदीन हैं ?''

''मतलब नहीं समझे हम, महाराज,'' छुट्टन के माथे पर सुबह की पूजा के बाद गुच्चन द्वारा लगाया गया तिलक लगा था, सो महाराज तो वे थे ही।

''अरे कौन जात हैं रामदीन ?'' और आगे इस प्रश्न में व्यंग्य घोलते हुए छुट्टन ने जोड़ा, ''कौन से बाँभन हैं जे अपने रामदीन—कान्यकुब्ज, के जिजौतिया⋯?'' बाराती ने कान की लौ को छूते हुए गिड़गिड़ाते हुए कहा, ''पाप में न धकेरो महाराज, हम काहे के कान्यकुब्ज और काहे के जिजौतिया⋯। कोरियन की बरात है महाराज⋯''

''तो ऐसे कहो न कि रामदीन कोरी की बरात है।''

''हओ महाराज⋯''

''कोरी कहरवाने में शरमान लगे का भैया?''

''नहीं महाराज,'' बाराती अब हाथ जोड़कर खड़ा था और चारों तरफ कुछ तमाशबीन भी खड़े हो गए थे।

''तुम तो गाँधी-बब्बा के बाँभन हो भैया⋯।'' छुट्टन ने जोड़ा।

''हम काहे के बाँभन, महाराज⋯हम तो आप लोगन के तरवा झाड़ के खाबेवाले लोग⋯''

''ठाठ तो बाँभन से भी बढ़िया दिख रहे हैं⋯,'' छुट्टन ने उसके कुर्ते के कपड़े को अपनी उँगलियों के बीच परखते हुए कहा, ''मारकीन का लग रहा है ?''

"हओ, महाराज बरात के लाने सिलवा लओ ," अपराध-बोध से ग्रस्त बाराती ने कहा, मानो पिछड़ी जातिवाले को संविधान में मारकीन का कुर्ता पहनने की सख्त मुमानियत होने के बावजूद उसने यह अपराध कर दिया हो। तब तक बारात के कुछ और लोग भी वहाँ इकट्ठे हो गए थे।

"ठाठ हैं," छुट्टन ने व्यंग्यात्मक मुसकान के साथ कहा।

बारातियों में कुछ नौजवान भी थे।

प्रायः नौजवान तो नई उम्र की पुरानी फसल टाइप थे—यानी वही दयनीय, छिछियाते और इस हीनता-बोध से भरे कि वे दलित जाति के हैं। पर कुछ दूसरे किस्म के भी थे।

"हम लोग ठाठ से नहीं रह सकते क्या महाराज ?" एक नौजवान बाराती ने बूढ़े बाराती को परे करते हुए छुट्टन के सामने आकर कहा। 'महाराज' शब्द पर विशेष जोर दिया गया था। छुट्टन इस अप्रत्याशित मोर्चे के खुल जाने से एकबारगी अचकचा गए, पर फिर सँभलकर बोले, "क्यों नहीं रह सकते ? रह ही रहे हो भैया वही तो हम कह रहे थे कि ठाठ हैं"

"अगर महाराज नाराज न हों तो हम गरीब-गुरबा भी मारकीन का कुर्ता पहन लें?" नौजवान ने व्यंग्य से कहा।

छुट्टन अब तक सँभल गए थे और आश्चर्यचकित थे कि 'नीच जातिवाले' भी उनसे कैसी तू-तड़ाक करने की हिम्मत कर रहे थे। गाँधीजी ने आधा दिमाग खराब किया स्सालों का, और बाकी खराब कर दिया कांग्रेस सरकार ने।

"हमारे नाराज होने की ऐन कही। अरे हमारे नाराज होने का डर होता तो इतना मूँ खोलने से पहले तुम दस बार सोचते," छुट्टन ने ठेठ बुंदेलखंडी तेवर अपनाते हुए कहा।

"हमने कौन-सा मुँह खोल दिया महाराज हमने तो एक बात कही," नौजवान ने ढीठता से कहा।

"शुभ काम में जा रहे हो तो शुभ ही शुभ जाओ ऐसा न हो कि जा रहे थे बरात में और पड़े हैं टाँग तुड़ा के खटिया पे ," छुट्टन ने स्वर में धमकी का समुचित पुट मिलाते हुए कहा। मारपीट की धमकी देना तथा मार भी देना, 'नीच-जाति' के साथ तो यह हमारा अधिकार जैसा है—ऐसा मानते थे छुट्टन।

"कौन तोड़ेगा टाँग जरा हमें भी तो बतइयो ," नौजवान की आवाज में गर्मी थी।

विवाद इस कदर बढ़ जाएगा, ऐसा छुट्टन ने नहीं सोचा था। वे मारपीट करनेवाले व्यक्ति भी नहीं थे। लल्ला होते तो अभी दो मिनट में मामला तय हो जाता। अकेले में, वे यूँ भी लड़ते नहीं थे। पर एक 'नीच जातिवाला' लौंडा स्साला धमकी दिए जा रहा है और वे चुप रह जाएँ—यह बात भी बहुत अपमानजनक होती। वे बाँहें चढ़ाकर बढ़े और उन्होंने उसका कालर पकड़ लिया।

इससे आगे कुछ करने की आवश्यकता छुट्टन को नहीं पड़ी।

छदामी ने, जो स्वयं भी पिछड़ी जाति के ही थे, शेष बारातियों में खड़े बुजुर्गों को ललकारकर कहा, ''तुम्हारा लौंडा बाँभन को गरिया रहा है और तुम भेन¨ सब चुपचाप देख रहे हो¨जुतियाकर अलग नहीं किया, तो आज लाशें बिछ जानी हैं अलीपुरा स्टैंड पे।''

बारात के बुजुर्ग सामने आए। उन्होंने नौजवान को फटकारा कि कोरी हो, तो कोरी जैसे रहो; कि अपनी औकात से बाहर जाने से हमें क्या मिलना है; कि बाँभन के पाँव पूजे जाते हैं और तुम उसी से मूँ लड़ाते हो ? तब तक नौजवान का बाप भी पीछे से आकर मामला समझ चुका था। उसने नौजवान को छुट्टन के हाथ से अपने समर्थ हाथों में लिया और दनादन जूते मारने शुरू कर दिए। शेष बुजुर्ग छुट्टन से क्षमा माँगने लग गए कि ये कल के लौंडे मूरख जन हैं। कहते हैं कि काहे का ऊँच-नीच। अरे भैया जब राम ने नीच बनाया तो यह तो अपना-अपना भाग्य। भाग्य से लड़कर कितें जाओगे ? बताओ भला।

छुट्टन के मन को शांति मिली।

तब तक जतारा की बस आ गई और बाराती उस ओर भागने लगे। माफी माँगते शेष बाराती भी बस की तरफ चल पड़े। वह नौजवान भी। उसके साथी भी। जाते हुए नौजवान ने एक बार पलटकर छुट्टन की तरफ घूरा और भरपूर घूरा और घूरता ही गया। उसकी आँखों में क्या था—आग, नफरत, गुस्सा, वितृष्णा, विद्रोह—पर जो भी था, उसे देखकर छुट्टन भी दहशत में आ गए। वे ज्यादा देर तक आँखें नहीं मिला पाए।

आँखें छदामी की तरफ घुमाकर वे बोले, ''देखे कोरियन के दिमाग ? स्साले कपार पे मूत रहे हैं¨''

''कलियुग आ गया है हल्के राजा¨।'' छदामी ने कहा।

''हे प्रभो¨दया कर¨।'' पास खड़े एक बूढ़े ने सारी स्थिति को अध्यात्म के हवाले करते हुए कहा।

''न जाने हिंदुस्तान किधर को जा रहा है।'' छुट्टन ने हिंदुस्तान के भविष्य की चिंता में दुबले होते हुए कहा।

''लोग अपनी औकात भूल रहे हैं, भैया¨''

''हे दयानिधान¨ सबका कल्याण कर !'' बूढ़े ने फिर कहा।

''तुम भैया यह 'प्रभो' और 'दयानिधान' तो न करो यहाँ¨इसमें दयानिधान क्या कर लेंगे, यार¨,'' छुट्टन ने बुढ़ऊ को फटकारते हुए कहा, ''हर काम के लिए भेन¨भगवान को याद करते हैं¨''

रिजल्ट निकल गए।

छुट्टन इंटर पास हो गए।

इस उपलक्ष्य में वे ग्राम नकटी के प्रिंसिपल को खुलेआम दो किलो बूँदी के लड्डू तथा उनकी सुपुत्री को छुपकर चोरी से दो बिछिए देकर आए, जो मूलतः बिब्बो को ध्यान में रखकर खरीदे गए थे। प्रिंसिपल ने नकल द्वारा इंटर पास करने में जो मदद की थी, छुट्टन उसके लिए उनके आभारी थे। वे प्रिंसिपल की सुपुत्री के प्रति भी आभार प्रकट करना चाहते थे, जिसने परीक्षा में प्रवास के दौरान न केवल उनका खाने-पीने का खयाल रखा था, वरन हाथ-बात-गात पकड़ने तथा चूमाचाटी करने के उनके लगभग सफल प्रयासों का बुरा नहीं माना था। लड़की सच्चरित्र थी और मात्र 'हटो जी' कहकर रह जाती थी। रात-बिरात उसके आने के इंतजार में छुट्टन जागे रह जाते थे और इस चक्कर में देर रात तक पढ़ भी लिया करते थे—इसके लिए भी वे लड़की के आभारी थे। प्रिंसिपल साहब ने बूँदी के लड्डुओं की तारीफ की और छुट्टन की भी तारीफ करते हुए आशीर्वाद दिया कि जीवन में खूब आगे बढ़ो और खूब बी.ए. एम.ए. करो। छुट्टन ने चरण-स्पर्श करके आशीर्वाद ग्रहण करते हुए सबकुछ ऊपरवाले की मर्जी पर छोड़ते हुए बताया कि यदि ईश्वर ने आप जैसे सहृदय अध्यापकों की सरपरस्ती दिलवा दी तो बी.ए. एम.ए. क्या, पी-एच.डी. तक फटकार लेंगे। तब प्रिंसिपल साहब ने राज-सा खोलते हुए बताया कि एम. ए. की गारंटी तो वे नहीं देते, पर यदि कहीं से ऐमेफेमे कर डालो तो पी-एच.डी. के लिए हमसे मिलना। हमारे साढ़ू भाई यूनिवर्सिटी में लगे हैं और यही खटकरम कराते रहते हैं। "पचासों पी-एच.डी. निकाल दिए उन्होंने अपनी टाँगों के नीचे से," उन्होंने बताया। लौटते हुए प्रिंसिपल की लड़की ने छुट्टन को एक रूमाल भेंट में दिया जिसके कोने पर उनके नाम का पहला अक्षर काढ़ा गया था। छुट्टन ने वायदा किया कि वे इस रूमाल को अपने सीने से लगाकर शेष जीवन काट देंगे।

छुट्टन इन्हीं कारणों से प्यार करने के कायल थे कि न जाने कब, क्या चीज, जो प्यार में भेंट आदि में ली-दी जाती है, कब, कहाँ आपके काम आ जाए, कोई नहीं जानता। अब इस रूमाल का ही उदाहरण लीजिए। लौटते में बला की धूप और गर्मी थी। रूमाल, पसीना पोंछने के खूब काम आया।

गुच्चन फेल हो गए।

गुच्चन को इस बार यह दृढ़ विश्वास था कि वे अवश्य पास हो जाएँगे। इसी कारण वे न तो ग्राम नकटी के प्रिंसिपल की उदारता का लाभ लेने को तैयार हुए और न ही बरुआसागर जाकर अपने ससुर का अहसान लेने को तत्पर हुए। उन्हें पता था कि जटाशंकर बाबा की बताई बात खाली नहीं जा सकती। जटाशंकर बाबा बनारस से अलीपुरा में एक भंडारे में पधारे थे। गुच्चन की सेवा से अति प्रसन्न जटाशंकर बाबा ने आशीर्वाद की मुद्रा में बताया था कि तेरे माथे तथा हाथ की रेखाएँ बता रही हैं कि तू इस बार 'फर्स्ट क्लास' में पास हो जाएगा।

गुच्चन फर्स्ट क्लास में पास होने की बात तो नहीं पचा पाए क्योंकि भगवान के घर तथा यू.पी. इंटर बोर्ड में कितना भी अंधेर हो, पर इतना अंधेर तो संभव नहीं था। परंतु जटाशंकर बाबा के चमत्कारों के विषय में अलीपुरा में बड़े किस्से सुनाए जाते थे, सो गुच्चन को पूरा विश्वास हो गया कि करमफल पढ़कर ही जाना होगा, तभी तो उनके सिर पर हाथ रखकर ऐसी जबर बात कह गए ? बस गुच्चन उस दिन से निश्चिंत हो गए थे। फर्स्ट न सही, पास तो हो जाएँगे। वे बड़े आत्मविश्वास के साथ परीक्षा में बैठे थे, आत्मविश्वास के साथ ही उन्होंने परीक्षा की कापियाँ गोदी थीं और आखिरी पेपरों तक पहुँचते-पहुँचते आत्मविश्वास इस हद तक बढ़ गया कि वे इस कदर अंट-संट बातें कापियों में लिखने लगे कि हर पेपर में उन्हें मूलकापी के अलावा सप्लीमेंट्री कापियाँ भी लेनी पड़ रही थीं। इतने बढ़िया पेपर करने के बाद भी जब रिजल्ट आया तो गुच्चन का नाम उसमें नहीं था। धर्म की हानि देश में, विशेष तौर पर यू.पी. इंटर बोर्ड में हो रही थी--जटाशंकर बाबाजी के आशीर्वाद के बाद भी फेल हो जाने पर अब उन्हें इस बात का पूरा विश्वास हो गया।

बिन्नू ने बी.ए. कर लिया, प्राइवेट में फार्म भरकर। कुँआरी लड़कियाँ, जिनकी शादी किसी-न-किसी कारण, मसलन रंग गेहुँआ होने से लगाकर काला होने के कारण, कद छोटा रह जाने के कारण, या कद बड़ा हो जाने के कारण, या एक दाँत टेढ़ा निकला है, इस कारण, या दहेजू दूल्हा के लिए कलदार न जुटा पाने के कारण, या लड़की चाल-चलन की ऐसी-वैसी है, यह उड़ जाने के कारण यानी किसी भी पारंपरिक कारण से घर बैठी कुँआरी लड़कियाँ 'प्राइवेट' से बी.ए. किया करती थीं। इस बी.ए. का शिक्षा के प्रति ललक से कोई ताल्लुक नहीं था। यह विशुद्ध 'टाइम पास एक्टिविटी' थी, जिसे आप कढ़ाई-बुनाई या ढोलक बजाने के समकक्ष रख सकते हैं।

बिन्नू के बी.ए. पास हो जाने की खबर पर घर में विशेष खुशियाँ मनाई गई हों, ऐसा नहीं था। बल्कि गुच्चन के इंटर में फेल हो जाने से घायल शीला ने पहली बात जो कही, वह यही कही कि "बिन्नू, अब बस करियो--कहीं ऐमें न करबे बैठ जइयो, नहीं तो कितें से मोंड़ा लाएँगे तुमारे लाने¨।" अलबत्ता अम्माँ बहुत खुश हुईं। वे देर तक बिन्नू का हाथ अपने हाथ में लेकर बैठी रहीं। स्पर्श की इस मौन भाषा को बिन्नू के अलावा और कौन पढ़ सकता था ?

चंदू ने पी.एम.टी. पास कर ली और आगरा मेडिकल कॉलेज के लिए उनका नाम आ गया। किसी को आश्चर्य नहीं हुआ क्योंकि सभी जानते थे कि चंदू जिस परीक्षा में भी बैठें, निकल जाएँगे। पर चिंता सभी को हो गई कि अब आगे उनकी पढ़ाई के इंतजाम का क्या बनेगा ? आगरा जैसे शहर में रहने-खाने का खर्चा ही डेढ़-सौ रुपए महीने से क्या कम होना था ? फिर फीस, किताबें, कपड़े-लत्ते और डाक्टरी की पढ़ाई के अन्य टीमटाम। गुच्चन ने हिसाब लगाया था और पाया था कि पहले वर्ष में ही चार हजार रुपयों का खर्चा है। लगता था कि गुरसराय की जमीन को निकाले बिना बात नहीं बननेवाली थी। गुच्चन और अम्माँ दोनों ही नहीं चाहते थे कि जमीन बेचनी

पड़े। इस जमीन पर होनेवाली अधिया-बटिया खेती से ही जीवन चल रहा था। परंतु चंदू को डाक्टर बनाने के लिए इसका कुछ हिस्सा तो निकालना ही पड़ेगा, यह कटु यथार्थ अब ऐन सामने था। ऐसे ही तरद्दुद के माहौल में एक दिन, जब सभी बैठे थे, यह समस्या विचार हेतु सामने आई। ज़मीन का मामला था, सो सबकी राय यूँ भी चाहिए ही थी। इस मीटिंग की विशेष बात, लगभग विशिष्ट अतिथि के तौर पर उपस्थित, चंदू का वहाँ होना था। चंदू देख रहे थे कि घंटे-भर से जमीन के बेचने, न बेचने पर निरर्थक बहस हो रही थी। किससे उधार मिल सकता है, इस पर चर्चा हुई; फिर वह उधार क्यों नहीं मिल पाएगा, इस पर विस्तार से चर्चा हुई। चंदू ऊब गए। विशेष तौर पर उन्हें तब अखर गई जब लल्ला और छुट्टन ने बार-बार पुश्तैनी खेतों को बेचने से पूर्व एक बार पुनः सोच लेने को कहा तथा इसके बदले अम्माँ के गहने रेहन रखकर कर्जा उठाने की बात की, जिसे आगे चंदू के डाक्टर बनने पर चुकाया जा सकता था। चंदू जो चुप रहने के लिए एक साथ ही विख्यात और कुख्यात थे, यकायक बोले, ''आप मेरे हिस्से की जमीन बेच दें...''

गुच्चन मानो आसमान से गिरे और बीच में अटकने लायक खजूर भी न पाकर सीधे पथरीले यथार्थ की ठोस जमीन पर धड़ाम हुए। जीवन में शायद पहली बार वे चंदू पर गर्म हुए—

''यह मेरे-तेरे हिस्से की बात कहाँ से आ गई...''

चंदू सटपटा तो गए, परंतु बोलते रहे...

''बुरा न मानिए दादा...मुझे लग रहा है कि लल्ला और छुट्टन भैया को अपनी जमीन का हिस्सा बेचने...''

गुच्चन यूँ बड़े 'सूदरे' कहलाते थे, परंतु वे अपने गुस्से के लिए भी खूब जाने जाते थे। वे अभी तक चंदू द्वारा अपने हिस्सा-बाँट की भाषा के प्रयोग को ही पचा नहीं पाए थे। और अब चंदू लल्ला और छुट्टन के हिस्सों की बात कर रहे थे। गुच्चन खटिया पर बैठकर बातें कर रहे थे। वे उठे। उठकर ठीक चंदू के सामने आकर खड़े हो गए। छुट्टन उनके इस पोज से न केवल खूब वाकिफ थे, बल्कि बीसों बार इसी पोज में उनसे थप्पड़ खा चुके थे।

''तुम्हारा हिस्सा ? लल्ला का हिस्सा ? ये हिस्से-बाँटवाले पाठ तुमने कौन-सी किताब से बाँच लिए ?...यही है तुम्हारी पढ़ाई ? यही सीखा इत्ते दिन ऐसी-ऐसी मोटी किताबें पढ़कर ? यही है, तुम्हारा फर्स्ट क्लास की पढ़ाई का ज्ञान...? धन्य है।''

गुच्चन गुस्से से काँपने लगे। छुट्टन ने उठकर गुच्चन को सँभाला और वापस खटिया की तरफ खींच ले चले।

''मैंने कौन-सी बुरी बात कर दी ?...'' चंदू ने कहा और सच कहा क्योंकि अपना हिस्सा माँगने में क्या बुराई थी, यह वे नहीं समझ पा रहे थे। एकदम न्यायपूर्ण बात पर गुच्चन का यूँ उखड़ जाना उन्हें अखर गया।

''स्साले जमीन से उगे नहीं हैं और मेरा हिस्सा-तेरा हिस्सा कर रहे हैं। यही शिक्षा

पाई है इन्होंने पढ़-पढ़ के कि घर के हिस्से कर डालो... । वाह री पढ़ाई तुम्हारी...''

चंदू देख रहे थे कि गुच्चन बार-बार उनकी पढ़ाई पर आक्रमण कर रहे हैं। वे जानते थे कि ऐसा क्यों हो रहा है ? जो स्वयं छठी बार इंटर में फेल हो गया हो, वह फर्स्ट आनेवाले से चिढ़ेगा ही—चंदू के लिए ऐसा समझना बड़ी सरल-सी बात थी। वे और तरह से समझ भी नहीं सकते थे। वे घर के हिस्से-बाँट की बात उठने से उठे दर्द को गुच्चन की तरह महसूस कर ही नहीं सकते थे। इस तरह के दर्द को महसूस करने के लिए जो नस-नाड़ी चाहिए, वह उनमें थी ही नहीं।

''तब से पढ़ाई-पढ़ाई क्या कह रहे हैं दादा...फर्स्ट आकर मैंने कोई गुनाह कर लिया क्या ? मैं भी छः बार फेल होता तो ?''

चंदू ने अपनी बात कह डाली।

'छः बार फेल...'—अपनी तरफ से चंदू ने ब्रह्मास्त्र-सा छोड़ा था, जिसका जवाब गुच्चन की तरफ से आना असंभव था। सबको नेस्तनाबूत करता हुआ यह वाक्य डरावने प्रेत-सा कमरे में मँडराने लगा। छुट्टन तथा लल्ला तक सन्नाटे में आ गए। गुच्चन की आँखें छलछला आईं। वे चंदू को डबडबाई आँखों से देखते रह गए। तभी चंदू को उत्तर उस दिशा से मिला, जहाँ से किसी ने कभी सोचा भी नहीं था। अम्माँ अपनी जगह से उठीं और उठकर उन्होंने दो थप्पड़ चंदू को रसीद किए और जोर-जोर से चिल्लाकर उनकी पीठ पर घूँसे बरसाने लगीं।

किसी को भी चंदू की बातों से गुस्सा नहीं आया था, बल्कि असहनीय धक्का पहुँचा था। अम्माँ ने चंदू को थप्पड़ मारे तो लल्ला भी उठ गए और उन्होंने चंदू को पहलवानी हाथ की कठोर हथेली से ऐसा जोरदार थप्पड़ मारा कि चंदू चकराते हुए धड़ाम से खटिया से नीचे जा गिरे। चंदू ने पढ़ाई की दुनिया से बाहर की यह फौजदारी दुनिया देखी नहीं थी। पिटने-पिटाने की तो वे सोच भी नहीं सकते थे। वे जोर-जोर से रोने लगे। अम्माँ भी जोर-जोर से रोने लगीं। उन्होंने क्योंकर चंदू पर हाथ उठाया था और अब क्यों रो रही थीं—यह बात समझने के लिए किसी बड़े मनोविद की आवश्यकता नहीं थी।

बड़ी देर तक उस कमरे में रोना-धोना मचा रहा।

चंदू ने उस रात खाना नहीं खाया।

किसी ने भी नहीं खाया।

अम्माँ रात-भर रोती रहीं।

गुच्चन देर रात तक दुर्गा के सामने बैठकर ऊँचे स्वरों में दुर्गा-स्त्रोत बोलते रहे।

छुट्टन और छदामी ने देर रात तक रेलवे स्टेशन की बेंच पर बैठकर पढ़ाई से उपजे अज्ञान पर चर्चा की।

लल्ला पुलिया पर बैठे सोचते रहे कि यदि वे आढ़त में होते, तो ये चार हजार तो यूँ आते। शीला ने कहा—''ये हैं, तुम्हारे भाई...और जान लगाओ इनके पीछे...''

जमीन का एक हिस्सा बेच दिया गया।

चंदू आगरा चले गए जहाँ से वे राजी-कुशल के नियमित पत्र भेजने लगे तथा इस राजी-कुशल को कायम रखने के लिए कितना और पैसा चाहिए, इसका विस्तार से विवरण भेजने लगे।

पूरा घर सहमा-सहमा-सा रहा, कई दिनों तक।

गुच्चन की पूजा उस दिन के बाद और बढ़ गई।

छोटी-सी बात थी।

बात कुल इतनी थी कि बरुआसागरवाली के मायके यानी बरुआसागर से बादाम भिजवाए गए थे, जिनके बारे में बरुआसागरवाली का विश्वास था कि ऐसे बादाम बरुआसागर से बाहर मिल नहीं सकते। बरुआसागरवाली अब सात महीने की गर्भवती थीं और गर्भवती स्त्रियों के मायकेवाले बादाम-उदाम भेजते ही रहते हैं क्योंकि वे मानते हैं कि ससुराल में उनकी कन्या को (शायद) घास भी खाने को नहीं मिलेगी; और मिलेगी भी तो वह कम-से-कम हरी तो नहीं होगी।

बादाम छुपकर भिजवाए गए थे।

बरुआसागरवाली ने उन्हें छुपाकर रख दिया था और छुपाकर ही खाया करती थीं।

वे चाहती थीं कि गुच्चन भी छुपकर ये बादाम खा लिया करें। वे ऐसा नहीं करते थे। घरवालों से छुपकर यूँ कुछ खाएँ, ऐसा वे सोच भी नहीं सकते थे। बरुआसागरवाली स्वयं ऐसा करती हैं, वे इसे नारी की अधम सोच के साथ जोड़कर देखते थे।

तो छोटी-सी बात यह हुई कि आज फिर बरुआसागरवाली ने गुच्चन को बादाम खिलाने का प्रयत्न किया। उन्होंने आँख के इशारे से और फिर इस्स-इस्स की आवाज़ द्वारा गुच्चन को छत की मुँडेर से झाँककर ऊपर बुलाया। गुच्चन आँगन में खटिया पर लेटे थे और अपने प्रिय कार्य अर्थात दाढ़ी में उँगलियाँ घुमाने में व्यस्त थे। अम्माँ और बिन्नू वहीं आँगन में बैठकर दाल बीन रहे थे। गुच्चन समझ नहीं पाए कि ये इशारे किस सिलसिले में हैं। वे ऊपर चले गए।

थोड़ी देर बाद ही छत से मार-पिटाई के सुपरिचित स्वर सुनाई देने लगे। अम्माँ जब तक भागकर छत पर पहुँचीं, गुच्चन बरुआसागरवाली की पर्याप्त मरम्मत कर चुके थे।

इस मरम्मत द्वारा 'छुपकर बादाम खा लो' प्रसंग का अंत हुआ।

लल्ला एक दिन कुएँ में कूद गए।

कुआँ घर में ही था, सो कूदने को दूर नहीं जाना पड़ा। कूदकर डूबे नहीं, क्योंकि डूबने के लिए कूदे भी नहीं थे। तैरते रहे। तैरकर जोर-जोर से कुछ चिल्लाते रहे, जो गहरे कुएँ की दीवारों से टकराकर ऐसा गूँजता रहा कि ऊपर कुएँ की जगत पर खड़े

गुच्चन, अम्माँ, छुट्टन आदि कुछ भी समझ नहीं पा रहे थे। गुच्चन ऊपर से रस्सी लटकाकर लल्ला के सिर के पास गोल-गोल झुला रहे थे। लल्ला तैरते रहे। रस्सी उन्होंने नहीं पकड़ी। वे चिल्लाते रहे और तैरते रहे। उन्होंने प्रोटेस्ट के तौर पर कुएँ में छलाँग लगाई थी और प्रोटेस्ट जाहिर करने के लिए जरूरी था कि बचाव कार्य के लिए फेंकी रस्सी का सहारा न लिया जाए।

"लल्ला, रस्सी पकड़ के ऊपर आ जाओ...," छुट्टन ने अपने मुँह को कुएँ के मुँह में घुसेड़ते हुए चिल्लाकर कहा।

लल्ला ने नीचे से कहा, "हम न पकड़ेंगे...अब हमारी लास ही बाहर आएगी।" मरने की धमकी देने के बावजूद वे तैरते रहे।

"तुम बाहर आ जाओ...फिर जैसा चाहोगे, वैसा कर लेंगे।" गुच्चन अपेक्षाकृत शांत थे।

"बेटा बाहर आ जा...," अम्माँ विह्वल थीं।

"हम बाहर न आएँगे...," लल्ला ने जोर से चिल्लाकर कहा और इस चक्कर में गोता खा गए।

कुएँ के बाहर खड़े लोग यह नहीं सुन पा रहे थे कि लल्ला क्या कह रहे हैं, परंतु लटकाई गई रस्सी को वे पकड़ नहीं रहे थे, इसी से जाहिर हो रहा था कि वे क्या कह रहे हैं।

"रस्सी पकड़ लो लल्ला..." गुच्चन का शांत स्वर अब गर्मी पकड़ रहा था।

रस्सी झूलती रही।

"तुम बाहर आते हो कि हम वहीं आके लगाएँ दो जूता..."

"आप क्यों जाते हो...रस्सी में ही जूता बाँधकर कुएँ में उतार दो और झुला-झुलाकर...," छुट्टन ने सुझाव दिया।

"तुम अपना मों बंद रखो, नहीं तो तुम जरूर खा जाओगे जूता..."

गुच्चन ने गुस्से से कहा।

"हमने तो एक बात कही...कोई औरतों टाइप नाटक कर रहा हो, तो जूते के अलावा और इलाज क्या है ?" छुट्टन ने कहा।

"अपना इलाज अपने पास ही रखो," कहकर गुच्चन कुएँ में झाँकने लगे और रस्सी को झुकाकर उसे फिर लल्ला के सिर पर मँडराने का प्रयत्न करने लगे।

लल्ला ईंटों का भट्ठा लगवाना चाहते थे, इसीलिए कुएँ में कूदे थे—ऐसा कहना अजीब लग सकता है, परंतु यही सत्य था। ईंटों का भट्ठा लगानेवाले का कुएँ में कूदना अनिवार्य है, ऐसा नहीं है। न जाने कितने लोग हैं, जिन्होंने जीवन-भर ईंटों के भट्ठे लगाए और ईंटें बेचीं—पर वे कभी कुएँ में नहीं कूदे। पनघट का ईंट के भट्ठे से कभी कोई संबंध नहीं रहा। लल्ला ने भी जब ईंटों का भट्ठा लगाने का इरादा किया था, तब यह नहीं सोचा था कि इसके लिए कुएँ में कूदना होगा। आढ़त के लिए पाँच हजार रुपए का इंतजाम न हो पाने के कारण वे जब उदास रहा करते थे, उसी

दौरान किसी ने उनको बताया कि ईंट का भट्ठा लगाने में बड़ा फायदा है। मिट्टी की कोई कमी नहीं, क्योंकि धरती खोदने पर एक बार गड़ी हुई मोहरें न भी निकलें, पर मिट्टी खूब निकलती है। इसे सानकर साँचों में भर दो और बाद में आग में पका दो। बस, ईंट तैयार। बेचो और कलदार बटोरो। सारी योजना इतनी आकर्षक तथा लाभप्रद नजर आ रही थी कि एक बार तो लल्ला भी आश्चर्यचकित रह गए कि यदि ईंटों का भट्ठा डालने में इस कदर फायदा है, तो दुनिया इतनी चूतिया क्यों है कि चुपचाप बैठी रहती है ? आदमी ईंट क्यों नहीं बना रहा ? यह बात लल्ला को अचंभित करने लगी। सभी को ईंटें बनानी चाहिए। सभी ईंटें बनाएँ, तो देश में इतना पैसा बरसने लगे कि देश फिर से सोने की बड़ी नहीं तो छोटी चिरैया तो बन ही जाए। कई भिखारियों को तो उन्होंने रास्ते में रोककर दुत्कारा भी कि तुम भीख माँगना छोड़कर ईंटें क्यों नहीं बनाते ? उनका मन करता था कि एक 'ईंट बनाओ' आंदोलन छेड़ दें, जहाँ लोग कंधे से कंधा मिलाकर 'हैया हो, हैया हो' करते हुए ईंटें बनाएँ। वे प्रायः स्वप्न में देखते कि वे मिट्टी खोद रहे हैं और इतनी मिट्टी खोद चुके हैं कि देश में चारों तरफ मिट्टी के पहाड़ और गहरे गड्ढे बन गए हैं। वे किसी भी मैदान या खेत को देखकर कल्पना करने लगते कि यहाँ की सारी मिट्टी खोदने से कितनी ईंटें तैयार होंगी ? एक बार तो स्वप्न में मिट्टी खोदते-खोदते वे इतना गहरा गड्ढा खोदते चले गए कि उस तरफ अमेरिका में निकल गए, जहाँ एक अंग्रेज की खोपड़ी पर उनकी गैंती पड़ते-पड़ते बची। अब भी हँसी आती है लल्ला को कि कैसा चौंककर उचका था अंग्रेज और गिटपिट अंग्रेजी में कुछ पूछने पर लल्ला ने उसे बताया था कि आई मेकिंग ईंट, खोदिंग मिट्टी फॉर ईंट का भट्ठा। ऐसे ही मटमैले सपनों को साकार करने के लिए एक दिन लल्ला ने अम्माँ से मात्र हजार रुपए उधार माँगे, जिसे वे अपने भट्ठे में तैयार ईंटों को बेचकर शीघ्र चुका देनेवाले थे। अम्माँ ने साफ मना कर दिया। लल्ला को एकबारगी तो ऐसा लगा कि अम्माँ ने उन्हें उसी गड्ढे में धकेल दिया है जो मिट्टी खोदने से पैदा हुआ था। उन्होंने अम्माँ को ईंट तैयार करने का गणित भी समझाया तथा यह बताने का प्रयत्न भी किया कि अब ईंट के भट्ठे के चलते कैसे घर के दिन बदलनेवाले हैं, पर वे नहीं मानीं। उन्होंने लल्ला को याद दिलाया कि घर के दिन बदलने के लिए लल्ला ने इससे पहले पटाखे की दुकान, हैंडलूम का धंधा, झाँसी से 'मऊरानीपुर-टेरीकॉट' अलीपुरा लाकर बेचने का धंधा आदि कई अभियान इसी शिद्दत से चलाए थे और उन प्रयोगों में जिज्जी से इतना पैसा उधार लिया था जिसको चुकाने में ही उनकी वे ईंटें बिक जाएँगी, जो वे अपने भट्ठे में बनानेवाले थे, पर अब बना नहीं पाएँगे क्योंकि अम्माँ के पास ईंट के भट्ठे में फूँकने के लिए एक धेला भी नहीं था। लल्ला ने गुच्चन को भी समझाने का प्रयत्न किया और साथ ही यह भी धमकी दी कि यदि पैसे नहीं मिले, तो वे कुएँ में कूदकर अपनी जान दे देंगे। तब पास खड़े छुट्टन ने उन्हें बताया कि ईंट के भट्ठे के लिए तो खैर उन्हें चवन्नी भी नहीं मिलने की, परंतु इसके पीछे कुएँ में कूदना-फूदना भी गलत बात होगी। लल्ला

ने तब यह स्पष्ट करने का प्रयत्न किया कि वे कुएँ में कूदकर जान देने के लिए कटिबद्ध हैं क्योंकि उनकी निगाहों में ऐसे जीवन का कोई महत्त्व नहीं था, जिसमें आदमी अपनी मर्जी से ईंटों का भट्ठा भी न लगा सके। छुट्टन ने तब उनको समझाने का प्रयत्न किया कि यदि आदमी समझदार हो, तो पाएगा कि ईंटों के भट्ठों से परे भी जीवन है और खासा सुंदर जीवन है। गुच्चन ने भी ईंटों के भट्ठे लगानेवाले के जीवन की तुलना उस गधे से की, जो भट्ठे से ईंटें ढोकर ग्राहकों तक लादे ले जाते हैं। छुट्टन ने बल्कि बीच नें यह भी कहा कि गधे को तो फिर भी विशेष फर्क नहीं पड़ता है क्योंकि उसे न केवल लदान लादने की आदत होती है, बल्कि धीरे-धीरे इस काम में आनंद की अनुभूति होने लगती है, परंतु लल्ला को उस गधे की भाँति जीवन जीने में थोड़ी दिक्कत होगी।

ऐसी परिस्थिति में लल्ला के पास और क्या चारा था, सिवाय कुएँ में कूदने के ? वे गुस्सा होकर आँगन की तरफ दौड़े और जब तक 'अरे अरे' कहकर लोग पीछे दौड़ते, वे आँगन में बने खारे पानी के कुएँ में धड़ाम से कूद गए थे। तब से वे कुएँ में ही थे और उनको मनाने के प्रयत्न जारी थे।

भैयन मामा को कैंसर निकला। फेफड़े का कैंसर। डाक्टरों ने बताया कि बीड़ी पी-पीकर कैंसर हो गया, तो भैयन मामा मन-ही-मन हँसने लगे। दुर्भाग्य का दोष बीड़ी पर क्यों ? कैंसर होना था, सो हो गया। बीड़ी बीच में कहाँ से आ गई ? बीड़ी छोड़ दीजिए, वरना मर जाएँगे—एक युवा तुर्क-नुमा डाक्टर ने उन्हें बीड़ी पीते पाकर चेतावनी दी थी। वे, जो बीड़ी नहीं पीते थे स्साले, बच गए क्या ? सबको मरना है। सभी मरते हैं। मरने के डर से क्या आदमी जीना छोड़ दे ? और जीना हो तो फिर बीड़ी पीना कैसे छोड़ दें ? और मरबे से भेन इधर कौन डरता है ? पैदा हुए थे, तभी यह हो गया था कि मरेंगे भी। बीड़ी को बीच में क्यों बदनाम किया जाता है, यह समझना मुश्किल है।

ये और ऐसी और ढेरों बातें। फिलॉसफी, आध्यात्मिक और विशुद्ध बकवास, सब एक साथ।

भैयन आँगन में बैठकर अम्माँ तथा छुट्टन से बातें करते हुए बीड़ी पी रहे थे। वे अपने कैंसर के विषय में ऐसे असंपृक्त होकर बतिया रहे थे मानो मौसम की चर्चा कर रहे हों। अम्माँ ने 'अब तो मरी बीड़ी छोड़ दो' कहा तो उसके जवाब में भैयन ने यह दर्शन बघारा—

"संसार में इतने लोग बीड़ी पीते हैं। हमारे बुंदेलखंड में हर दूसरा आदमी बीड़ी धौंक रहा है। बीड़ी के बिंडल को मशाल-सा उठाए घूमते हैं। जितें देखो, सब स्साले बीड़ी पी रहे हैं। छोटे-छोटे तौंडे तक छुप-छुपकर पी रहे हैं। ये छुट्टन बैठे हैं। जब जे इत्ते से थे, तो हमने छत पे बीड़ी का सुट्टा मारते तुम्हें पकड़ा था कि नहीं ?

फिर ̈ । स्साला, बीड़ी से कैंसर होता, तो आधा बुंदेलखंड कैंसर से मर जाता। चूतिया बनाते हैं डाक्टर। कुछ समझ में नहीं आता, तो कह दई के कैंसर हो गया। कहते हैं, मुंबई चले जाओ; और जाँचें लगेंगी। अरे, जब कैंसर हो ही गया तो अब स्साली काहे की जाँच ? हमने तो कही कि भैया हमें नहीं जाने मुंबई-फुंबई। मुंबई हम जवानी में नहीं गए, जब हमारे साथ के कित्ते लौंडा फिल्म लाइन में घुसबे के लाने मुंबई भगा करते थे—तो अब क्या जाएँगे ? हमने तो बड़े डाक्टर के जोड़े हाथ, कि दद्दा हमें तो आप छुट्टी कर दो; हम अपने बाकी के काम निबटा सुलझा लें, तो शांति से मरें। मरबे की तो ऐसी है कि जबकी लिखाके लाए हैं, तबही मरेंगे। हम तब नहीं मरे जब उनतालीस डाउन टकरा गई थी मालगाड़ी से—हम उछल के गिरे दूर ̈ कोयला के ढेर पर ̈ । बताइए ? सौ-सवा सौ आदमी मरा था, पर हम बच गए क्योंकि आगे कैंसर से मरना लिखा था भविष्य में। और क्या पता, स्साला कि कैंसर है कि क्या है ?

"तो हम तो, भग आए अस्पताल से। अब मरने की तो पता नहीं कि कब मरेंगे, तब तक क्या अस्पताल के पलंग पे बैठकर जमराज का इंतजार करें ? ऐसी तैसी भेन ̈ कैंसर की। बस, जे बकाया काम निबट जाएँ तो फिर शांति से मरा जाए।"

कौन-से बकाया काम ? श्रोताओं के चेहरे पर यह प्रश्न था। न भी रहा हो, पर भैयन को लगा कि था।

वे बताने लगे :

"कित्ते काम हैं। बिन्नू की शादी तय करनी है। लड़केवाले रोज चक्कर लगा रहे हैं। तुम लोग जवाब ही नहीं दे रहे। लड़का दोज्या है तो कौन-सा कोढ़ी हो गया है। पहले भी दोज्या लड़का लाए थे। तुम लोगन ने हाँ कर दी होती तो आठ साल पहले निबट गई होतीं बिन्नू। पर तुम न माने। लड़कन की तो ऐसी कमी है भैया कि कोढ़ियन के लाने भी लड़कीवाले नाक रगड़ रहे हैं। बिन्नू की निबटे, तो छुट्टन के लिए भी काम चालू हो। छुट्टन ने इंटर कर लिया है और मास्टरी में घुसनेवाले हैं—जबसे बिरादरी में यह खबर फैली है तो स्साला भैयन मामा का तो हगना-मूतना मुश्किल हो गया है। कोई-न-कोई रिश्ता ले के खड़ा ही रहता है। एक से एक बंधास्टिक रिश्ते। जित्ता चाहो उत्ता दहेज देबे को तैयार। दो-तीन घर हमने सेट भी किए हैं। छुट्टन दूल्हा बनके कैसे सजते हैं—जब तक यह न देख लें, तो मरने का मतलब क्या है ? कैंसर को इत्ती प्रतीक्षा तो करनी ही होगी।"

भैयन मामा तो लल्ला के लिए भी रिश्ते देख रहे हैं। "बहू घर में आ जाएगी, तो अपने आप सुधर जाएँगे। ईंट के भट्ठे की बात तो हमें भी पता चली थी कि पानी बरस गया तो सारी कच्ची ईंटें ही गलकर बिला गईं। कित्ते का नुकसान ? डेढ़ हजार डुबो दिए लल्ला ने ईंट के भट्ठा में, तो कोई बात नहीं, लड़कीवालों के दहेज के हिसाब में स्साली यह रकम भी चढ़ा दी जाएगी।

"वैसे लल्ला की यह फिरंगी-विरंगीवाली संगत ठीक नहीं। आजकल लल्ला कुछ न कर रहे हों, तो न हो तो स्साला डाक्टरी में ही घुसा दो। चंदू डाक्टर बन ही रहे हैं,

लल्ला भी बन जाएँगे। अरे भैया चंदू जिस डाक्टरी में घुस गए हैं, वो तो है असली डाक्टरी, अफसरीवाली कि दई मिला के लात साले मरीज के और फिर भी मरीज पीछे-पीछे। पर गाँव के गरीब-गुरबन को चंदू जैसे डाक्टर थोड़े ही मिलेंगे। बे तो रहेंगे ठाठ से शहर में। तो गाँव में कौन जैहैं ? वहाँ आएँगे हमारे लल्ला। झाँसी में एक डाक्टर हैं हमारी पहचान के। कर लें उसकी दुकान पर कम्पोंडरी साल-छः महीने। हजार रुपए ईंट के भट्ठा में डुबाए, इससे बढ़िया रहेगा कि हजार रुपए में डाक्टर साहब से काम का सर्टीफिकेट ले लें। डाक्टर अच्छा आदमी है। हजार में सर्टीफिकेट की बात करते हो, वो तो हजार में अपनी माँ को बेच दे। बस लल्ला बन गए आरएमपी डाक्टर। गाँव-खेड़े में बैठ जाएँ और पीटें पैसा। केस बिगड़े, तो चंदू के पास भेज दें। इस तरह दोनों भाई मिलकर काटें पैसा। देख लो हमने तो एक बात कही।''

अम्माँ ने बताया कि बिन्नू की शादी की बात पर गुच्चन ही फैसला करेंगे। लड़का दोज्या होने के कारण हिचक तो जायज है ही। तब भैयन ने पूछा कि बोई तो हम कहें कि आँगन में कौन-सी चीज की कमी हमें लग रही है? कितें गए अपने दाढ़ीवाले महाराज ? बताया गया कि वे इस समय, प्रतिदिन, अलीपुरा के ठीक बाहर बने मठनुमा मंदिर के साधू के पास बैठा करते हैं—आते ही होंगे।

भैयन ने समझाया—

''ये गुच्चन के लच्छन भी ठीक नहीं हैं। भरी जवानी में साधू-संतों के चक्कर में पड़ गए हैं। पूजा-ऊजा से कौन मना करता है ? अच्छी बात है। धूप-बत्ती तो हम भी जलाते ही हैं—गनेशजी के सामने। पर घर-गिरस्थीवाला आदमी भगवान के सामने ही बैठा रहे तो गिरस्थी कब चलाएगा यार ? दो-दो बच्चों के बाप बन गए हैं। खुद समझना चाहिए। रिछारियाजी की शिकायत यही है।''

यहाँ छुट्टन ने बरुआसागरवालों को आमतौर पर, और वहाँ के रिछारियाजी को विशेष तौर पर गालियाँ देते हुए कहा कि गुच्चन के रूप में रिछारियाजी की कन्या को खजाना मिल गया है—यह बता दिया जाए उस रिछारिया के बच्चे को और आप न बता पाते हों, तो हमें कहिए—हम एक दिन वहीं जाकर उनका तिया-पाँचा करके आ जाएँ।

भैयन ने समझाया कि हिंदुस्तान में क्या है कि लड़की के बाप को रोने की आदत-सी होती है। वह मौका मिलते ही रोना-गाना शुरू कर देता है। सो रिछारियाजी के इन उद्‌गारों को भी हिंदुस्तानी बापों की इसी कुटेव के खाते में डालकर भूल जाना चाहिए। और खजाने की बात पर भैयन को याद आया कि एक और काम को अंजाम दिए बिना वे मरने की सोच भी नहीं सकते थे। वह काम था खजाने की खोज। ऐसा न हो कि वे मर जाएँ और अशर्फियों से भरा मटका यहीं दबा रह जाए। पिछले कुछ दिनों से तो रोज ही उनके सपने में वह दीवार और उसकी नींव में गड़ा खजाना साफ नजर आ रहा था। शादियाँ तो खैर उनके मरने के बाद भी हो जाएँगी, परंतु यदि इस खजाने को अभी नहीं निकाला गया तो उनकी मृत्यु के साथ ही यह दबा ही रह

जाएगा। भैयन मामा चाहते थे कि इस बार यह काम भी निबटा दिया जाए। वे बाकायदा नक्शा बनाकर लाए थे, जहाँ खुदाई करने पर वह अशर्फियोंवाला घड़ा निकलने वाला था। लल्ला उत्साहपूर्वक इस कार्य के लिए तैयार थे, परंतु अम्माँ और छुट्टन को संदेह था कि घड़ा नहीं निकला, तो टूटी दीवार को फिर उठाने के लिए कहाँ से उधार उठाया जाएगा ? भैयन मामा के चेहरे पर ऐसे घनघोर आत्मविश्वास की चमक थी कि एक बार तो किसी का भी मन आ जाए कि दीवार खोदकर देख ही लिया जाए। तय किया गया कि गुच्चन के आने पर ही यह महत्त्वपूर्ण मसला तय हो पाएगा। बात चंदू की भी चली। जिज्जी ने बताया कि चंदू की पढ़ाई के खर्चे बहुत हैं और उनको यह पता ही नहीं था कि डाक्टरी की पढ़ाई में इत्ते पैसे लगते हैं। तब भैयन मामा ने बताया कि डाक्टरी के खर्चे तो वे स्वयं अपनी आँखों से आगरा जाकर देखके आए हैं, जहाँ वे एक रिश्ते के सिलसिले में गए थे। चंदू के हॉस्टल के कमरे में ही दारू पी जा रही थी, जब यकायक भैयन मामा पहुँच गए थे। और दारू तथा ऐसे दीगर खर्चों के लिए पैसा अम्माँ नहीं देंगी, तो कौन देगा ? अम्माँ यह बात सुनकर धक्क् रह गईं। पर चुप रहीं। छुट्टन ने भी कोई प्रतिक्रिया नहीं दी। केवल लल्ला बोले, ''हमने हजार रुपए ईंट बनाने में गँवाए, तो सभी लोग आज तक रो रहे हैं उधर लोग दारू में पैसा फेंक रहे हैं। तो सभी चुप हैं।''

तब भी सभी चुप रहे।

भैयन को तभी जोरदार खाँसी का दौरा आया, जिसमें बलगम की जगह खून आया। अम्माँ घबरा गईं। भैयन ने उन्हें सांत्वना दी—

''खराब खून है। निकल जाए तो अच्छा है। कैंसर कट-कट के बाहर निकल रहा है। खून की चिंता हमें नहीं है। जे खून तो कुछ नहीं है। याद है जिज्जी, जब हम कानपुर स्टेशन पर नौकरी में थे, तो एक यूनियनवाले ने हमें चक्कू मारा था और हमने स्साले का चक्कू ही हाथ से पकड़ लिया था⋯? खून-खच्चर हो गया, पर साले को छोड़ा नहीं। भलभल करके खून बहता रहा, पर हम भी बस लिपट गए साले से।''

''ऐसा सीन धर्मेंद्र की एक फिल्म में भी है। चक्कू को सीधे ही हाथ में दबोच लिया था उसने।'' छुट्टन ने बताया।

''तुम्हारे धर्मेंद्र से बहुत पहले हम कर चुके।''

''आप तो न जाने क्या-क्या कर चुके⋯। धर्मेंद्र को आपसे अभी बहुत-कुछ सीखना है⋯''

''उससे कहना कि जल्दी-जल्दी सीख ले⋯पता नहीं कितने दिन और जिएँ तुम्हारे भैयन मामा⋯''

''ऐसी असगुन बात न कहो मामा⋯धर्मेंद्र को और तुम्हें, कोई नहीं मार सकता,'' छुट्टन ने भावुक होकर कहा।

''जे कैंसर साली ऐसी बीमारी है कि वो धर्मेंद्र का लिहाज भी नहीं करेगी।''

ऐसी बातें⋯और ऐसी ही और ढेर-सी बातें। रात देर तक भैयन मामा बातें करते

रहे। न जाने कहाँ-कहाँ की बातें। न जाने कौन-कौन सी यादें। न जाने कौन-कौन से लोग। अमृतलाल के दिनों की बातें। अपनी जवानी की बातें। रेलवे की नौकरी के किस्से। मामी से अपनी सगाई का वाकया। अपने उन चार बच्चों की बातें, जो बचपन में ही मर गए। चेचक की बात। हैजा के किस्से। कैसे पटापट मर जाते थे तब बच्चे। निपूता रह जाने का कोई गम नहीं क्योंकि छुट्टन, लल्ला, गुच्चन तो उनके ही बेटे हैं—ऐसी भावुक बातें। जीवन में और भी कितना बिना किया रह गया—ये बातें। सन् बयालीस के आंदोलन के किस्से। कैसे गांधीजी को एक बार रेल में देखा। कैसे ट्रेन की पटरी पर लेट गए थे लोग कि गांधी बब्बा को सुने बिना जाने न देंगे रेल। बीड़ी की आदत साले श्रीवास्तव टिकट-चेकर ने डाली। एक पाव रबड़ी खा जाते थे, आधा किलो जलेबी के साथ और ऊपर से एक सेर दूध। बड़े फुग्गे बनाए हमने भी अपने बालों में। तब देवानंद के जलवे थे। तुम्हारे धर्मेंद्र जैसे। फिर सुरैया के किस्से। पहला ग्रामोफोन खरीदने का किस्सा। मामी से झगड़ों की बातें। मामी बेसन के चीले बड़े स्वादिष्ट बनाती हैं। बंगाल के अकाल के किस्से। अपने बचपन के किस्से। अपने ममिहारे के किस्से। तब रेलवई में क्या ठाठ थे। किस्से...अंतहीन किस्से।

छुट्टन सोच रहे थे—मामा किस कदर भावुक होकर बीते दिनों को याद कर रहे हैं। वे ऐसे तो न थे। कहीं यह अंत के पास आने से उपजी भावुकता तो नहीं थी ? पता नहीं।

किस्से देर रात तक चले।

गुच्चन रात बड़ी देर से घर लौटे।

बिब्बो ससुराल से लौट आईं।

पर उससे पूर्व बिब्बो के ससुराल जाने वाले दिन का किस्सा सुन लें।

उनके विवाह का दिन।

सँकरी गली को कनातें बाँधकर छेंक लिया गया था और ऊपर एक तंबू। कुछ रंग-बिरंगे लट्टू। एक मेहराबनुमा कपड़े का दरवाजा। सुस्वागतम लिखा है इस दरवाजे पर। तंबू के नीचे कुछ कुर्सियों का सिलसिला। गली की ऊबड़-खाबड़ सतह पर किसी तरह टिकी कुर्सियाँ। कनातों के ठीक परे तथा सुस्वागतम के आसपास वही नालियाँ, नालियों पर पड़े पटिए, और कीचड़। शादी की सारी रंग-बिरंगी सजावट, बिब्बो के दरवाजे पर, कीचड़ में कमल की भाँति उग आई है। लोग आकर कुर्सियों पर बैठ गए हैं। रात उतर आई। आसपास के मकानों की छतों, छज्जों, खिड़कियों, चौबारों, चबूतरों तथा झरोखों पर एकत्रित हो गई है भीड़। बारात देखने। तमाशा-प्रेम। "के बऊ कबे बजे रमतूला, हमें देखने दूल्हा।" दूल्हा दिख रहा है। बिब्बो की बारात दरवाजे पर आ लगी है। मरियल से घोड़े पर स्वस्थ दूल्हा। टोपीशुदा। घोड़े का पैर गली की उखड़ी सतह पर जम नहीं रहा। घोड़ा मटक रहा है। दूल्हा गिरा तो नाली के

पटिए पर आएगा। घोड़े ने ऐन दरवाजे पर लीद कर दी तो रसिक जनों को मजा आ गया है। दरवाजे पर सिर पर कलश रखे हुए औरतें। पता नहीं क्या गा रही हैं। मंगलगान ही होना चाहिए। लड़के को घोड़े से उतारा जा रहा है। टीके की रस्म। टीके में पूरे पाँच हजार नकद, लड़के का सूट, अँगूठी। थाल में सारा मालमत्ता रखा है। सार्वजनिक प्रदर्शन हेतु। बारातियों से इसरार किया जा रहा है कि वे तंबू के नीचे सजी टीन की कुर्सियों पर बिराजें। पर वे बाराती ही क्या जो मान जाएँ। वे टीके की रस्म-स्थल पर ही जमे हैं और स्त्रियों का सूक्ष्म निरीक्षण तथा मूल्यांकन कर रहे हैं। बिब्बो के बाप की शक्ल ठीक वैसी निकल आई है, जैसी कि इस शुभ दिन पर किसी भी लड़की के बाप की निकल आती है। हें हें करते, घबराते, स्वागत में दाँत निपोरते और इंतजाम करनेवाले घरवालों को दुत्कारते, फटकारते और बारात में शामिल शोहदों-उचक्कों तथा लौंडों तक को अपना बाप मानते। फिर बिब्बो के पिता की एक चिंता छुट्टन को लेकर भी है क्योंकि उनका पूर्ण विश्वास है कि छुट्टन जैसे लफंगे कब क्या कर बैठें, भरोसा करना कठिन है। वे सतर्क हैं। बिब्बो के दो भाई गली में दूर तक चक्कर लगाकर देख आए हैं और गली की धरा को छुट्टनविहीन पाकर संतुष्ट परंतु आशंकित हैं। गली में नहीं हैं, सो संतुष्ट, परंतु आशंकित कि यदि यहाँ नहीं हैं, तो फिर छुट्टन इस समय कहाँ हैं ?

छुट्टन इस समय छदामी के साथ हैं और बाकायदा बिब्बो की शादी के गम को शास्त्रीय रीति से गलत कर रहे हैं। साथ में हैं युवा नेता रज्जन बाबू। तीनों के बीच है देसी दारू की बोतल, एक प्लेट में कटे हुए प्याज और मोटे सेबवाली नमकीन। अलीपुरा की सीमा पर बने एक टपरेनुमा ढाबे के बाहर बिछी खाट पर, बीच में रखे पटिए पर यह सारा ठाठ सजा है। छुट्टन बीच में बैठे हैं, गमगीन चेहरा लिए। वैसे अंदर की बात यह है कि छुट्टन यह पाकर स्वयं ही, स्वयं पर शर्मिंदा हैं कि बिब्बो की शादी से उन्हें कोई विशेष क्या, साधारण झटका तक नहीं लगा है। बल्कि एक कमीने किस्म का संतोष तारी हो रहा है उन पर। कितनी फिल्मों में धर्मेंद्र ने ऐसे मौकों पर बेवफा के नाम पर लानतें भेजनेवाले गीत गाते हुए दुख मनाया है। कितनी बार छुट्टन ने कल्पना की है कि उनका सनम बेवफा निकल गया है और वे धर्मेंद्र की तरह 'मेरे दुश्मन तू मेरी दोस्ती को तड़पे...' से शुरू करके 'तुझ पर बहार न आए कभी' तक गा-गाकर आसमान सिर पर उठा रहे हैं। परंतु आज, जब उनकी जैसी भी थी वैसी प्रेमिका, यूँ शादी करके उन्हें अकेला छोड़कर जा रही थी तो उनका दिल कमीनेपन पर उतर आया था। दिल तड़पने के स्थान पर हमेशा की भाँति मजे से बैठा हुआ था। छुट्टन ने बहुत चाहा कि वे उस विशिष्ट किस्म के दर्द को महसूस करें जो ऐसे अवसरों पर प्रेमियों के मन में उठता बताया जाता है, पर वे कर ही न सके जबकि उनसे ऐसी आशा भी की जा रही थी। छदामी को संदेह था कि कहीं छुट्टन दुखी होकर कुछ उल्टा-सीधा न कर बैठें, जैसा आमतौर पर प्रेमीगण ऐसे अवसरों पर करते बताए गए हैं। इसी चिंता में वे रज्जन बाबू के पास गए थे और दोनों ने तय किया

था कि ऐसे मौके पर छुट्टन को अकेला छोड़ना ठीक नहीं होगा। सो वे लोग छुट्टन के पास गए थे और उनको लेकर यहाँ आ गए थे।

जब वे बिब्बो की गली से निकलकर आए थे, तब वहाँ तंबू वगैरह लग गए थे और शादी की तैयारियोंवाला माहौल था। फिर वे यहाँ आ गए। फिर धीरे-धीरे रात उतरी और रात के साथ-साथ शराब घूँट-घूँट गले से नीचे उतरी। फिर रात चढ़ी और शराब भी सिर पर चढ़कर बोलने लगी।

इस समय छुट्टन चुप हैं। शराब पीकर वे प्रायः चुप हो जाया करते हैं। अलबत्ता, छदामी पर शराब दूसरी तरह से असर करती है। वे न केवल वाचाल हो जाते हैं वरन जीवन को एक फिलॉसफर की निगाह से देखनेवाले उपदेशक के रोल में आ जाते हैं तथा जो भी समस्या उस समय सामने हो, उसे पकड़कर जबरन सुलझाने लगते हैं। छुट्टन दारू पीकर चुप हैं, जिसे छदामी बिब्बो की शादी से जोड़कर देख रहे हैं, और समस्या के विश्लेषण पर उन्होंने पाया है कि छुट्टन को सलाह, सांत्वना तथा उपदेश की सख्त आवश्यकता है—वे शुरू हो गए। जहाँ तक रज्जन का ताल्लुक था, वे तो युवा नेता ही थे और बिना शराब पिए भी बकवास करने के आदी थे। सो शराब के बाद तो वे करते ही। वही वे कर भी रहे थे। छदामी तथा रज्जन ने छुट्टन को समझाना शुरू किया—

''जात से बाहर 'लभ करने में यही होता है,'' छदामी ने कहा। सभी ने चुपचाप सुन लिया। दूसरों की चुप्पी से छदामी उत्साहित होकर इसी थ्योरी को लेकर आगे बढ़े, ''ऐसे में आप 'लभ-मैरिज' नहीं कर सकते क्योंकि स्साले जात-बिरादरीवाले रोने लगते हैं।''

''यार लड़कियाँ वैसे भी मिलती कहाँ हैं जात-पाँत देखके लभ करने लगें, तो फिर आदमी जात पकड़कर ही बैठा रह जाए,'' रज्जन ने जाति-प्रथा को प्यार से जोड़ने के विषय में अपनी आपत्ति दर्ज की।

छुट्टन चुपचाप गिलास में भरी नारंगी के घूँट लेते रहे।

''स्साली न जाने कहाँ की उतारी दारू है नशा ही नहीं हो रहा,'' छदामी ने नशे में झूमते हुए कहा और फिर उसी मुद्दे पर पुनः लौटे, ''ऐसा नहीं है अपनी जात में मिल जाती हैं, थोड़ा हाथ-पाँव फेंको तो मिल जाती हैं।''

''हाथ-पाँव फेंकबे की अच्छी कही तुमने,'' रज्जन ने मजाक-सा उड़ाते हुए कहा।

''इसमें हँसबे की कौन-सी बात है नेताजी,'' छदामी बुरा मान चले।

''जेई हाथ-पाँव फेंकबे की बात हम ऐसा सोच रहे थे कि यह तरीका भी छदामी ने सही बताया है कि जहाँ सजातीय लड़की देखो, तो हाथ-पाँव फेंकने लगो। बल्कि हम तो कहते हैं कि हमेशा ही फेंकते रहो। जब वो निकलेगी, पकड़ में आ जाएगी। क्यों भैया छुट्टन तुम्हारा क्या ख्याल है ?'' रज्जन ने खाट पर बैठे-बैठे ही हाथ-पाँव फेंककर बताए और खुलकर हँसने लगे।

छुट्टन चुप ही रहे।

चुप रहकर वे दोनों मित्रों को यह संदेश दे रहे थे कि उन्हें बिब्बो की याद सता रही है और इस समय ऐसी बकवास-बहस में शामिल होने जैसा बचकाना कार्य उनके टूटे दिल के लिए उचित नहीं होगा। वैसे, बहस का मुद्दा विचारोत्तेजक था। पर छुट्टन चुप ही रहे।

छदामी अलबत्ता और नाराज हो गए। दारू ने वैसे भी उनके दिमाग को झिंझोड़कर रख दिया था, ''रज्जन बाबू हाथ-पाँव इतें न फेंको। गिलास गिर जाएगा तो दारू का नुकसान हो जाएगा। हम जो कहते हैं, वह समझिए। सारे लौंडे यदि जाति के बाहर ही लभ करेंगे तो सजातीय लड़कियाँ कहाँ जाएँगी?'' छदामी ने अपनी तौर पर बड़ा महत्त्वपूर्ण मुद्दा उठाया।

''यह भी सच्ची कही आपने…,'' रज्जन ने कहा। पर आगे इस सच्ची बात का तोड़ बताते हुए रज्जन बोले, ''उनसे दूसरी जाति वाले लभ करेंगे।''

''हम उनकी टाँगें तोड़ देंगे,'' छदामी ने लहराकर कहा।

''यह खूब कही। आप उनकी लड़कियों से भी लभ कर सकते हैं, पर बे करें तो आप रो रहे हैं?''

''ऐसा ही समझो। जो सच्ची बात है, उसे कहबे में क्यों डरें।''

थोड़ी देर तक चुप रहकर रज्जन ने कहा, ''आज छदामी सच्ची कहने पर उतारू हैं…''

''हमने हमेशा सच्ची बात करी है पूछ लो आप छुट्टन से, कि हमने इन्हें बिब्बो के मामले में चेताया था कि नहीं, कि भैया तुम इत्ते बड़े बाँभन परिवार के हो कोई बाँभनी पकड़ लो, पर जे माने ही नहीं…''

''प्यार न देखे जात-कुजात…,'' रज्जन ने अपनी तौर पर मुहावरा बोला।

''फिर भी…,'' छदामी ने कुछ कहना चाहा।

''फिर भी क्या, यार…? तुमने वो मुगले-आज़म वाला गाना नहीं सुना? क्या कहती है मधुबाला कि प्यार किया तो डरना क्या… । जाति वालों से डरकर…''

''बिरादरीवालों से डरना ही पड़ेगा भैया…रहना बिरादरी में है तो…''

''दस बिरादरीवाले नाक रगड़ेंगे छुट्टन की चौखट पर…इंटर पास कर गए हैं और मास्टर बननेवाले हैं। लाइन लग जाएगी लड़कीवालों की।''

''लाइन तो खैर लग ही रही है…''

''फिर क्या करना…जब तब बिब्बो ने साथ निभाया, ठीक किया…''

''सो तो है… वैसे बिब्बो अच्छी लड़की हतीं… ।'' छदामी ने माना और मानो रहस्य-सा खोलते हुए आगे यह भी जोड़ा, ''बिब्बो हमारे छुट्टन से वैसा ही लभ करती थीं जैसा फिल्म 'जुगनू' में हेमामालिनी धर्मेंद्र से करती है…''

''क्यों ठीक कह रहे हैं न हम…?''

छदामी ने पूछा। पर छुट्टन चुप ही रहे। चुप रहते हुए ही वे खटिया पर लेट से गए। एक ट्रक रुका। उसके ड्राइवर-क्लीनर आदि आकर पासवाली खटिया पर जम

गए। साथ में ट्रांजिस्टर लिए। तेज आवाज में बजता हुआ। मोहम्मद रफी की यह हिदायत, कि 'कह दो, कोई भी करे न यहाँ प्यार···' वातावरण को दबोचकर उसकी गरदन पर सवार हो गई।

थोड़ी देर तक यह गाना। फिर कोई और। फिर एक और। सारे गानों में वफा, दिल, बेवफा, चाँदनी, मिलन, चुंबन आदि की कॉकटेल।

''यार, ये चूतियाई बंद करो···,'' छदामी ने ट्रक-ड्राइवर को ट्रांजिस्टर बंद करने को कहा।

ड्राइवर पीछे से दारू पीकर ही चला था और यहाँ फिर बोतल खोलकर बैठ गया था। गाने पर झूमते और दारू की गमक में मग्न उसने पहले तो सुना नहीं। फिर सुना भी तो परवाह नहीं की

''हमने कहा कि आप ये डब्बा बंद कर दें···,'' छदामी खटिया से लड़खड़ाकर उठे और ड्राइवर के पास जाकर धमकाने की मुद्रा में खड़े हो गए।

''यह बंद नहीं होगा···,'' ड्राइवर ने छदामी को मात्र सूचना-सी देते हुए बताया।

''बंद तो खैर आपके बाप भी करेंगे···,'' तब रज्जन भी खटिया से उठकर वहाँ पहुँच गए।

''बाप तक मत जाओ, नेताजी···,'' रज्जन की खादी की ड्रेस को देखकर ड्राइवर ने कहा, ''बाप तक पहुँचनेवाले की हम माँ···''

इसके आगे वही सब हुआ जो वार्ता में ऐसा मोड़ आ जाने पर हुआ करता है।

लात-घूँसों, गाली-गलौज तथा 'लगे-लगे-लगे' जो शुरू हुई तो थोड़ी ही देर में अँधेरी रात में भी न जाने कहाँ-कहाँ से लोग आकर श्रमदान में भाग लेने लग गए। रज्जन बाबू को कौन नहीं जानता था ? सभी ने उनको माँ की गाली देनेवाले की माँ के विषय में अपने पवित्र विचार प्रकट करते हुए ड्राइवर तथा क्लीनर की ठुकाई की।

ड्राइवर ने, जो खूब पिटकर पूरे होश में आ गया था, हाथ जोड़कर रज्जन बाबू से क्षमा माँगते हुए कहा, ''माफ करना नेताजी··· दारू के नशे में पहचान नहीं पाए आपको···हमारी बेवकूफी थी···। वैसे भी, हम कभी खद्दर पहननेवालों से नहीं उलझते साहब···''

रज्जन ने उदारतापूर्वक उन्हें क्षमा कर दिया और कहा, ''हमारा भी मतलब यह नहीं था। अब ये गाँववाले तो होते हैं साले उजड्ड···बिना दो थप्पड़ लगाए ये सीधे से बात भी नहीं कर सकते···। आप बैठकर दारू छानिए···हम निकलते हैं।''

महफिल का मूड उखड़ गया था।

ट्रकवाला उधर निकला, इधर ये तीनों निकल आए।

तीनों जन जब वापस लौटे, तब आधी रात के बाद का प्रहर चल रहा था। अँधेरी गलियों के जाल में बिना भटके या उलझे हुए ही, वे अभ्यासवश तेजी से चलते चले गए। दारू के नशे में बहके कदम। रास्ते में दो-तीन कुत्तों को भौंकने की एवज में लातें मारते तथा चुपचाप कुत्तों को पत्थर मारकर जागृत करते हुए, तेज-तेज आवाज में

'हमारी गली आ जाना' वाला नौटंकी का प्रसिद्ध चौवाला गाते हुए वे अंततः बिब्बो की गली के मुहाने पर आकर ठिठके और रुक गए। तंबू अब लगभग खाली था। कुर्सियों पर मात्र दो वयोवृद्ध किस्म के लोग ऊँघते हुए बैठे थे। लाल-पीली बत्तियाँ जल रही थीं। एक बड़ा-सा हंडेनुमा लट्टू इन बुजुर्गों के ठीक सिर पर चमक रहा था। बिब्बो के घर के अंदर से चहल-पहल के स्वर। शायद अंदर आँगन में कुछ रस्में चल रही थीं।

तीनों ने धीमे-धीमे गली में घुसते हुए बिब्बो के घर को पार किया।

"भाँवरें पड़ रही हैं।" छदामी ने बताया।

गली में आगे निकलते हुए छुट्टन ने इतनी चुप्पी के बाद पहली बार कहा, "शादी हो रही है, तो भाँवरें भी पड़ेंगी।"

"और वह सब भी होगा, जो शादी के बाद होता है...," रज्जन बाबू मौज में आकर बोले।

"वो हमारे हल्के राजा शादी के पहले ही कर चुके...," छदामी ने गर्व से बताया।

छुट्टन ने चुप रहकर छदामी की बात की तसदीक-सी की।

दो कदम चलकर छदामी रुक गए।

उन्हें देखकर सभी रुक गए।

"क्या हो गया...?" रज्जन ने छदामी को गली में नीचे की तरफ झुकते हुए देखकर पूछा।

छदामी झुककर उठे, तो उनके हाथ में एक नुकीला पत्थर था।

"तुम देखो राजा, इन स्सालों के वयोवृद्ध की माँ की...," लट्टू की तरफ पत्थर सन्नाकर छदामी बोले। लट्टू तेज विस्फोट के साथ फूटा और बुजुर्ग चीखकर कुर्सी से नीचे गिर पड़े। अंदर से लोग भागे-भागे बाहर आए। तंबू में अफरा-तफरी मच गई। 'कौन है, कौन है' चिल्लाते हुए कुछ लोग गली में थोड़ी दूर तक आए भी।

छदामी ने एक और पत्थर फेंककर मारा, जो कनात से टकराता हुआ टीन की कुर्सी पर लगा। धाँय की तेज आवाज हुई। एक बुजुर्ग, जो पहले ही गिर चुके थे और अब उठने के उपक्रम में थे, इस तेज आवाज से घबराकर फिर गिर पड़े।

तीनों मित्र हँसते हुए भाग निकले।

फिर बिब्बो की विदाई के दिन ही गौना भी कराके जो वे लोग बिब्बो को लेके गए, तो पूरे छः माह बाद अब बिब्बो ससुराल से लौटी थीं।

इन छः महीनों में छुट्टन भूल ही चुके थे कि बिब्बो नाम की कोई कन्या भी कभी उनके जीवन में हुआ करती थी। वे उसे इतनी आसानी से भूल गए कि कभी-कभी (छदामी से बातचीत के दौरान) बिब्बो का जिक्र आ जाने पर वे इस बात पर शर्मिंदगी महसूस किया करते थे। प्यार के मामले में वे इस कदर बेरहम, बेशरम तथा प्रैक्टिकल-किस्म के इंसान निकलेंगे, यह वास्तव में वे स्वयं भी नहीं जानते थे। बिब्बो

का नाम उनके मन से मानो किसी ने डस्टर से पोंछ दिया था—ऐसा कुछ हुआ था।

फिर बिब्बो एक दिन ससुराल से वापस आ गईं।

छुट्टन को पता चला। उम्मीद यह की जाती थी कि वे बिब्बो से मिलने की कोशिश करेंगे। उन्होंने ऐसा कुछ भी नहीं किया।

बिब्बो की गली से वे दो दिन में चार बार निकल भी गए, परंतु उनका दिल धड़का हो या उन्होंने बिब्बो को देखने के यत्न में गर्दन टेढ़ी की हो या खिड़की से अंदर झाँका हो—ऐसा कुछ नहीं हुआ।

फिर एक दिन उनकी मुलाकात बिब्बो से अपने आप ही हो गई।

बिब्बो बाजार में मिलीं।

हलवाई की दुकान से कचौड़ियाँ खरीद रही थीं वे। उनके साथ एक लड़की और थी। बिब्बो मोटी हो गई थीं। उनका मुँह अजीब सूजा-सूजा-सा निकल आया था। गर्दन भर गई थी और कंधों के ऊपर चर्बी कुछ इस प्रकार चढ़ गई थी कि गर्दन से कंधे के बीच का इलाका ठसाठस-सा हो गया था। उनका चेहरा चर्बी से तन-सा गया था और इस कारण एक स्थायी किस्म की निश्छल तथा बेवकूफों जैसी मुस्कान उनके चेहरे पर उसी प्रकार बिछ गई थी जैसी खूब खाए-पिए संत-महात्माओं के फूले चेहरों पर रही आती है। आँखें इसी कारण मिचमिची-सी हो गई थीं और चलने पर साँस भी फूल रही थी। बिब्बो कुछ ऐसी गोलमटोल हो गई थीं कि एकबारगी तो छुट्टन भी पहचान नहीं पाए। छुट्टन बाजार से निकल ही रहे थे, कि एक मुटल्ली-सी औरत ने उनका रास्ता छेंककर पूछा, "हमें पहचाना भी नहीं ?"

बिब्बो मुसकुराती हुईं सामने खड़ी थीं।

छुट्टन ने उन्हें देखा और देखते ही रह गए। कैसी मूर्खतापूर्ण मुसकान। लगभग वीभत्स-सी। कितनी मुटा गई हैं बिब्बो ? देखते ही आप बता सकते हैं कि यह ईसपगोल खाती होंगी, हिंग्वास्टिक चूरन के बिना नित्य-कर्मों से निवृत्त नहीं हो पाती होंगी और खट्टी डकारें लेती होंगी। छुट्टन को आश्चर्य हुआ कि क्या वे इसी बिब्बो को प्यार करते थे ? कितने चूतिया थे वे। अभी तो किसी को वे बताएँ कि कभी इस लड़की से वे प्यार करते थे, तो वह आदमी उन्हें एक झापड़ लगा दे कि स्साले, चूतिया बनाते हो हमें क्योंकि ऐसी लड़की से कोई क्या प्यार करेगा ? उन्हें स्वयं पर तरस आया और शर्म भी। और बिब्बो पर भी।

बिब्बो ने उन्हें चुप तथा आश्चर्यचकित-सा देखकर पूछा, "अरे हमें नहीं पहचाने भाईसाहब...?"

छुट्टन समझ गए। साथ में कोई रिश्तेदार लड़की है, सो 'भाईसाहब' कहकर संबोधित किया जा रहा है। उन्हें बुरा लगना चाहिए था कि उनकी पूर्व प्रेमिका उन्हें 'भाई' बनाए दे रही थी। परंतु उन्हें बिब्बो का भाईसाहब कहना बड़ा अच्छा लगा। उन्हें लगा मानो बिब्बो ने उन्हें अपना प्रेमी होने के आरोप से बरी कर दिया हो।

छुट्टन का मन हुआ कि कह दें, कि एक बार हो सकता है कि बिब्बो को वे कभी

शक्ल से न भी पहचान पाएँ, परंतु इतनी कचौड़ियाँ एक साथ लिए लड़की को पहचानने में वे भला कैसे भूल कर सकते थे ? कचौड़ी, दही-बड़े, गुलाब-जामुन तथा इसी तरह के, दोने में रखकर जो खाए जाते हैं, वे सारे भक्ष्य पदार्थ, उन्होंने बिब्बो के हाथों में इतनी बार देखे थे कि अब मात्र हाथ में दोना देखकर ही वे बिब्बो को पहचान सकते थे।

"कब आईं आप ससुराल से...?" छुट्टन ने निहायत औपचारिक होते हुए पूछा।

रिश्तेदार लड़की उन्हें अजीब ढंग से घूर रही थी।

"आपको तो फुरसत ही नहीं है...तीन दिन हो गए हमें अलीपुरा आए...," बिब्बो ने लिड़ियाकर, संपूर्ण नखरों को एक साथ प्रयोग करते हुए कहा।

पता नहीं कि आपने कभी किसी गोलमटोल-सी, फूली-फूली, सूजी-सूजी, चर्बीशुदा लड़की को नखरे दिखाते हुए देखा है या नहीं—पर निश्चित बात यह है कि ऐसे दृश्य को झेल पाने के लिए आदमी में गजब का धैर्य, आत्मबल तथा आत्मसंयम चाहिए। सामान्य गिजावाला आदमी टूट सकता है, चिड़चिड़ा सकता है तथा लड़की को धक्का-वक्का भी मार सकता है। छुट्टन में धैर्य तो था ही, और फिर वे अपना ज्यादा ध्यान बिब्बो की घातक अदाओं पर न लगाकर उनकी रिश्तेदार लड़की पर केंद्रित किए हुए थे—सो वे बिब्बो के इस लिड़ियाने को झेल गए।

"नहीं, ऐसा तो नहीं, बस...पता ही नहीं चला कि आप ससुराल से आ गई हैं।" छुट्टन बेहद सतर्कता से शब्द चुन रहे थे। वे साथवाली लड़की को प्रभावित करने का पूरा प्रयास कर रहे थे।

"झूठ बोलने की आदत गई नहीं...।" बिब्बो ने खिलखिलाकर कहा। साथवाली लड़की भी खिलखिला पड़ी।

बाजार की सड़क पर मानो फूल झरने लगे।

"बहुत-सी आदतें कभी नहीं जातीं...।" छुट्टन ने शरारतपूर्वक कहा और अर्थपूर्ण भंगिमा से लड़की को देखा।

"जाइए...हम आपसे नाराज हैं..." बिब्बो को शायद गलतफहमी थी कि वे अभी भी वैसी ही कमसिन, नादान तथा बाली उमरियावाली बिब्बो हैं, जिन पर छुट्टन अभी भी जान छिड़केंगे। छुट्टन को उन पर तरस आने लगा। उन्होंने तय किया कि बिब्बो को याद दिलाया जाए कि न केवल वे अब शादीशुदा हैं, बल्कि दसों दिशाओं में एक साथ तेजी से उनकी चर्बी की फौजें बढ़ती हुई इसी बात का डंका भी पीट रही हैं।

"और...जीजाजी कैसे हैं ?" छुट्टन ने पूछा।

बिब्बो एकबारगी तो समझ ही नहीं सकीं कि किस व्यक्ति के विषय में पूछा जा रहा है।

"कौन...?" बिब्बो ने पूछा।

छुट्टन को पुनः अपने-आप पर गुस्सा तथा तरस आया कि वे ऐसी मंदबुद्धि लड़की से कभी प्यार करते थे। फिर उन्हें यह भी लगा कि मान लो कि इस साथवाली

लड़की को अभी पता चल जाए कि यह शख्स मेरी इस मुटल्ली तथा बेवकूफ फुफिया, चचेरी या ममेरी बहन से कभी प्यार करता था, तो उनका क्या असर पड़ेगा इस पर ? इस कत्थई पैंट व चेकदार शर्ट का सारा मायावी प्रभाव, जो छुट्टन के हिसाब से उनके भव्य व्यक्तित्व के साथ जुड़कर द्विगुणित मारकता के साथ लड़की पर असर डाल रहा था—सब मटियामेट हो जाएगा।

"अब तुम हमारे जीजाजी को भी भूल गईं ? भई तुम इनको याद दिलाओ⋯"

छुट्टन ने लड़की से सीधे संवाद स्थापित करने के इस अवसर का पूरा लाभ उठाते हुए कहा।

लड़की उन लड़कियों में से थी, जो हर बात का जवाब खिलखिलाकर दिया करती हैं और इसी को अपनी अदा समझती हैं। छुट्टन की इस बात का जवाब भी उसने खिलखिलाकर दिया। वास्तव में वह हँसी से दोहरी हो गई।

तब तक बिब्बो भी बात के मर्म तक उतर गईं और स्वयं भी खिलखिलाने लगीं।

"अच्छा⋯आप उनकी पूछ रहे हो⋯?" उन्होंने हँसते हुए कहा, "बे तो दतिया में ही रह गए हैं।⋯पर आप उनकी क्यों पूछ रहे हैं ?"

"हम उनकी नहीं पूछ सकते क्या⋯?" छुट्टन ने शरारतपूर्वक कहा।

फिर खिलखिलाहट (तात्पर्य लड़की की खिलखिलाहट से है।)

"हमारे जीजाजी हैं बे⋯," छुट्टन ने बताया।

फिर खिलखिलाहट।

छुट्टन का सारा ध्यान लड़की पर केंद्रित था। वे जो भी कह रहे थे वह इसी दिशा में संबोधित था। उन्हें लगा कि लड़की समझदार है और उनके पापी मंतव्य को समझ रही है।

फिर कुछ और ऐसी ही ऊटपटाँग बातें।

कुछ और हें हें, ठें ठें, खिलखिलाहटें।

अंत में बिब्बो ने कहा कि भाईसाहब, घर जरूर आइएगा।

छुट्टन ने कहा कि जरूर आएँगे।

लड़की ने भी कहा कि आप आइएगा। "हम आपको हलुआ खिलाएँगे।"

"हलुए के तो हम ऐसे विकट शौकीन हैं कि प्रतीक्षा करना भी कठिन होगा सो कल ही हलुआ खाने पहुँच रहे हैं।" छुट्टन ने कहा।

बिब्बो 'नमस्ते भाईसाहब' कहके चल पड़ीं।

छुट्टन ने गौर किया कि वे पृष्ठभाग की तरफ से और भी खतरनाक लग रही थीं। उन्हें अपने ऊपर पुनः शर्म आई, जो तब तक भी जारी रही, जब तक वे छदामी की दुकान पर नहीं पहुँचे।

शायद यह उस शर्म का ही परिणाम था कि उन्होंने बिब्बो से इस मुलाकात का जिक्र भी छदामी से नहीं किया।

गोधूलि का समय।

गोधूलि के समय अलीपुरा उदास, थका-थका तथा चिड़चिड़ा नजर आ रहा है। शाम का सूरज आत्महत्या कर रहा है। उसने अपने हाथ की नस काट दी है। पर यह क्या हुआ है कि लाल के स्थान पर पीला खून क्षितिज तथा अलीपुरा पर फैल गया है ? पक्षी नीड़ की तरफ लौट रहे हैं और खासे पिटे हुए ढंग से, पंखों को बस इस हद तक ही चला रहे हैं कि उड़ते रह सकें। अलीपुरा में हरदम उड़ती धूल कुछ ज्यादा ही उड़ रही है और दूर क्षितिज तक धूल के पर्दे ने सबकुछ ढक लिया है। सब स्साला भदरंग नजर आ रहा है। पेड़ तक अलाली पर उतर आए हैं और बिना हिले-डुले चुपचाप अलसाए खड़े हैं। गली में नीचे काँय-काँय मची है। शायद बच्चों ने, नाली में मल-विसर्जन की अपनी रूटीन क्रिया के दौरान सुअरों की टोली को अपनी तरफ आते देख लिया है और वे एकजुट होकर 'हो हो हो हो' का हल्ला मचाकर उन्हें भगाने का समवेत प्रयास कर रहे हैं। गाएँ-भैंसें घास चरकर वापस घर लौट रही हैं और ऐसी मरी-मरी लग रही हैं कि मानो आज चराई में कुछ भी हासिल न हुआ हो। चरवाहे गायों से भी मरियल लग रहे हैं···

रम्मू छत की मुँडेर से गोधूलि का जायजा ले रहे थे।

गोधूलि को जैसे उदास तथा निराश दृष्टिकोण से वे देख रहे थे, यह उपरोक्त विवरण से स्पष्ट है ही। जाहिर है कि रम्मू उदास थे।

रम्मू उदास थे, निराश थे और शायद थोड़े-थोड़े भयभीत भी।

कारण ?

कारण छोटा-सा था। थोड़ी देर पहले ही सामने की छत पर बिन्नू थीं, जिनको वे एक बार पहले पत्र देने की गलती कर चुके थे। वह तो भला हो बिन्नू का कि उन्होंने वह पत्र फाड़ दिया था। अब वे पत्र-वत्र देने की बेवकूफी नहीं करने वाले थे। रम्मू अब फूहड़ तथा अश्लील इशारों के जरिए बिन्नू को फुसलाने पर उतारू थे। बिन्नू ने उनको देखा, तो रम्मू ने आँख मार दी। पता नहीं कि दूर से बिन्नू ने उनके आँख मारने की कातिल अदा पर गौर किया भी या नहीं, परंतु बिन्नू सिर झुकाकर गेहूँ बीनने में लगी रहीं तो उनके इस सिर झुकाने को रम्मू ने बिन्नू की प्रोत्साहन नीति का अंग माना। वे उत्साहित हो गए। वे बिन्नू को ताकते रहे। बिन्नू ने जब काफी देर तक सिर उठाकर उन्हें नहीं देखा, तो अधीर होकर उन्होंने अगला कदम उठाया अर्थात अपने तिकोने मुँह के नीचेवाले कोण के पास बने होंठों को गोल करके एक सीटी मार दी कि 'पलट मेरी जान कि तेरा ध्यान किधर है।' सीटी की आवाज सुनकर बिन्नू चौंकीं और चौंककर उन्होंने नजरें सीटी की आवाज के उद्‌गम की तरफ उठाई जहाँ, अब गोल होंठों के स्थान पर बेशर्मी से फैले होंठ थे।

भद्‌दी तथा भ्रष्ट मुसकान के साथ रम्मू ने दो उँगलियों को मिलाकर एक गोला बनाया, जिसमें वे दूसरे हाथ की सीधी उँगली को अंदर-बाहर घुमाने-निकालने लगे—इस प्रकार वे बिन्नू के समक्ष मैथुन से जुड़ी निहायत अंतरंग स्थिति को सार्वजनिक तौर पर प्रदर्शित करने लगे। सारा दृश्य, जो रम्मू के गणित के हिसाब से

बेहद उत्तेजक तथा मारक बन पड़ा था, वास्तव में वीभत्स तथा उबकाई लाने वाला था। बिन्नू ने गेहूँ का टीन उठाया, मुँडेर तक आईं, रम्मू की तरफ देखते हुए नीचे गली में थूका और तेजी से सीढ़ियों से नीचे उतर गईं। रम्मू की उदासी तथा निराशा के पीछे उनकी ऐसी मारक अदा पर बिन्नू द्वारा व्यक्त की गई ऐसी ठंडी प्रतिक्रिया थी। और रम्मू के भय के पीछे भी वही ठंडी प्रतिक्रिया थी। और, रम्मू के भय के पीछे उसी ठंडी प्रतिक्रिया में निहित वह गर्मी थी, जो बिन्नू के चेहरे के भावों तथा उनके द्वारा 'थू' की आवाज के साथ थूकने से जाहिर हुई थी। रम्मू ने मन को समझाया भी कि मुँह में कुछ कड़वा-सा लगे तो आदमी थूकता ही है और बिन्नू ने भी यूँ ही थूका होगा, परंतु वे स्वयं को इस बाबत नहीं समझा पा रहे थे कि बिन्नू के चेहरे पर जो वितृष्णा, घृणा, क्रोध तथा 'अच्छा, बेट्टा अभी तुझे देखती हूँ' के भाव उन्होंने देखे थे, उन्हें वे किस खाते में डालें ?

इन्हीं मनोभावों में डूबे रम्मू को गोधूलि में सना अलीपुरा वैसा उदास तथा लगभग कमीना लग रहा था, जैसाकि हमने शुरू में बताया।

रम्मू थोड़ी देर तक इसी ऊहापोह में डूबते-उतराते रहे कि बिन्नू के इस व्यवहार से वे क्या समझें ?

सूरज लगभग डूब ही गया और मकानों, पेड़ों, खंभों तथा अन्य ऐसी ही चीजों की आकृतियाँ धुँधलाने लगीं। फिर भी, क्षितिज पर हलका प्रकाश और पीलापन अभी भी था कि तभी सीढ़ियों पर शोर-शराबा सुनकर रम्मू चौंके।

सीढ़ियों पर पदचापें और जोर-जोर से बोलने की ध्वनियाँ।

रम्मू उत्साहपूर्वक सीढ़ी की तरफ बढ़े और फिर कुछ देखकर घबराकर तेजी से वापस लौटे। सीढ़ी पर बिन्नू की माँ यानी अम्माँ थीं। उनके हाथ में कपड़े धोने की मुँगरिया थी। वे किसी को कमीना, कुत्ता, नंगा, नासमिटा बताते हुए ऊपर चढ़ रही थीं और क्रोध में बता रही थीं कि इसी मुँगरिया से उस हरामी के दाँत तथा हड्डियाँ न तोड़ी, तो वे भी असली बाँभन की बेटी नहीं। उनके ठीक पीछे रम्मू की माँ लगभग गिड़गिड़ाती-सी तथा रम्मू की पत्नी घबराई-सी सीढ़ियाँ चढ़ रही थीं। वे अम्माँ को रोकने का असफल प्रयास कर रही थीं।

रम्मू पलक झपकते ही समझ गए कि अम्माँ किस नंगे की ठुकाई के इरादे से उनकी छत पर आ रही थीं बिन्नू ने जिज्जी को बताकर अच्छा नहीं किया—यह शिकायत रम्मू अब किससे करते ?

रम्मू जब तक भागकर छत पर बने कमरे में छुपने की बात सोच पाएँ, तब तक तो अम्माँ छत पर उनके ऐन सामने पहुँच गईं।

वे साक्षात रणचंडी लग रही थीं।

जब मुँगरिया का पहला वार रम्मू की पीठ पर पड़ा, तब वे अम्माँ के पैरों में गिरकर क्षमा माँगने के इरादे से झुक रहे थे। इस वार से, वे बिना प्रयत्न के ही उनके चरणों में मुँह के बल आ गिरे।

रम्मू की हरकत की प्रतिक्रिया परिवार में विभिन्न स्तरों पर विभिन्न तरह से हुई। रम्मू को पीटकर अम्माँ घर वापस आईं तो गुच्चन के साथ बैठकर उन्होंने तय कर लिया कि जिस दोज्या लड़के का रिश्ता भैयन लेकर आए थे, वहीं बिन्नू का रिश्ता न केवल तय कर दिया जाए वरन् अगले माह ही शादी भी कर डाली जाए।

गुच्चन ने मात्र 'हरिओम' कहा और समाज में बढ़ते जा रहे अनाचार, व्यभिचार तथा अपसंस्कृति के खतरों पर चिंता प्रकट करते हुए यही कहा कि रम्मू को उन्होंने हमेशा अपने छोटे भाई के समान माना था और यदि वही ऐसा करता है, तो आदमी दुनिया में किस पर भरोसा करेगा ?

''ऐसे मौके पर धर्मेंद्र क्या करता ?'' यह अहम प्रश्न छुट्टन के मन में उठा।

छुट्टन ने बहुत सोचा, परंतु उन्हें धर्मेंद्र की ऐसी कोई फिल्म याद नहीं आई, जिसमें उसकी बहन को इस तरह छेड़ा गया हो। धर्मेंद्र की सारी फिल्में छुट्टन ने कई-कई बार देखी हुई थीं। ऐसा नहीं था कि उन फिल्मों में धर्मेंद्र की बहनें न रहीं हों। कई फिल्मों में धर्मेंद्र की बहन भी थी। पर वह बहन रक्षाबंधन का गाना गाने, बीमार माँ को खाँसी का काढ़ा पिलाने तथा अंतिम रीलों में कभी-कभी गुंडों द्वारा अगवा किए जाने के दौरान 'भैया-भैया' चिल्लाने के अलावा और कुछ करती नहीं देखी गई थी। अपहरण करना, जीप में डालकर ले भागना, खंभे से बाँधकर रखना आदि स्थितियों में तो कर्त्तव्य स्पष्ट था कि धर्मेंद्र की तरह दरवाजा तोड़ते हुए जीप अंदर ले जाओ और मार-मारकर गुंडों तथा उनके अड्डे का भुरकस बना दो। परंतु रम्मू ने जैसा किया, वैसे में क्या करना तथा क्या नहीं करना, यह बात छुट्टन सोच नहीं पा रहे थे। जीप या घोड़े के पीछे रम्मू को बाँधकर घसीटने से बात बन सकती थी, परंतु उसके लिए जीप या घोड़े की दरकार होती, जो फिलवक्त छुट्टन के पास नहीं थे। वे साइकिल में बाँधकर भी रम्मू को घसीट सकते थे, परंतु छदामी की साइकिल हमेशा की भाँति पंक्चर पड़ी थी और वैसे भी, डबल-सवारी साइकिल चलाने में उनकी साँस फूल जाती थी।

धर्मेंद्र की तरफ से कोई विशेष प्रेरणा तथा सहायता मिलती न पाकर अंततः छुट्टन ने अपने दूसरे प्रेरणा-स्रोत अर्थात छदामी की सलाह ली। तय पाया गया कि रम्मू जब देर रात गए दुकान से लौटते हैं, तब अंबेवाली गली में मंदिर के पास से निकलते हुए रम्मू को पकड़कर कूटा जाए। इसमें फायदा यह भी था कि पीट-पाटकर रम्मू को मंदिर की देवी के सामने नाक रगड़वाकर माफी भी मँगवाई जा सकती थी, जैसीकि धर्मेंद्र ने मदनपुरी से मँगवाई थी।

लल्ला की प्रतिक्रिया बड़ी सरल तथा यदि-किंतु-परंतु आदि से परे थी।

लल्ला को यह तय करने में बहुत परेशान नहीं होना पड़ा कि ऐसी स्थिति में उनका क्या कर्त्तव्य बनता है? आपकी बहन के साथ कोई छेड़छाड़ करे और यदि आप हिजड़े नहीं हैं, आपने अपनी माँ का दूध पिया है, यदि आप असली बाप की पेशाब की पैदाइश हैं, चूड़ियाँ नहीं पहनते हैं, उलटे लेटकर वह सब काम नहीं कराते हैं जो उल्टा

लेटकर करवाया जाता है और यदि आपका खून पानी या पेशाब नहीं बन गया है, तो आप वही करेंगे, जो एक भाई को ऐसे मौके पर करना चाहिए। लल्ला को अपना कर्त्तव्य तय करने में सोचना नहीं पड़ा।

लल्ला ने तय किया कि वे रम्मू का मर्डर करेंगे।

मर्डर के अलावा और उपाय ही क्या था ?

लल्ला ने अपना यह इरादा ऐलानिया घरवालों पर जाहिर कर दिया।

घरवालों अर्थात अम्माँ, गुच्चन तथा छुट्टन ने उन्हें इस तरह की हरकत से जुड़ी बेवकूफी, कानूनी नुक्तों तथा जीवन बरबाद हो जाने की बातें समझाईं। उन्होंने यह भी समझाया कि छेड़छाड़ की बात अभी तो दो परिवारों के बीच पोशीदा है, परंतु ऐसा करके वे यह समाचार सारी बिरादरी में फैला देंगे और तब बिन्नू की शादी दोज्या लड़के से हो पाना भी कठिन हो जाएगी। लल्ला ने सारी सलाहें चुपचाप सुनीं। वे अंत में यह कहकर उठे कि रम्मू को यह बताना बहुत जरूरी है कि दुबे खानदान में अभी भी बुंदेलखंडी खून बह रहा है और यहाँ अभी एकाध मर्द भी बचा है। अलबत्ता उन्होंने यह आश्वासन अवश्य दिया कि वे रम्मू के मर्डर का काम बिन्नू की शादी के पाँच-छह माह बाद तक के लिए मुल्तवी कर देंगे। वैसे वे ऐसे कार्य मुल्तवी करने के पक्ष में नहीं थे। एक दिन लल्ला ने रास्ते में रम्मू को रोका और स्पष्ट बता दिया कि वे एकाध दिन, यानी जब भी उनको तथा रम्मू को फुरसत होगी, रम्मू का मर्डर करना चाहेंगे। उन्होंने यह भी बताया कि यह काम वे जल्दी-से-जल्दी निबटाना चाहेंगे क्योंकि मर्डर जैसे कार्य तो ऐसे होते हैं कि या तो आप तय ही मत करो और एक बार तय कर लो तो तुरंत कर भी डालो क्योंकि कई बार ऐसा भी देखा गया है कि आप जिसका मर्डर करने की इच्छा तथा इरादा रखते हैं वह इसी बीच कालरा, टीबी या साँप के काटने से मर जाता है और आप टापते रह जाते हैं। ऐसा भी देखा गया है कि आपने थोड़ी-सी देर कर दी कि किसी और ने आपके बैरी का पहले ही मर्डर कर दिया। लो, अब कर लो मर्डर। ऐसे में जो कोफ्त तथा क्रोध आता है, वह मर्डर करने वाला ही समझ सकता है। फिरंगी से जेल में यह चर्चा हुई तो उपरोक्त विचार सामने आए। फिरंगी ने यह भी कहा कि रम्मू पहले ही 'मरी हत्या' हैं, देर मत करो। रम्मू जिस तरह से दुबले-पतले तथा मरियल थे, उसे बुंदेलखंड में 'मरी हत्या' कहकर पुकारा जाता है। वे किसी भी दिन दस्त-उल्टी, मलेरिया या यूँ ही मर सकते थे—ऐसा फिरंगी का मत था। सो, छेड़खानी की घटना से दो बातें तय हो गईं—एक बिन्नू की शादी। दूसरी रम्मू का मर्डर और ये दोनों बातें जल्द ही होंगी, यह भी तय था।

सपने टूटते हैं क्योंकि सपने तो टूटते ही हैं

काँय-काँय मची है।

गली को छेंककर तंबू गाड़ दिया गया है। कुछ टूटी-फूटी कुर्सियाँ, फटी चीकट दरियाँ, रंग-बिरंगे लट्टुओं की चंद झालरें, सुस्वागतम का एक सुनहरे हरफोंवाला कपड़े का टुकड़ा जो अब एक तरफ से उखड़कर उलटा लटक गया है और हवा में फड़फड़ा रहा है, और बहुत सारी भीड़। कुछ बुजुर्गों तथा नौजवानों को कुर्सी मिल गई है। बहुत से लोग खड़े हैं। फटी दरियों के टुकड़ों पर मोहल्ले के छोटे-बड़े बच्चे जमा हो गए हैं और दरियों के लिए झगड़ रहे हैं। फटी दरियों के टुकड़े लेकर कुछ बच्चे भाग रहे हैं तथा शेष बहुत से बच्चे उनका जोरदार पीछा करते शोर मचा रहे हैं। एक बच्चा अभी एक बुजुर्ग की कुर्सी के पास से दरी को झंडे की तरह लहराता बगटुट निकला। दरी का धूल-भरा टुकड़ा उनके मुँह पर लगते-लगते बचा। बच्चे की माँ के साथ वे क्या करेंगे तथा उसकी बहन को भी माँ जैसा ही सम्मान देते हुए उसके साथ भी वैसा ही आत्मीय तथा घनिष्ठ संबंध बनाएँगे—यह घोषणा करते हुए बुजुर्ग ने पास बैठे एक और बुजुर्ग को बताया कि पैदा करके छोड़ दिया है स्सालों को। "कितने तो पैदा हो रहे हैं रोज कोई ठिकाना है स्साला" दूसरे बुजुर्ग ने लौंडे की हरकत को बढ़ती हुई जनसंख्या की समस्या से सीधे जोड़ते हुए कहा। पास ही बैठे नौजवान ने बताया कि शादियाँ होंगी, तो नतीजे के तौर पर बच्चे भी पैदा होंगे ही, क्योंकि शादी के बाद बच्चे पैदा होते देखे गए हैं। ये बातें चल ही रही थीं कि दरी-आंदोलन के उत्साही कार्यकर्ता पुनः दौड़ते हुए निकले। इस बार आगेवाला बच्चा बहुत तेजी में था और पीछेवाला उसके ठीक इतने पीछे कि दरी का लहराता टुकड़ा उसके हाथ में आया चाहता था। नौजवान ने बीच में अपनी टाँग लगा दी। बच्चा क्रमांक एक, फिर बच्चा क्रमांक दो, और फिर दरी और फिर दरी से लिपटी बहुत-सी धूल—इस क्रम में चीजें बुजुर्गवार की गोदी से होती हुई, उनके मुँह तथा छाती चूमती गली की पथरीली भूमि पर लुंठायमान हो गईं। और इन सबके ऊपर वे बुजुर्ग। बच्चा गिरा, फुर्ती से उठा, उठकर उसने बुजुर्ग के नीचे आ गए दरी के टुकड़े को जोर से खींचा, जिसके कारण बुजुर्ग कुछ दूर तक जमीन पर घिसट गए और फिर दरी उड़ाता भाग निकला। दूसरा बच्चा बुजुर्ग की ओर देखकर हँसने लगा। बुजुर्ग ने एक हाथ बढ़ाकर उसे पकड़

लिया। झूमा-झटकी चल निकली। बच्चा मात्र आठ-नौ साल का ही था, परंतु उसने इतने ही दिनों में जीवन को गहराई से देख तथा समझ लिया था। बुजुर्ग उसे एकाध थप्पड़ लगाए बिना छोड़ेंने नहीं, यह सीधी-सी बात भी वह न जान पाता ऐसा बचपना उसमें नहीं था। उसने पहले ही चेतावनी देना उचित समझा, "मारियो मती..."

"क्यों बे...बहुत लौंडहाई चढ़ रही है...," बुजुर्ग ने अपनी धूल झाड़ते हुए कहा।

"आप हमारी कमीज तो छोड़ दो...फट जाएगी तो...," बच्चे ने आगाह किया।

"तो क्या ? फाँसी चढ़वा दोगे...? वाह यार... ये भेन...अलीपुरा की बारात में आओ तो...," बुजुर्ग ने कहा।

"बाराती हो, इसीलिए बता रहे हैं...हमें छोड़ दो...कोई पत्थर सन्ना देगा तो खुपड़िया में गूमड़ा पड़ जाएगा...," बच्चे ने बताया।

बुजुर्ग उस बारात के सम्मानित बाराती थे, जो बिन्नू की शादी के लिए झाँसी से आई थी और इस समय टीका की रस्म होने के तुरंत बाद की अफरा-तफरी में, घर के सामने तंबू में, स्थान देखकर यहाँ-वहाँ बैठ गई थी, या खड़े होकर धक्का-मुक्की में नाली में पैर न चला जाए—इस महती प्रयत्न में लगी थी। बारात के द्वार पर पहुँचने से पूर्व ही बहुत से लोग यूँ ही वहाँ एकत्रित हो गए थे। मोहल्ले के लोग, पास की और गलियों के लोग, सजातीय, आमंत्रित-अनामंत्रित लोग, यूँ ही उस गली से किसी और काम से गुजरते लोग, अलीपुरा के सारे बच्चे, भिखारी और फुरसतिए। जाति-बिरादरीवाले तो शाम से ही आकर खड़े हो गए थे और दबे स्वरों में दोज्या लड़के से होने वाली शादियों के हानि-लाभ पर चर्चा कर रहे थे। टीके की रस्म होते-होते खासी घिच-पिच हो गई थी। मरियल-सा घोड़ा, जिसे फूहड़ ढंग से सजाकर खूबसूरत अरबी पट्ठा बनाने का दयनीय प्रयास किया गया था और जो स्वयं भी इस बनावटी सजावट के आडंबर के सख्त खिलाफ लग रहा था, शर्मिंदा-सा द्वार पर खड़ा था। घोड़े पर झाँसीवाला वह चकबंदी आफीसर दूल्हा बनकर बैठा था। घोड़ा मरियल था, परंतु दूल्हा अच्छा खाया-पिया था। दूल्हे का रंग काला, घोड़े की पीठ से गरदन तक फैला हुआ दूल्हे का पेट, गरदन का पता नहीं, मोटी झब्बेदार मूँछें तथा तरतीब से लगाया गया खिजाब, जो बेतरतीब होकर माथे तथा गाल तक आकर मुँह काला कर चुका है। घोड़े से भी ज्यादा सजा दूल्हा। घोड़े की तरह ही शरमाता; यूँ दोनों की शर्मिंदगी के कारण वही हैं कि वे दोनों ही स्वयं को इस सजावट का सुपात्र नहीं मानते हैं। दूल्हा दोज्या होने के अपराध-बोध से पीड़ित, तो घोड़ा अपने घोड़ेपन की कमियों से परिचित। गहरा, काले डामर जैसा कड़क खिजाब। नई कट का सूट, पैरों में शानदार लाल पंप-शू। रंग-बिरंगी टाई आदि का टीम-टाम। ये सब भी दूल्हे के अधेड़पन के अंतिम सीढ़ी पर खड़े होने की बात को दबा नहीं पा रहे थे। परंतु जैसा भी था, एक कमाऊ दूल्हा बिन्नू के दरवाजे पर खड़ा था।

"यहाँ अलीपुरा में ऐसा ही होता है क्या ?" बुजुर्ग ने आसपास खड़े लोगों को सुनाते हुए लड़के से पूछा।

"क्या ?" लड़के ने पूछा।

"यही हरामीपना," बुजुर्ग ने बराती होने का नाजायज फायदा उठाते हुए आसपास खड़े अलीपुरावालों को सुनाया। अलीपुरावाले जानते थे कि ऐसी बेवकूफी-भरी बातों से निबटने के लिए यह लौंडा ही काफी है।

"हरामीपने का तो ऐसा है कि वह आपने अभी देखा नहीं है," पास खड़े एक नौजवान ने बच्चे की तरफ़ से कहा।

"अच्छा ! यहाँ साली सारी जिंदगी हरामीपन देखते बीत गई और," बुजुर्ग ने अपने सफेद बालों का हवाला देते हुए बताया।

"यहाँ अलीपुरा में यह नहीं होता कि सारी जिंदगी हरामीपना देखते बिता दें उससे आदमी क्या सीखेगा ?" नौजवान ने कहा।

"अच्छा। आप क्या सलाह देते हैं हमें ?" बुजुर्ग ने हँसी उड़ाते हुए कहा। उनके एक हाथ के चंगुल में लड़का कसमसा रहा था और जोर देकर कहे जा रहा था कि उसे छोड़ दिया जाए क्योंकि यदि आज दरी का टुकड़ा उसके हाथ से निकल गया, तो इस हार के लिए वह स्वयं को तथा उन बुजुर्गवार को जीवन-भर क्षमा नहीं कर पाएगा।

"हम क्या सलाह देंगे हम तो इतना जानते हैं कि जिंदगी-भर हरामीपना देखते रहो तो क्या होना है ? इससे अच्छा तो यह है कि खुद ही एकाध साल हरामीपना करके देख लो, तो बस," नौजवान ने अलीपुरावालों की फिलॉसफी बताई।

बच्चा जान गया था कि बिना ठोस कदम उठाए बात नहीं बनेगी। उसने बुजुर्गवार के हाथ में जोर से दाँत गड़ाकर ऐसा काटा कि वे बिलबिलाकर हाथ छोड़ बैठे। बच्चा हँसता हुआ उन्हें चिढ़ाता हुआ भाग गया। बुजुर्ग जोर से चीख पड़े।

पास खड़ा नौजवान तथा अन्य लोग हँसने लगे।

"यह होता है हरामीपना करना," नौजवान ने कहा और सामने से लल्ला को आते देखकर चुपके से खिसक लिया। अन्य लोग भी उन्हें देखकर यहाँ-वहाँ हो गए। सभी को लल्ला का पता था कि वे हरामीपने का उत्तर लात से देते हैं और कभी भी किसी भी हरामी पर भारी पड़ सकते हैं।

लल्ला ने बुजुर्ग की चीख सुन ली थी और भागकर वहाँ पहुँचे थे। उनके हाथ में अभी भी इत्र के पानी का छिड़काव करनेवाला लंबा गुलदान-सा था, जिससे खुशबूदार पानी बारातियों पर छिड़ककर उनका स्वागत करने की जिम्मेदारी उन्हें सौंपी गई थी। उधर जब घोड़े पर बैठे दूल्हे का टीका हो रहा था, तब लल्ला अति विनम्रतापूर्वक, आग्रह कर-करके बारातियों पर इत्र छिड़क रहे थे। सामने नाइन, दूर के रिश्ते की एक बुआजी तथा अन्य महिलाएँ मिट्टी के कोरे घड़ों में पानी भरकर और उन पर दीपक सजाकर खड़ी थीं। भिनभिन भिनभिन करके कुछ बेसुरी-सी चीज महिलाएँ प्रस्तुत कर रही थीं, जिसके विषय में आशा की जा रही थी कि उसे मंगलगान माना जाएगा। मंगलघट लिए महिलाओं के पीछे खड़ी ढेर-सी अन्य महिलाएँ, लड़कियाँ। आसपास

की छतों, अटारियों, छज्जों, खिड़कियों और दरवाजों से टोह-सी लेतीं नारियाँ, दूल्हे के व्यक्तित्व का जायजा लेतीं स्त्रियाँ। सख्त तथा निर्मम तेवरवाली आलोचक। धज्जियाँ बिखेर देने वाले निर्णायक जैसा रवैया।

"करिया धरो···"

"किसन भगवान भी तो काले थे···"

फिर हँसी के दबे स्वर। कोहनियों का मारना। 'चुप रह दारी' की प्यार-भरी समझाइश, जिसमें और बोलने का छुपा हुआ आग्रह शामिल।

"और महाराज को पेट तो देखो···"

"का देखें ?···"

"पेट देखो···और का देखबो चाहती हो बिन्नू···?"

खीखी···ठीठी। "तें बड़ी बदकार है रे···," बुजुर्गयाना झिड़की।

"पेट तो देखो, कितें को कितें कढ़ रहो है···"

"पेट तो गणेशजी का भी था···"

"अच्छे गणपति मिले जिज्जी को भी···"

'चुप रहो···चुप रहो' की फुसफुसाहटें। "बिन्नू भी कौन-सी परी हैं···आधे बाल तो पक गए···।"

"चुप चुप रह मुरदार···।"

"मों बंद नहीं रख सकतीं का ? और जे रम्मू का किस्सा क्या है···? चुप, चुप न एकदम्म चुप्प···।" "हमने तो एक बात पूछी···।" "जे कोई ऐसी बातें पूछबे को टेम है ?" "तो तुम ही टेम बता दो···। बड़ी आईं टेम बताबे वाली···।" "तुम्हारी जौन मरजी आए, सो गुइयाँ, तौन कहो और करो···। हमने तो एक बात कही।" "हमने भी एक बात कही···।" "चुपचुप।" "दोनों चुप। अब मों से बक न कढ़े। टीका देखो···। कित्ते लोट दए टीका में···?"

भैयन ने टीका किया। पूरे दो हजार रुपए थाल में रखे हैं। टीका चल रहा है। उधर भेटक्वांर···। दूल्हे के रिश्तेदारों का बिन्नू के रिश्तेदारों द्वारा गले मिलकर स्वागत। गले मिलकर नोट पकड़ाए जा रहे हैं। 'कितने दिये'—देख रहे हैं नोट का निरीक्षण करके सम्मानित अतिथि। "तुम्हें कित्ते पकड़ाए कक्का ?" "दो का नोट टुँगा दिया।" "हद्द है।" सरसरा रहे हैं नए-नए नोट। टीका चल रहा है। पंडितजी ऊँची आवाज में मंत्रोच्चार कर रहे हैं। जाने क्या बक रहे हैं। किसी को समझ में नहीं आ रहा। कोई समझना चाहता भी नहीं। मंत्रोच्चार के स्वर डूबे जा रहे हैं, छत पर बँधे लाउडस्पीकर की ऊँची आवाज में गाए जा रहे गीत में कि 'अब आन मिलो सजना'। गुच्चन ने छुट्टन को इशारा किया। छुट्टन छज्जों से झाँक रहे सौंदर्य पर एक निगाह तथा दरवाजे पर दूसरी निगाह रखे थे। दूसरी निगाह ने गुच्चन का इशारा पकड़ लिया। वे गुच्चन के पास भागकर पहुँचे। "जे बंद कराओ···" गुच्चन ने गुस्से से छत की तरफ इशारा करते हुए कहा।

"ये क्या ?" छुट्टन ने मूर्खतापूर्ण प्रश्न पूछा।

"ये तुम्हारी आन मिलो सजना...," गुच्चन ने वितृष्णा दिखाते हुए कहा।

"आपसे पूछकर ही ग्रामोफोन लगवाया था," छुट्टन ने बुरा मानते हुए कहा।

"अब शौक पूरा हो गया हो तो बंद करा दो...शादी के मौके पर ऐसे बाजारू गाने बज रहे हैं...," गुच्चन ने कहा।

"बंद कराए देते हैं...वैसे सभी शादियों में ये ही बजते हैं आजकल..."

"बजते होंगे...यहाँ बंद कराओ..."

"झाँसी की बारात है...वहाँ कोई भी शादी बिना इसके पूरी नहीं होती..."

"कोई ठीक-ठाक गाने नहीं मिले तुम्हें...?" गुच्चन उलझ गए।

"अब और कौन-सा बजवा देते ?...'लाए हैं तूफान से कश्ती निकाल के'?...या 'आओ बच्चो तुम्हें दिखाएँ झाँकी हिंदुस्तान की'?" छुट्टन ने व्यंग्यपूर्वक कहा।

"उन गानों में कौन-सी खराबी है ?"

"अच्छे हैं...छब्बीस जनवरी पर बजवाने के लिए बढ़िया हैं..."

"और ये आन मिलो सजना... ।" गुच्चन ने व्यंग्य से पूछा।

"अब वह नहीं बज रहा...अब तो दूसरा बज रहा है..."

"सब एक से हैं...भ्रष्ट शब्दोंवाले गीत।"

"छलकाएँ जाम, आइए आपके नाम—इसमें क्या भ्रष्ट है?"

"तुम नहीं समझोगे..."

"आप समझाइए ना !"

"हम जूता निकालकर समझाने लगेंगे, तो साथ-साथ तुम्हारा टीका भी यहीं हो जाएगा..."

"आप तो हर बात में मारपीट पर उतर आते हैं।"

"तुम हमें न सिखाओ। जैसा बता रहे हैं, करो...एक मंत्र नहीं सुनाई दे रहा कि पंडित जी क्या पढ़ रहे हैं..."

"सुनने को है क्या ? वे जो पढ़ रहे हैं, उन्हें खुद ही नहीं पता कि क्या पढ़ रहे हैं...," कहकर छुट्टन भुनभुनाते हुए माइकवाले को मना करने चल पड़े। गुच्चन को भैयन मामा पुकार रहे थे, सो वे उनके पास लपककर पहुँच गए। टीका की रस्म पूरी होते-होते तक माइक पर तेज आवाज में गाने चलते रहे। छुट्टन बंद करवाना भूल गए थे या वे रास्ते में किसी अन्य महत्त्वपूर्ण कार्य में उलझ गए थे—पता नहीं। बहरहाल, अभी तो, किशोरकुमार बता रहे थे कि 'चिनगारी कोई भड़के तो सावन उसे बुझाए' और गुच्चन ने नोट किया था कि दूल्हा अपनी टाँग से, घोड़े की मरियल पसलियों पर गाने की धुन पर थाप देने में मग्न था। ये फिल्मी गाने सभी को क्यों पसंद आते हैं ?

लल्ला ने बुजुर्ग के पास जाकर स्थिति समझी, उनसे माफी माँगी, उनके कुर्ते पर देर तक इत्रवाला पानी छिड़ककर उनके प्रति अतिरिक्त आदर जताया और फिर दोषी की तलाश में उस दिशा में चल पड़े, जहाँ फटी दरियों के पीछे चल रहा युद्ध समाप्त

हो चुका था और अब युद्ध-विराम के बाद के शांतिपूर्ण सहयोग तथा सद्भाव के माहौल में दरी-दौड़ हो रही थी। दरी के एक टुकड़े पर दो बच्चों को बिठाकर, अन्य दो बच्चे उसे खींच रहे थे। ऐसे कई बच्चे तंबू से गली के सिरे तक दरियाँ घसीटते यह तय कर रहे थे कि देखें कौन फर्स्ट आता है ? खासा शोरगुल मचाते, हाँफते-भागते, गिरते-उठते बच्चे तेजी से फिनिशिंग-लाइन की तरफ जा रहे थे कि पीछे से लल्ला ने उन पर हमला बोल दिया। दो-तीन को दरी से उठाकर, कुछ को दरी सहित, कुछ को कान पकड़कर, कुछ को एक हाथ से झुलाते हुए, कुछ को माँ की, तो कुछ को बहन की अंतरंग गालियों के साथ नालियों की तरफ फेंककर वे गली में दहाड़ने लगे कि कोई भी भेन˙˙यदि इस तरफ दोबारा आया, या आता दिखा, तो उसे वे बहुत बुरी तरह मारेंगे। बच्चे हँसते हुए निकल भागे।

गली में दूर बैठे भिखारी उठ खड़े हुए और लल्ला को घर का मालिक मानकर प्रणाम करने लगे।

"मिलेगा˙˙सबको मिलेगा˙˙जमे रहो˙˙," कहकर लल्ला जितनी तेजी से आए थे, उतनी ही तेजी से बारातियों की भीड़ में वापस जाकर उन पर इत्र छिड़कने लगे।

बारातियों के बीच, दोने में रखा नाश्ता बँटने लगा था। बूँदी का लड्डू, कचौड़ी और सेब। उधर टीके की रस्म के बाद दूल्हे को घोड़े से उतार लिया गया था और गुच्चन उसको मंडप तले ले जानेवाले थे। घोड़ा प्रसन्न दिख रहा था और प्रसन्नता प्रकट करने के लिए उसने दरवाजे पर ही लीद करनी शुरू कर दी।

"बनवासी, अब सारी लीद इतें ही दहेज में दे जाओगे कि कछु घर के लाने भी रखोगे ?" छुट्टन ने घोड़े के मालिक से कहा।

"मालिक, हिसाब हो जाता तो घोड़ा हटा लेते हम˙˙," बनवासी ने हाथ जोड़ते हुए कहा।

"और यह लीद का हिसाब कौन करेगा˙˙? ऐन शुभलगन में दरवाजे पे हगवा-मुतवा रहे हो, सो ? घोड़े को जुलाब देकर नहीं लाए क्या ?"

छुट्टन ने वह मुद्दा पकड़ा, जिसको पकड़कर वे अभी के हिसाब को उधार के अनंत खाते में डाल सकते थे।

"दिया था मालिक˙˙"

"फिर˙˙?"

"जानवर ठहरा˙˙। जुलाब के बाद भी इनका क्या भरोसा˙˙?"

इतने में घोड़ा धारावाहिक रूप से बड़ी-सी पेशाब करने लग गया। दर्शकों में खुस-पुस होकर घोड़े के उस विशिष्ट-मजबूत-पक्ष की चर्चा होने लगी, जो अब उभरकर उनके सामने आ रहा था।

"तुम इसे हटा तो लो दरवाजे से˙˙," छुट्टन ने डाँटते हुए कहा।

"सरकार˙˙पैसे मिल जाते तो˙˙"

"पैसे कहीं भागे जा रहे हैं˙˙?" छुटंके देख रहे थे कि आसपास खड़े बाराती भी

बहस में दिलचस्पी दिखाने लगे थे।

"चार लग्नें छोड़कर हम इतें आए हैं महाराज..."

"तो कौन-सा अहसान किया है यार...पैसे भी तो दे रहे हैं..."

"वही तो माँग रहे हैं मालिक..."

"दे देंगे...कह तो दिया...अभी तो तुम निकलो...अंदर दूल्हा को मंडप पे बिजना फेंकना है...हम वहीं जा रहे हैं," कहकर उन्होंने जाने का उपक्रम किया।

तभी यह अनहोनी घटी कि घोड़ेवाले ने जाते हुए छुट्टन का हाथ पकड़ लिया। छुट्टन ने लगभग अविश्वास की नजरों से देखा कि बनवासी यह दुस्साहस भी कर सकता था!

"सरकार...पैसे देते जाइए...," बनवासी के स्वर में अब दीनता के स्थान पर थोड़ी दबंगई-सी थी।

"अबे...मादर...हाथ पकड़ने की तेरी हिम्मत कैसे हुई...?" पास खड़े छदामी ने बनवासी का गिरेबान पकड़कर उसे घोड़े की तरफ धकेल दिया। शेष कार्य लीद तथा पेशाब के मिले-जुले चिकने पदार्थ ने कर दिया। बनवासी फिसलते हुए धड़ाम से नीचे सड़क पर जा गिरे।

फिर हिसाब ही नहीं रहा कि हिसाब माँगने के अपराध में बनवासी ने कितने लोगों से कितने जूते उस दिन खाए। बनवासी और उनके घोड़े को दूर तक खदेड़कर, जब लोग अब्भू तथा छदामी के नेतृत्व में विजयी होकर वापस लौटे, तब सजातीय लोगों की भीड़ में इन 'भंगी-बसोरों' के 'दिमाग खराब होने' की बात पर चर्चा चल रही थी—

"अब ये चमार-डुमार भी बाँभनों के हाथ पकड़ने लगेंगे, तब तो स्साली लानत है..."

"कलियुग आ गया भेन..."

"हरिओम।"

"हरिओम करते रहना और ये स्साले आज हाथ पकड़ रहे हैं—कल गरदन पकड़ लेंगे तो टेंटुए से सारा हरिओम टपक जाएगा..."

"घोर कलियुग आ गया..."

"कहाँ हो कुलकलंकी...? कब लोगे अवतार...?"

"वोट कांग्रेस को दोगे और इसके लिए भगवान को पुकारोगे...?"

"कांग्रेस को न दें तो क्या तुम्हारे चरनसिंह को दें?"

"चरनसिंह में कौन सी बुराई है...?"

"तुम चाहे कांग्रेस को दो, चाहे चरनसिंह को—बाँभनों के तो सब दुश्मन हैं।"

"हरिओम..."

"बाँभन भेन...बस हरिओम करते रहेंगे..."

"जब तक बाँभनों की चली, तब तक उनने भी कम आग नहीं मूती..."

दूल्हा मंडप पर बाँस का पंखा फेंकने की रस्म पूरी करके वापस आ गया था। हाल

की मार-पीट से शादी की कार्यवाही में थोड़ा-सा भी विघ्न नहीं आया था। बिना गाली-गलौज, मार-पीट तथा धक्का-मुक्की के भी कोई शादी संपन्न हो सकती है—यह बुंदेलखंड में कोई सोच भी नहीं सकता था। दूल्हा गली में घर के चबूतरे पर रखे सोफे पर आकर बैठ गया था। उसके निकट ही दूर-के-रिश्ते-के फूफा, पास-के-रिश्ते-के मामा, न-जाने-कौन-से-रिश्ते के चाचा तथा बिना-रिश्ते-के मौसा के अलावा ऐसे ही अन्य महत्त्वपूर्ण बाराती बैठ गए थे। शेष बाराती यहाँ-वहाँ जमे थे और दोने में परोसे गए नाश्ते के कठोर लड्डू को तोड़ने के महती प्रयास में रत थे। छुट्टन ब्राह्मणों पर आसन्न संकट पर हो रहे सेमीनार को बीच में छोड़कर दूल्हे के पास आकर खड़े हो गए थे। भैयन एक बुजुर्ग से कुछ खुस-फुस बातें कर रहे थे। गुच्चन वहीं चुपचाप खड़े थे। लल्ला भीड़ पर इत्र बरसाने में लगे थे। भीड़-भक्कड़ तथा हल्ला-गुल्ला झाग की तरह धीरे-धीरे बैठ गया था। लल्ला ने दूल्हे को बिराजते देखा, तो लपककर इस तरफ आए और दूल्हे तथा उसके आसपास बैठे अन्य बारातियों पर गुलाब-जल गोलियों-सा बरसाने लगे। कुछ के मुँह में गया, कुछ की आँख में और कई गुलाब-जल के उदार छिड़काव से बचने के चक्कर में पीछे की तरफ चबूतरे से गिरकर नीचे लुढ़कते-लुढ़कते बचे।

छुट्टन ने, जो पास खड़े एक अलीपुरावासी को चकबंदी-अफसर होने के फायदे और उससे भी अधिक, चकबंदी-अफसर का साला होने के फायदों के विषय में बता रहे थे, वहीं से लल्ला को अपने पास बुलाया। लल्ला को इत्र छिड़कने में मुगदर घुमाने जैसा मजा आने लगा था। अनिच्छा से वे इस तरफ आए।

"क्या है ?" लल्ला ने रिसाते हुए पूछा।

"वही तो पूछने को हमने बुलाया है, कि तुम्हें पता भी है कि यहाँ क्या है?" छुट्टन ने कहा।

" 'क्या' क्या है," लल्ला समझे नहीं।

"यहाँ, जो भी है, अखाड़ा नहीं है भैया...," छुट्टन ने कहा।

"हमें भी पता है...," लल्ला ने कहा।

"पर तुम गुलाब-जल तो धोबी-पछाड़ जैसा मार रहे हो ?"

"जे कौन ने कही ?"

"अभी आपने जो कैंची दाव चलाते हुए दूल्हे के ताऊ पर गुलाब-जल से वार किया, तो देखा नहीं क्या हमने कि कैसे पीछे की तरफ हटके उनने दाव से बचबे की कोशिश करी और इस चक्कर में नाली में गिरते-गिरते बचे ?"

"ऐसी बात नहीं है..."

"ऐसी ही बात है...तुम जे गुलाब-जल की शिशिया तो दे दो छदामी को, और जाके उन हलवाइयन पे नजर रखो कि साले आगे कछू बना रहे हैं कि बस कद्दू की सब्जी बनाके ही बैठे हैं।"

"हम दो-तीन का स्वागत और करके निकल जाएँगे...," लल्ला ने कहा।

"अब आप उनका स्वागत तो छोड़ ही दो। वे बिना आपके स्वागत के ज्यादा प्रसन्न होएँगे। और उधर हलवाइयन ने देरी करी, तो जो पक्की-पंगत आपने दे रखी है न, सो सब घुस जाएँगी..."

लल्ला ने दुखी होते हुए गुलाब-जल का पात्र छदामी को दिया और हलवाइयों की भट्ठी की तरफ पिछवाड़े निकल गए, जहाँ बिरादरी को अभी रात में दी जाने वाली पक्की-ज्यौंनार के लिए बुंदेलखंड की 'स्टैंडर्ड' दावत पक रही थी। यानी कि कद्दू की सूखी सब्जी, आलू-भंटे की गीली सब्जी, पूड़ियाँ, सन्नाटा (मिर्चवाला पनीला रायता)। लल्ला के मन में न जाने क्या-क्या घुमड़ रहा था। काश, कि आज फिरंगी साथ होते, तो दोनों मिलकर सारी शादी की व्यवस्था अपने कंधों पर मुगदर-सी उठा लेते। पर फिरंगी को तो चार साल की जेल हो चुकी थी। लल्ला को जाता हुआ देखकर छदामी ने छुट्टन को बरजा, "लल्ला अब बड़े हो गए हैं।"

"हमें पता है यार, शादी के लायक तक हो गए हैं इसी बारात में कोई दीक्षितजी हैं, छतरपुरवाले...भैयन मामा से उनकी बात हुई...उन्हें लड़का पसंद है..."

"क्या ?"

"हओ...अब्भू की शादी की बात पक्की होबेवाली है।"

"और राजा...आपकी?"

"हमारी बात भी चल रही है...दो-तीन जगह...जहाँ ज्यादा नोट देंगे, 'हाँ' कह देंगे, फिर हमारी दरखास्त भी लग गई है सरकार के दरबार में...इतें नौकरी मिली, उतें रमतूला बजे..."

"तो आपसे भी पहले लल्ला की ?"

"लल्ला अब इत्ते बड़े भी नहीं हो गए..."

"आप तो उन्हें ऐसे फटकारते हो कि मानो वे छोटे-से हों..."

"यार आप किसी की आँख में इतना गुलाब-जल छिड़क रहे हो कि उसकी टेंट ही फूट जाए, तो क्या कोई समझदार आदमी आपको रोकेगा नहीं ? और जानते हो कि जिसकी छाती पर चढ़कर लल्ला ने जमके इत्र छिड़का और इस चक्कर में साले को जमीन सुँघा दी होती—वह बूढ़ा कौन था?...वही थे छतरपुरवाले दीक्षित जी। अब बताइए कि हम अगर लल्ला को उनके पास से फटकारकर न बुलवा लेते, तो वे तो दीक्षितजी को जमीन पर दचककर गुलाब-जल की पूरी शीशी उनके गले में उँडेल देते..."

"ऐसे चूतिया नहीं हैं, अपने लल्ला..."

"ऐसे नहीं तो जैसे भी हों, पर चूतिया हैं, यह पक्का है। दीक्षितजी को लल्ला से बढ़िया दामाद न मिलेगा क्योंकि आजकल के हरामी जमाने में इतना चूतिया दामाद भी आसानी से मिलता कहाँ है ?"

"तुम्हें गुच्चन बुला रहे हैं...उतें...कोने में..."

छुटंके भागकर उस तरफ चले, जिधर गुच्चन, भैयन मामा तथा अधेड़ उम्र के एक

बाराती जो शायद दूल्हे के चाचा थे, के बीच कुछ बहस चल रही थी। कनात के पीछे के इस कोने में, जहाँ से कुत्ते अंदर घुसने का प्रयत्न करते हुए, गुच्चन की ठोकर खाकर अभी-अभी दूर भागे थे, एक महत्त्वपूर्ण मुद्दे पर बहस चल रही थी। बहस का विषय वही था, जो भाँवरों से पूर्व बुंदेलखंड की हर शादी में घूम-फिरकर सामने आ ही जाता था—कि 'कितना तो तय हुआ था और आप यह दे क्या रहे हैं ?' टीका खत्म होते-होते ही ये अधेड़ सज्जन, भैयन से अकेले में चर्चा करने का आग्रह कर रहे थे। यह शादी इन्होंने ही तय कराई थी। ये उस-पार्टी-के-भैयन-मामा जैसे थे। किस रस्म में क्या लिया-दिया जाएगा, कितने बाराती आएँगे, किसके पैर कितने रुपए से पूजे जाएँगे—से लेकर पहली जचकी मायके में होगी, तथा पहले सावन पर जो सावनी आएगी, उसमें क्या-क्या माल-मत्ता होगा, यह सब उन्होंने शादी से पूर्व कई बार अलीपुरा आकर तय कर लिया था। वे अपनी हर माँग से पहले कहते यही थे कि हमें कुछ नहीं चाहिए और न हमारी कोई माँग है क्योंकि 'दहेज लेने के हम सख्त खिलाफ हैं', परंतु उनकी परेशानी यह भी थी कि बिरादरी में नाक भी नहीं कटवानी है। सो 'थोड़ा बहुत तो करना ही पड़ेगा'। वैसे भी, जो भी दिया जाएगा सो बिन्नू के ही पास रहना है। और ऐसी ही अन्य और बातें। भैयन ने तथा गुच्चन ने तब दोज्या लड़केवाला मुद्दा उठाकर कुछ जगह मोल-तोल करके भाव-ताव कम कराने का प्रयत्न किया था, परंतु इनकी वह बात उनकी इस बात से कट गई थी कि दोज्या लड़के में भी सबसे महत्त्वपूर्ण बात लड़कीवालों को यह नहीं भूलनी चाहिए कि दोज्या लड़का भी अंततः लड़का होता है।

छुट्टन पहुँच गए।

बहस तब तक काफी गर्म हो चली थी। भैयन मामा खाँस-खाँसकर हलकान हुए जा रहे थे, परंतु पूरे जोर से बहस में लगे थे।

"क्या हुआ मामाजी···?"

"होना क्या है···ये कह रहे हैं कि टीका में तीन हजार रुपए तय हुए थे···" मामाजी ने शिकायती स्वर में कहा।

"जो तय हुआ था, वही कह रहे हैं···," इत्मीनान से बताया गया।

"आपने यहीं बैठकर दो हजार की बात तय की थी···" छुटंके ने कहा।

"आपने गलत समझ लिया होगा।"

"ऐसे कैसे समझ लिया होगा···," मामाजी गर्म हो रहे थे।

गुच्चन चुपचाप खड़े होकर सारी बातें सुन रहे थे।

"हो जाती है गलतफहमी··· हमने कितनी शादियाँ तय कराई हैं। लोग गलत सुन लेते हैं और बाद में ऐसी ही झिक-झिक करते हैं। पर खैर, अभी देर नहीं हुई है। भाँवरें बारह बजे रात में पड़नी हैं। तब तक कर दीजिए इंतजाम···"

"गलत सुनने की आपने ऐन कही···," छुट्टन ने कहा।

"आप 'ऐन कही' की बात नहीं करें, तो ही ठीक रहेगा। हम तो शुरू से ही कह

रहे हैं कि हमें शादी में कुछ नहीं चाहिए···"

"फिर भी···,"

"पर जो कौल आपने उठाया था, सो उसे तो निभाइएगा कि नहीं ?"

"कौल दो हजार का था, सो नकद दे दिए दरवाजे पर ही···," गुच्चन ने ऐसे ठंडे स्वर में कहा, जिसके नीचे गर्म आग दबी हो।

"हमने कहा न, कि समझने में कहीं गड़बड़ हुई है। हमारी सारी रिश्तेदारी में पता है कि आप टीका में तीन हजार देने वाले हैं। अब तो नाक कटने वाली बात हो जाएगी···"

"एकदम से एक हजार का इंतजाम···"

"टेम है···चार घंटे हैं···अभी भाँवरों में इंतजाम कर लीजिए···"

"घंट इंतजाम कर लीजिए—आदमी की जुबान भी कोई होती है कि नहीं···?" मामाजी गुस्से में हाँफने लगे थे।

"आप बुजुर्ग हैं। गाली-गलौज ठीक बात नहीं है। वह हम भी कर सकते हैं। जुबान की बात कर रहे हैं, सो तभी हम कह रहे हैं कि आपने तीन की जुबान दी थी···"

"मजाक बना रखा है भेन···," मामाजी आपे से बाहर हो रहे थे।

"यह भेन···मादर···मत करिए। अभी भाँवरें नहीं पड़ी हैं, इतना याद रखिए··· वरना···।"

"वरना क्या?···आप भाँवरें नहीं होने देंगे ? बारात वापस ले जाएँगे···?" मामाजी गुस्से से उबल रहे थे।

"आप समझदार हैं, आपसे क्या कहें।"

"लाशें बिछ जाएँगी गँगेलेजी···," मामाजी चिल्लाए।

गुच्चन ने मामाजी को अपनी तरफ खींचा और समझाने का प्रयत्न किया। छुट्टन ने मामाजी से कहा कि वे गुस्सा न हों। गँगेलेजी तक ने भैयन मामा के स्वास्थ्य के प्रति चिंतित होते हुए कहा कि ज्यादा गुस्सा बीमार आदमी के लिए ठीक बात नहीं है। गुच्चन ने गँगेलेजी से निवेदन किया कि मामाजी की बातों का बुरा न मानें क्योंकि हमें पता है कि हम लड़कीवाले हैं। और आखिर में हमें ही झुकना है। गँगेलेजी ने कहा कि वे गुच्चन की समझदारी की तारीफ करते हैं। उन्होंने यह भी कहा कि वयोवृद्धों, विशेष तौर पर बीमार वयोवृद्धों की बातों का वे बुरा नहीं मानते क्योंकि वयोवृद्ध, विशेष तौर पर बीमार वयोवृद्ध तो बकवास करते ही रहते हैं। मामाजी ने इस पर गँगेलेजी के वयोवृद्धों को कोई ऐसी गाली दी जो शायद गँगेलेजी ने भी पहली बार सुनी थी, सो उन्होंने पूरी रुचि से सुनी और उन्हें प्रशंसा की दृष्टि से देखते रहे। गुच्चन ने कहा कि वे कोशिश करेंगे कि भाँवरों से पहले एक हजार रुपए जनवासे पर पहुँचा दें। गँगेलेजी ने पुनः अपना संकल्प दोहराया कि उन्हें दहेज लेने में कोई रुचि नहीं है तथा मूलतः वे तो लेन-देन के सख्त खिलाफ हैं परंतु फिर उन्होंने उस मजबूरी का

जिक्र भी किया कि बिरादरी में नाक न कट जाए, सो तीन हजार तो पूरे करने ही होंगे। गँगेलेजी ने यह भी बताया कि ऐसी अप्रिय परिस्थितियों को टालने के लिए ही उन्होंने हर रस्म में क्या-क्या दिया जाएगा, यह बात पहले ही तय करवा ली थी, परंतु फिर भी उनके साथ 'यह खेल' करने का प्रयत्न किया गया, यह उचित नहीं है। गँगेलेजी ने इस फिलॉसफी की चर्चा भी की कि शादी लड़के-लड़की का ही नहीं, दो परिवारों का अटूट बंधन है और यदि हजार-दो हजार रुपए के पीछे यह अटूट बंधन टूटता है, तो इस भूल के लिए परम-पिता-परमात्मा तथा बिन्नू उन्हें जीवन-भर क्षमा नहीं कर पाएँगे। छुट्टन कसमसा-कसमसाकर गँगेलेजी की ये बड़प्पन-फिलॉसफी-धर्म-परंपरा आदि में पगी बड़ी-बड़ी बातें सुन रहे थे। उनसे बरदाश्त नहीं हुई :

"अगर हजार रुपए में बंधन अटूट हुआ जा रहा है, तो उसका इंतजाम हो जाएगा।" उन्होंने व्यंग्यपूर्वक कहा।

"हजार-दो हजार तो नेग हैं—असली चीज यह बंधन है...," गँगेलेजी ने बेशर्मी से कहा।

"हजार के साथ दो हजार मत जोड़िए, वरना बाद में कहेंगे कि हमने दो हजार की बात की थी और समझने में कहीं गड़बड़ हुई है..."

"आप हमें ऐसा बेईमान मत समझिए...ईश्वर की दया से लड़का चकबंदी-अफसर है और एक दिन में हजार रुपए पीट लेता है..."

"आज यहाँ पीट रहा है..."

"तुम चुप रहो छुट्टन," गुच्चन ने फटकारा और गँगेलेजी से क्षमा माँगते हुए कहा कि इनकी बात का बुरा न मानें क्योंकि अभी इनमें लौंडहाई है और जमाना इन्होंने देखा नहीं है।

गँगेलेजी ने कहा कि हम वयोवृद्धों और नौजवानों, दोनों को एक ही समूह में रखते हैं क्योंकि बातें दोनों ही चूतियाई की करते हैं। फिर उन्होंने यह भी कहा कि छुटंके की बातों को तो वे मजाक में कही मान रहे हैं क्योंकि जीजा-साले का रिश्ता ही स्साला मजाक का है। पर साथ ही गँगेलेजी ने बरजा भी कि ज्यादा मजाक भी ठीक बात नहीं, सो छुटंके अब चुप ही रहें तो ठीक रहेगा क्योंकि मजाक में कई बार गोलियाँ तक चलती देखी हैं उन्होंने। और भाँवरों से पहले तो उन्हें कोई मजाक वैसे भी बरदाश्त ही नहीं।

गुच्चन उनको आग्रहपूर्वक, हाथ पकड़कर उस तरफ ले गए जहाँ सारे बाराती बैठकर मानपत्र सुन रहे थे। छुट्टन वहीं खड़े भुनभुनाते रहे।

मानपत्र मदन उदानिया 'रसाल'जी सुना रहे थे, जो अलीपुरा के अधिकृत मानपत्र-रचयिता थे। रसालजी में अद्भुत प्रतिभा थी। दूल्हे, उसके पिता, उसके शहर, उसके भाई, माँ, बहन तथा अन्य महत्त्वपूर्ण रिश्तेदारों का नाम उनको दे दीजिए। साथ ही लड़कीवालों के नाम भी। साथ में रसालजी की काव्य-प्रतिभा की तारीफ करते

जाइए। यह सब शादी की तारीख से एकाध माह पहले कर लीजिए। फिर चक्कर लगाते रहिए। शादी की सायतों के दौरान वे नउवों तथा बैंडवालों से भी अधिक व्यस्त रहते थे। सारे नामों का समावेश करते हुए मानपत्र बनाना कोई ठट्ठा तो नहीं है। सूर्यप्रकाशजी सूर्य बनकर अलीपुरा के आकाश में उदित हुए हैं और रामलालजी राम की लाली फैलाने यहाँ पर पधारे हैं, यह सब फिट करना पड़ता है यार। आसान काम नहीं है। आपने तो बारात के साथ खड़े होकर, जर्दा मुँह में दबाए सुन लिया और हें-हें करके जर्दे के साथ ही थूक भी दिया—पर रसालजी ने कैसे जान लड़ाकर यह लिखा है, सो आप क्या समझेंगे ?

उनकी सज-धज देखकर छेड़ते हैं ऊपर से, आजकल के लौंडे। मजाक भी उड़ाते हैं। रसालजी ने मानपत्र पढ़ने की अपनी ड्रेस फिक्स कर रखी है। यही उनकी सज-धज, सजावट और साज-सज्जा है।

रेशमी कुर्ते पर शानदार बंडी और लाल-काले पैटर्नोंवाला मफलर। गर्मी कैसी भी हो, मफलर गले में होना ही है। मानपत्र की शान तो रखनी ही होगी। इस चक्कर में लू भी लग जाए, तो रसालजी को गम नहीं। उम्र हो गई है, पर सजावट पूरी करते हैं। मानपत्र लिखना जितना महत्त्वपूर्ण है, उतना ही उसे समारोहपूर्वक, ऊँचे गले से पढ़ना भी। हर एक के बस की बात नहीं।

वैसे, कवियों की अलीपुरा में कमी नहीं। तुकबंदी सभी कर लेते हैं। हर गली में चार-पाँच आँसूजी-घायलजी-पपीहाजी-टाइप के लोगों का घर है। घर में न मिलें, तो वहीं गली में पेशाब करते पाए जा सकते हैं। एकाध बार रसालजी के बीमार पड़ने पर, या 'रसालजी के दिमाग बड़े खराब हो रहे हैं' मानकर उनको चुनौती देने के लिए कुछ लोगों ने अपनी बारातों के लिए ऐसे ही 'किन्हीं' जी से मानपत्र लिखवा लिया तो अलीपुरा की पब्लिक ने साफ-साफ उसे निरस्त कर दिया। 'बाकी तो ठीक रहा, पर मानपत्र में वे तुम्हारे निर्मोही जी भेन क्या पढ़ रहे थे यार—किस चूतिया ने तुम्हें इनसे मानपत्र लिखवाने की सलाह दी थी ?' रसालजी मानपत्र की आई.एस.आई. मुहरवाली कंपनी के निर्माता-निर्देशक थे। टीका निबटते-निबटते तमाशबीन कहने लगते कि अब आएगा मजा—वे आ रहे हैं अपने रसालजी। लोग रसालजी को घेर लेते हैं। छेड़छाड़ चलती। "आज के मानपत्र में देखिएगा। अनुप्रास की छटा। लड़के का नाम अमर है सो अनल, अनादि, अनंत आदि को मिलाकर जो चीज बनाई है, तो सुनिएगा, अभी।" "सुनाइएगा, सुनाइएगा। सुनेंगे। सुनने के लाने ही तो यहाँ खड़े हैं।" "पर वो बुधौलियाजी की मोंड़ी के ब्याह में जो परसों आपने मानपत्र पढ़ो सो जमों नहीं।" "क्या करते। बताइए भला, दो दिन पहले आके कह रहे हैं कि रसालजी मानपत्र तो आपको ही लिखना है।...हमने साफ मना किया, तो पैर पकड़ लिए...। अब भाव तथा भाषा यूँ तो आते नहीं...यह तो तपस्या है मित्र।" "सही कहा। एकदम सही कहा।" "रसालजी तो तपस्वी हैं। पर जे धज तो तपस्वियोंवाली नहीं है।" "तुम यार अपनों मों बंद रखो। तुम क्या जानो कवियन के ठाठ...। रेशमी कुर्ता के बिना कहीं कविता

पढ़ी जाती है क्या ?''

आज भी यही हुआ।

रसालजी समय पर पहुँच गए थे। बढ़िया रेशमी कुर्ता, लंबे बालों से चुचुआता खुशबूदार तेल, मुँह में तथा मुँह से बाहर तक आता पान, गले में लाल-काला मफलर, पैरों में पंप-शू, आँखों में काजल और बदन पर बेलबूटेदार जैकिट डालकर वे उस समय दरवाजे पर पहुँचे, जब टीका होने के बाद घोड़ेवाले की पिटाई चल रही थी। वे एक किनारे खड़े होकर छपे हुए मानपत्र की कॉपी देखते रहे, जो अभी दो घंटे पूर्व ही मऊरानीपुर से छपकर पहुँचा था। अपनी रचना को छापेवाले अक्षरों में देखने का अपना ही सुख होता है। ऐसे में कोई गरीब आदमी पीटा जा रहा था, उससे कविराज के कोमल मन को व्यथित हो जाना चाहिए, ऐसा सोचने वाले स्साले कम्यूनिस्ट होते हैं। की होगी कोई बदमाशी, सो पिट रहा है। पैसे माँगने को यही टाइम मिला था ? सौ तरह की झंझटें होती हैं शादी में और आप वहाँ पैसे माँग रहे हैं ? यह बनवासी भी बहुत बदमाश है।¨उफ—यह स्साला क्या छाप दिया जी¨रसाल का रमाल छाप दिया!! गजब हो गया ! इत्ती भयंकर भूल। कविता के रचयिता का नाम ही ऐसा छाप दिया। हद है, लापरवाही की। पूरे मानपत्र को भ्रष्ट करके रख दिया¨। कहाँ 'रसाल' और स्साला कहाँ रमाल। इसी को कहते हैं अर्थ का अनर्थ¨। रसालजी बेचैन होकर चारों तरफ देखने लगे। कोई दिखे, तो उसे इस भयानक भूल के विषय में बताएँ। उन्होंने देखा कि कोई, छपा हुआ मानपत्र बारातियों में बाँट रहा है। बल्कि बाँट चुका है। उन्हें लगा कि सारे लोग उन पर हँस रहे हैं, या हँसने ही वाले हैं। उधर वह बाराती कैसा मुसकुरा-मुसकुराकर मानपत्र पढ़ रहा है। हाय¨हे धरा, तू मुझे छुपा ले। हे आसमान, तू मुझे कोई तो ऐसा आदमी दिखा दे जिससे मैं इस अनर्थ की शिकायत कर सकूँ। हे धरा, हे आकाश¨। धरा, आकाश तथा इसी तरह की अन्य वस्तुओं को 'हे'¨के साथ पुकारने की कवियों की पुरानी आदत रही आती है—सो धरा आदि ने नहीं सुना। कोई कब तक सुने। रसालजी ऐसे व्यथित पिल्ले की भाँति गोल-गोल घूमने लगे, जिसकी पूँछ पर ढीठ मक्खियाँ बैठी हों और हट न रही हों।

इतने में लल्ला निकले।

छुट्टन द्वारा इत्र की शीशी छुड़ाए जाने से व्यथित लल्ला हलवाइयों की दिशा में जा रहे थे। वे इस समय उस कुत्ते की तरह चिड़चिड़ा रहे थे, जिसकी हड्डी उस समय किसी दूसरे कुत्ते ने छीन ली हो, जब उसे चूसने में परम आनंद मिल रहा था। रसालजी ने उनका रास्ता रोका, तो वे और चिड़चिड़ा गए। वैसे भी वे कवियों, गवैयों, नचैयों आदि को भँड़आ मानते थे।

''क्या हो गया?'' अब्भू हलवाइयों की दिशा में चलते हुए बोले।

रसालजी पीछे-पीछे चले।

''यह मानपत्र देखा तुमने¨?'' रसालजी ने मानपत्र को अब्भू की आँखों के सामने झुलाते हुए पूछा।

"यार आँख में कागज मत घुसेड़ देना... । और सामने से उसको हटाइए... अभी पत्थर पे गैर आ गया होता तो यहीं सड़क पर मानपत्र पढ़ गया होता हमारा..." अब्भू ने और तेज चलते हुए कहा।

"यह मानपत्र देखा तुमने...?" रसालजी ने प्रश्न दोहराया।

"हमें क्या दिखाते हैं...हमीं तो मऊरानीपुर की नायाब-प्रेस से इसका बंडल उठाके लाए हैं।" अब्भू भट्ठी के पास जाकर रुक गए।

तीन भट्ठियाँ धधक रही थीं। एक पर पूड़ियों की कड़ाही, दूसरी पर एक बड़े बर्तन में शायद कोई सब्जी थी और एक यूँ ही खाली जल रही थी। मात्र जाँघिया पहने, उघारे बदन एक सज्जन पटे पर बैठकर सारी कार्यवाही का संचालन कर रहे थे। उनके चार-पाँच चेले आटा गूँथने, पूड़ी बेलने आदि के कार्य में लगे हुए थे। बीड़ी का कश खींचते हुए उन्होंने लल्ला को देखा और कहा—"आओ पहलवान..." और उनके ठीक पीछे रसालजी को देखकर मुसकुराकर कहा, "पाँव लागें कविराजजी..."। रसालजी उसके स्वर में छुपे मजाक को समझ गए। कहीं इसने भी मानपत्र पढ़ लिया क्या?

"तुमने वहाँ प्रेस से उठाते समय मानपत्र पढ़ा था कि नहीं?" रसालजी ने लल्ला से पूछा।

"बढ़िया छपा है...चिकना नीला कागज है... काम जोरदार है जमील साहब का...," अब्भू ने प्रेस के काम की तारीफ की और रसालजी पर विशेष ध्यान न देते हुए हलवाई की तरफ मुखातिब हुए, "तीसरी भट्ठी खाली जा रही है..."

"सब पका दिया पहलवान..."

"पर तीसरी भट्ठी खाली जल रही है...'"

"तो क्या करें... सब तो पक गया..."

"और जो भट्ठी फालतू जल रही है, सो?"

"तो जिसको बिठाना हो उस पे, सो बिठा दें...सिंकाई हो जाएगी..."

कहकर हलवाई हँसने लगा। उसके साथ वाले चेले-चपाटी भी हँस पड़े। लल्ला बुरा मान गए। वो कुछ कहते कि रसालजी ने फिर अपनी बात कही। और जोर देकर कही...

"इसमें गलत छप गया है..."

"कौन पढ़ता है यार ये मानपत्र-फानपत्र...अभी शादी के बाद तुम्हारे ये मानपत्र जूठे दोना-पत्तल घाँई फिंके-फिंके फिरेंगे...," लल्ला ने सहज लापरवाही से कहा। रसालजी अत्यंत आहत हुए, बोले, "ऐसा मत कहिए...मानपत्रों को लोग काँच में मँढ़वा के पौर में लटकाते हैं।"

"खूब लटकाएँ।...अपुन को क्या।...हमने तो एक बात कही कि लटका भी लें तो कोई उन्हें पढ़ता नहीं है। चोंचलेबाजी है स्साली...अब आपने लिखा है कि कृष्णदयाल झाँसी की शोभा और रामदयालजी झाँसी के मुकुट हैं—आपने रामदयाल और कृष्णदयालजी को देखा है? जाके देखिए। बैठे हैं दूल्हा के दोनों तरफ दाएँ-बाएँ। अंग-अंग हिल रहे

हैं। बत्तीसी झड़ गई है और गरदन ठठेरा-सी निकल आई है। बोलते हैं तो मुँह से लार गिरती है।...झाँसी की शोभा हैं!!—हद है आपकी भी...''

''तुम कविता नहीं समझोगे पहलवान...,'' रसालजी ने वितृष्णा और तिरस्कार से कहा।

''हमें समझाना भी मती...,'' लल्ला ने चेतावनी-भरे स्वर में कहा।

तब तक चड्ढीधारी, रसोइया-गिरोह के सरताज ने अब्बू को एक दोने में मटमैला पनीला पदार्थ दिया जिसमें लेंड़ियाँ-सी तैर रही थीं।

''पीके देखो...''

''जे क्या है?''

''सन्नाटा है भइया—अब जे भी बताना पड़ेगा क्या? पीके देखो। मिर्चा-विर्चा ठीक-ठाक है कि और झोंक दें...?''

अब्बू ने दोने को मुँह से लगाया।

''हम कह रहे हैं कि मानपत्र में गलत छप गया है...,'' रसालजी ने अब्बू से कहा। अब्बू ने एक झटके में पनीला रायता पी डाला, आँखों से पानी बह उठा तथा खाँसी का दौरा पड़ गया।

''हम कह रहे हैं कि रसाल का रमाल छप गया है...''

अब्बू पर सन्नाटे का वाजिब असर हुआ था। उनका सिर चकरा गया था। उन्हें चार-चार रसालजी दिख रहे थे। वे तो एक रसालजी के विषय में ही तब से सोच रहे थे कि इन्हें उस खाली भट्ठी पर बिठा दें जिसका सुझाव हलवाई की तरफ से आया था। अब चार-चार रसालजी का क्या किया जाए, यह समस्या आन खड़ी हो गई। और चारों ही न जाने क्या तो बड़बड़ाए जा रहे हैं कि रसाल का रमाल छपा है—हद है स्साली।

''हम कह रहे हैं कि रसाल का रमाल छपा है और तुमने वहाँ देखा भी नहीं?'' वे फिर बोले।

''हम देख भी लेते, तो क्या हाथ पकड़ लेते? रसाल हो, या चाहे रमाल—क्या फर्क पड़ता है उदानियाजी?...दोनों चूतियाटिक नाम हैं।... क्यों भाई, हम पूछते हैं कि तुम्हारा नाम पुत्तल है, तो हम जुत्तल भी लिख दें, तो क्या सन्नाटा बनाना बंद कर दोगे? और ये राँड जैसा रोए जा रहे हैं। बताइए भला... रमाल का रसाल क्या छप गया कि...''

''रमाल का रसाल नहीं, रसाल का रमाल...''

''सन्नाटा कैसा रहा पहलवान?'' बीच में पुत्तलजी ने पूछा।

''थोड़ी मिर्चा और गेर दो भैया...,'' लल्ला ने आँखें पोंछते हुए कहा।

''रसाल का अर्थ भी पता है तुम्हें...?'' रसालजी ने मूल मुद्दे पर बातचीत को वापस लाने का प्रयत्न किया।

''और मिर्चा डाली, तो आदमी...,'' हलवाई ने चेतावनी देनी चाही।

"रसाल का रमाल हो जाएगा क्यों ? हा हा हा," लल्ला ने बात पूरी की। सब हँसने लगे। रसालजी बुरा मान गए।

"आप अमृतलाल के पुत्र हैं, जो इस इलाके के इतने बड़े कवि थे आपसे ऐसी आशा नहीं थी," रसालजी ने कहा।

"आप जाइए कविराज वहाँ सब बैठे हैं कि स्साला मानपत्र निबटे तो पंगत बैठे," लल्ला ने लापरवाही से कहा।

"रसाल का अर्थ होता है रसयुक्त," रसालजी ने लल्ला को काव्य-मर्म समझाने का प्रयास किया।

"जैसे–गन्ना ?"," लल्ला ने हँसकर पूछा।

"तुम नहीं समझोगे," रसालजी बुरा मान गए।

"आप ऐसा उल्टा-सीधा नाम क्यों रखते हैं? रसाल !! स्साला, यह भी कोई नाम है? कैसे बुलाएँ ? अबे रसाल। सुनो भैया रसाल ! कवित्त में जरूरी है क्या कि चूतियाटिक नाम रखा ही जाए?"

"लल्ला जबान सँभालके बात करो तब से चूतियाटिक-चूतियाटिक क्या किए जा रहे हैं आप," रसालजी की दुबली-पतली काया गुस्से से काँपने लगी।

"तुम यार फटाफट पूड़ियों के दो-तीन झार तो निकाल दो। तब तक जे अपने रसालजी वहाँ पढ़-पढ़ू डालें–एक टंटा खत्म हो," लल्ला ने रसालजी के गुस्से को कमजोर आदमी की बेवकूफी तथा कवित्त आदि के फालतू कामों में जीवन खराब करने वालों की मजबूरी मानकर उस पर कोई तीखी प्रतिक्रिया देना उचित नहीं समझा।

"तुम इसे टंटा कहते हो ?" रसालजी गुस्से से पहले ही काँप रहे थे, अब उनके मुँह से झाग भी निकलने लगा।

"इतना गुस्सा ठीक नहीं रसालजी रेशा कमजोर हो जाता है गुस्से से, और बात-बात पर गुस्सा करना भी चूतियाटिक हरकत है," लल्ला ने अपनी तौर पर शिष्ट भाषा में उन्हें समझाने का प्रयत्न किया। रसालजी गुस्से से थरथर काँपने लगे। लल्ला तथा हलवाईगण उन्हें रुचिपूर्वक मुसकुराते हुए देख रहे थे।

"ये जाहिलों और गँवारोंवाली बातें कर रहे हैं आप," रसालजी ने वापस जाते-जाते कहा।

"अभी गँवारोंवाली असली चीज आपने देखी कहाँ है ? हम रसाल-वसाल नहीं करते हैं सीधे उठाके जमीन पे दचक देते हैं और चीं बोलने तक छोड़ते नहीं" लल्ला ने मानो यूँ ही सूचनार्थ बताते हुए कहा।

"आप मारने की धमकी दे रहे हैं ? यही शराफत है? मानपत्र पढ़ने आए हैं, तो आपके दरवाजे की शोभा बढ़ाने ही आए हैं," रसालजी बिना भट्ठी पर बैठे हुए ही धधक उठे।

"घोड़ा तक यही समझ रहा है कि दरवाजे की शोभा बढ़ाने गया है," लल्ला ने

हँसकर कहा।

"हम अभी गुच्चन को बताते हैं","" रसालजी चलते हुए धमकी देने लगे।

"यह भी बता देना कि खाना तैयार है—जब चाहें, पंगत शुरू करा दें और भैया आप जाओ यार अपना मानपत्र निबटा दो"," लल्ला हँसते रहे।

"वह अब हम नहीं पढ़ेंगे जहाँ हमारी इज्जत नहीं है, वहाँ"," रसालजी रुककर बोले।

"कवि होके भी इज्जत को रोएँगे, तो कही भी न पढ़ पाएँगे"," लल्ला ने कवि-धर्म से जुड़े खतरे की ओर इशारा करते हुए कहा।

"धन्य है अमृतलाल की संतान होकर"

"यार तब से आप अमृत की संतान, अमृत की संतान में क्या लगे हैं ? अमृतलाल की संतान क्या करें ? आपकी जैसी यह बंडी पहनकर घूमने लगें, कि नचैयों जैसे लंबे बाल रख लें ? बीच से माँग काढ़कर नचते फिरें ? अपना नाम रसाल रख लें ? क्या करें"

"तुम नहीं समझोगे लल्ला इतना पतन, हे प्रभो"," बड़बड़ाते हुए रसालजी चले गए।

लल्ला हँसने लगे।

हलवाई भी हँसने लगे।

"बहुत चेंटू आदमी है यह स्साला"," लल्ला ने हलवाइयों को बताया।

"हमें बताते हैं। अरे, हम इसे हर शादी में तो देखते हैं। स्साला, ऐसा गा-गाकर पढ़ता है कि हर पंगत में देर करा देता है।" पुत्तल ने बताया।

"वो तो गुच्चन का लिहाज रहा, नहीं तो हम तो पकड़कर भट्ठी पर बिठा देते" लल्ला ने बताया।

"मानपत्र पढ़ लें सो उसके बाद बिठा देना"

"कह तो रहे हैं कि अब मानपत्र न पढ़ेंगे गुच्चन से शिकायत करने गए हैं"," लल्ला ने कहा।

"बे खूब पढ़ेंगे हर शादी में यही होता है उनके साथ बुरा मानकर मानपत्र पढ़ना बंद कर देंगे, तब तो हो गया"

मानपत्र निबट गया और पक्की पंगत भी।

सभी ने मानपत्र की तारीफ की। लल्ला ने भी कहा कि रसालजी, आपने कमाल कर दिया। रसालजी को और क्या चाहिए था ? लल्ला को हृदय से क्षमा करके वे पंगत में बैठे। लोगों ने पूड़ी-कद्दू खाते हुए पास बैठे रसालजी से यही कहा कि आप न हों, तो स्साला शादी का मजा ही न आए। पंगत में सभी ने डटकर खाया। सभी डटकर खाते ही थे। पंगत में न खाएँगे, तो कहाँ खाएँगे ? 'दद्दा को दो पूरी और गेर

दो यार' 'अरे नहीं'। 'नहीं कैसी… ? डालो-डालो… ।'

सब एक-दूसरे के लिए और भोजन डालने की पुरजोर सिफारिश कर रहे थे। तू मेरे लिए कह, मैं तेरे लिए बोलूँ। परसनेवाले बाल्टियों में कद्दू-आलू-बैंगन की सब्जी और डालियों में पूड़ियाँ लादे भाग रहे हैं यहाँ से वहाँ… । पांडेजी को सन्नाटा…शर्माजी को लड्डू…और कद्दू पूड़ियाँ… । 'अभी खाओ ही कित्तो है ?' 'पैसा नहीं लगने भैया, खा लो… ।' लोग खा रहे हैं। भट्ठी पर पुत्तल बैठे हैं। बैंगन की सब्जी कम पड़ रही है। ये साले अलीपुरावाले बैंगन के बड़े शौकीन हैं। हर पंगत में यही किस्सा। क्या करें ? मिलाओ पानी और चढ़ा दो भट्ठी पर।…कद्दू में मिर्चा ज्यादा पड़ गई है… । कोई बात नहीं, पर बनो उम्दा है… । सही कही और कद्दू डालो भइया… । और पूड़ियाँ… । और लड्डू और बैंगन… । और बूँदी… । अलीपुरावाले खाने के प्रेमी हैं। वे पंगतों की प्रतीक्षा करते हैं। खाना उन्हें अंततः किसी भी पंगत का पसंद नहीं आता जैसाकि पंगत के तीन-चार दिन बाद तक चलनेवाली चर्चाओं से जाहिर होता है। पर खाते लगन से हैं। निष्ठापूर्वक। मिशन की भावना से। खा रहे हैं। गाँव के कुछ लोगों का हर पंगत में विशेष सम्माननीय स्थान है। इनमें हैं रामदासजी ओरछावाले, लूले मामा और बाबू जानकी बल्लभजी। इनको हर पंगत में आदरपूर्वक आमंत्रित किया जाता है। ये ही पंगत का सबसे बड़ा आकर्षण हैं। सबकी नजरें इन पर हैं। आज देखें कौन कितना खाता है ? सुर्रेलेजी की पंगत की याद है ? लूले मामा ने पूरे भोजन के बाद पचास लड्डू और खा लिए थे। वो तो खैर शर्त की बात थी। अब कोई लूले मामा से कहे कि भरे पेट पर जितने लड्डू खाओगे, उतने नोट देंगे, तो भला वे रुकेंगे ? फिर भी… । पेट तो पेट है। पेट की ऐन कही तुमने… । रामदासजी के पिताजी का किस्सा सुने हैं आप… ? नहीं सुना, नहीं सुना। सुनाइए, सुनाइए। अरे भइया, दो लडुवा इधर भी… । राजा, आप इनके पिताजी की कहानी सुना रहे थे।…रामदासजी के पिताजी ओरछा स्टेट के खजांची थे।… किस्सा चल रहा है। पंगत चल रही है। पुत्तल महाराज ने दूसरी दफे बैंगन की सब्जी में पानी डलवाया है। पूड़ियाँ बेलने वालों को ललकार कर कहा है कि पट्ठो, जरा तेजी से हाथ चलाओ… । किस्सा चल रहा है।…तो उनका नाम था ओरछा स्टेट में… । ये आजकल के लोग स्साले क्या खाएँगे। तुम समझते हो कि रामदास बहुत बज्र खवैया हैं ? बहुत खाते हैं ? घंट खाते हैं। खाते थे इनके पिताजी, दशरथनंदनजी… । पंगत में बैठे तो उठें ही नहीं। पूरे ओरछा में बातें होती थीं उनके बारे में… । कोई कहे कि देवी सिद्ध कर रखी है, तो कोई कहता कि पेट में कीड़े हैं ससुरे के। वैसे आम सहमति इस बात पर थी कि पेट में कोई मशीन लगी है दशरथनंदन के। पता नहीं लगवाई है कि लगी लगाई आई है। पर है मशीन का चक्कर। कोई इत्ता कैसे खाएगा यार… । ठट्ठा नहीं है पचहत्तर पूड़ियाँ खाने के बाद पचास लड्डू खा लेना। कोई कहता कि वे थोड़े ही खाते हैं। वे तो मसान को भोग चढ़ाते हैं। दशरथनंदनजी के विषय में अफवाह थी कि वे मसान को जगाते हैं। रात में मरघट में जाकर भूत-प्रेत सिद्ध करते हैं। मसान ही खाता है सारा खाना। अब

मसान का तो तुम जानते ही हो।"पंगत चल रही है। दशरथनंदनजी के किस्से में मसान-सिद्धि का किस्सा घुस गया है। मसान-सिद्धि तो गुच्चन के पिताजी भी किया करते थे"। सही कही। अमृतलाल ने भी बहुत मसान जगाया था भैया"। रात-बिरात खीर-पूड़ी लेकर मरघटे जाते और भूतन को जिमाते"। वे तो प्राणायाम करके कुंडलिनी को सिर तक चढ़ा ले जाते"। इन्हीं चक्करन में तो दिल पे जोर पड़ा और हार्टफेल से मर गए"। सच्ची कही"। हर एक के बस की बात नहीं"। भूत-प्रेतन का तो ऐसा है कि न इनकी दोस्ती अच्छी न दुश्मनी"। सही कही"। अच्छा, आप तो दशरथनंदनजी की बता रहे थे न"। और का बताएँ। बस वे समझो कि खाते-खाते ही मरे"। बो भला कैसे" ?

" अरे भैया"कित्ती देर से कद्दू के लिए" ? आ रहा है—आ रहा है"। तो एक बार ओरछा नरेश ने भँडारा करवाया पहाड़ीवाले शंकरजी के मंदिर पे"। कौन से मंदिर काए, तुमने वो मंदिर नहीं देखो, ओरछा में ? बहुत चूतिया हो तुम"। चूतिया होगे तुम"। चुप रहो यार, चूतियाई ना करो, किस्सा सुनो"। फिर ? फिर क्या" तो भंडारे में छक के भोजन करके जब दशरथनंदनजी उठने को भए तो महाराज बोले कि अब जो तुम एक बरा खाओ तो एक चाँदी का सिक्का मिलेगा। यानी कि जित्ते खाओ, उत्ते सिक्के"। धन्य है, धन्य है। ऐसे होते थे महाराज लोग"। बताइए, सोने के सिक्का"। भैया, सोने के नहीं चाँदी के। फिर क्या हुआ ? होना क्या था। दशरथ महाराज बैठ गए। सारी जनता देख रही थी। दे बरा पे बरा। धाँसे जाएँ। महाराज तक घबरा गए। पचास नग खा गए, तो महाराज ने कहा कि भैया, तुम मर-मरू न जाना—हम तुम्हें वैसे ही सौ सिक्का दे देंगे, बंद करो"। पर बात तो इज्जत की हो गई थी। दशरथनंदन सौ बरा खा गए" फिर ? दए महाराज ने सौ सिक्का ? देंगे काहे नहीं। दए, पर दशरथजी की विधवा को दए। कैसे ? कैसे ? का दशरथजी मर गए ? और क्या"। खटिया पे धरके लाए पहाड़ी पे से। घों-घों की आवाज निकल रही थी गले से—एकाध बरा गले तक आ गया होगा। और क्या। पेट में कित्ते समाएँगे ? रात-भर पेट पिराया। राजवैद्य ने हाथ उठा दिए कि अब कुछ नहीं हो सकता। आधी रात को पेट फट गया।"पेट फट गया ? सुननेवाले चकित हैं। जानते हैं कि सत्य और गप्प का मिश्रण परोसा जा रहा है, पर चकित होने में अपने बाप का क्या जाता है ? बल्कि इससे किस्सा सुनाने वाले का खून ही बढ़ता है।"और क्या"दे पेट फटा और लडुआ, बरा, सब्जी, सबके टुकड़ा उछल-उछलके छत की टाँड में जाके लगे"। बताइए"। आदमी मर जाएगा पर खाना नहीं छोड़ेगा। क्यों खाते हैं इतना" ? 'अरे भैया, दो पूड़ी और लाओ तेज तेज चलो यार"। जनवासे की चाल चलके पूड़ियाँ लाओगे तो कल सुबह तक न निबट पाएँगी ये पंगत।

परंतु अंततः पंगत निबट ही गई।

पंगत निबटते-निबटते अंदर के आँगन में हल्ला मचा। कोई भागकर बाहर आया और गुच्चन को बताने लगा कि शीला बेहोश हो गई हैं।

गुच्चन सनसनाते हुए अंदर गए।

शीला को बेहोश हो जाने का रोग था या नहीं, यह अभी तक तय नहीं हो पाया था। वे बेहोश होकर गिर जाया करती थीं। गिरकर कभी चोट नहीं लगी। वे देख-दाखकर बेहोश होती थीं। प्रायः बिस्तर पर ही गिरतीं। इतने धीमे-धीमे गिरती थीं कि कोई-न-कोई थाम ही लेता। फिर वे आँखें फेर लेतीं। बेहोश होना उनकी बीमारी और शौक के अलावा उनका अस्त्र भी था। यदि घर में उनकी कोई बात नहीं मानी जाती या लड़ाई में वे हार रही होतीं, तो बेहोश होकर वे सारा मोर्चा अपनी तरफ कर लेतीं। गुच्चन जब उन्हें मारते, तो वे बेहोश हो जातीं और फिर वे ही गुच्चन बेहोशी के बाद उनकी लल्लो-चप्पो करते। बेहोशी को वे कलात्मकता की बुलंद ऊँचाइयों तक ले गई थीं। आसपास गाँव में कई अन्य औरतें भी बेहोश हुआ करती थीं, परंतु इस बारे में सभी एकमत थे कि शीला जैसा बेहोश कोई और नहीं हो पाता। कटे पेड़-सा गिरती हैं। खड़े-खड़े पुतलियाँ फिराईं और अरे-अरे...जे गिरीं दन्न से। अब करो सौ पंखा, मारो मूँ पे हजार छींटा और तलवन की करो लाख मालिस—बेहोशी नहीं हटनी। बेहोश होने के क्षेत्र में शीला की इज्जत थी। उनका नाम था। उनका अपना एक स्थान था। उनके जैसे सफेद गटा और कौन काढ़ सकता था ? उनके जैसी गले से आवाजें और कौन निकाल सकता था ? उनके जैसी दत्ती और किसकी बँध सकती थी ? अर्थात, किसी की भी नहीं। वे अद्भुत थीं। बेहोश होने का काम, इतने होश से शायद ही कोई अन्य अंजाम दे सकता हो। कम-से-कम अलीपुरा में तो नहीं।

इतनी देर से शादी के इस हंगामे में गुच्चन के अलावा और भी बहुतों को, जो शीला के इस शौक से परिचित थे, आश्चर्य हो रहा था कि शीला अभी तक बेहोश क्यों नहीं हुई हैं ? जब टीका हो रहा था और शीला भी एक गगरी लेकर दरवाजे पर खड़ी हुई थीं, तब गुच्चन ने विशेष तौर पर उनको अलग बुलाकर चेतावनी-सी दी थी कि बेहोश ही होना हो, तो गगरी लेकर खड़े मत होना। शीला बुरा मान गई थीं और उन्होंने गुच्चन की इस तोहमत का इतना बुरा माना था कि वे बेहोश होते-होते बची थीं। हद्द है—लोग समझते हैं कि हम जान-बूझकर बेहोश होते हैं।

गुच्चन अंदर घुसे।

आँगन में घुसते ही मंडप के पास बरुआसागर के रिछारियाजी और छुट्टन किसी बहस में मुब्तिला मिले।

"क्या हो गया शीला को ?" गुच्चन ने चिड़चिड़े स्वर में पूछा।

"वही।" छुट्टन ने लापरवाही से बताया।

"बेहोश हो गई थीं...," रिछारियाजी अर्थात गुच्चन के ससुर ने चिंतापूर्वक बताया।

"हो जाया करती हैं...रोज का किस्सा है," गुच्चन ने रिछारियाजी को बताया।

"वही तो हम रिछारियाजी से बता रहे थे, तो ये बुरा मान गए...," छुट्टन ने बहस का मुद्दा बताते हुए कहा।

"आपने यह नहीं कहा...आप कह रहे थे कि पहले भी बेहोश होती रही होंगी और

हमने शादी से पहले यह बात छुपाकर रखी थी···,'' रिछारियाजी ने अपनी आपत्ति दर्ज करते हुए मुद्दे को स्पष्ट किया।

''एक ही बात है।'' छुट्टन ने लापरवाही से कहा।

''एक बात नहीं है···''

''तो कहते रहिए···''

''कहते कैसे रहिए··· ? आप कुछ न कहेंगे ?''

गर्मा-गर्मी हो चली।

''हमसे न कहलवाइए, वरना मुश्किल हो जाएगी। शादीवाला घर है···और आप मेहमान हैं···,'' छुट्टन ने चेतावनी-सी दी।

''धन्य है आपकी मेहमाननवाजी···,'' रिछारियाजी ने गुच्चन की तरफ मुखातिब होते हुए कहा, ''बिटिया बेहोश हो गई, तो हमने इतना ही कहा कि गर्म दूध लाकर पिलाओ, होश में आ जाएँगी—तो ये छुट्टन आँय-बाँय बकने लगे···''

''आँय-बाँय काहे की ? हमने यही कहा न कि जैसा रिछारियाजी कह रहे हैं, वैसा करो—इन्हें पहले का पता है। शादी के पहले जो बेहोश होती रही होंगी तो ये दूध पिलाके होश में लाते रहे होंगे···,'' छुट्टन ने बताया।

''बताइए··· ये है इनकी तमीज···,'' रिछारियाजी ने गुच्चन को अपनी तरफ खींचने के प्रयास में छुट्टन को बदतमीज सिद्ध करने की कोशिश की।

गुच्चन ने तटस्थता का रुख अपनाते हुए बातचीत को नई दिशा देने की कोशिश की—

''किस बात पर बेहोश हो गईं ?'' गुच्चन ने उनकी बात पर ध्यान न देकर छुट्टन से पूछा।

''उतें कोई बात चाहिए क्या··· ?'' छुट्टन ने कहा।

''फिर भी—''

''बस···भाँवरों से पहले हजार रुपए देने पड़ेंगे, सो आपको पता ही है। अम्माँ अपने कमरे से पैसा निकालके सीढ़ियन से उतर रही थीं कि भाभी को लगा कि उनके खजाने से पैसा निकला जा रहा है। पहले अम्माँ से बहस करी और फिर···''

''देखा आपने ?'' गुच्चन ने रिछारियाजी की तरफ शिकायती मुद्रा में देखते हुए कहा।

''आप हमसे कहते···हम इंतजाम कर देते···,'' रिछारियाजी ने बड़प्पन तथा अमीरी का रौब झाड़ने का अवसर पाया।

''अभी देर नहीं हुई है—अब कर दीजिए···,'' छुट्टन बेशर्मी पर उतर आए।

''तुम चुप रहो छुट्टन···,'' गुच्चन ने फटकारा और फिर रिछारियाजी की तरफ हाथ जोड़कर बोले, ''यह अहसान मत कीजिए···ईश्वर ने अभी हमें इतना सक्षम बनाए रखा है कि यदि हम अपनी बहन को शादी के लिए किसी के आगे हाथ नहीं फैलाएँ तब भी सब ठीक-ठाक हो जाएगा।''

रिछारियाजी को लगा कि उन्होंने अपने दामाद के अहं को ठेस पहुँचाई है। वे लीपापोती करने लगे।

"हम कोई दान थोड़े ही दे रहे थे बेटा ̈हम तो उधार की बात ̈"

"उधार प्रेम की कैंची है ̈," छुट्टन ने याद दिलाया।

"यार ̈ तुम चुप रहो ̈," रिछारियाजी ने हाथ जोड़कर छुट्टन से प्रार्थना की।

"और हम इस कैंची पर रोज धार करते हैं," छुट्टन ने प्रेम की कैंची पर उधार द्वारा धार करने की अपनी आदत का खुलासा करते हुए बताया।

"हम गुच्चन से बातें कर रहे हैं, आप से नहीं ̈"

"खूब करिए। हम चलते हैं। ̈पर यदि उधार देने के लिए नोट इतने ही फड़फड़ा रहे हों–तो हमें याद रखिएगा ̈या हमारे लल्ला को ̈उनके पास उधार का पैसा लगाने को बड़ी-बड़ी स्कीमें हैं। ̈आजकल गोबर-गैस बनाने का कौल लिए बैठे हैं।"

छुट्टन हँसते हुए चले गए। छुट्टन की जुबान, प्रेम की कैंची से भी तेज धारवाली थी। और यूँ भी वे इसे अलीपुरा तथा बरुआसागर के बीच की भिड़ंत मानकर ही बहस में उतरे थे। वे विजयी-भाव से बाहर निकल गए। पीछे बरुआसागर, आँगन में चित पड़ा फड़फड़ा रहा था।

"छुट्टन में अभी लड़कपन है ̈," रिछारियाजी ने छुट्टन की लौंडहाई को एक सम्मानजनक नाम देते हुए कहा।

गुच्चन ने कुछ भी नहीं कहा। वे अनमने से खड़े रहे।

"क्या हुआ बेटा ̈ ?" रिछारियाजी ने चिंता जताते हुए पूछा।

"बाहर पंगत में बड़ी भगदड़ मची है ̈हम जाते हैं ̈" वे बाहर की तरफ रुख करने लगे।

"अंदर शीला को तो देख लेते ̈"

"वे तो अब होश में आ गई हैं न ?" गुच्चन ने कहा।

"फिर भी ̈"

"फिर क्या ̈? हम चलते हैं ̈"

गुच्चन शीला को बिना देखे आँगन से ही वापस हो गए। वे जानते थे कि यदि वे अंदर गए, तो कुछ ऐसा होगा जो शीला को एक बार और बेहोश होने का सुअवसर देगा।

बाहर पंगत अपने अंतिम दौर की किचकिच में थी।

पंगत समाप्त हो गई।

बारातीगण जनवासे लौट गए।

कुछ देर बाद हजार रुपए लेकर गुच्चन तथा भैयन मामा जनवासे पहुँचे। जनवासा स्थानीय प्राइमरी स्कूल में था।

प्राइमरी स्कूल गर्मी की छुट्टियों में बंद भी रहता था और खुला भी रहता था। पढ़ाई के लिए बंद रहता था और शादियों के लिए खुल जाता था। शादियाँ प्रायः गर्मियों में हुआ करती थीं। ओढ़ने-बिछाने का कम इंतजाम, गर्मी में आदमी को भूख कम लगती और ऊपर से यह प्राइमरी स्कूल भी मिल जाता—गर्मी में शादी करना फायदे का सौदा था। स्कूल की इमारत ध्वस्त-प्राय है। छत पर कबेलू। दीवारों से, कमजोर ईंटें बीमार आदमी की पसलियों-सी उभरी हैं—पलस्तर कब का झड़कर बिखर चुका है। खिड़कियों में काँच नहीं हैं। कई जगह खिड़कियाँ ही नहीं हैं। दरवाजे फूल गए हैं। सिटकनियाँ जंग-शुदा या गुम। साँकलें लगती नहीं हैं। फर्श पर जगह-जगह गहरे घाव। दीवारों पर सीलन के दाग। दीवारों पर बने ब्लैकबोर्ड पर, छुट्टियों के लिए जाते-जाते छात्र स्त्री-पुरुष के सनातन संबंधों के विषय में अपना गहन ज्ञान प्रकट कर गए हैं। पेशाबघर दूर कोने में है, पर स्कूल के किसी भी कोने में आप हों—आपको अपने होने की खबर दे रहा है। वर्षों तक मल-मूत्र यदि एक ही स्थान पर सड़ता रहे, तो इससे जो स्थायी परिवर्तन स्थानीय वायुमंडल में उत्पन्न होते हैं, वे स्कूल के वातावरण में थे। मक्खियाँ खूब थीं, मच्छर उनसे भी ज्यादा थे और चींटे-चीटियाँ बड़ी मुश्तैदी से यहाँ से वहाँ आ-जा रहे थे। स्कूल के अहाते में ही चौरस जमीन का मैदाननुमा एक टुकड़ा था, जिसके बीचोबीच एक खंभा गड़ा था। गणतंत्र दिवस तथा पंद्रह अगस्त को इस खंभे पर तिरंगे को लटकाया जाता था। शेष दिनों में, उसी खंभे के नीचे बने चबूतरे पर जुआ खेला जाता था।

अभी भी यहाँ जुआ खेला जा रहा था। बारात में आए लौंडे तीन पत्ती खेल रहे थे। बहुत से लोग उन्हें घेरकर यह दिलचस्प टूर्नामेंट देख रहे थे।

जब गुच्चन तथा भैयन मामा जनवासे में पहुँचे, तो जुए में गतिरोध आया हुआ था और इस बात पर बहस चल रही थी कि यदि जुए जैसे खेल में भी ऐसी बेईमानी होने लगी, तो इस देश में फिर ईमानदारी कहाँ रह जाएगी ? दूसरी पार्टी की शिकायत यह थी कि हर बारात में ये लोग ऐसी ही रूँगटाई पर उतर आते हैं और याद है कि पिछली बार निवाड़ी की बारात में जब ये सात रुपैयावाला दाँव हारने लगे थे तो कैसे रोए थे ? तू-तू, मैं-मैं हो रही थी। दर्शक भी उत्तेजित थे। उनकी रुचि जुए से ज्यादा, जुए से जुड़ी इन गतिविधियों में थी।

गुच्चन और मामाजी पास से गुजर गए। किसी ने ध्यान नहीं दिया। मामाजी भी बिना रुके ही समझ गए कि चक्कर क्या है ? वे चलते हुए गुच्चन को बताने लगे—

"बारातों का आधा माहौल तो इस साले जुए ने खराब कर रखा है। जुए में हारते हैं और उसका गुस्सा लड़कीवालों पर निकालते हैं। अभी गुरसराँय की एक बारात में एक जन ने भेन जनवासे की एक दीवार ही गिरा दी और अपना टूटा-फूटा सामान दिखाकर लड़कीवालों से पैसा माँगने लगे कि हमारा नुकसान पूरा करो।"

"जनवासे होते भी तो ऐसे ही हैं कच्ची दीवार रही होगी अब जे स्कूल ही देख

लो। कोई ढंग का आदमी दीवार से टिककर खड़ा हो जाए तो पूरा स्कूल ही सिर पर गिर पड़े।"

"ऐसी बात नहीं है तुमने जनवासे देखे नहीं हैं। जे तो तुमने बड़ी अच्छी जगह ठहराया है। वरना खँडेरा में या बरगद के नीचे भी ठहरा सकते हैं। यह स्कूल तो बहुत बढ़िया है यार। स्कूल तो ऐसे ही होते हैं। स्कूलन में कौन स्साला संगमरमर लगवा देगा?"

गुच्चन और मामाजी बात करते हुए मैदान पार करके मुख्य इमारत के बरामदे में घुसे।

पास ही दो गाएँ बँधी थीं।

"हेडमास्साब की हैं," गुच्चन ने गायों के विषय में बताया।

"जरसी लग रही हैं?" गायों के स्वस्थ शरीर को देखते हुए मामाजी ने अनुमान प्रकट किया।

"काहे की जरसी स्कूल के लौंडे सेवा-टहल करते रहते हैं, सो ऐसी मुटा गई हैं।" गुच्चन ने बताया।

"बढ़िया दूध देती होंगी," बरामदे में चलते हुए मामाजी ने कहा और खाँसते हुए वहीं बरामदे की दीवार पर खँखार थूक दी। दीवार का कुछ नहीं बिगड़ा। वहाँ पहले ही हजारों दाग थे।

"वो तो आप हेडमास्साब को देख लो, तो जान लोगे—गाय का दूध पी-पीकर साँड़ हो गए हैं," गुच्चन ने बताया।

दोनों जन बरामदे से होकर उस बड़े हॉलनुमा कमरे में घुस गए, जहाँ बारात के बुजुर्ग, वयोवृद्ध तथा अन्य महत्त्वपूर्ण रिश्तेदार ठहरे थे। हॉल में फर्नीचर के नाम पर टूटे-फूटे डेस्क, कुर्सियाँ आदि जो भी थे, वे एक कोने में ढेर बनाकर रख दिए गए थे, ताकि बारात के लिए जगह निकल आए। पूरे कमरे में एक बड़ी दरी बिछा दी गई थी, जिसमें पिछली कई बारातों की दाल-सब्जी-पसीने आदि के दाग तथा गंध रचे-बसे थे। चीकट गाव-तकिए। यहाँ-वहाँ बिखरी बारातियों की टीन की पेटियाँ, बिस्तर, जूते, चप्पल और ऐसा ही दीगर सामान। स्कूल में बिजली अभी नहीं आई है। गैस के दो हंडे कोने में जल रहे हैं। जलते केरोसिन की गंध से आँखें जल रही हैं और हवा तीखी हो गई है।

मामाजी जैसे ही अंदर घुसे, केरोसिन की गंध से उन्हें खाँसी का दौरा पड़ गया। देर तक वे खाँसते रहे और फिर ढेर-सा बलगम कोने में पड़े स्कूल के फर्नीचर के ढेर पर थूककर वे वापस आए, तो बारातियों ने उनका स्वागत किया, "आइए बैठिए भैयन," गँगेलेजी ने दरी पर जगह बनाते हुए भैयन तथा गुच्चन को न्योता।

भैयन गँगेलेजी की बगल में रखी टीन की पेटी के नुकीले कोने से अपने नितंब को चमत्कारिक रूप से बचाते हुए उनके पास बैठ गए। गुच्चन खड़े रहे।

"इंतजाम में कोई कमी-बेसी रह गई हो, तो क्षमा करें," गुच्चन ने विनम्रता से कहा।

''चूहे बहुत हैं'',' एक बुजुर्ग ने मानो यूँ ही बताया।

''पुरानी इमारत है। दीवारें पोली हैं। फिर लौंडे खाने-पीने का सामान खाते-गिराते रहते हैं'','' गुच्चन ने चूहों के होने के कारणों पर विस्तार से प्रकाश डालना शुरू कर दिया, ''अब साफ कौन करे ? एक जमादार है स्कूल में, सो हेड मास्साब के घर पर ही इत्ता काम करता है''

''हेड मास्टर के घर पर भी काम जरूरी है'','' एक बूढ़े बाराती ने हेड मास्टर के समर्थन में वक्तव्य दिया।

''रात में काटेंगे-कूटेंगे तो नहीं ?'' एक ने पूछा।

''बारातें तो अलीपुरा की यहीं ठहरती हैं। ऐसी शिकायत तो नहीं आई कभी।'' गुच्चन ने बताया।

''तब ठीक है''अच्छा भैया रात को का इंतजाम है ?'' गँगेलेजी ने पूछा।

''दो आदमी बंदूक लेके बाहर पहरा देंगे'','' भैयन ने बताया।

''बस'' ?''

''तीन लठैत पीछेवाली दीवार के पास खटिया डालकर बैठे ही हैं''आप चिंता न करें''अमृतलाल के घर की बारात पर डकैती डालने से पहले आदमी दस बार सोचेगा।'' भैयन ने बताया।

''मान लो दस बार सोचके ही डाल दी तो हम तो मर गए न'','' गँगेलेजी ने अपनी परेशानी बताई, ''चढ़ाए का इतना सोना लाए हैं, फिर''''

अलीपुरा में बारात का इंतजाम करने में सबसे महत्त्वपूर्ण पक्ष बंदूकों और लठैतों का इंतजाम करने का रहता था। लड़कीवाले सुरक्षा का अपना इंतजाम करते थे। बारात में भी बंदूकें होती थीं। रिश्तेदारी में जो लठैत होते थे, वे सादर साथ लाए जाते थे। गाँव के रंगबाजों और लठैतों की इज्जत रातों-रात बढ़ जाती थी। बारात में सुन्ना (सोना) जाता है, लड़की पर चढ़ाने को। बारात सोना तथा नकदी वसूल करके आनेवाली है। बाराती भी रंगदारी में अँगूठी, चेन आदि पहनेंगे। फिर जिनके यहाँ बारात आ रही है, या जो बारात लेकर जा रहे हैं, उनसे उस घटना का बदला भी लिया जाना है, जो अब ठीक से याद तक नहीं आती--पर कुछ हुआ तो था !''और इन सबके चलते बारात की बस पर, या जनवासे पर डकैती पड़ना आम बात थी। डकैत पिटाई भी बढ़िया करते थे और मजाकिया किस्म के हुए, तो नाक तक काट कर ले जाते थे । चर्चा उसी के इंतजाम की हो रही थी।

''आप भी तो दो बंदूकें लाए हैं न ?'' भैयन ने पूछा। द्वारचार के समय उन्होंने दो मुँछाड़ियों को गर्व से दुनाली टाँगे देखा था। उनकी छाती पर कारतूसों की पट्टी सजी हुई थी।

''लाए तो हैं''पर इंतजाम पुख्ता रहे तो बढ़िया''''

''इंतजाम पुख्ता ही है''''

गँगेलेजी पेटी खोलकर लड़की के लिए लाया गया चढ़ाए का सामान दिखाने लगे।

पहले तो पेटी पर लगे मोटे ताले की चाभी खोजी गई, जो गँगेलेजी ने बहुत सँभालकर जनेऊ में बाँध रखी थी, जिसमें और भी कई तरह की कई अन्य चाभियाँ भी बँधी हुई थीं। गँगेलेजी ने जनेऊ को कुर्ते से बाहर खींचा और स्वयं तिरछे होकर बैठे कि जनेऊ की चाभियाँ पेटी के ताले तक पहुँच सकें। इस प्रयत्न में वे कोने में रखे गैस के हंडे में लात लगा बैठे। काफी देर तक झुलसने से बाल-बाल बचे पंजे को सहलाते हुए; बैठने के बाद वे पुनः तिरछे होकर पेटी के निकट आए। पंद्रह-बीस मिनट तक सारी चाभियाँ आजमाने के बाद जब गँगेलेजी ताले की माँ के साथ क्या किया जाएगा तथा न मिल रही चाभी की बहन के साथ वे क्या करने का इरादा रखते हैं, यह बता रहे थे, तभी एक चाभी लग गई और ताला खुल गया।

"इत्ती चाभियाँ हैं¨आदमी भेन¨किस-किसको याद रखे¨," गँगेलेजी ने अपनी परेशानी बताते हुए पेटी में रखा सामान एक-एक करके निकालना शुरू किया। बिन्नू के लिए साड़ी, ब्लाउज, पेटीकोट, मेकअप का सामान (कंघी, पावडर, रिबन, लिपस्टिक आदि) निकाले गए। किसी की रुचि इसमें नहीं थी। लोग लड़केवालों की हैसियत का पता इस बात से लगाते थे कि चढ़ाए में सोना कितना लाया गया है। यह लड़कीवालों के दरवाजे की इज्जत का प्रश्न भी होता था। गुच्चन और मामाजी की उत्सुकता तथा चिंता का विषय इस समय यही था कि सोने का कौन-सा तथा कितना सामान लाया गया है, सामान निकाला गया। एक हार, एक अँगूठी, दो सोने के कड़े, एक झुमका, एक चाँदी की करधनी¨बस। हद हो गई यह तो¨। साली भिखारियों की बारात है क्या ? न मटरमाला, न कंठहार, न बाजूबंद, न हँसली, न टिकिया, न¨।

भैयन का मुँह गुस्से से लाल हो गया।

"इसी के लाने आप डकैती से डर रहे थे ?" मामाजी ने पूछा।

"कम है क्या ?" गँगेलेजी ने आश्चर्य का सहारा लिया।

"हमारी नहीं, तो डकैतों की ही इज्जत का ख्याल किया होता।" मामाजी ने गुस्सा दिखाया।

गुच्चन ने मामाजी को रोकते हुए समझाया, "मामाजी आप चुप रहो¨"

"आप ये इज्जत-बेइज्जती की बात क्या कर रहे हैं ?" गँगेलेजी गर्म हुए।

"जे स्साला कोई चढ़ावा लाए हैं आप ?¨अरे चुप क्यों रहें यार, भेन¨किसी से दबते हैं क्या ?¨हमारे दो हजार के तीन हजार हो जाते हैं और आपका चढ़ावा ऐसा कि¨," मामाजी ने गुस्से में बढ़कर गँगेलेजी की पेटी का पल्ला जोर से बंद कर दिया। धड़ाम की तेज आवाज हुई।

आवाज की धमक से कोने में पड़े कुर्सी-टेबल के ढेर में से एक कुर्सी धड़ाम से नीचे आ गिरी। इसी धमक से चौंककर गँगेलेजी पीछे की तरफ लुढ़क गए। उनकी उँगली पेटी के पल्ले में फँसते-फँसते बची। आवाज ऐसी तेज गूँजी कि बारात के साथ आए बंदूकधारी मुँछाड़िए सज्जन, जो बाहर खड़े हुए बीड़ी पी रहे थे, दौड़कर अंदर आ गए। आवाज सुनकर गुच्चन के बंदूकधारी भी, जो बाहर खड़े हुए गाँजा पी रहे

थे, वहाँ पहुँच गए। दोनों तरफ बंदूकें आ जाने से दोनों ही पार्टियों का खून गर्म होने लगा, ''ये क्या हो रहा है गुच्चन¨? जे न समझना कि झाँसीवालों की पेशाब तुम लोगन से पतली है।'' गँगेलेजी ने कहा।

गुच्चन स्थिति बिगड़ती देखकर मामाजी को समझाने लगे। मामाजी जब से बीमार रहने लगे थे, तबसे वे अपना गुस्सा रोक नहीं पाते थे। वे अभी भी गुस्से से काँप रहे थे।

''आप चुप रह जाओ मामाजी¨,'' गुच्चन ने मनाते हुए कहा।

''हम काहे चुप रह जाएँ भैया।¨जे कोई तरीका है इनका ? लड़का दोज्या है, तो कम-से-कम चढ़ावा तो ऐसा लाते कि¨,'' मामाजी अभी भी काँप रहे थे।

''दोज्या है, तो कोढ़ी है क्या ?¨ऐसे दोज्या-दोज्या बोले जा रहे हैं कि'' गँगेलेजी उनसे ज्यादा काँप रहे थे।

''मामाजी¨आप ही गम्म खा जाओ¨,'' गुच्चन ने मामाजी का हाथ पकड़कर खींचा।

''हमारा यह कहना है भैया कि हमें चूतिया न समझा जाए¨,'' मामाजी ने हाथ छुड़ाकर कहा।

''चूतिया हम भी नहीं हैं।'' गँगेलेजी ने कहा।

''वो तो आप जो चढ़ाए का सामान लाए हैं, उसी से साफ है कि आप चूतिया नहीं हैं और दुनिया को चूतिया समझते हो¨,'' मामाजी ने व्यंग्य और तिरस्कार से कहा।

''मामाजी आप तो अपनो मों बंद रखो¨,'' गुच्चन ने फिर से मामाजी का हाथ पकड़ा।

''और ये चूतियाटिक बके जाएँ ?'' मामाजी ने गुच्चन का हाथ झटक दिया।

''भैयन मुँह सँभाल के बात करिए¨,'' गँगेलेजी गुस्से में आगे बढ़े।

''बीमार आदमी हैं, इनकी बातों पर मत जाइए¨,'' गुच्चन ने गँगेलेजी का हाथ पकड़कर खींचा।

''बीमार हैं, तो क्या सर पे मूतेंगे¨?'' गँगेलेजी ने हाथ नहीं छुड़ाया।

''बुजुर्ग हैं¨गँगेलेजी, रहने दीजिए¨?'' एक बुजुर्ग बाराती ने बीच-बचाव में गुच्चन के साथ आकर कहा।

''बुजुर्ग हैं तो बुजुर्गोंवाली बात तो करें¨,'' गँगेलेजी थोड़ा शांत हुए।

''माँ की आँख बुजुर्गियत की¨,'' मामाजी गुस्से से नचे-नचे फिर रहे थे।

''देखा आपने¨,'' गँगेलेजी ने मामाजी की ज्यादती की तरफ जमाने का ध्यान खींचा।

''मामाजी, आप चलो तो यहाँ से¨,'' गुच्चन ने मामाजी को पकड़कर घसीटने की कोशिश की।

''देखें, कौन भेन¨उठाता है हमें यहाँ से¨,'' मामाजी ने गुच्चन को धक्का दिया।

''आप मत उठिए¨हम ही उठे जाते हैं¨,'' यह कहकर गँगेलेजी गिरते गुच्चन को

सँभालकर तमतमाकर उठे और बाहर जाने लगे। गुच्चन भी सँभले और लपककर उनके पीछे-पीछे गए। पीछे मामाजी गुस्से में तेज-तेज चिल्लाते रहे। वे क्या चिल्ला रहे थे, यह पता करना कठिन था, क्योंकि तब तक तेज खाँसी के दौरे ने उनके शब्दों को दबोच लिया था। वे खाँसते हुए भी चिल्लाते रहे। गुच्चन गँगेलेजी के पीछे-पीछे बाहर तक आ गए। बरामदे में तेज चलते हुए वे दोनों वहाँ पहुँचे, जहाँ गाएँ बँधी हुई थीं। गुच्चन समझाते तथा क्षमा माँगते हुए गँगेलेजी के पीछे चलने लगे--

"भैयन मामा की बातों का बुरा मत मानिए। वे बड़े बीमार रहते हैं। गुस्सा उनसे सँभलता नहीं। कैंसर के मरीज हैं। आप बिलकुल ध्यान न दें। बहुत बीमार हैं। अभी रास्ते में आते हुए बलगम में इत्ता खून थूके हैं...," गुच्चन ने दोनों हथेलियों का कटोरा-सा बनाकर बात में वज़न लाने की कोशिश की। उधर गँगेलेजी के अपने मुद्दे थे--

"ये बार-बार दोज्या-दोज्या क्यों कहते हैं ? छुपाके तो शादी तय करी नहीं है। पहले से पता था कि लड़का दोज्या है...?"

"बीमार आदमी हैं..."

"दोज्या का क्या मतलब...? सौ रिश्ते आ रहे थे..."

"बुखार में आँय-बाँय बोले जाते हैं..."

"वो तो अमृतलाल की लड़की से रिश्ता है...सो सभी ने इधर की हाँ भर दी...वरना रिश्तों की भेन...क्या कहीं कमी है..."

'साँस फूलती है मामाजी की।"

"यार ऐसे ही बीमार हैं तो अस्पताल में डाल दो..."

"वहीं थे...बिन्नू की शादी के लिए निकलके आए हैं..."

"इन्हें निकलने किसने दिया ?"

"आप नाराज न हों..."

"यार...हम तब से गम्म खा रहे हैं कि ये तुम्हारे भैयन मामा सनाढ्य समाज के दस साल तक अध्यक्ष रहे हैं--उस टाइम की कमाई इज्जत है कि आज इतना बकलोल जैसा बोलते रहते हैं और सब सुन लेते हैं..."

"ब्राह्मणों के लिए बहुत किया है मामाजी ने..."

"वही तो..."

"भूल जाइए..." गँगेलेजी को थोड़ा-सा ठंडा पड़ता देखकर गुच्चन ने बनियान के अंदर के खीसे से हजार रुपए के नोट निकालकर गँगेलेजी को दिए। बरामदे के इस ओर अँधेरा-सा था। गँगेलेजी ने नोट उस अँधेरे में भी पहचान लिए और एकदम विनम्र तथा समझदार हो गए। अँधेरे में ही नोटों को गिनकर उन्होंने तसल्ली की। गुच्चन ने बताया कि सौ-सौ के नोट हैं। गँगेलेजी ने कहा कि सौ-सौ के ही ठीक रहते हैं। बड्डे ने कहा कि गिन लीजिए। गँगेलेजी ने पूरे गिनकर कहा कि गिनने की कोई जरूरत है नहीं, क्योंकि आप कोई बेईमानी थोड़े ही करोगे। गुच्चन ने कहा कि फिर

भी ठीक रहता है। गँगेलेजी ने माना कि हाँ यह तो ठीक कहते हैं आप। बाद में विवाद होने से अच्छा है कि आदमी शुरू में ही गिन ले। इससे ठीक रहता है। गुच्चन ने बताया कि वे भी यही चाहते हैं कि सब ठीक रहे। गँगेलेजी ने तसल्ली दी कि उनके रहते सब ठीक ही रहेगा और शादी बिना विघ्न-बाधा के संपन्न होगी। गुच्चन ने कहा कि आपकी कृपा रहनी चाहिए। गँगेलेजी ने बताया कि उनकी कृपा तो रहेगी ही। इस तरह बरामदे का वह कोना जो अब तक केवल अँधेरे में डूबा था, अब आत्मीयता में डूब गया। गँगेलेजी ने पूछा कि भाँवरों का मुहूर्त कै बजे है। और गुच्चन ने बताया कि रात को दो बजे। सब बढ़िया रहेगा और रहने वाला है—इस संकल्प के साथ दोनों विदा हुए। गँगेलेजी ने जाते-जाते कहा, "तुम मामाजी को वहीं के वहीं ले जाओ। तभी हम कमरे में जाएँगे। फालतू बहस बढ़ाने से क्या फायदा...?"

"सही कह रहे हैं आप...," गुच्चन ने कहा।

"बीमार हैं, बुजुर्ग हैं...आँए-बाँए निकलेगा मुँह से उनके...अपुन ने भी कुछ कह दिया तो फालतू की हुज्जत...," हजार रुपए लेकर गँगेलेजी यकायक विनम्र, क्षमावान तथा उदार-हृदय हो गए थे।

"कैंसर है...," गुच्चन ने फिर बताया।

"बताइए...जिसने सनाढ्य-ब्राह्मण-समाज के लिए इतना किया, ईश्वर ने उसके साथ यह किया..."

"ईश्वर की माया..."

"हरिओम..."

दोनों विदा हुए।

विदाई के पलों में गँगेलेजी की नजर गायों पर पड़ी। वे रुककर जाते हुए गुच्चन से पूछने लगे, "लगता है हेड मास्साब की हैं...?"

"और कौन बाँध सकता है स्कूल में ?"

"खिलाई तगड़ी दिख रही है।"

"हेड मास्साब की देखिएगा—उनकी इनसे भी तगड़ी है..."

"शरीर बनाना भी बहुत जरूरी है गुच्चन..."

"सही कह रहे हैं आप..."

"वरना भैयन जैसा हाल होता है।"

"बीमार हो जाता है आदमी..."

"और क्या...तो तुम उन्हें लेकर निकलो—तब तक हम मूत-मातके आते हैं।"

भाँवरें ठीक-ठाक निबट गईं।

ठीक-ठाक, यानी बिना गाली-गलौज, खींच-तान या अन्य कोई नया विवाद हुए। और यह आश्चर्यजनक था क्योंकि भाँवरों के पहले ही लेन-देन के सारे मामले निबटा

लिए जाने चाहिए, ऐसा इधर लड़केवालों का विश्वास हुआ करता था। भाँवर के सात फेरे पड़ जाने के बाद लड़कीवाले कटी उँगरिया पर भी नहीं मूतनेवाले, यह सभी जानते थे। भाँवरे पड़ने तक लड़कीवालों की गरदन लड़केवालों के हाथ में थी और जितना उलगवाना हो, उगलवाया जा सकता था। मान्यता यह थी कि भाँवरों के पहले चाँद माँग लो। आदमी चाँद तो खैर क्या देगा, परंतु एक हजार तक तो दे ही जाएगा। ऐसी कुछ वारदात नहीं होने से जहाँ गुच्चन प्रसन्न ., वहीं मामाजी आशंकित थे।

जनवासे से लौटते हुए भैयन गालियाँ देते आए। वे गुच्चन को यह बताते रहे कि गँगेले ने यदि आगे एक बार भी बदमाशी दिखाने की कोशिश और की तो वह डंडा, जो वे रात के अँधेरे में रास्ते के कुत्तों को डराने के लिए लेकर जनवासे तक आए थे, उसे वे गँगेलेजी के कहाँ से डालकर कहाँ से निकालेंगे। उन्होंने डंडे को हैंडिल की तरह घुमाकर पूरी विधि का विधिवत प्रदर्शन भी किया और यह भी बताया कि ये झाँसीवाले स्साले बिना हैंडिल घुमाए, आगे नहीं बढ़ते। घर पहुँचने तक भैयन गुस्सा थे। वे जाकर अम्माँ के पास बैठ गए, जो अंदरवाले कमरे में चुपचाप बैठी थीं। टीका से लेकर अभी तक वे उसी कमरे में ऐसी ही बैठी थीं। किसी जरूरी काम से निकली हों, तो निकली हों, वरना वे वहीं थीं। बिन्नू से उनका रिश्ता माँ-बेटी का तो था ही, एक दर्द का रिश्ता भी था। उन्हें पता था कि उनका दर्द बिन्नू से बेहतर कोई नहीं जानता था। बिना बोले ही वे एक-दूसरे के दुख को बाँटते थे। अभावों के अँधेरे घने जंगल से गुजरते जीवन में वे आज तक चुपचाप और आशंकित, पर साथ-साथ चलते आ रहे थे। एक-दूसरे का सहारा और विश्वास था। उपस्थिति का भी एक संबल होता है। वह था। अब, आज के बाद यहाँ से दोनों के मार्ग अलग होते थे। अम्माँ को अपने जीवन की अँधेरी यात्रा का कतई भय नहीं था। वे अँधेरों से कभी डरी ही नहीं। और अब तो उन्हें अँधेरों की आदत-सी हो चुकी थीं वे अपने कमरे में बैठीं यही प्रार्थना कर रही थीं कि ईश्वर बिन्नू की यात्रा को सरल, साफ और अँधेरों से परे बनाए। वे शादी का दिन पास आते-आते बड़ी चुपचाप रहने लगी थीं। बिन्नू उनकी आँखों की बेचैन मौन भाषा को पढ़ रही थीं। दोनों की आशंकाओं के बीच यह शादी हो रही थी। बिन्नू को कोई उत्साह जैसा कुछ कहीं नहीं था। यह बात भी जीवन में कभी होनी है, सो हो ले—इस भाव के साथ वे शादी करा रही थीं। जब शादी के प्रति उत्साह हो सकता था, उम्र के वे मासूम पड़ाव तो बहुत पीछे रह गए थे। अब शादी करके वे इस घर को, अपनी प्रेतबाधा से मुक्ति दिलाना चाहती थीं।

मामाजी को अम्माँ के पास बिठाकर गुच्चन बाहर निकले, तो छुट्टन दिख गए, जो महिलाओं के बीच बैठकर कुछ ऐसी रोचक बातें सुना रहे थे, जो केवल वे ही सुना सकते थे। महिलाएँ हँस रही थीं। गुच्चन को देखकर छुट्टन चुप हो गए। उन्हें पता था कि गुच्चन को यह सब पसंद नहीं है। परेशानी की बात यह थी कि छुट्टन के हिसाब से जीवन में जो भी अच्छा तथा आनंददायक था, वह गुच्चन को पसंद नहीं था।

"लल्ला कहाँ है ?" गुच्चन ने रूखे स्वर में पूछा।

"तीस पूड़ियाँ खाने के बाद और कहाँ होंगे ?" छुट्टन ने मुसकुराकर औरतों तथा लड़कियों को सुनाते हुए कहा।

औरतें हँसने को तत्पर बैठी थीं। वे हँसीं।

गुच्चन ने और भी रूखा होकर कहा, "और तुम बैठकर लल्ला की पूड़ियाँ गिन रहे थे?"

"हम कहाँ तक गिनते? गिनने बैठते, तो वहीं बैठे रह जाते।"

"हैं कहाँ अब्भू?"

"इत्ता खाने के बाद या तो छत पर खटिया पे होंगे या टट्टी गए होंगे।" छुट्टन ने कहा।

औरतें मुँह दबाकर हँसने लगीं।

गुच्चन को गुस्सा आ गया—

"वे वहाँ सो रहे हैं; आप यहाँ ही-ही-ठी-ठी करवा रहे हैं—लग ऐसा रहा है कि शादी निबट चुकी है! ...भाँवरों का इंतजाम कौन देखेगा?"

गुच्चन को गुस्सा होते देखकर औरतें तथा लड़कियाँ वहाँ से खिसकने लगीं। छुट्टन उठकर उनके पास आ गए और सांत्वना देने का काम करने लगे, जो उनको खूब आता था—

"सब हो रहा है दादा, आप चिंता न करो। भाँवरों में अभी दो घंटे हैं। आप भी आराम कर लीजिए..."

"पंडितजी को बुलाने कौन गया है?"

"कनछेदी पंगत के बाद पंडितजी को छोड़ने गए थे—वे ही लेके भी आ जाएँगे।"

"उधर के सामान की लिस्ट...?"

"वो सब कर लिया है।"

गुच्चन शांत हो गए। कुछ देर चुप रहकर उन्होंने पूछा—

"चंदू ने खाना खा...?"

"पंगत से पहले जिमा दिया, उन्हें भूख लगी थी..."

"लाल कोट में शानदार लग रहे थे चंदू...क्यों?"

"डाक्टरी कॉलेज का कोट है...शानदार लगना ही है..."

"हमने तो सबसे मिलवाया उनको... गँगेलेजी से अंग्रेजी में ऐसी बात करी चंदू ने कि हमारी तो छाती ऊँची हो गई..."

"गँगेलेजी कछू समझे कि नहीं...?

"समझ जाएँ तो अंग्रेजी काहे की..."

"सही बात है।"

"चंदू के दोस्तों को भी खिलवा दिया?"

"हओ।"

''अच्छा किया उनका कमरा-वमरा ठीक करा देना''

''सब ऊपरवाले कमरों में बढ़िया सो रहे हैं, पंखा लगाके''

''चलो ये बढ़िया रहा। शहर के बच्चे हैं। ये न समझें कि अलीपुरा में खातिर नहीं हुई।''

''और आपने खाना खा लिया?''

''अभी कहाँ और मामाजी भी तो भूखे हैं।''

''फिर आप लोग बैठो हम पत्तलें लगवाते हैं।'' छुट्टन लपक लिये।

भैयन और गुच्चन ने खाना खाया। भैयन का गुस्सा अब तक उतर चुका था। अम्मा को गँगेलेजी के विषय में पूरा बताकर तथा यह भी बताकर कि गँगेलेजी ने अगर अबकी बार हुशियारी दिखाई तो वे किस प्रकार उनकी दोनों टाँगें चीरकर फेंकने वाले हैं—दिल की भड़ास निकल जाने के कारण वे शांत हो चुके थे। वे अब अच्छे मूड में थे। लगभग मजाक के मूड में। और जीवन को उस तरह देखने के मूड में, जिस तरह देखते हुए, उनका अब तक का जीवन बीता था। छुट्टन परसैया बने सब्जी की बाल्टी लटकाए आए, तो मामाजी ने अम्माँ से कहा—

''अबकी साल तो छुट्टन को भी निबटवा दो''

''आप लड़की तो दिलाओ,'' अम्माँ से पहले छुटंके ने कहा।

''तुम्हें लड़कियन की कौन-सी कमी है? कल से आज तक दस लोग हमें टटोल चुके कि छुटंके की शादी''

''हाथ में हड्डी गड़ी होगी उनके,'' छुट्टन ने कहा।

''अब हमें टटोलेंगे, तो गड़ेंगी ही, पर हड्डियाँ निकल आने का फायदा यह है कि मरेंगे तो तुम लोगों को ल्हास उठाने में कष्ट न होगा,'' मामाजी ने छुट्टन के मजाक को ऐसा मोड़ दिया कि अम्माँ गुस्सा हो गईं—

''ऐसी अशुभ बातें बोलोगे तो मों में लूगर घुसेड़ देंगे हम''

''जिज्जी, इसीलिए तो हम चाहते हैं कि छुट्टन और लल्ला की हमारे सामने निबट जाती। इन्हें दूल्हा बना देखने की तमन्ना लिये मर गए तो भूत बनके इतें ही इसी कमरा के उस कोने में मँडराते रहेंगे और तुम्हें डराते रहेंगे,'' मामाजी ने हँसकर कहा।

''मरें तुम्हारे दुश्मन''

''यही तो रोना है कि स्साले दुश्मन सब बच गए और दोस्त बिलात के मर गए''

''पर तुम अब इनकी शादी करा ही लो हमारे रहते, तो हम चैन से मर सकें''

''अभी आप नहीं मरने वाले और आप मर गए तो हम कुँआरे मर जाएँगे।'' छुट्टन ने कद्दू की और सब्जी लेने का आग्रह करते हुए कहा।

''झाँसी के रेलवे-डाक्टरों ने छह महीने का टाइम दिया था। आठ गुजर गए। दो महीने ज्यादा जी चुके। और ज्यादा दिन खिंच गए, तो डाक्टर लोग बुरा मान

जाएँगे।''

''रेलवे के डाक्टर स्साले क्या जानें।'' छुट्टन वहीं पास ही, बाल्टी छोड़कर बैठ गए। आवाज देकर उन्होंने पूड़ियाँ मँगवाई। आवाज लगाकर सन्नाटा मँगवाया। आग्रहपूर्वक मामाजी को खिलाया।

''कुछ दिन और निकार ले जाते, तो सबकी निबट जाती...''

''सबकी निबटेगी...और आप ही निबटवाएँगे...''

''न जाने ये स्साला कैंसर कहाँ से हो गया...नहीं तो सबकी निबटानी ही थी हमें ?...''

''सन्नाटा और डालें ?''

''मिर्ची बड़ी डाली हैं रे...लल्ला कितें हैं ?''

''आज जिसे देखो, वही लल्ला को पूछ रहा है। अभी गुच्चन भी पूछ रहे थे, हैं कितें बे?''

''जिस सन्नाटे का एक दोना पीके आप मिर्ची-मिर्ची कर रहे हो न, उसी की बाल्टी भर पीके पड़े हैं छत पे...''

''पहलवानी शरीर बनाया है पट्ठे ने—तभी तो छतरपुर के दीक्षितजी ने देखते ही पसंद कर लिया कि दामाद हो तो ऐसा...''

''दीक्षितजी शादी को पटेबाजी समझते हैं क्या ?''

''वे पीछे लगे हैं कि पक्यात अभी परसों कर लें और शादी अगले महीना की तीजा को...''

''पहले जे तो निबटें...,'' अम्माँ ने छुट्टन की तरफ इशारा करके कहा।

''हमने भी उनसे जे ही कही कि पहले छुट्टन निबटें...कायदे से तो पहले चंदू भी निबटें, तब लल्ला का नंबर...,'' मामाजी ने बताया।

''चंदू तो मना करते हैं...कहते हैं कि आगे की डागदरी भी पढ़ेंगे, तब सोचेंगे शादी की,'' गुच्चन ने कहा।

''चंदू की बातें तो बड़े आदमियन की बातें हैं।'' भैयन ने कहा।

भाँवरें हुईं। मामाजी को गँगेलेजी की टाँग चीरने की आवश्यकता नहीं पड़ी। वह डंडा भी बेकार गया, जिसे हैंडिल की तरह डालकर गँगेलेजी की गाड़ी को सही रास्ते पर चलाया जाना था। गँगेलेजी ने कुछ किया ही नहीं। मामाजी थोड़ी दूर बैठकर भाँवरें देखते रहे। उनके पास ही लल्ला बैठे थे। छुट्टन दौड़-दौड़कर कुछ काम कर रहे थे, जिसके बारे में पता नहीं चल रहा था कि वह था क्या?

मामाजी की निगाह गँगेले पर थी, जो लड़के के ठीक पीछे बैठे थे। गँगेलेजी यदि फिर कुछ होशियारी दिखाएँगे तो मामाजी को तय करना ही होगा कि कैंसर से मरना ठीक रहेगा या इन्हें मारके फाँसी पर लटककर?

"अबकी बार इनने आग मूती कि हमने इन्हें टपकाया¨," मामाजी ने अपना मंतव्य लल्ला को बताया।

लल्ला को मार-पीट, लाठीबाजी, गोलीबारी, हत्या आदि की बातचीत में वैसे भी आनंद मिलता था।

"हमारे पास दो-दो हैं।" उन्होंने बताया।

मामाजी समझे नहीं—"क्या हैं?"

"देसी कट्टा¨," अब्भू ने कुर्ता उठाकर दिखाया। उनकी कमर में दोनों तरफ एक-एक पिस्तौल टँगी थी ।

मामाजी पिस्तौलें देखकर चौंक गए। वे टाँगें चीरने, उठाके दचक देने, टपका देने आदि की जो भी बातें गुस्से में करते हों, परंतु कार्यरूप में वे मूलतः अहिंसावादी ही थे।

"शिकार पे निकले हो क्या।" मामाजी ने फटकारा।

"हरबा-हथियार तो शादी में भी लगता है।" लल्ला ने पिस्तौल की फ़िलॉसफी समझाई।

"चला-चलू न देना¨," मामाजी ने चेताया।

"बे चलाने लगे, तो¨?" लल्ला ने पूछा।

मामाजी अचकचा गए–

"बे क्यों चलाएँगे¨?"

"लड़केवालों पे कोई बंदिश है? मान लो कि वे गोली चला ही दें, तो आप क्या कर लेंगे?" लल्ला ने पूछा।

लल्ला बात सही कह रहे थे। यदि लड़केवाले यूँ ही, मौज में आकर या इसीलिए कि वे लड़केवाले हैं गोली चला भी दें तो बिचारे लड़कीवाले क्या कर लेंगे ?

"वो नौबत नहीं आएगी," मामाजी ने संयुक्त राष्ट्रसंघ की भाँति शांति की आशा प्रकट की।

"नहीं आएगी तो अपुन को कौन-सा कुत्ते ने काटा है कि किसी से उलझेंगे¨," लल्ला ने कुर्ते को थपथपाते हुए बताया।

भाँवरें बिना किसी किलकिल के पूरी हुईं। भैयन ने माना कि वे गँगेलेजी को फालतू ही गलत आदमी समझ रहे थे। उन्होंने यह भी कहा कि वो तो मँडवा से हम थोड़ा दूर बैठे थे, वरना बाद में गँगेलेजी पर ऐसा प्यार आ रहा था कि हो सकता है कि वे उनकी चुम्मी ले डालते। मामाजी ने यह भी कहा कि आदमी की शक्ल कई बार धोखे में डाल देती है। अब इन गँगेलेजी का मुँह ही देख लो। आदमी शक्ल से ही डकैत और लंपट लगता है। नथुने देखे ? और आँखें ? स्साली ऐंचकतानी। गाल पे बड़ो-सा मस्सा¨और फिर ऐसो आदमी शरीफ निकल आए। बताइए¨ भगवान भी कैसा

चूतिया बनाता है।

भाँवरों के बाद इसी तरह की बातें होती रहीं। भाँवरें समाप्त होते-होते सुबह हो गई थी। अब कौन सोता ? लोग बातें करते रहे। मामाजी के किस्से। उनकी कराई शादियाँ। उनके द्वारा खोजे गए खजाने। रेलवई के किस्से। ऐसे आदमियों की बातें जिनकी शक्ल गँगेलेजी जैसी खतरनाक थी और जिनको देखते ही इलाके का थानेदार हथकड़ी लेकर पीछे आने लगता था। फिर बात गाल पर मस्सा होने के फायदों की तरफ मुड़ गई।

ऐसी ही न जाने कौन-कौन-सी फालतू बातें। फालतू बातें करने में फायदा यह रहता है कि समय का पता ही नहीं चलता। यही हुआ। पता ही नहीं चला कि कब सूर्योदय हो गया। सभी नित्यकर्मों से निबटने निकल पड़े। थोड़ी दूर पर नदी बहती थी। अलीपुरा वालों को नदी के किनारे पर उकडूँ बैठकर सूर्योदय देखने में परम आनंद आता था। पेट साफ हो जाता था, सो अलग।

बारह बजे दोपहर बिरादरी की कच्ची पंगत। साथ में कुँअर-कलेऊ। बिरादरी के खुर्राट बुजुर्ग, शरारती नौजवान तथा चालाक अधेड़ आकर मँडवा के चारों ओर आँगन में बैठ गए थे। बाकी बिरादरीवाले बरामदों में तथा कमरों में बिछी पत्तलों के सामने। कच्ची पंगत यानी बिरादरी के ऐसे करीबी लोगों की दावत, जो यदि मौका मिलता या अभी भी कभी मिल जाए, तो आपके रिश्तेदार हो सकते थे। शादी-ब्याह के संबंध वाले लोग। आपकी रसोई में घुस जाने वाले। आपके चूल्हे पर अपनी बपौती मनाने वाले परिचित। आपके सिर पर आग मूतने को अपना अधिकार मानने वाले, चाहे इस चक्कर में उनका खुद का पाजामा जल जाए। पंगत में बैठकर आपकी बुराई करने वाले। यह बताने वाले कि किस सब्जी में नमक कितना कम है और बरा स्साले एकदम पथरा से करें हैं। तो ऐसे छिद्रान्वेषियों की भीड़ पत्तलों के सामने बैठी थी। पत्तलों तथा दोनों में परसैया वही परोस रहे थे, जो परसते ही पत्तल पर पसर जाता था और दोने से बह निकलता था। लोग दो-तीन दोनों को एक के ऊपर एक लगाकर यह बहाव रोकने में मुब्तिला थे। दोने से बहकर भोज्य पदार्थ, पत्तल पर रखे भोज्य पदार्थों में मिल रहे थे। और वहाँ से भी बहकर जमीन पर आ रहे थे। कोशिश जारी थी कि जमीन से जो चीज बहकर नितंबों की दिशा में आने का प्रयत्न कर रही है, उसको पाजामे तथा धोती में प्रवेश से किस प्रकार रोका जाए?

कुँअर-कलेऊ के लिए दूल्हा बैठ चुका है। बड़ी-सी परात में विभिन्न मिठाइयाँ। भोजन की थाली। दूल्हे के साथ उसके हम-उम्र रिश्तेदार तथा कुछ बालगुपालनुमा छोटे बच्चे। प्रतीक्षा हो रही है कि कुँअरजी कलेवा का प्रथम ग्रास मुँह में डालें, तो पंगत शुरू हो। कुँअरजी डाल नहीं रहे। कुँअर लोग डाला नहीं करते। पहले नेग पूरा हो, तो ये मुँह में डालें। नेग में वे साइकिल, अँगूठी. घड़ी, रेडियो से लेकर चाँद तक

कुछ भी माँग सकते हैं। लड़कीवाले को देना होगा। तब तक दूल्हा रूठा रहेगा। रिसाएगा। खाएगा नहीं। मनाया जाएगा, तो मानेगा नहीं, चिरौरियों पर ध्यान नहीं देगा। जो माँगा है, उससे नीचे पर तैयार नहीं होगा। दूल्हे की तरफ से उसका केस रखने को उसके एकाध बुजुर्ग होंगे, जो इस तरह के मोल-तोल के पुराने खिलाड़ी होंगे। यही हो रहा था। गँगेलेजी मुसकाते हुए दूल्हे के पीछे बैठे थे। दूल्हा खाने के लिए मना कर रहा था। उसे ट्रांजिस्टर चाहिए। दो, तो खाएँ। गुच्चन भैयन, छुट्टन, छदामी, लल्ला तथा बिरादरी के कुछ लोग घेरकर दूल्हे को समझा रहे थे कि घड़ी ही ले ली जाए और मुँह जूठा कर लिया जाए। लड़का चुपचाप बैठा था।

"हमारे यहाँ तो लोटा दे देते हैं, पीतल का।" एक ने कहा।

"और क्या ...नेग ही तो है...," दूसरे ने समर्थन किया।

"लोटा के जमाने गए पांडेजी...," गँगेलेजी ने कुटिल मुसकान के साथ कहा।

"झाँसी तरफ चले गए होंगे...इतें तो चल रहे हैं...," बताया गया।

"हम तो झाँसी जैसी ही कहेंगे...," गँगेलेजी ने कहा।

"खूब कहिए...किसी का मूँ तो बंद कर नहीं सकते...पर फिर हम भी अलीपुरा जैसी ही कहेंगे..."

"कुँअर-कलेऊ के लिए घड़ी ही लाए हैं...," गुच्चन ने आग्रहपूर्वक कहा।

"हमसे पूछके लाए थे क्या ?" गँगेलेजी ने ढीठता से कहा। लल्ला ने कुर्ते के अंदर हाथ डालकर पिस्तौलें टटोलीं।

"अब हर हगती-मूतती बात आपसे पूछनी पड़ेगी क्या...?" मामाजी ने कहा।

"हम आपसे बात नहीं कर रहे हैं।" गँगेलेजी ने दाँव बचाया।

"जब शादी तय हो रही थी, तब किसके घर रोज सुबह-सुबह निन्हें मूँ बातें करबे खड़े हो जाते थे ?" मामाजी ने व्यंग्य से पूछा।

"हमें आपसे बात ही नहीं करनी है।" गँगेलेजी ने फिर कहा।

"देखिए, घड़ी लेकर कलेऊ कर लें...अब इत्ती जल्दी में ट्रांजिस्टर का इंतजाम कहाँ से होएगा ?" छुट्टन ने कहा।

"दीजिए मत, संकल्प कर लीजिए...पैसे दे दीजिएगा...हम खरीद लेंगे...," गँगेलेजी ने ऐसा रास्ता बताया, जिसके निर्माण के लिए इस शादी के बजट में प्रावधान ही नहीं था।

"क्यों संकल्प कर लीजिए ?" मामाजी से वे बातें नहीं करना चाहते थे, परंतु मामाजी गँगेलेजी के इतने करीब आकर तमतमाकर बातें कर रहे थे कि गँगेलेजी को न चाहते हुए भी जवाब देना पड़ा—

"इतनी-सी रकम के लिए झिक-झिक मत करो भैयन..."

"सच्ची बात को झिक-झिक कहते हो...?"

"आपसे बहस करना ही फिजूल है..."

"फिजूल की बात की माँ की..."

''गाली-गलौज मत कीजिए...''

''अभी गाली तो सुनी नहीं है तुमने गँगेलेजी...''

''सुनाना भी मती...''

''क्यों...क्या उखाड़ लोगे ?

''जो उखाड़ेंगे-रोपेंगे, वह जब सामने आएगा तो अच्छे-अच्छों की काँच खुल जाएगी...''

''चूड़ियाँ इधर भी नहीं पहनी हैं...''

बंदूकधारी पास आ गए। लल्ला ने कुर्ते में हाथ डालकर देसी-कट्टा हाथ में ले लिया। पंगत में बैठे नौजवान उठकर गँगेलेजी के चारों तरफ घेरा डालकर खड़े हो गए। बाकी लोग बैठे रहे। रोज की बात थी। शादी की पंगतों में यह तो होता ही रहता था। थोड़ी किच-किच, थोड़ी बहस, थोड़ी गाली-गुफ्तार...कभी-कभी धौल-धप्पा—बात निबट जाती थी। वही आज होगा, यह तय था।

दूल्हा आसपास बढ़ती भीड़ देखकर घबरा गया। उसने गँगेलेजी की तरफ देखा। गँगेलेजी ऐसी विषम परिस्थिति में भी पूर्णतः प्रकृतिस्थ थे। रोज का मामला था। उन्होंने दूल्हे को आँखें दिखाकर प्रेरणा दी कि वह माँग पर डटा रहे। दूल्हा बैठा रहा। भीड़ बेचैन हो रही थी। पंगत में बैठे लोग भी अपनी जगह खड़े होने लगे। आँगन में तनाव फैल गया।

''गुच्चन, तुम तो...कुँअरजी को घड़ी पहना दो...,'' भैयन ने निर्णायक स्वर में आदेश दिया।

''गँगेलेजी ने चारों तरफ देखा। उनका पक्ष कमजोर दीखता था। पूरे बाराती तक साथ नहीं आए थे, जबकि दुश्मन की बड़ी कुमुक उन्हें घेरे थी। राहत की बात यह थी कि उनके दोनों बंदूकधारी उनके ठीक पीछे मुस्तैदी से तैनात खड़े थे। गुच्चन की भीड़ में कहीं कोई बंदूकशुदा नहीं था। उनकी हिम्मत बँधी—

''पहना के दिखाएँ...,'' गँगेलेजी के स्वर में चुनौती-भरी धमकी थी। बंदूकधारी गँगेलेजी के पीछे से निकलकर आगे आ गए।

लल्ला ने भी देसी कट्टा निकालकर हाथ में ले लिया। भीड़ में भय तथा आशंका फैल गई कि कहीं ऐसा न हो कि मामला इतने रोचक मोड़ पर आकर भी बिना मारपीट के सुलझ जाए। सो भीड़ में से ही एक सज्जन ने कहा—

''गुच्चन...तुम पहिना तो दो...देखें, जे क्या करते हैं ?''

गुच्चन समझदार थे। वे चुपचाप खड़े रहे।

फिर गुच्चन ने ही समझौतावादी दृष्टिकोण अपनाते हुए कहा, ''अभी कुँअरजी घड़ी लेकर ही गम्म खा लें...आगे-पीछे ट्रांजिस्टर की भी देख लेंगे...''

''ठीक है...ट्रांजिस्टर गौने के टैम पे कर दें...,'' गँगेलेजी ने विजयी भाव से भैयन की तरफ देखते हुए कहा।

''ये कैसे कह दें कि गौने पे देंगे ?'' भैयन ने चिढ़कर कहा।

"संकल्प तो लेना होगा¨," गँगेलेजी ने संकल्प के प्रति अपनी आस्था दोहराई।

"संकल्प की माँ की आँख¨," भैयन उत्तेजित होकर खाँसने लगे।

खाँसते-खाँसते उनका चेहरा नीला हो आया।

"पर गुच्चन संकल्प ले चुके हैं¨," गँगेलेजी ने घोषित किया।

लल्ला उत्तेजित होकर आगे बढ़े।

मामाजी पर खाँसी का जोरदार दौरा पड़ा। खाँसते-खाँसते वे क्रोध में पागल होते हुए बोले, "कोई संकल्प किसी ने नहीं लिया है¨न कोई लेगा¨"

"तो गौने में ट्रांजिस्टर दिया जाएगा," गँगेलेजी ने पुनः घोषित किया। मामाजी खाँसते-खाँसते नीचे बैठ गए।

खाँसी का ऐसा जोरदार दौरा उन्हें पहले कभी नहीं आया था। बैठकर उन्होंने बहुत-सा खून मिला हुआ बलगम थूका और खाँसते हुए ही बोले, "गौने में हम देंगे घंटा¨"

छुट्टन मामाजी की पीठ पर हाथ फेरते हुए उन्हें चुप कराने की कोशिश करने लगे। छदामी पानी लेने दौड़ गए। लल्ला अब बेहद उत्तेजित थे। उन्होंने दोनों पिस्तौलें निकालकर हाथ में रख लीं। गुच्चन चुपचाप घड़ी की डिबिया लिए खड़े थे। सारी भीड़ अब और करीब आ गई थी। उत्तेजना अब चरम सीमा पर थी। बस, किसी उत्साही जन द्वारा एकाध झापड़ द्वारा शुरुआत करने-भर की देर थी—फिर सबकुछ परंपरानुसार चल पड़ता।

मामाजी खाँस-खाँसकर बेदम हुए जा रहे थे। उनकी खराब हालत देखकर गँगेलेजी भी सहम गए। वे भी पास आकर मामाजी की पीठ पर हाथ मलने के उपक्रम में आए, तो भैयन ने उन्हें झिड़क दिया। भैयन की श्वास उखड़ गई थी और आँखें उबलकर बाहर निकल रही थीं। फिर भी वे खाँसते, दम उखड़ते भी बोले जा रहे थे, "समझ क्या¨रखा है¨भेन¨यहाँ कोई नोटों की मशीन¨चकबंदी चल रही है¨क्या ? हम मादर¨चूतिया हैं क्या¨ट्रांजिस्टर चाहिए¨पहले बताते¨भाँवरें हो गईं¨इत्ता समझ लो¨अब न मिलेगा¨घंटा¨" बोलते-बोलते मामाजी ने खाँसी के एक जोरदार झटके के साथ ढेर सारा खून निकाला और वे जमीन पर गिरकर बेहोश हो गए।

लल्ला क्रोध में उफनते भीड़ को चीरकर ठीक गँगेलेजी के सामने पहुँच गए और दोनों कट्टे निकालकर उनकी खोपड़ी के ऊपरवाले आसमान में दो हवाई फायर कर दिए। गँगेलेजी के बंदूकवालों को इसी क्षण की प्रतीक्षा थी। उन्होंने भी दो फायर हवा में ठोंक दिए। भीड़ को भी इसी क्षण की प्रतीक्षा थी। वह टूट पड़ी। बारातियों तथा घरातियों के बीच चप्पल, चमरौंधे, थप्पड़ तो चले ही, साथ-ही-साथ लड्डू, सब्जी रोटियाँ आदि भी फेंक-फेंककर मारे गए। देर तक चले इस धर्मयुद्ध में गँगेलेजी से लेकर गुच्चन तक, सब पिटे। मारपीट तब रुकी, जब छुटंके ने, जो मामाजी को उठाकर कमरे में ले गए थे, आकर ऊँचे स्वर में बताया कि भैयन मामा मर गए हैं।

भैयन की आकस्मिक मौत की खबर से भीड़ में सनाका खिंच गया। सब

अपनी-अपनी जगह खड़े रह गए। चुपचाप। छुट्टन आगे बढ़कर गँगेलेजी के ठीक सामने खड़े हो गए—

"मिल गया चैन आपको ?" छुट्टन ने उनकी आँखों में झाँककर कहा।

"हम तो ," गँगेलेजी मिमियाने लगे।

तभी भीड़ से एक मुँछाडिया सज्जन निकले। उन्होंने किसी से पूछा कुछ नहीं। किसी से कुछ कहा भी नहीं। वे सीधे गँगेलेजी के पास आए। उन्होंने एक जोरदार रहपट ऐसा जमाया कि गँगेलेजी चकराकर मँडवा की मटकियों को तोड़ते हुए मँडवा तले ही धराशायी हो गए।

कोई भी गँगेलेजी को बचाने आगे नहीं आया। उनके बंदूकधारी भी चुपचाप खड़े रह गए। भैयन की मौत ने सारे समीकरण ही बदल दिए थे।

बिन्नू की बिदा के तेरहवें दिन भैयन की तेरहवीं हुई। वहीं अलीपुरा में। बिन्नू की बिदा का दुख और भैयन की मौत ने अम्माँ को जबरदस्त धक्का पहुँचाया। गुच्चन को भी। वे पूजापाठ में और ज्यादा रम गए। छुट्टन देर से घर आने लगे। उन्हें मामाजी की मौत का बेहद गम था। वे देर तक रज्जन तथा छदामी के साथ दारू पीते और भावुक होकर मामाजी के किस्से सुनाते। ऐसा चार-पाँच दिन चला। इसके बाद दारू नहीं पी। पैसे नहीं थे। गम गलत करने का सिलसिला खत्म हुआ, तो छुट्टन ने पाया कि गम वास्तव में काफी हद तक ग़लत हो चुका है। वे यूँ भी जीवन में संतुलित सोच के हामी थे। मामाजी मर चुके हैं, यह बात स्वीकार करनी ही थी। फिर उन्हें कैंसर तो था ही—कैंसरवाले तो मरेंगे ही। फिर भी एक खालीपन-सा आ गया था, जीवन में।

लल्ला को दुख था कि लोगों ने उन्हें गँगेलेजी पर गोली नहीं चलाने दी। छुट्टन ने सारी स्थिति छदामी से कुछ यूँ बयान की कि यार जिंदगी धर्मेंद्र की 'सत्यकाम' टाइप पिट रही है। तय हुआ कि झाँसी चलकर धर्मेंद्र की 'जुगनू' देख ली जाए, जो इलाइट में लगी थी और टिकिट अभी तक ब्लैक में चल रहे थे। छुटंके ने ईश्वर का शुक्र अदा किया कि अभी भी जीवन में कुछ ऐसा बचा है, जो आनंद देता है। धर्मेंद्र न होता, तो इस जीवन की ऊब और दुखों को लेकर आदमी कहाँ जाता ?

अगले पाँच वर्षों में दुनिया उलट-पुलट हो गई और नहीं भी हुई।

अलीपुरा जिस दुनिया का हिस्सा था, वहाँ वैसे तो उलट-पुलट होती ही नहीं और जब कभी होती भी है, तो भी अतंतः नहीं ही होती। जैसे कोई कनिस्तर में पड़े कंकड़-पत्थरों को जोरों से उलटे-पलटे। शोर-शराबा भारी हो, परंतु अंततः जब कार्य-व्यापार रुके, तो कंकड़-पत्थर वहीं-के-वहीं पड़े रह जाएँ। अलीपुरा में जीवन इस कदर ठहरा हुआ था कि हर चेहरे पर काई-सी जमा हो गई थी। नया कुछ होता नहीं था। पुराना और पुराना होता जाता था। वही गलियाँ। वही लोग। वही कुत्ते। वही ढोर-डंगर। वही वयोवृद्ध, जिनके मरने की आस लिये बीसों कौए मर गए। वही

पनचक्की। वही अंबे का मंदिर। वही जलबिहार का मेला। वही हैजा। वही दस्त। वही नौटंकी। वही जलेबियाँ। वही कलाकंद। वही पेचिस। वही मोतिया। वही तहसील। वही तहसीलदार। वही खोपड़ी। वही डंडा। वही पटवारी । वही मुकदमा। वही थाना। वही वकील। वही नाली, वही पटिया। वही मस्जिद। वही अफवाहें। वही जेल। वही जूते। वही भूत। वही मसान। परंतु ऐसा भी नहीं था कि अलीपुरा बिलकुल ही नहीं बदला था। अलीपुरा भी समय के साथ बदला था। बदलता था। जिनके दाँत थे, वे पोपले हो गए। कुछ को गठिया हो गया। कुछ बिस्तर से लग गए।

बँटवारा हो गया। जेल हो आए। दो बच्चे और पैदा कर लिए। एक मर गया। एक बच गया। वह भी मर जाए, तो आश्चर्य नहीं होगा। हेड मास्टर बहाल हो गए तथा सस्पेंड होने की प्रतीक्षा करने लगे। तहसीलदार ने रिश्वत के रेट बढ़ा दिए। थाने में बिजली के करंट देने की मशीन लग गई। सिपाही का पेशाब और गाढ़ा हुआ। नेहरूजी के मरने पर जो रोए थे, वे जिला-कांग्रेस में चले गए। नेताओं की नई पौध आ गई। युवा नेताओं और बूढ़े नेताओं की खरपतवार साथ-साथ पनपती रही। रेडियो सुधारने की दुकान खुल गई। बब्बा मर गए। नन्ना बच गए और ईश्वर से प्रार्थना कर रहे हैं कि अब तो उठा ले प्रभु। सभी प्रार्थना कर रहे हैं, पर नन्ना बच गए तो बच गए। चबूतरे पर खटिया पर पड़े रहे और अदवाइन ढीली हो चली। सड़कें बनी नहीं। नालियाँ और खुद गईं। लड़कियाँ जवान हो गईं। कुआँरियों की शादी हुई और ससुराल में नियमित कुटने-पिटने के सुसमाचार आने लगे। जिनकी शादी नहीं हुई, वे एम.ए. करने लगीं। कुछ ने आत्महत्या कर ली। कुछ जला दी गईं। चुंगी नाका खुल गया। देसी दारू का अड्डा वहीं चुंगी के पास खुल गया। भिखमंगे बढ़ गए। कुत्तों की कुत्तागिरी बढ़ी। मास्टरों की ट्यूशन बढ़ी। रामू के बापू की तिल्ली बढ़ी। थानेदारी बढ़ी। गश्त बढ़ी। डकैती बढ़ी। नायब-तहसीलदार की तोंद बढ़ी। गरीबी बढ़ी। जिनके पास अमीरी थी, उनकी अमीरी बढ़ी। अलीपुरा में नहर आ रही है—ऐसी अफवाहें बढ़ीं। पेशी की तारीखें बढ़ीं। मूँछें बढ़ीं। मूँछों की लड़ाइयाँ बढ़ीं।

मंदिर पर कलश चढ़ गया। मस्जिद पर लाउडस्पीकर लग गया। कांग्रेस का दफ्तर दुमंजिला बना। हिंदू चोटी रखने पर दोबारा जोर देने लगे। कितने 'कटुवे' अलीपुरा में हैं– यह हिसाब दबे-छुपे होने लगा। पिछड़ों पर जूते पड़े। सवर्ण बिना किसी वजह के ही अकड़े घूमते रहे। बेनीबाई के दो गुर्गे पिट गए। बेनीबाई के लोगों ने लालाराम के लोगों को घर में मारा। लाठियाँ चलीं। बम फूटे। पुराने गुट मजबूत हुए। नए गुट बने। राजनीति का बिज्जू अलीपुरा में घुस आया। टोपियाँ बढ़ीं। झंडे बढ़े। डंडे निकले। नारे घिर आए। आश्वासन बरसे। अलीपुरा में कीचड़-ही-कीचड़ हो गया। जो लखनऊ जाते थे, वे दिल्ली जाने लगे। जो दिल्ली जाते थे, उन्होंने अलीपुरा आना बंद कर दिया। जो अलीपुरा में रहते रहे, वे 'फालतू फंड' के कहलाने लगे।

बस-अड्डे पर फट्टा-टाकीज खुल गई। मिश्राजी का लड़का बनारस जाकर स्मगलिंग करने लगा और बड़ा आदमी कहलाया। दुबेजी का वहीं पढ़ता रहा और

मास्टरी के लिए एड़ियाँ रगड़ने लगा। पुत्तल चमार के लड़के का 'फस्सक्लिास' रहा—वह बाप की तरह ही जूते गाँठता रहा तथा जूते खाता रहा। सिर वही रहा, जूते बदलते रहे। खेत बँटे। आँगन बँटे। दीवारें बनीं। चकबंदी चली। चकबंदी-अफसर दौरे करने लगे। अलीपुरा में वसूली बढ़ी। बाजार की रोड पक्की बन गई, जिसका श्रेय बेनीबाई को मिले या लालारामजी को—इस बात को तय करने के लिए रात में चमरा टोली पर हमला हुआ। पक्की सड़क पर हथकड़ी डालकर लालारामजी के आदमी निकाले गए; थानेदार बेनीबाई का आदमी था। गांधीजी की मूर्ति चौराहे पर लगी; कौओं को बैठने की जगह मिली। नया हेयरकटिंग सैलून खुल गया—झाँसी के ट्रेनिंग पाए नउए नए-नए कट के बाल काटने लगे। कैंची-कंघे की कटिंग चल पड़ी। मशीन से कटिंग करानेवाले पिछड़े तथा चूतिया कहलाने लगे। जेनरेशन-गैप बढ़ा। बूढ़ों को विश्वास हो गया कि सारे लौंडे बरबाद हो चुके हैं। युवाओं ने मान लिया कि बूढ़ों का कोई इलाज नहीं। "तुम्हारे वयोवृद्ध की माँ की आँख…" की गाली लोकप्रिय हुई। बिटिया की बीमारी में हीरालाल की साइकिल बिक गई। रम्मू ने लम्ब्रेटा स्कूल खरीद लिया। रामलीला में नए पर्दे लगे और रावण का दरबार दिखाने के बहाने कँटीली नचनियों का डांस होने लगा। गुप्त-रोग के शर्तिया इलाज में माहिर एक डाक्टर महीने में दो बार अलीपुरा आने लगा। एक साप्ताहिक अखबार छपने लगा। संपादक के पेशाब से चिराग ऐसे जले कि दीवाली-सी हो गई। एक्सप्रेस बसें अलीपुरा भी रुकने लगीं। अलीपुरा का रुतबा बढ़ा। टीका लगानेवाली बाई का बलात्कार हुआ। बस के काँच फोड़ दिए। युवा-शक्ति मजबूत हुई।

यह सब लिखने का कुल तात्पर्य यह बताना रहा कि इन पाँच वर्षों में अलीपुरा भी देश के अन्य दूरस्थ कस्बों के साथ तरक्की की लँगड़ी दौड़ में उचक-उचककर उजबक चाल से आगे बढ़ा और उतना ही तथा वैसा ही बढ़ा, जैसाकि लँगड़ी दौड़वाले बढ़ा करते हैं।

और इन पाँच वर्षों में दुबे परिवार?

वह भी हमेशा की भाँति ही बढ़ रहा था।

किस दिशा में ?

यह बताना कठिन था। सारी दिशाएँ गड्ड-मड्ड हो चुकी थीं। सारी यात्राएँ भी गड्ड-मड्ड थीं। सभी बढ़ रहे थे; सभी वहीं थे। उम्र बढ़ रही थी; जिंदगी वहीं थी। सूरज उगता था; पर रात चलती जाती थी। पूरा चाँद खिलता था, पर अमावस गहरा रही थी। अजीब चक्कर था, जो समझना कठिन था। समझने की चिंता भी किसी को नहीं थी। कम-से-कम, दुबे परिवार में तो किसी को भी नहीं थी। कीचड़ ज्यों-ज्यों आसपास बढ़ रहा था, त्यों-त्यों लल्ला से लगाकर गुच्चन तक, अपने-अपने तरीके से कमलवत होते जा रहे थे। दुबे परिवार ने एक परिवार की तरह सोचना, चलना, बढ़ना

छोड़-सा दिया था। अब हर एक का अपना संसार था। जिंदगी अलबत्ता हर एक के संसार में थी। बल्कि जबरन घुसी हुई थी। लगभग।

छुट्टन की शादी हो गई। शादी ठीक-ठाक हो गई। ठीक-ठाक होने में बड़ा हाथ इस बात का भी रहा कि छुट्टन ऐन शादी के पंद्रह दिन पहले सस्पेंड हो गए और दुश्मनों की लाख कोशिशों के बावजूद छह माह तक सस्पेंड रहे आए। सस्पेंड होकर न केवल उन्होंने अपनी शादी इत्मीनान से संपन्न कराई वरन् इसी दौरान लल्ला की शादी भी करा डाली। शादी-ब्याह, बुआई-कटाई, जचकी, मकान बनवाने, लड़की के लिए उचित वर की तलाश आदि के लिए नौकरी से सस्पेंड होने का अलीपुरा तरफ रिवाज-सा था। सस्पेंड होने से बहाल होने तक के अंतराल में आराम से ये काम निबटाए जाते थे। नौकरी में लोग अपने ऊपरवालों से मात्र इसी कारण मधुर संबंध रखते थे, ताकि, सही मौके पर, सस्पेंड हो सकें। यदि ताड़ी पीकर दफ्तर आने पर बुरा माननेवाला नादान अधिकारी मिल गया, या ऐसा अजीब शख्स ऊपर आ गया जो काम को पूजा मानता हो, जबकि लोग इस मामले में इस तरफ नास्तिक हुआ करते थे, तब ऐसे अधिकारियों से मधुर संबंध रखना संभव नहीं होता था। तब मौके पर, ऐसे अधिकारी को पीटकर भी सस्पेंड होने का रिवाज था। पर इसमें भी कई दफे काम नहीं होता था। ब्रजकिशोर का किस्सा लोग रस लेकर सुनाया करते थे। उसे लड़की की शादी करने के लिए सस्पेंड होना था। अधिकारी ऐसा हरामी था कि उन्हें सस्पेंड ही नहीं कर रहा था। हाथ जोड़कर, पाँव छूकर, रिश्वत का प्रलोभन देकर भी जब ब्रजकिशोर सस्पेंड न हो पाए, तो उन्होंने भरे दफ्तर में एक दिन उस अधिकारी को एक थप्पड़ जड़ दिया। अधिकारी ने पूरे दफ्तर के सामने सीना तानकर तथा दूसरा गाल थप्पड़ के लिए पेश करते हुए ब्रजकिशोर को चैलेंज करते हुए कहा कि बेट्टा, तुम समझते हो कि हमें मार-पीटकर सस्पेंड हो जाओगे ? तुम हमें कचूमर भी बना दो तब भी तुमको हम सस्पेंड नहीं करेंगे। ब्रजकिशोर ने तब उन पर आरोप लगाया कि आप बस बनियों को सस्पेंड करते रहते हैं तथा सरकारी नौकरी में जातिवाद का जहर फैला रहे हैं। अधिकारी ने छाती ठोककर कहा कि हमें किसको सस्पेंड करना है और किसको नहीं, यह हमारा अधिकार है। तब जाकर ब्रजकिशोर को दफ्तर में सुअर-बम फोड़ना पड़ा और जिले से बड़े अधिकारी ने आकर उन्हें सस्पेंड किया। पर छुट्टन को सस्पेंड होने में ज्यादा कठिनाई नहीं आई। रेट तीन हजार रुपए चल रहा था। रज्जन के बीच में पड़ने के कारण जिला शिक्षाधिकारी दो पर ही मान गया। छुट्टन सस्पेंड हो गए।

छुट्टन सस्पेंड इस कारण हो पाए, क्योंकि शादी लगने से पहले ही उनकी नौकरी लग गई थी। शादी इसीलिए लगी, क्योंकि नौकरी लग गई थी। नौकरी इसलिए लगी, क्योंकि उत्तर प्रदेश सरकार ने यकायक पाया था कि इंटर-पास छुट्टन में एक

उदीयमान मास्टर के सारे गुण ठाठें मार रहे हैं। विशेष तौर पर छुटंके का यह गुण सरकार को बेहद भाया था कि वे बेनीबाई विधायक के आदमी थे। बेनीबाई मुख्यमंत्री की मुँहलगी थीं, उन्हें मौसीजी कहती थीं। वे शिक्षामंत्री की भी मुँहलगी थीं; शिक्षामंत्री को वे जीजाजी कहती थीं इस नाते शिक्षा से उनका छेड़छाड़ का रिश्ता था। रज्जन बेनीबाई के मुँहलगे थे और उन्हें भौजी कहते थे। इस नाते उनका बेनीबाई से छेड़छाड़ का रिश्ता था। छुट्टन रज्जन को गुरु कहते थे। उनका रिश्ता दिल्लगी का था। इन तमाम रिश्तों के चलते छुट्टन मास्टरी की नौकरी पा गए थे। पोस्टिंग वहीं अलीपुरा के पास हो गई थी। हेड मास्टर को समझा दिया गया था कि ये बेनीबाई के आदमी हैं और इनसे पढ़ाने-लिखाने की उम्मीद करना, बेनीबाई का अपमान माना जाएगा। हेड मास्टर को रज्जन ने समझा दिया था कि छुट्टन को छोटी-मोटी क्लासें दे दी जाएँ, जिनमें बच्चों को मारने के अलावा और कोई काम न हो। रज्जन ने बात का और खुलासा करते हुए बताया था कि छुटंके के साथ कोई भी बदतमीजी की गई यानी अगर उनसे कोई भी काम करने को कहा गया, तो सीधे बेनीबाई ही आकर बेइज्जती करनेवाले की पूरी इज्जत करेंगी। हेड मास्टर ने, जो अभी तक सारी बातें सुन रहा था और ऐसी बातों को हेड मास्टर बनने से जुड़ी अनिवार्य नियति मानकर चुपचाप सुन रहा था, बेनीबाई का बार-बार जिक्र आने पर कहा—

''इतनी-सी बात के लिए बेनीबाई को बार-बार बीच में मत घसीटिए रज्जन बाबू। चूहे पर हाथी की लेंड़ मत गिराइए। चूहा डर भी गया, तो भी यह हाथी की ही बेइज्जती है। फिर यह चूहे के साथ ही ज्यादती भी है और हाथी के साथ भी। बेनीबाई के नाम की जरूरत नहीं। आप हैं तो…''

''ये उनके भतीजे-भानजे जैसे हैं,'' रज्जन ने फिर भी चूहे को हाथी का डर दिखाया।

''वही तो यहाँ तो पूरी नौकरी ही बड़े लोगों के भतीजों-भानजों की टहल में गुजरी है। छोटी-सी बात है। हो जाएगी। यहाँ जो बेनीबाई के कोई नहीं हैं, वे भी नहीं पढ़ा रहे हैं, तो हम इनसे तो खैर कहेंगे क्या… । इनका स्कूल है। जब आएँ। जब जाएँ। इनकी मर्जी…'' हेड मास्साब ने कहा।

''आप बहुत ऊँचे हो जाएँगे हेड मास्साब…''

''जहाँ हैं, वहीं बने रह जाएँ, यही बहुत है। ज़माना बहुत खराब है।''

''जमाना जितना खराब होगा, आप उतने ही ऊपर जाएँगे…''

''यहीं बने रहने दें रज्जन बाबू हेड मास्टरी में ही इतना दलिद्दर है। ऊपर जो न हो, थोड़ा है…''

''बस आदमी चूहा बना रहे और हाथी की लेंड़ से बचके चले, तो कोई भी दलिद्दर उसे ऊपर आने से रोक नहीं सकता…'' रज्जन ने सरकारी नौकरी का अंतिम सत्य बताया। छुट्टन इस तरह प्राइमरी स्कूल के अध्यापक हो गए।

अध्यापक होते ही शादी के प्रस्तावों से लैस लड़की के बापों की टुकड़ियाँ छुटंके

के चारों तरफ मोर्चे बाँधने लगीं। जो लोग यह सोच रहे थे कि भैयन मामा की मौत के बाद यह मोर्चा कमजोर पड़ जाएगा और छुट्टन के किले को आसानी से फतह किया जा सकेगा, वे बेवकूफ साबित हुए।

छुट्टन ने अपनी शादी का मोर्चा स्वयं सँभाला और दहेज आदि को लेकर ऐसी घातक पैंतरेबाजी दिखाई कि प्रायः बापों के पैर उखड़ गए। अंततः छुट्टन ने एक तहसीलदार की सुकन्या को चुनकर विवाह कर लिया। तहसीलदारों की सुकन्याओं के प्रति उनका मोह बिब्बोवाले केस से ही जग-जाहिर था।

छुट्टन के विवाह के बाद तेजी से कई घटनाएँ घटीं। उन्हें दुर्घटनाएँ कहना चाहें तो वैसा कहने के लिए भी आप स्वतंत्र हैं। चीजों को देखने का अपना-अपना नजरिया होता है। छुट्टन से आपका नजरिया मिले, यह आवश्यक नहीं। ये घटनाएँ इस प्रकार थीं—

दो वर्षों में छुट्टन दो बच्चों के बाप बन गए। दोनों लड़कियाँ हुईं। पर वे लड़का पैदा करने के लिए कृतसंकल्प थे। लड़का पैदा किए बिना मर जाने पर बुंदेलखंडवालों को मोक्ष नहीं मिलता था। इसी सुस्पष्ट तथा दृढ़ सोच के चलते श्रीमती छुट्टन उर्फ बिलहरीवाली उर्फ सत्तो तीसरी बार गर्भवती थीं। गर्भवती होना तथा बने रहना ही मानो सत्तो के जीवन का एक मात्र लक्ष्य रह गया था। छुट्टन अब गुच्चन तथा अम्माँ के सामने ही बीड़ी पीने लगे थे। घर में एक मात्र नौकरीशुदा, कमाऊ व्यक्ति होने के नाते वे इन फिजूल की औपचारिकताओं से ऊपर उठ गए थे। वे तनख्वाह लाकर अपनी पत्नी को ही देते थे, परंतु एक ऐसा प्रकाशपुंज उनके व्यक्तित्व के चारों तरफ बन गया था, जैसा उन लोगों के आसपास बन जाता है जिनके पैसों से घर चला करता है।

छुट्टन इन वर्षों में सद्‌गृहस्थ हो गए। सद्‌गृहस्थ होने के सारे लक्षण उनमें प्रकट होने लगे। उनका पेट बाहर निकल आया और सिर के बाल कुछ इस तरतीब से झड़े कि माथा खासा बड़ा निकल आया और वे खामख्वाह बिना किसी और आधार के मात्र इसी कारण भव्य लगने लगे। सद्‌गृहस्थ होते ही उन्होंने घर के दो कमरों पर कब्जा कर लिया और घर में रहते हुए भी एक अलग गृहस्थी बसा ली। यानी कि खाना तो अम्माँ की रसोई में ही खाते, परंतु शेष कार्य-व्यापार इन दो कमरों से संचालित होता। सत्तो को वे रोज पीटते। जैसा समय मिल जाए; कभी सुबह स्कूल जाते हुए ठोंकते, या मान लीजिए कि सुबह घर से जल्दी-जल्दी में निकल गए और मारने का समय नहीं मिला, तो रात में यह कार्यक्रम संपन्न किया जाता। पत्नी को पीटने का मर्दानगी से सीधा संबंध है, ऐसा वे मानते थे। सत्तो भी इसे दांपत्य से जुड़ी 'रूटीन एक्टिविटी' मानती थीं। पिटने-पिटाने के बाद भी छुट्टन और सत्तो में बड़ा प्रेम था। वे छुट्टन के लिए तीजा का निर्जला व्रत रखतीं, मन्नतें मानतीं और छुट्टन

उनके लिए अम्माँ वगैरह से झगड़ लेते। गर्भवती सत्तो को घर का काम करते देख वे प्रायः अम्माँ से कहते कि घर में इतने लोग (अर्थात् गुच्चन तथा लल्ला की पत्नियाँ तथा अम्माँ स्वयं) होते हुए भी सत्तो से ऐसी अवस्था में (अर्थात गर्भवती रहते) घर में झाड़ू दिलवाना कहाँ की इंसानियत है? अम्माँ आश्चर्य करती थीं कि छुट्टन जैसा खिलंदड़ा तथा मनमौजी लड़का, शादी होते ही कैसा बदल गया था।

लल्ला की शादी छतरपुरवालों की मोंड़ी के साथ संपन्न हो गई थी। शादी में दहेज के अतिरिक्त उन्हें डाक्टरी की डिग्री भी मिली थी। उनके ससुरजी छतरपुर में डाक्टरी की दुकान डाले थे। वे डाक्टर नहीं थे, परंतु मात्र डाक्टर न होने के कारण ही कोई आदमी डाक्टरी की दुकान नहीं डाल सकता—इस तरह के दकियानूसी सोच के वे सख्त खिलाफ थे। वे किसी प्राइवेट डाक्टर के साथ कभी पाँच-छह माह कंपाउंडर-कम-ड्रेसर-कम-चपरासी रहे थे। वह प्राइवेट डाक्टर भी कभी कहीं किसी डाक्टर का कंपाउंडर-कम-ड्रेसर-कम-चपरासी रहा था, जो पहले किसी ऐसे ही डाक्टर का कंपाउंडर रहा था¨। इस इलाके में प्रायः डाक्टर वो थे जो कभी कंपाउंडर रहे थे। शेष डाक्टर वो थे, जो कभी कंपाउंडर भी नहीं थे। ससुर के डाक्टर होने का सीधा फायदा यह हुआ कि गौने के बाद ही लोग मोहल्ले में लल्ला को डाक्टर साहब कहने लगे थे, क्योंकि सभी को संदेह था कि अब अब्भू को डाक्टर बनते देर नहीं लगनी है। पहलवानी, पटेबाजी, दाँवपेच, देसी पिस्तौल, चक्कूबाजी आदि से सीधे डाक्टरी के अवतार में आ जाना न केवल आश्चर्यजनक था, वरन् बहुत कठिन भी। डाक्टरी में डाक्टरी ज्ञान चाहे छटाँक-भर लगता हो, परंतु सेर-भर व्यक्तित्व की दरकार होती है और वही लाना अब्भू के लिए कठिन पड़ रहा था। पहली कठिनाई तो ड्रेस की ही थी। कुर्ते-पाजामे से अब्भू को विशेष लगाव था। यही पहनकर वे स्कूल जाया करते थे और इसी के नाड़े में रामपुरी चाकू तथा देसी कट्टा फँसाया जाता था। पाजामे के नेफे में पैसे रखे जा सकते थे तथा इसके पहनने का एक फायदा यह भी था कि आप हरदम कहीं भी, कभी भी जाने को तैयार रहते थे। फिर कुर्ता-पाजामा पहनकर आप उकड़ूँ बैठ सकते थे, जो न केवल गली में पेशाब करने के लिए आदर्श तथा लोकप्रिय मुद्रा हुआ करती थी, वरन् दुश्मन पर घात लगाकर झाड़ियों में छुपकर बैठने, जुए की फड़ में बैठने तथा चबूतरे पर बैठकर समय काटने के लिए भी आदर्श मुद्रा थी। डाक्टरी के गुर सिखाते हुए ससुरजी ने सबसे पहली आपत्ति उनकी ड्रेस को लेकर ही दर्ज की थी। कुर्ता-पाजामा पहनकर आप ट्रक-ड्राइवरी, पल्लेदारी, हलवाईगिरी, मास्टरी आदि तो कर सकते हैं परंतु डाक्टरी के लिए आदमी को पैंट-कमीज, कोट आदि पहनना पड़ता है—ऐसा बताते हुए ससुरजी ने उनको चालू कट के पैंट-शर्ट दिलवा दिए थे, जिन्हें बहुत दिन तक वे शर्म के कारण पहन ही नहीं पाए थे। एक डायरी में दस्त-उल्टी-बुखार आदि की पेटेंट दवाइयाँ ससुरजी ने नोट करके लिख दी थीं, उनकी

लिस्ट ही लल्ला की 'चरक-संहिता' या 'टेस्टबुक ऑफ मेडिसन' थी। उक्त डायरी से लैस होकर तथा पैंट-शर्ट पहनकर लल्ला एक दिन अलीपुरा के मंच पर डाक्टरी का अभिनय करने उतर पड़े। परंतु अलीपुरा की पब्लिक बहुत हरामी थी और अच्छे-से-अच्छे कलाकारों को भी शुरू में ही हूट करने की कोशिश करती थी। लल्ला के साथ भी यही हुआ। लल्ला ने घर की बैठक के एक कोने में मेज-कुर्सी डालकर तथा एक अलमारी में रंग-बिरंगी शीशियों में रंग-बिरंगे मिक्सचर तथा पाउडर भरकर डाक्टरी के नाटक की जो मंच-सज्जा की थी, वह समुचित होते हुए भी नाटक पिट रहा था। लोग बीमारी से मरना पसंद कर रहे थे, परंतु लल्ला की दुकान पर आने को तैयार नहीं थे। लल्ला को याद आया कि अलीपुरावालों ने उनके साथ हर धंधे में ऐसी ही दगा की थी। डाक्टरी की दुकान डालने से पूर्व लल्ला ने बहुत से धंधे डालने के प्रयास किए थे। पटाखे की दुकान, बिसाते की दुकान, ईंट का भट्ठा, आढ़त, हैंडलूम का तामझाम तथा और भी न जाने क्या-क्या न किया था लल्ला ने, परंतु अलीपुरावालों के असहयोग-आंदोलन तथा मजाकिया स्वभाव के कारण, उनके सारे धंधों का भट्ठा बैठ गया था। हालत इतनी बुरी थी कि जब लल्ला ने फिरंगी के साथ देसी कट्टे बेचने का संयुक्त उपक्रम डाला था, तब भी, देसी कट्टे जैसी हरदिल-अजीज चीज खरीदने में भी अलीपुरा के लोग मोल-भाव करते थे। वे कट्टे की लिबलिबी को 'तनिक ढीली,' नली को 'कैसी टेढ़ी-मेढ़ी', हत्थे को 'बड़ा करो' और पूरे कट्टे को 'कमजोर' करार देकर भावों में ऐसी कमी की माँग करते थे कि लल्ला को कई बार 'ढीली लिबलिबी' दबाकर 'टेढ़ी नली' से ही उन पर फायर करने की इच्छा होती थी।

डाक्टरी की दुकान पर, पैंट-कमीज पहनकर लल्ला जब शुरू-शुरू में गले में आले को वरमाला-सा डालकर बैठे थे और बैठते ही लोगों की भीड़ भी लगने लगी तो वह मरीजों की भीड़ नहीं थी। यह उन लोगों की भीड़ थी, जो अलीपुरा के एक कोने से दूसरे कोने तक यह खबर फैलने के बाद एकत्रित हुई थी कि भैया तुम्हें हमारी सौगंध, तुम एक बार लल्ला को जाकर देख के आओ—पैंट-कमीज पहनके आला लटकाए बैठे हैं। लोग लल्ला को देखने आने लगे। दो-चार बदमाशों ने तो सीधे लल्ला के पास जाकर कुछ इस तरह संवाद किया—

''नमस्कार डाक्टर साब।''

''नमस्कार…''

''लल्ला से मिलना था…''

''मिलो।''

''आपसे नहीं, लल्ला से…''

''हमीं लल्ला हैं यार…''

''हम, हमारेवाले लल्ला की बात कर रहे हैं…''

''हम तुम्हारेवाले ही लल्ला हैं बल्लू…''

''हमारा नाम तक पता है आपको डाक्टर साब ? कमाल हो गया…''

"क्यों न पता होगा..."

"नाम आदमी लल्ला रख ले यह तो मान सकते हैं—पर हमें कैसे पहचान लिया आपने ?"

"देखो, ज्यादा होशियारी नहीं हमीं लल्ला हैं..."

"चूतिया न बनाओ डाक्टर साब..."

"हमी लल्ला हैं। हमारे कपड़ों पे न जाओ। शक्ल देखो ध्यान से..."

"ध्यान से ही देख रहे हैं..."

"फूट गईं क्या फिर? पहचान नहीं रहे ?"

"नाक तो वैसे लल्ला जैसी ही टेढ़ी है और आँखें भी उनईं जैसी मिचमिची हैं और ठुड्डी भी लल्ला की घाँई दोफाँक है और रंग भी उनईं जैसा काला कलूटा..."

"हम तुम्हें काले नजर आते हैं?"

"हम तो अपने लल्ला की बात कर रहे थे आप ठहरे डाक्टर साब आप तो ऐन गोरे हो डाक्टर कहीं काला हो सकता है ? उसके पास पावडर क्रीम की कौनों कमी हैं ? कुछ न हो तो स्साली अपनी मलहम ही पोत ले..."

लल्ला उठ खड़े होते—

"देखो भग्गू, हमीं तुम्हारे खसम लल्ला हैं।"

वे पास जाकर देखते। कुछ कुर्सी के पीछे की तरफ घुसकर उन्हें पीछे से पहचानने का प्रयत्न करते—

"लगते तो अपने लल्ला जैसे ही हैं..."

"जुड़वाँ न हों ?" एक सुझाव आता।

"राम-श्याम घाँई ?"

"हओ।"

"नहीं भैया, जे लल्ला ही हैं।"

"कैसे कही तुमने जे बात ?"

"जे ऐसे कही कि अपने लल्ला चाहे लाख पैंट-कोट पहन लें, टोपा-सोपा डाट लें, मों पे पाउडर क्रीम पोत लें—पर बिना थूक उड़ाए बात करने को बोल दो, तो पैंट खिसकके जमीन पे गिर जाए..."

"जे तो है थूक तो डाक्टर साहब भी खूब उचटा रहे हैं..."

"मूँ में थूक फेंकने की मशीन-सी लगी है।"

"हम तो लल्ला से जब भी मिलने आते हैं, तो अपना अँगोछा डालके आते हैं।"

"बात करो तो पोंछते चलो..."

"हम तो घर जाके नहाते हैं..."

"फिर जे तय रहा कि जे लल्ला ही हैं..."

"सही कही..."

"वा राजा, तुम तो ऐन डाक्टर लग रहे हो लल्ला भैया..."

लल्ला नाराज हो गए।

"दुकान डाल दी डाक्टरी की और तुम ऐसा कह रहे हो भग्गू ?"

"एकदम झाँसी घाँई डाक्टर लग रहे हैं लल्ला," एक ने कहा।

"एक गोली तो निकाल दो लल्ला। पेट भेन सुबह से पिरा रहा है ," एक और ने कहा।

"हमें तनिक एक गोली, सिर-दर्द की"

"यार वो मीठी दवाई पिलवाओ न"

"अच्छा जे बताओ कि फुड़िया-फुंसी के लाने भी कछू मलम-सलम रखे हो कि ऐसे ही बैठ गए हो पतलून डालके ? है ? तो इतें पीठ पे लगा दो"

ये बातें और ऐसी ही बातें। ये मरीज और ऐसे ही मरीज। मुफ्त की सलाह देने और लेने वाले। मुरव्वत में गोली-दवाई उठा ले जाने वाले। मजाक उड़ाने वाले। 'जब लल्ला डाक्टर बन सकते हैं तो भेन कौन नहीं बन सकता' कहनेवाले लोग। अलीपुरा में लल्ला की दुकान जमने से पहले ही उखड़ गई। दो महीने में जब दो मरीज भी नहीं आए तो लल्ला ने एक दिन डाक्टरी का तंबू अलीपुरा से उखाड़ लिया। तंबू लेकर अब वे अलीपुरा के पासवाले गाँवों की दिशा में बढ़े, जहाँ लोग बिना डाक्टर की सहायता के ही मरने के लिए मजबूर थे। एक ऐसे ही गाँव में जाकर अब्भू ने तंबू तान दिया और घोषणा कर दी कि अब इस गाँव तथा इस गाँव के आसपास का कोई भी व्यक्ति बीमारी की हालत में अपने-आपको अनाथ न समझे—गोलियों, इंजेक्शनों, मलमों, मिक्सचरों, शीशियों, पुल्टिशों, पट्टियों से लेकर मृत्यु प्रमाण-पत्र तक से लैस डाक्टर लल्ला उर्फ ललित अब शनिवार-इतवार के अलावा हमेशा ही गाँव में उपलब्ध रहेंगे। शनिवार-इतवार की मजबूरी रहेगी, क्योंकि उन दो दिनों में उनको झाँसी जाना होगा, जहाँ के बड़े डाक्टर भी उनकी राय के लिए उनकी प्रतीक्षा करते हैं और न पहुँचो तो बुरा मान जाते हैं। इस प्रकार वे पाँच दिन गाँव में डाक्टरी करके शनिवार-इतवार को अलीपुरा आ जाते। शनिवार-इतवार को ही वे पत्नी से मिल पाते, क्योंकि पत्नी को उन्होंने अलीपुरा छोड़ रखा था। पर ये दो दिन ही पर्याप्त साबित हुए। वे दो लड़कों के पिता बन चुके थे। वैसे वास्तव में लल्ला बीच में झाँसी भी जाया करते। झाँसी में दवाइयों का एक तिलिस्मी एजेंट था, जो तौल कर खाली कैप्सूल देता था, जिसमें आप जो चाहे भरकर मरीजों को खिला सकते थे। लल्ला हल्दी भरकर देते थे, जो उनके आयुर्वेद के प्रति प्रेम का द्योतक था। अब्भू के ससुरजी इनमें राख भर कर देते थे, जो जीवन की नश्वरता के प्रति उनके अगाध विश्वास का द्योतक था, जो इलाज के दौरान उनको आत्मविश्वास भी देता था। इसी एजेंट से वे बड़े-बड़े प्लास्टिक के पीपों में भरा हुआ लाल-नीला मिक्सचर भी लाते थे, जिसे वे खाँसी की दवाई से लेकर पेट साफ करनेवाली दवाई तक घोषित करके बाँटा करते थे। कुछ पेटेंट दवाइयाँ भी लानी पड़तीं। वैसे भी लल्ला को झाँसी जाने की प्रतीक्षा-सी रहती, क्योंकि वहाँ वे फिरंगी से भी मिल लेते थे, जिन्हें कैद हो गई थी। जिला-जेल के संतरी, जो पहले ही लल्ला को

पहचानते थे, अब उनके डाक्टरी रूप से भी परिचित हो गए थे। लल्ला दो-चार रंग-बिरंगी ताकत की गोलियाँ उनके लिए भी ले जाया करते थे। फिरंगी को जेल से निकलने में छह माह बचे थे। लल्ला इसी तरह एक दिन झाँसी पहुंचे और संतरियों को गोलियाँ बाँटते, अंततः फिरंगी तक पहुँचे तो फिरंगी को उदास पाकर चिंतित हुए।

"काय भैया, मों लटकाए काए बैठे हो ?" लल्ला ने पूछा।

"हम कौन से डाक्दर बन गए हैं भैया कि खुश होके बैठें ?" फिरंगी उदास थे, यह उनकी बात से जाहिर था।

"और हम स्साले कौन से डाक्टर बन गए...," कहकर लल्ला हँसे। फिरंगी थोड़े मुसकाए–

"फिर भी बन तो गए..."

"जैसे बने, वैसे नहीं बने...," लल्ला ने कहा, "पर तुम क्यों मों बनाए बैठे हो ?"

फिरंगी ने जो बताया, उसका सार कुछ यों था कि उनकी सजा जो छह माह की और बची थी, वह उनके अच्छे चाल-चलन के कारण माफ हो गई है। वैसे उनका चाल-चलन यदि ये लोग अच्छा मानते हैं, तो स्साला बुरा चलन कौन-सा होता है यह वे नहीं समझ पा रहे थे। चार दिन बाद वे जेल से निकलनेवाले हैं। यही उनकी उदासी का सबब था। जेल में रहते हुए फिरंगी को जेल से प्रेम जैसा हो गया था। जेल से बाहर निकलकर वे क्या करेंगे, यह चिंता भी थी। एक तरीका तो यही था कि वे बाहर निकलकर किसी को चक्कू-सक्कू मार दें और वापिस जेल आ जाएँ। चक्कू मारने की बात से जो बात निकली, तो दोनों पुराने दिनों की यादों में भटकने लगे, जब पुलिया पर देर रात तक बैठकर वे देसी कट्टे को लेकर डकैती की योजनाओं पर चर्चा किया करते थे। लल्ला भावुक हो चले–

"हम उसके बाद उस पुलिया पर कभी नहीं बैठे..."

"अब बैठेंगे..."

"वह तो बैठेंगे ही..."

"पर तुम तो बस अब शनिवार-इतवार के सगे हो..."

"सही कही। पाँच दिन तो गाँव में दुकान पे बैठना पड़ेगा..."

"हम पाँच दिन क्या अकेले ही बैठेंगे ?" फिरंगी ने उदास स्वर में कहा।

"ऐसी बातें कहके दिल न तोड़ो फिरंगी।" लल्ला भावुक हो चले।

"और क्या करेंगे ? काम-धाम कुछ रहेगा नहीं...," कुछ देर दोनों चुप रहे।

"याद है अपुन ने एक बार पुलिया के नीचे मिट्टी में कट्टे दबाए थे ?" फिरंगी ने खोए-खोए से स्वर में कहा।

"याद है फिरंगी, याद है...," लल्ला अभी भावुक चल रहे थे।

"और वहीं बैठकर रात में एक बार रम्मू को पत्थर मारा था..."

"गदबद देके भगे थे रम्मू..."

रम्मू की बात निकली, तो मानो लल्ला के पुराने जख्म हरे हो गए।

शादी, पत्नी, बच्चे, डाक्टरी की भाग-दौड़ आदि के चक्कर में रम्मू को लेकर लिया गया कौल हमेशा ही पीछे छूटता गया था।

लल्ला ने कभी तय किया था कि बिन्नू को छेड़ने के दुःसाहस के लिए रम्मू के पेट में न केवल चाकू घुसेड़ा जाएगा, बल्कि घुसेड़कर अच्छी तरह हिलाया भी जाएगा। ऐसा कौल वे फिरंगी के सामने ले चुके थे। बुंदेलखंड की माटी में पैदा होकर बैरी को बिना टपकाए जिंदा रहने का मतलब ही नहीं था। लल्ला काफी दिनों इस कौल में जलते रहे और अवसर की तलाश में रहे। शुरू-शुरू में रम्मू रास्ते में जहाँ भी उनसे टकराते थे, लल्ला वहीं रुककर उनकी माँ के विषय में अपने सद्विचार प्रकट करते हुए बताते थे कि कैसे वे रम्मू की माँ की उचित सेवा करने के बाद रम्मू के साथ भी कितने नजदीक आकर क्या-क्या करेंगे और चाकू को उनके पेट के अलावा और कहाँ-कहाँ डालेंगे। कई बार उन्होंने रम्मू को अँधेरे-उजाले में धकिया भी दिया था, सड़क की गिट्टी सन्नाकर मारा भी था। और कुछ नहीं तो एक बार नाली में ही धकेल दिया था। रम्मू के लिए आतंक का दौर था वह। और लल्ला के लिए खिला-खिलाकर मारनेवाला बिल्ली-चूहे का खेल। परंतु फिर लल्ला की शादी हो गई। फिर वे बाप बनने, डाक्टर बनने तथा लोगों को चूतिया बनाने में इतने व्यस्त हो गए कि रम्मू को लेकर की गई प्रतिज्ञा भूल ही से गए थे। रम्मू का जिक्र आया तो इस कौल की बात तो उठनी ही थी—

"फिर बच ही गए रम्मू।" फिरंगी ने कहा।

लल्ला नजरें बचाने लगे।

"किस्मत की बात है, वरना लल्ला की भेन को छेड़के रम्मू आज तक जिंदा घूम रहे हैं, यह बहुत बड़ी बात है...," फिरंगी ने फिर कहा।

लल्ला के कसबल ढीले हो गए थे, या दांपत्य ने उनका माँझा ढीला कर दिया था, कहा नहीं जा सकता—पर वे यह बात सुनकर भी चुपचाप बैठे रहे।

"तुमने तो नहीं मारा पर हमें जेल से निकलने दो हम्ने स्साले की छाती पे कट्टा धरके धाँय न करी, तो हम भी अपनों बाप की औलाद नहीं।"

फिरंगी ने कहा और फिर इस इरादे के पीछे जो फिलॉसफी काम कर रही थी, उसका खुलासा करते हुए आगे कहा, "जैसी तुम्हारी भेन, वैसी हमारी बिन्नू का बदला तो लेना ही है..."

अब तक लल्ला की आत्मा भी पैंट-शर्ट उतारकर, और कुर्ता-पाजामा डालकर, वापस अपने असली रूप में आने लगी थी। वे भावुक होकर रोने लगे। रोते हुए उन्होंने पहले तो स्वयं को गालियाँ दीं जो अपनी बहन की बेइज्जती को भूलकर, अब तक हिजड़ों की ज़िंदगी बिताता रहा। फिर उन्होंने अपनी पत्नी की माँ-बहन का बेहद आत्मीयता तथा घनिष्ठता से याद किया कि जिसके पेटीकोट में घुसकर वे रम्मू का कत्ल करने जैसा जरूरी काम भी भूल गए थे। फिर हिचकियाँ लेते हुए उन्होंने घोषित किया कि फिरंगी ही उनका सबसे घनिष्ठ मित्र है कि जो उनका लिया कौल स्वयं पूरा

करना चाहता है। फिर आँसू पोंछते हुए उन्होंने अपना इरादा जाहिर किया कि फिरंगी के रिहा होते ही वे दोनों मिलकर रम्मू को ठिकाने लगाएँगे। तय किया गया कि ठिकाने लगाकर रम्मू को उसी पुलिया के नीचे गाड़ा जाएगा, ताकि भूत बनकर जब रम्मू की आत्मा उसी पुलिया के नीचे भटके तो पुलिया पर बैठकर वे लोग उसकी हँसी किया करेंगे। फिरंगी ने बताया कि वे तो उस जमीन पर रोज नाचेंगे भी जिसके नीचे रम्मू को गाड़ा जाएगा। उन्होंने उसी जमीन पर पेशाब करने तथा अन्य नित्य-क्रियाओं से निवृत्त होने की प्रतिज्ञा भी की। उन्होंने पुलिया पर बैठकर रोज हनुमान चालीसा के पाठ करने की बात भी की जिससे रम्मू के भूत को चैन न मिल सके क्योंकि इस तरफ के भूत-विशेषज्ञों का यह दृढ़ विश्वास था कि भूत लोग हनुमान चालीसा सुनकर तड़पने लगते हैं। इसके बाद ही इस बात पर भी विचार किया गया कि क्यों न डकैती डालने के पुराने कार्यक्रम को भी लागू किया जाए, जो फिरंगी के जेल चले जाने के कारण वक्त की फाइलों में दबा रह गया था। फिरंगी ने कहा कि आपको डकैती की आवश्यकता क्या है क्योंकि डाक्टरी में भी आप वही तो कर रहे हैं ? लल्ला ने तब अपनी सही स्थिति पर से परदा-सा उठाते हुए बताया कि गाँव की डाक्टरी भी स्साली झिकझिक ही है। एक-एक रुपए के लिए झींकना पड़ता है। फिर समझ तो पड़ता नहीं कि कौन स्साला कैसे ठीक हुआ जा रहा है—सो डर भी लगा रहता है। किसी तरह पेट पालनेवाली बात है, वरना सच तो यही है कि पैंट-कोट के अलावा इस तरह की डाक्टरी में कुछ धरा नहीं है। वे अलीपुरा में पत्नी को पैसे दे नहीं पाते और दो-दो पैसे के लिए पत्नी को अम्माँ से झींकना पड़ता है, सो घर में दिन-रात चिकचिक ही चलती रहती है। एकमुश्त रकम कहीं से मिल सके तभी आनंद आए।

अंततः तय किया गया कि फिरंगी जेल से निकलेंगे तो डकैती तथा रम्मू के कत्ल के कार्य संपन्न किए जाएँगे। सो इन दिनों लल्ला मूलतः इन्हीं दो कार्यों को अंजाम तक पहुँचाने के लिए पैनी नजर लिए घूमते थे। रम्मू पर निगाह रखने के लिए विशेष पैनी नजर की आवश्यकता नहीं थी, अलबत्ता गाँव के दो-तीन घर उनकी पैनी नजर में थे जिनके विषय में लल्ला को पता था कि ये डकैती डालने के लिए आदर्श घर साबित हांगे।

वे फिरंगी के जेल से छूटने की प्रतीक्षा करने लगे।

और गुच्चन का अहवाल ?

इन पाँच वर्षों में वे और धार्मिक हो गए थे।

बुंदेलखंड में स्वयं को धार्मिक सिद्ध करने के कुछ सिद्ध तथा स्वीकृत सिद्धांत थे। जो इनका पालन करता था, वही धार्मिक कहलाता था।

प्याज खाना छोड़ दें, तो यह धार्मिकता तथा अध्यात्म की दिशा में उठा हुआ पहला बड़ा कदम माना जाता था। लोग बड़े धार्मिक ठसके से यह घोषणा किया करते थे

कि वे प्याज नहीं खाते हैं। बल्कि 'हम तो प्याज तक नहीं खाते'—कहने का मतलब ही यह माना जाता था कि हमें ऐसा-वैसा मत समझना। लोग प्याज न खाने की अपनी आदत को अपनी धार्मिकता का बिल्ला बनाकर टाँग लेते थे। कहीं बाहर खाना हो, तो मेजबान द्वारा इनके बारे में पहले ही दबे स्वरों में अविभूत होकर कहा जाता था कि मालवीयजी का अलग से बिना-प्याज का खाना बनाना, 'वे इन (सांसारिक) चीजों से दूर रहते हैं...।' गुच्चन ने तो खैर प्याज बहुत पहले ही छोड़ दिया था। बल्कि वे तो प्याज खाने वालों को ज्यादा मुँह लगाने के सख्त खिलाफ थे। छुट्टन की वाचालता तथा लल्ला की बेवकूफियों के पीछे भी वे काफी बड़ा हाथ इस बात का ही मानते थे कि ये लोग प्याज खाते हैं। प्याज से शरीर में तामसीवृत्ति बढ़ती है और आदमी काम-क्रोध-मद आदि में मुब्तिला होने को लालायित फिरने लगता है—ऐसा वे मानते थे। प्याज की गंध से भी उन्हें नफरत थी।

कहीं भी प्याज छीला, काटा, भूना जा रहा हो तो उनके धार्मिक मन को गहरी ठेस पहुँचती थी और वे उद्वेलित हो उठते थे। उनके रहते हुए भी घर में प्याज का प्रयोग होता है, इसे लेकर वे एक नपुंसक क्रोध में भरे रहते थे। शीला को उनके कारण प्याज छोड़ना पड़ा था। प्याज पर हुई बहस के उपरांत हुई कई पिटाइयों के पश्चात शीला ने तय किया था कि तुलनात्मक रूप से देखा जाए, तो पिटाई की अपेक्षा प्याज छोड़ना अधिक सुविधाजनक तथा सरल रहेगा। परंतु घर में और लोगों का प्याज वे नहीं छुड़वा पाए थे। बल्कि प्याज को लेकर छुट्टन पीठ पीछे उनकी हँसी उड़ाते थे। प्याज को लेकर घर में कभी भी तमाशा उठ खड़ा होता था। गुच्चन पूजाघर में हों और प्याज के छौंक की गंध उनके नासापुटों तक पहुँच जाए, तो कुछ भी हो सकता था। कुछ भी यानी कि गुच्चन दुर्गास्त्रोत भूलकर माँ-बहन की गालियों का जाप शुरू कर सकते थे, पूजा की थाली किसी के मुँह पर फेंक सकते थे, बच्चों के साथ मार-पीट शुरू कर सकते थे, या सीधे ही रसोईघर में आकर प्याज के जरिए घर में घुस रही अपसंस्कृति पर उनका भाषण हो सकता था। इधर गुच्चन ने पिछले कई दिनों से नोट किया था कि छुटंके की पत्नी जान-बूझकर उसी समय प्याज का झौंक तलती थी, जब वे पूजा में बैठने को होते थे। यह सच न भी हो पर कम-से-कम उनको तो यही लगता था।

बुंदेलखंड में धार्मिक धज के लिए प्याज छोड़ना जहाँ एक महत्त्वपूर्ण कदम था, वहीं अन्य तरीकों द्वारा भी धार्मिकता बघारने का रिवाज था। चींटियों के बिल पर आटा भुरकते हुए बहुत से लोग सुबह-सुबह देखे जा सकते थे। वे ऐसा करके धार्मिक हो रहे थे, यह उनका भोला या चालाक विश्वास था। दो चुटकी आटे में यह सौदा बुरा भी नहीं था। कुछ लोग धार्मिक बनने के लिए दाढ़ी बढ़ा लेते थे। दाढ़ी की साइज के हिसाब से धार्मिकता नापी जाती थी। यदि आपने लंबी दाढ़ी रखी है तो कंठीमाला गले में डालने-भर की देर रहती थी कि अलीपुरा में लोग आपको श्रद्धा से बाबाजी कहने लगते थे तथा अपनी बाँझ बहू के इलाज की पुड़िया लेने, खोई हुई गाय किस दिशा में मिलेगी यह पूछने, या दुश्मन की चाल की काट का मंत्र माँगने आने लगते थे। यदि

आपने दाढ़ी रखी है, तो आपको बाबाजी बनने को तैयार रहना ही होगा वरना यहाँ लोग आपको पागल भी घोषित कर सकते थे। यदि बाबा या साधू बनने का आपका मूड नहीं था, तो फिर यह दाढ़ी बढ़ाने का ठनगन क्यों ? गुच्चन इसी के चलते पगलट बाबा कहलाने लगे थे। उन्होंने दाढ़ी बढ़ाने, कंठी पहनने, पूजा-पाठ करने के बावजूद बाँझ औरतों को भस्म देना, मुकदमे में जीतने के लिए अभिमंत्रित बताशा बाँटना तथा वशीकरण आदि के लिए जादुई काजल बाँटना शुरू नहीं किया था, सो अलीपुरा के धार्मिक सर्किल में उनकी साख गिरती चली गई थी। पगला गए हैं—यह आम राय थी। 'सिर्रियन घाँई दाढ़ी खुजाते रहते हैं', 'चार बच्चों के बाप बन गए और भगत बने फिरते हैं⋯' और इसी तरह की न जाने कितनी बातें। परंतु कुछ लोग उन्हें सच्चा धार्मिक भी मानते थे। उनकी राय थी कि गुच्चन पहुँचे हुए धार्मिक हैं। कई लोगों ने अपनी आँखिन देखी बताते हुए कहा था कि उन्होंने हनुमान टोरिया के बाबा के पास बैठकर उन्हें हठयोग साधते देखा है। अलीपुरा के बाहर बने मठ के बाबा के पास बैठकर चर्चा करते तो वे रोज ही देखे जा सकते थे। साधुओं, मठों, मंदिरों के बीच जाकर गुच्चन को गहन शांति का अनुभव होता। जीवन की निस्सारता पर उनका विश्वास वर्षों से वैसे भी था। शादी, बेरोजगारी, घर में उनकी पत्नी तथा लल्ला और छुट्टन की औरतों के बीच रोज-रोज की किलकिल ने उनका यह विश्वास और दृढ़ किया था कि जीवन सारहीन है तथा माया-मोह से उठकर श्रीचरणों में मन लगाना ही मानव का मूल कर्त्तव्य होना चाहिए। उनके मन में बार-बार आता था कि घर-बार त्यागकर साधू हो जाएँ और गाँव के किनारे बने किसी आश्रम में शेष जीवन गुजार दें। परंतु वे यह भी देख रहे थे कि गृहस्थी के कीचड़ से वे जितना निकलने का प्रयत्न कर रहे थे वे उसमें उतना ही धँसते जा रहे थे। चारों बच्चे जब उनके इर्द-गिर्द जुलूस-सा बनाकर घूमते या प्रतिनिधिमंडल-सा बनाकर रोज नई माँग लेकर खड़े हो जाते थे, जिन्हें वे पूरी नहीं कर सकते थे—तब यह भाव उनके मन में और भी जोरों से थपेड़े मारता।

खड़ाऊँ पहनना, माथे पर टीका लगाना, बातचीत के बीच में या अकेले बैठे-बैठे बोर होने पर यूँ ही तेज आवाज में जोर से 'हरिओऽऽऽम' बोलना, चोटी में गाँठ मारना, सुबह-सुबह ठंडे पानी से नहाना, त्रिफला से आँखें धोना, साबुन-इत्र-फुलैल आदि से परहेज करना, गाय को रोटी खिलाना (चाहे बाद में उसी गाय को डंडा भी मारना हो) आदि अन्य काम थे, जो एक धार्मिक व्यक्ति से आशा की जाती थी कि वह करेगा। गुच्चन ये सारे काम नियमपूर्वक करते थे। परंतु अब घर का वातावरण उनके इन कार्यों के खिलाफ होता जा रहा था। वे जोर से 'हरिओऽऽऽम'' का नारा बुलंद करते, तो बिलहरीवाली छतरपुरवाली की तरफ देखकर मुसकुराती। बच्चे उनकी नकल करके 'हरिओऽऽऽम' बोलते, तो औरतें हँस पड़तीं। ''बैठे होंगे पूजा में⋯और काम ही क्या है'' 'कहकर गुच्चन के विषय में खुसपुस अंदाज में बताया जाता। गुच्चन ने नोट किया था कि बहुएँ उन्हें देखकर घूँघट तो काढ़ लेती हैं, परंतु घूँघट की आड़ करके

हँसती भी हैं। कम-से-कम उन्हें तो ऐसा ही लगा था। गुच्चन के 'सात्विक-जीवन' का मान करने वाला अम्माँ के अलावा कोई बचा नहीं था। और अब तो वे भी कभी-कभी उन्हें सलाह दिया करती थीं कि पूजा-पाठ करना तो ठीक है, पर कुछ और भी किया करो "नहीं तो तुमईं कहीं डागदरी की दुकान डाल लो।"

घर में इतने बच्चे हो गए थे, कि घर उस स्कूल के मैदान जैसा लगता था, जिसमें लंबा इंटरवल हो गया हो। चार बच्चे गुच्चन के, दो लल्ला के, और दो बच्चे छुट्टन के ही मानो कम नहीं थे कि गुरसराँयवाले मामा के तीन बच्चे भी यहीं आ गए थे क्योंकि गुरसराँय में स्कूल ही नहीं था। घर में चहुँओर बच्चे-ही-बच्चे दीखते। न देखो, तो पैरों के नीचे आते। चलो, तो टाँगों में उलझते। न जाने क्यों यहाँ से वहाँ सन्नाकर भागते बच्चे। एक-दूसरे पर हमला करते हुए बच्चे। किसी को भी चैन से न जीने देने को कृतसंकल्प बच्चे। अनाज के बोरों पर चढ़कर आपके सिर पर कूदते बच्चे। विद्रोह फैल जाने पर, बैठक में तोड़फोड़ पर आमादा, पलटन-सी बनाए घूमते बच्चे। सीढ़ियों पर चढ़ते-उतरते-लुढ़कते बच्चे। एक-दूसरे की सवारी गाँठते बच्चे। मात्र चड्ढी पहने बच्चे। बिना चड्ढी के बच्चे। रोटी के लिए झगड़ते बच्चे। गिरोह बनाकर घूमते बच्चे। खंभों के पीछे छिपे बच्चे। 'होऽऽ' की आवाज के साथ लोगों को डराने की कोशिश में पिटते बच्चे। चबूतरे से कूदकर नाली पार करने के प्रयत्न में घुटने छिलवाते बच्चे। बड़े बच्चों द्वारा पीटे जा रहे छोटे बच्चे। बड़े बच्चों के कुशल नेतृत्व में पड़ोस के अन्य बच्चों पर आक्रमण हेतु लाम पर जाते छोटे बच्चे। देसी खेलों के विकास की भावना से कूट-कूटकर भरे, घर के आँगन में ही कबड्डी खेलते बच्चे। शोर तथा हरकतों के द्वारा सभी को, अपने को पीटने के लिए उकसाते बच्चे।

पूरे घर में यहाँ से वहाँ तक बच्चे बिखरे थे।

इन बच्चों का गैंगलीडर, गुच्चन का बड़ा लड़का उदय था, जिसे उदई कहकर बुलाया जाता था और जो 'अबे-ओ-उदई' कहकर बुलाए जाने पर भी नहीं आता था, या फिर आता भी था तो 'क्या है बे' कहकर ढीठ बनकर खड़ा हो जाता था। उदई पैदायशी बदमाश था। कहते हैं कि उसकी निर्माण-प्रक्रिया में ही कुछ ऐसी तकनीकी गड़बड़ी हो गई थी—या तो तब जब वह पेट में ही था या फिर बचपन की शुरुआत के दो-तीन माह में—कि पूत के पाँव पालने में ही टेढ़े दिखने लगे थे। जैसे ही उसने चलना सीखा था, वह अपने पैरों पर खड़ा हो गया था और उसने अपनी अलग पहचान स्थापित कर ली थी। वह ठुमकते हुए प्यार से लोगों के करीब आता और उन्हें काट लेता। वह बहुत कम उम्र में ही, आले पर पैर रखकर, डंडे की सहायता से, बक्से के ऊपर चढ़कर या अपने से छोटे किसी बच्चे की पीठ पर चढ़कर ऊपर रखे सामान को नीचे गिराने में माहिर हो गया था! नीचे रखे हर सामान को तोड़ना वह अपना फर्ज मानता था। वह पीछे से पहुँचकर लोगों का पाजामा या धोती खींचकर तिड़ी हो

जाता। उसने तीन वर्ष का होते-होते माचिस के दुरुपयोग पर रिसर्च कर ली थी और घर की लगभग हर चीज को जलाने की कोशिश कर चुका था। उसका निशाना सटीक था और वह छत पर चढ़कर सड़क पर जाते आदमी या दूसरी छत पर धूप सेंकते वयोवृद्ध की खुपड़िया पर कंकड़ मार सकता था। चार वर्ष की उम्र तक पहुँचते-पहुँचते वह सड़क पर पड़ी बीड़ी के टोंटे खोजकर पीने लगा था और यदि आप उसे दुअन्नी देने का वायदा भी कर दो, तो वह किसी को भी उसके मुँह पर ही 'तेरी माँ की अलानी' या 'तेरी बहन का फलाना' कहकर आ सकता था। वह निर्भय था और ऊँचे चबूतरे से नीचे कूद सकता था, विशेष तौर पर तब, जब कोई बच्चा नीचे अनजाना खड़ा हो। वह प्रतिदिन जब निकलता, तो घुटने छिलवाकर या माथे पर गूमड़ा लेकर ही घर वापस लौटता। पाँच वर्ष की उम्र में वह मुहल्ले के हमउम्र बच्चों का निर्विवाद नेता बन चुका था और अपने से छोटे हर बच्चे को कई-कई बार पीट चुका था। छठे वर्ष में वह अपने से बड़े बच्चों से लोहा लेने लगा था और सातवें वर्ष में वह काफी बड़े बच्चों के बीच उठने-बैठने लगा था, जिनकी सोहबत से प्राप्त ज्ञान की बदौलत वह छोटे बच्चों के बीच स्त्री-पुरुष के सनातन गुप्त-संबंधों के विषय में होनेवाली गोष्ठियों में प्रमुख वक्ता की हैसियत से बोलने की पोजीशन में आ गया था। आठवें वर्ष में उसने छुट्टन के पैंट में से बीड़ी मारकर पी और पाया कि पूरी बीड़ी पीने का आनंद ही कुछ और है। स्कूल में, मास्टर साब की साइकिल की हवा निकालने से लेकर स्कूल का घंटा कुएँ में फेंकने तक कई प्रयोग उसने किए थे और पाया था कि यदि पढ़ाई के चक्कर में न पड़ा जाए तो स्कूल भी एक दिलचस्प जगह साबित हो सकती है। पढ़ाकू लड़के उससे काँपते थे और बदमाश लड़के उसके शागिर्द होने के लिए तरसते थे। वह फुग्गेवाले बाल काढ़ता था और मुँह में दो उँगलियाँ डालकर सीटी बजा लेता था। चबूतरे या सीढ़ी के किनारे खड़े बच्चे को पीछे से धक्का मारकर हँसना उसका प्रमुख शौक था। कापियों में मास्साब की तसवीर बनाकर, उनके विशिष्ट गोपनीय स्थानों पर विशेष जोर देते हुए सारी कक्षा को यह बताना कि मास्साब यदि मास्साब नहीं होते तो उनके साथ क्या किया जाता तथा स्थान-विशेष में क्या चीज डाली जाती, यह बताना ही उसकी पढ़ाई-लिखाई थी। उदय के मार्गदर्शन में घर के बच्चों का यह गिरोह संगीन वारदातों में मुब्तिला रहता था। परंतु अब गिरोह के शेष सदस्य भी उम्र में बड़े हो रहे थे और वे धीरे-धीरे उदय को चुनौती देने की स्थिति में पहुँचने लगे थे। पहले चुपचाप पिट जानेवाला छुट्टन का लौंडा अब उदय की ज्यादतियाँ बरदाश्त करने को तत्पर नहीं था। शनैः-शनैः दल के अंदर मतभेद उभरने लगे थे और बच्चों में थोड़ी देर के खेल के बाद ही मार-पीट शुरू हो जाती थी। रोज एक न एक बच्चा रोते हुए अपनी माँ के पास शिकायत करता हमेशा ही खड़ा पाया जा सकता था। माँ, तब दूसरे बच्चे की माँ को सुनाते हुए अपने बच्चे को दो थप्पड़ और मारती कि तू ही क्यों उन गुंडों के साथ मरने जाता है। तब, जवाब में गुंडे की माँ तड़पकर दीवारों को सुनाकर कहती कि ऐसे ही महात्मा बच्चे हैं, तो बैठ के

पूजा-पाठ किया करें। तब गुंडे की माँ अर्थात शीला अर्थात गुच्चन की धर्मपत्नी को सुनाकर, पिटे हुए बच्चे की माँ यानी कि बिलहरीवाली यानी कि सत्तो अपने बच्चे को एक और थप्पड़ मारकर कहती कि भगवान न करे कि उनका बच्चा महात्मा बन जाए, वरना दिन-भर 'हरिओऽऽऽम हरिरओऽऽऽम' करता घर में बौराया फिरेगा। इसके बाद बातचीत बच्चों से बड़ों पर आ जाती और बहुओं में खासा कागारोल मचता। बच्चों के बहाने बड़ों पर छींटे कसे जाते। चर्चा के विषय आमतौर पर गुच्चन की बेरोजगारी, उनकी 'हरिओऽऽऽम', 'लल्ला की डागदरी भी कोई डागदरी है और सुई घुसेड़ने का काम तो नर्सबाई भी कर लेती है' से लगाकर 'छुट्टन के स्कूल में पढ़नेवाली लड़कियों के पीछे मास्टरों के बीच मारकटाई हो गई' से होते हुए छुट्टन पर अपरोक्ष रूप से आशिक मिजाजी के आरोप तक पहुँचते। लल्ला और छुट्टन की बहुएँ आपस में मिल गई थीं। उन्होंने शीला तथा गुच्चन के विरुद्ध मोर्चा-सा खोल लिया था। उन्हें लगता था कि अम्माँ को गुच्चन से कुछ ज्यादा ही प्यार है। उन्हें लगता था कि गुच्चन घर में कुछ भी कमा कर नहीं लाते, सो शीला का परिवार हराम की खा रहा है। उस पर से गुच्चन का रोबदाब अभी भी घर के मुखिया जैसा ही चल रहा था। धीरे-धीरे परिवार के संयुक्त रहते हुए भी विभाजन की एक अदृश्य दीवार बीच आँगन में तन गई थी। छुट्टन ने दो कमरे हथिया लिए थे, तो लल्ला की बहू ने भी दो कमरों में गृहस्थी फैला दी थी। गुच्चन-शीला तथा अम्माँ घर के बचे हुए हिस्से की तरफ खदेड़ से दिए गए थे। बस, चूल्हा ही अभी तक साँझा था, सो वह भी अपनापे से ज्यादा झगड़े की एक और जड़ था। हर बहू दूसरी बहू से आशा करती थी और कोशिश भी करती थी कि वही सारे घर की रोटियाँ थापेगी। इसी चक्कर में कोई भी यह जलालत-भरा काम नहीं करता था, या करते हुए, अदृश्य श्रोताओं के समक्ष अनाम लोगों के नाम गाली-गलौज तथा निरर्थक बड़बड़ाहट का राष्ट्रीय प्रोग्राम पेश करता था। इसी चक्कर में प्रायः यह काम अभी भी अम्माँ के सिर पड़ता था। रोज-रोज दुनिया से नजरें बचाकर, सड़क से बीड़ी के टोंटे उठाकर पीते हुए उदय थक चुके थे। सो एक दिन उदय ने खूँटी पर लटके छुट्टन के पैंट से बीड़ी का पूरा बंडल मार दिया। बंडल के पास ही जेब में दस का एक नोट भी पड़ा हुआ था और बड़ी हसरत से उदय को ताक रहा था। उदय को तरस आ गया। उन्होंने उसे भी उठाकर (शर्ट के अंदर छुपाकर) छाती से लगा लिया। दोपहर तक बीड़ी के बंडल, जिसमें से चार बीड़ियाँ वे पी चुके थे और दस के नोट में से बचे पाँच रुपए के साथ उदय छुट्टन की हिरासत में आ गए। छुट्टन ने कनपटीमार बाबा से कोई दीक्षा न लेने के बावजूद, लगभग उसी दक्षता से उदय की कनपटी पर ऐसा जोरदार लपाड़ा मारा कि उदय का कान फट गया और चकराकर मुँह के बल गिरने के कारण सामने का एक दाँत टूट गया। मुँह और कान से खून बहाते उदय भागकर माँ के पास पहुँचे। छुट्टन खून देखकर घबरा तो अवश्य गए, परंतु आक्रमण को ही बचाव का सर्वश्रेष्ठ तरीका मानकर वे भी पीछे-पीछे भागते हुए आँगन में पहुँच गए।

आँगन में फिर ऐसा महाभारत शुरू हो गया, जिसमें दोनों तरफ कौरव ही कौरव दिख रहे थे; पांडव के नाम पर सिर्फ युधिष्ठिर अर्थात गुच्चन थे, जो पूजा में थे और वे पूरी लड़ाई के दौरान पूजा में ही बने रहे। (फ़िरंगी जेल से लौट आए थे सो) लल्ला भी गाँव नहीं जा रहे थे और घर पर ही थे। वे भी युद्ध में शामिल हुए। तीनों बहुएँ वैसे भी हथियारों-हर्बों के साथ पहले ही किसी भी आकस्मिक हमले के लिए हमेशा तैयार रहती ही थीं। 'बच्चे को मार डाला रे। मार डाला रे' चिल्लाती हुई शीला चीख रही थीं और उदय जोर-जोर से रोते हुए उनसे चिपका हुआ था। शेष बच्चे भी यहाँ-वहाँ सहमे खड़े थे और डरे हुए थे कि यदि उदय जैसे शातिर की ऐसी पिटाई हो सकती है, तो फिर उन जैसों की तो गिनती ही क्या है ? शीला ने चिल्लाकर आरोप लगाया कि जो स्वयं तो एक भी लड़का पैदा नहीं कर पाए, वो लोग उनसे चिढ़ते हैं और उनके पुत्रों को मार डालना चाहते हैं। छुट्टन ने तब दुनिया को सुनाकर कहा कि यदि उनके माँझे में दम है, तो वे लड़का भी पैदा करके दिखा देंगे—परंतु वह लड़का यदि ऐसा ही चोट्टा निकला, तो वे स्वयं उसे कुएँ में अपने हाथों से फेंककर मार डालेंगे। शीला ने इस बात का जवाब देते हुए कहा कि यही बात किसी ने उनसे बरुआसागर में कही होती या उनके बरुआसागरवाले बड़े भैया के सामने कही होती, तो वे ऐसे कमीने आदमी को जमीन में आधा गड़वाकर ऊपर से शिकारी कुत्ते दौड़ा देते।

तब छुट्टन की धर्मपत्नी अर्थात सत्तो ने हाथ नचाकर कहा कि ऐसे बरुआसागरवालों को यहाँ अलीपुरा न बुला लेना वरना यहाँ उन्हें जमीन में पूरा ही गाड़ दिया जाएगा। लल्ला की बहू ने भी आरोप-पत्र में इजाफा करते हुए बताया कि खुद उनकी पेटी से चाहे जब, पाँच-दस रुपए चोरी होते रहते हैं और वे जानती हैं कि कौन यह सब चोट्टई करता रहता है—पर वे गम खाकर रह जाती हैं कि कौन ओछेपन पर उतरे। शीला ने कहा कि ऐसा ही खजाना पेटी में भरकर छतरपुर से लाई थीं, तो खजाने की रक्षा करने के लिए एक सिपाही भी वहीं छतरपुर से ले आतीं। शीला ने यह भी जोड़ा कि बरुआसागर में उनके घर में ऐसी हजार पेटियाँ खुली पड़ी रहती हैं और पाँच-दस रुपयों का हिसाब रखने का टुच्चापन करने की उधर किसी को फुरसत ही नहीं रहती है। तब लल्ला ने कहा कि बरुआसागरवालों ने यह पैसा कैसे कमाया है, सो सारा इलाका जानता है और लोग बरुआसागरवालों को तब से जानते हैं जब वे पहली बार सेंध मारते हुए पकड़े गए थे और मुँह काला करके गधे पर बिठाकर पूरे बरुआसागर में उनका जुलूस निकाला गया था। तब शीला ने छतरपुरवालों को याद करते हुए कहा कि छतरपुर में कैसी डाक्टरी चल रही है, सो सब जानते हैं और यदि अफीम की हेराफेरी में आदमी न पड़े, तो डाक्टरी अकेली में धरा क्या है ?

तात्पर्य यह कि खूब चिक-चिक हुई।

शीला पर चारों तरफ से हमले हो रहे थे। वे बचाव तथा आक्रमण करते-करते थक गईं। उधर गुच्चन पूरी लड़ाई के दौरान ऊँचे स्वरों में पूजा करते रहे थे। शीला अंततः

चिढ़कर उनके पास पहुँची और कहा कि आप भी तो कुछ बोलिए महाराज !

गुच्चन ने पूजा खत्म की।

वे जोर से 'हरिओऽऽऽम' बोलकर उठे।

तनाव के माहौल में भी छुट्टन और लल्ला की बहुएँ 'हरिओऽऽऽम' सुनकर हँसने लगीं। बल्कि लल्ला की पत्नी ने तो शायद दबे स्वरों में 'हरिओऽऽऽम' कहकर गुच्चन की नकल भी उतारी। दो-चार बच्चों ने भी मौका देखकर 'हरिओऽऽऽम' कहा।

गुच्चन तमतमा गए। वे पूजा से उठकर भीड़ के बीच आए और एक बार फिर तेज आवाज में हरिओऽऽऽम बोलकर चिल्लाए :

"किस भेन को हरिओऽऽऽम पर हँसी आ रही है ? अबकी दफे जरा हँसके बताए"

सन्नाटा छा गया।

बहुएँ दुबक गईं।

लल्ला और छुट्टन भी चुप खड़े रह गए।

अम्माँ रसोई से निकलकर दरवाजे पर चुपचाप खड़ी थीं और सारा तमाशा देख रही थीं। वे चुपचाप खड़ी रहीं। क्या ये ही उनके बच्चे थे ? क्या ये ही उनके स्वप्न थे ? उनका संसार वैसा क्यों होता जा रहा था, जैसा उन्होंने कभी चाहा ही नहीं था ? और जो चाहा था, वह हो क्यों नहीं रहा था ? लल्ला, छुट्टन, गुच्चन—सभी तो इतने प्यारे बच्चे हुआ करते थे। सभी तो आसमान की ऊँचाइयों तक जा सकते थे। बल्कि अभी भी चाह लें, तो क्या नहीं कर डालें! अम्माँ जानती हैं कि इन बच्चों में दुनिया को जीतने की ताकत है। फिर ये हारते क्यों जा रहे हैं ? फिर ये कुछ ऐसा करते क्यों नहीं हैं, जैसा ये कर सकते हैं ? गुच्चन जलती आँखों से सबको देखते रहे।

एक बार फिर उन्होंने पागलों की तरह चिल्लाकर 'हरिओऽऽऽम' कहा। उन्होंने लगातार पाँच-छह बार 'हरिओऽऽऽम' कहा। फिर रुककर बोले, "हँसो, हँसो न"

सब घबराकर चुप खड़े रहे।

"'हरिओऽऽऽम' पर हँसी आती है तुमको ? हम पर हँसते हो तुम ? हम पर ? हमने तुम्हें उँगली पकड़कर चलना सिखाया और तुम्हें हमीं पर हँसी आती है?" गुच्चन का स्वर रुआँसा हो आया और वे ईश्वर की तरफ मुखातिब होने के इरादे से आकाश की ओर मुँह करके चिल्लाए, "हरिओऽऽऽम हरिओऽऽऽम हरिओऽऽऽम हरिओऽऽऽम।"

शीला घबराकर बड्डे के पास आईं और उन्हें सँभालने लगीं। गुच्चन ने एक जोरदार झापड़ शीला को मारा। वे धड़ाम से आँगन में जा गिरीं। उदय, जो शीला के पैरों के पास खड़ा था, वह भी धड़ाम से ही गिरा।

सारे लोग घबराकर आँगन से भागे।

दस मिनट बाद आँगन सूना था। शीला एक कोने में बैठी सिसक रही थीं। गुच्चन मंदिर में जाकर गुमसुम बैठकर पागलों की तरह देवी को बिना पलकें झपकाए निहारे

जा रहे थे।

अम्माँ धीरे-धीरे चलकर गुच्चन तक पहुँची। घुटनों में गठिया हो गया है और मोतिया के कारण कुछ भी स्पष्ट नजर नहीं आता। बड़ा सँभलकर चलना होता है। अम्माँ ने गुच्चन के सिर पर हाथ फिराया। वे हाथ फेरती रहीं। गुच्चन सिसक-सिसककर रोते रहे। अम्माँ ने दृढ़तापूर्वक कहा, "गुच्चन मत रो¨। सब ठीक हो जाएगा।"

और इतने वर्षों में अम्माँ ने क्या खोया, क्या पाया ?

मोतियाबिंद पाया और भरपूर पाया। गठिया पाया और डटकर पाया। उठना-बैठना मुश्किल हो गया है, परंतु इस घर में सबसे ज्यादा वे ही उठती-बैठती हैं। काम जो करना है। देख पाना कठिन हो रहा है, पर वे सबसे ज्यादा साफ देख रही हैं कि घर किस दिशा में जा रहा है। छुट्टन की मास्टरी और लल्ला की डाक्टरी से घर को कुछ नहीं मिला। बस, एक तसल्ली ही है। चूल्हा अभी भी झींक-झींककर जलता है। गाँव की जमीन से थोड़ी-बहुत खेती, भाइयों की सहायता, उधारियाँ और इधर-उधर की खींचतान से घर चल रहा है। खानेवाले बढ़ते गए हैं। सभी को अंधविश्वास-सा है कि अम्माँ के पास कहीं कुछ ऐसा धन है, जो घर को चलाता रहेगा। छुट्टन की तनख्वाह उन्हीं को पूरी नहीं पड़ती। कभी कुछ सब्जी-भाजी ला दें, तो उनकी पत्नी सात दिन तक गाती है। लल्ला की डाक्टरी शोभा की चीज ज्यादा है। अम्माँ के हाथों में उनकी तरफ से भी कुछ मिलता नहीं। गुच्चन ईश्वर-भक्ति के शिकार—पर गाँव की खेती देखने कभी-कभी चले जाते हैं। और इन सबके बाल-बच्चे, पत्नियाँ—सबकी अन्नपूर्णा अम्माँ। सबकी घर पर नजर कि कभी हिस्सा-बाँट होगा तो उनके हिस्से में कितना क्या आएगा ? सबकी नजर अम्माँ के अँधेरे गुप्त कमरे पर कि वहाँ पोशीदा खजाने में कितना क्या होगा और अंततः मचने वाली लूटपाट में कितना माल अपने हाथ लगने वाला है ? ठगों और पिंडारियों के दल घर में सक्रिय हैं। बटमार और राहजन अम्माँ का पीछा कर रहे हैं। लुटेरों के खुफिया जासूस सक्रिय हैं।

अम्माँ को मोतियाबिंद के अँधेरे में भी ये सब साफ दिख रहे हैं। पर वे क्या करें ? उनके अपने, जिनके लिए उन्होंने सपने देखे और जिनके लिए वे अभी भी कितने सपने सँजोए हैं, वे ही इन सपनों पर पैर रखकर इन्हें रौंदते भागे चले जा रहे हैं। न जाने किस ओर ? कैसा दिशा-भ्रम है ? कैसी दौड़ है यह ?

दोपहर का खाना निबट गया है।

बरतन-भाँड़े से निपटकर अम्माँ बरामदे में बिछी चटाई पर लेटकर यह सब सोच रही हैं। बच्चों का झुंड आँगन से तूफान की तरह उठकर छत की सीढ़ियों की दिशा में अग्रसर है। उदय ने फिर किसी को टाँग मारकर गिराया है, या शायद किसी छोटे बच्चे को, बाल पकड़कर हवा में झुला दिया है। चीख-पुकार मची है। बहुएँ वहीं बरामदे में लेटी हैं।

डाकिया आया है।

गुच्चन ने चिट्ठी सुनाई है, अम्माँ को।

चंदू आ रहे हैं।

साथ में उनकी पत्नी भी।

चंदू ने डाक्टर बनते ही अपने साथ पढ़ रही एक गुजराती लड़की से शादी कर डाली थी। दोनों ने वहीं ग्वालियर में नर्सिंग होम डाल लिया है। लड़की के बाप ग्वालियर में बड़े व्यापारी हैं। संपत्तियाँ खरीदते-बेचते हैं। चंदू को भी खरीद लिया है उन्होंने। चंदू पिछले तीन वर्षों में कभी अलीपुरा आए ही नहीं। अब आ रहे हैं। मैहर की देवी माँ के दर्शन करने जा रहे हैं। रास्ते में अलीपुरा पड़ता है। चंदू को संतान-सुख नहीं है। बच्चा नहीं है। अम्माँ उनके लिए दुखी रहती हैं। बेचारा निपूता है। हे ईश्वर ¨ उसकी सुन। उसे औलाद दे। जैसा भी निकला, अच्छा-बुरा ¨ है तो मेरा ही पुत्र। भूल गया हमें ¨ पर हम कैसे भूलें उसे ? जहाँ जिसके साथ है, खुश रहे। हे मैहर की देवी माँ ¨ चंदू पर कृपा कर। सब पर कृपा कर। अम्माँ के मन में कितना-कितना घुमड़ गया। गुच्चन ने चिट्ठी खत्म करके अम्माँ से कहा—

"परसों आ रहे हैं ¨ ।"

"कै बजे ?" अम्माँ पुलकित हैं।

"पता नहीं ¨ अपनी कार से आएँगे। "

"कितने दिन रहेंगे ? लिखा है क्या ?" अम्माँ उत्साहित हैं।

"दो-तीन घंटे को ¨ बस ¨ "

इंतजाम लगेगा। दो-तीन घंटे को ही ठहरेंगे, चंदू और उनकी पत्नी, पर इंतजाम तो लगेगा। पत्नी के साथ पहली बार आ रहे हैं वे। उनकी शादी में तो परिवार से कोई गया नहीं था। विजातीय विवाह में कैसे जाते ? कितना रोई थीं अम्माँ उस दिन। उन्हें दूसरी जाति में चंदू द्वारा विवाह का दुख नहीं था। वे मन-ही-मन इन बातों से बहुत ऊपर थीं। पर बिरादरी का भय ¨ । कोई भी चंदू की शादी में शरीक नहीं हो सका, यह दुख बहुत अरसे तक रहा अम्माँ को। घर के चाहे किसी काम नहीं आए हों वे, परंतु अमृतलाल जैसे होशियार और पढ़नेवाले तो चंदू ही थे न। उनके लिए अम्माँ के मन में न जाने क्या-क्या था। अब चंदू आ रहे हैं। तो दो-तीन घंटों में ही उनकी ऐसी आवभगत की तैयारी होनी है कि सारे शिकवे दूर हो जाएँ।

गुच्चन को अम्माँ ने सबकुछ समझाया है।

वे अम्माँ से पैसे लेकर उठे हैं।

वे बाहर की तरफ जा रहे हैं।

निकलते-निकलते गुच्चन की नज़र दीवार पर लगी तसवीर पर गई है। तसवीर में धर्मेंद्र हेमामालिनी का लगभग कचूमर बनाए दे रहा है और इतने घनघोर जुल्म के बावजूद हेमामालिनी खिलखिलाए जा रही है। गुच्चन एक पल को ठिठके हैं। फिर वे बिना कुछ कहे या करे बाहर निकल गए हैं।

यह घर अब धर्मेंद्र का हो चुका है और वे इसमें कुछ भी नहीं कर सकते थे। गुच्चन ने पाया है कि वास्तव में सारे जीवन पर ही शनैः-शनैः धर्मेंद्र का कब्जा हो गया है और वे जीवन से बेदखल होते गए हैं।

दिन बीतते जा रहे हैं। बेमतलब। एक वर्ष बीत गया, ऐसे ही ।

मुट्ठी खाली की खाली है। सबकी।

शाम उतर आई छत पर।

अलीपुरा की छतों पर शाम उतरती है, तो न जाने कितने लोगों को वहाँ अलसाता पाती है। गुच्चन उनमें से एक हैं। हम उनको बेरोजगार, बेकार, फुरसतिए व्यक्तियों के प्रतिनिधि के तौर पर मान लें। अब वे समय कैसे काटें ? दुर्गुण कभी पाले नहीं। गंदी आदतें डाली नहीं। नशा, बीड़ी-तंबाखू, आवारागर्दी, शराब पीना इत्यादि बुरी आदतें हैं, इसमें कोई शक नहीं, परंतु समय काटने में इनके महती योगदान को भी नकारा नहीं जा सकता। अब गुच्चन को ही लें। ऐसी कोई कुटेव न होने के कारण उनका समय काटे नहीं कटता। सुबह आँख खुलते ही पूरा दिन मानो चुनौती देता हुआ-सा सामने खड़ा हो जाता है। पूजा-पाठ के अलावा गुच्चन को कुछ आता नहीं। परंतु पूजा-पाठ भी कोई कितना करे ? भगवान बेचारे भी थोड़ी देर अकेले रहना चाहते हैं। दिन-रात गुच्चन जैसे भक्त यदि चरणों में ही पड़े रहने की ठान लें, तो ईश्वर का तो चलना-फिरना कठिन हो जाए। भक्त पर पैर रखकर निकल नहीं सकते। भक्त बुरा मान जाएगा कि हमारी भक्ति का यही प्रसाद है क्या ? इधर गुच्चन ने धीरे-धीरे पाया है कि परिवार में सभी अपनी-अपनी तरह से व्यस्त हो गए हैं। छुट्टन स्कूल में और रज्जन के साथ स्थानीय राजनीति में। लल्ला न जाने फिरंगी के साथ क्या खुसपुस करते रहते हैं। आजकल गाँव कम ही जा रहे हैं वे। बिन्नू के बिना घर सूना-सूना रहता ही है। शीला की शक्ल ऐसी निकल आई है कि देखते ही झापड़ मारने को मन करता है। वे प्रायः मन की मान भी लेते हैं। अम्माँ नाती-पोतों से घिरी रहती हैं, या फिर चौके में। गुच्चन का कोई दोस्त नहीं। मठ के पुजारी से भी जी अघा गया। स्वयं गुच्चन ने, जब से उन्हें मंदिर के ऐन गर्भ-गृह में उस धोबन के साथ ऐसी अवस्था में पकड़ा है जिसे संदिग्ध कहते हैं, पर जो इतनी खुलेआम थी कि सारा खेल असंदिग्ध था और पुजारीजी ने गुच्चन से, बेशर्म होकर यही कहा था कि नीच जाति की है—बाँभन के नीचे लेटी है, तो इसका उद्धार तो हो गया समझो। गुच्चन वितृष्णा से भर गए। अब वे उस मंदिर की तरफ भी कब से नहीं गए। सो समय-ही-समय रहता है उनके पास। शाम को वे छत पर जो पहुँचते हैं, तो खटिया पर पड़े-पड़े देर रात तक न जाने क्या-क्या सोचा करते हैं। और जितना वे सोचते हैं, उतना ही वैराग्य-भाव से भर जाते हैं। क्या रखा है इस संसार में ? सब माया का खेल और मोह का चक्कर। अम्माँ को मोतियाबिंद उतर आया है दोनों आँखों में। ऑपरेशन लगेगा।

सीतापुर के आँखों के अस्पताल ले जाना था। पैसे का इंतजाम हो नहीं पा रहा। काश, कि वे कमा रहे होते। अपनी माँ के दूध का इतना छोटा-सा कर्ज नहीं चुका पा रहे हैं। धिक्कार है उन्हें। उधर बिन्नू को ससुराल में परेशान किया जा रहा है। वे लोग ट्रांजिस्टर माँग रहे हैं। कहा था कि गौने पर दे देंगे। दिया नहीं। बिन्नू पिट रही हैं रोज। खबरें आती रहती हैं; ट्रांजिस्टर पर नहीं, यूँ ही, सुनी-सुनाई। बिन्नू तो स्वयं कुछ बताती नहीं। पत्रों में यही लिखती हैं कि अत्र कुशलम तत्रास्तु"। परंतु न तो वहाँ कुशल है, न यहाँ। काश, कि वे कमा रहे होते तो बिन्नू की ससुरालवालों के मुँह पर पैसे मारके आते। पर धिक्कार है उन्हें कि वे घर के किसी भी काम नहीं आ पाए। नाकारा। बेकार। बोझ-से। अर्थहीन जीवन जिया अब तक। यह संसार ही असार लगने लगा है उनको। लल्ला-छुट्टन कमाते हैं। पर अम्माँ या बिन्नू के लिए उनके पास फालतू पैसा नहीं। माँगो, तो रोने लगते हैं। सच है कि कोई किसी का नहीं। सारे संबंध अर्थहीन। ये ही छुट्टन, ये ही लल्ला, ये ही चंदू—सब बदल गए।"या कहीं वे ही तो अप्रासंगिक नहीं हो गए हैं ? हाँ, शायद, गुच्चन ही इस स्वार्थी संसार के लायक नहीं रह गए हैं।

"हरिओऽऽऽम";" गुच्चन ने जोर से उच्चारा है और करवट बदलकर लगभग मुँह के बल औंधे लेट गए हैं।

लल्ला और फिरंगी तेज-तेज आवाज में कुछ बहस-सी करते हुए सीढ़ियों से चढ़ कर छत की तरफ आ रहे हैं। उनकी आवाजें यकायक बंद हुई हैं। गुच्चन मुँह के बल लेटे हुए भी जान गए हैं कि उन्हें छत पर देखकर दोनों चुप हो गए हैं और अब दबे पाँवों वापस जा रहे हैं।

सभी कटते हैं उनसे।

जीवन के परम उद्देश्य को न समझनेवाले ये नादान लोग।

जीवन क्या है ? क्या वे पत्नी, बच्चों और गृहस्थी के चक्र में कोल्हू के बैल की भाँति घूमने के लिए पैदा हुए थे ? किस चक्कर में फँस गए हैं वे ? मोक्ष का मार्ग क्या यूँ ही उनको छलता रहेगा ? माँ दुर्गा की कृपा कब होगी उन जैसे अधम पर? अलीपुरा का यह घर, ये भाई-बहन, माँ, यह परिवार, ये बच्चे—और इन महीन तारों से बुना हुआ माया-मोह का मजबूत जाल। कब तक ? कब तक ? कब तक वे इस जाल में फँसे छटपटाते रहेंगे ?

गुच्चन ने बेचैन होकर करवट बदली, तो मूँज की रस्सी से घुटना छिल गया। वे दर्द से बिलबिलाकर उठ बैठे। बैठे, तो नितंबों में भी कोई चीज गड़ी। वे उठकर खड़े हो गए। देखा। कुछ नहीं था, जो गड़े। ध्यान से देखा, तो बदन पर चींटियाँ चल रही थीं। उनका हाथ स्वतः चला और कई चींटियाँ मारी गईं। चींटियों को मारने से निबट कर उनका वैराग्य-भाव पुनः ड्यूटी पर आ गया। वे चिंतन में दब गए—चीटियों से रेंगते प्राणी, हम इस धरा पर। और देखें तो स्वयं वे भी तो एक चींटी से अधिक कुछ नहीं। वैसे ही छुद्र, कमजोर और अर्थहीन। धिक्कार है कि उन्हें इस नश्वर शरीर से

प्रेम है, जिसे ईश्वर चींटी-सा कभी भी मसल सकता है। कब तक रेंगते रहेंगे वे अलीपुरा में ?

ईश्वर उन्हें पुकार रहा है।

मूरख प्राणी। जो थोड़ी-सी बची है, उसे तो ईश्वर-भक्ति में गुजार दे। 'हरि ओऽऽऽम···' मानो अपने-आप ही उनके मुँह से आवाज निकली है। नीचे आँगन में बच्चे खेल रहे हैं। किसी बच्चे ने नकल उतारते हुए 'हरिओऽऽऽम···' कहा है। और कोई दिन होता तो वे बुरा मानते। पर आज नहीं। नीचे से अब बच्चे के रोने की आवाज आ रही है। उदय ने 'हरिओऽऽऽम···' कहनेवाले को ठोंक दिया है। बच्चों की दुनिया सोचकर मुस्कुराए हैं गुच्चन। उन्हें गुस्सा क्यों नहीं आ रहा ? वे यकायक कैसी अपूर्व शांति से भर गए हैं ? क्यों वे अहोभाव से छलके जा रहे हैं ? कैसा अनूठा संतोष उतर आया है उनके रोएँ-रोएँ में।

क्या इसी को आत्मज्ञान होना कहते हैं ?

गुच्चन उसी रात घर छोड़कर निकल गए, तो फिर उनका पता आज तक नहीं चला। अम्माँ को विश्वास है कि वे साधू हो गए हैं। वैसे कहनेवाले दबी आवाज में कहा करते हैं कि कहीं कुएँ-नाले में कूद मरे होंगे।

इस टूटी-फूटी सँकरी गली में कोई नहीं आता। प्रायः।

मुश्किल से एक आदमी के निकल जाने लायक जगह है इसमें। दोनों तरफ के मकानों के संडास खुलते हैं पिछवाड़े की इस जगह में। मकानों के बीच छूट गई इस जगह में सुबह भंगी मैला उठाने के लिए आता है। शेष बचे मैले की तलाश में सुअरों की टोलियाँ दिन-भर यहाँ घूमती हैं। कचरा, कीचड़, सुअर, मैला, मक्खियाँ, मच्छर, बदबू, घुटन–धरती पर कहीं नर्क है, तो वह यहीं है, यहीं है, यहीं है– शाहजहाँ कहता, यदि वह कभी इस गली से गुजरता। खैर, शाहजहाँ तो यहाँ से क्योंकर गुजरता, परंतु मकानों के पिछवाड़े बनी इस सँकरी गली से रम्मू अवश्य आया-जाया करते हैं। विशेष तौर पर, रात को दुकान बंद करके वे इसी रास्ते से घर आते हैं। यह उनके मकान और बाजार की उनकी दुकान के बीच का शॉर्टकट है। दुबली काया का एक फायदा यह भी होता है कि आप ऐसी सँकरी गलियों से गुजरते हुए भी ऐसा खुला-खुला महसूस कर सकते हैं मानो राजपथ से गुजर रहे हों। रम्मू इस गलीज, नालीनुमा गली या गलीनुमा नाली से जाते हुए ऐसा ही अच्छा महसूस किया करते थे। दस मिनट जो बचते थे, सो अलग।

ठंड के मौसम में रात नौ बजे के बाद पूरे अलीपुरा में सन्नाटा छा जाता है। कुत्ते तक आवारागर्दी की सनातन आदत छोड़कर शरीफ गृहस्थों जैसे हो जाते हैं। ऐसे में

यह गली तो और भी निचाट सुनसान हो जाती है। अँधेरे में कुछ सूझता नहीं, परंतु पुराना अभ्यास होने के कारण रम्मू को कोई परेशानी नहीं हो रही। दुकान तो साढ़े आठ बजे ही बंद कर दी थी, परंतु हिसाब-किताब करते हुए देर हो गई। पाँच हजार रुपए बनियान की जेब में डालकर वे घर वापस जा रहे हैं। पैर कीचड़ में या शायद मैले के ढेर में पड़कर लिथड़ गया है। वे पैर झटकारते हुए चले जा रहे हैं।

शायद आधी गली गुजर चुकी थी कि यकायक अँधेरे में से निकलकर दो लोग उन पर कूदे हैं और उनको जमीन पर दचक दिया है। एक ने उनके मुँह को दबोच रखा है। रम्मू के गले से घों-घों की आवाज निकल रही है। दूसरे ने तमंचा उनकी छाती पर रखा है।

"क्यों बे..."

रम्मू लल्ला की आवाज पहचान गए हैं। मुँह दबा हुआ है, सो बोल तो नहीं पा रहे हैं, परंतु घों-घों की आवाज को जितना विनम्र बनाया जा सकता है, उतना विनम्र और दयनीय बनाकर दया की भीख माँग रहे हैं, "घों-घों...छोड़...।"

"आवाज निकाली कि दई हमने छाती के आरपार," लल्ला ने चेतावनी देते हुए उनके मुँह पर से हाथ हटाया है। फिरंगी छाती पर बैठे हैं और लल्ला को जल्दी-जल्दी निबट लेने की चेतावनी दे रहे हैं–

"लल्ला...देरी न करो..."

"दया करो...," रम्मू ने रोते-रोते कहा है।

"लल्ला तुम फैर कर रहे हो, कि फिर हम करें?" फिरंगी बेचैन हो रहे हैं। वे जल्दी-से-जल्दी मामले को निबटाना चाहते हैं।

"मारियो मती, हम तुम्हारे पैर छूते हैं महाराज... तुम हमसे जो चाहो सब ले लो..."

रम्मू ने बनियान में हाथ डालने की कोशिश की है और थप्पड़ खाया है। फिर भी वे रोते-रोते बता रहे हैं कि उनकी बनियान की जेब में पाँच हजार रुपए हैं और हाथ की अँगूठी और गले की चैन मिलाकर चार तोला सोना भी है। उनकी प्रार्थना है कि अभी यह माल लेकर छोड़ दें, वे बाद में घर से और ढेर-सा माल लाकर लल्ला को दे देंगे।

"बाँभन की इज्जत पर हाथ डालते हो और सोचते हो कि बच जाओगे?" लल्ला ने तमंचा रम्मू की कनपटी पर लगा दिया है।

"मारियो मती, लल्ला...मारियो मती...तुमें अम्माँ की कसम...," रम्मू घिघिया रहे हैं।

"अम्माँ की कसम खाके ही निकले हैं बेटा।" लल्ला ने कहा।

"मारो लल्ला...नहीं तो हम चलाते हैं तमंचा।" छाती पर तमंचा रखे हुए फिरंगी बेचैन हैं। तय हुआ था कि पहली गोली लल्ला ही मारेंगे ताकि कौल पूरा हो सके। फिरंगी उसी की याद दिला रहे हैं।

अँधेरे में कुछ भी नजर नहीं आ रहा। रम्मू बुरी तरह काँप रहे हैं और वह थर-

थराहट इस अंधकार में भी महसूस की जा सकती है। लल्ला की पिस्तौल तक ये कंपन पहुँच रहे हैं। या लल्ला के भी हाथ काँप रहे हैं?

"तुम्हारी शरण में हैं हम··· । शरण में आए हुए को कोई नहीं मारता।"

रम्मू ने लल्ला के स्वाभिमान को जगाने की कोशिश की है।

"ये चूतियाई क्षत्रिय किया करते हैं—बाँभन नहीं···," लल्ला ने जोरदार घूँसा मारा है। रम्मू के दो-तीन दाँत टूट गए हैं।

रम्मू जोर से रोने लगे हैं।

"अबे मादर··रो मत···," कहकर फिरंगी ने खड़े होकर जोरदार लात रम्मू की दोनों टाँगों के बीच मारी है।

रम्मू दर्द से बिलबिला उठे हैं। वे जान गए हैं कि ये लोग उन्हें मारकर ही जाएँगे।

रम्मू चीखे हैं—

"बचाओ···माड्ड्डाला···माड्ड्डाला रे···," रम्मू ने उठकर भागने की कोशिश की है।

लल्ला शोर-शराबे से घबरा गए। परंतु फिरंगी ने होश नहीं खोए।

"मारो···लल्ला।"

गली के दूसरे सिरे पर कुछ पद-चापें सुनाई दी हैं।

लल्ला ने तमंचे को रम्मू की खोपड़ी पर रखकर लिबलिबी दबा दी है। लगभग उसी समय फिरंगी ने छाती में गोली उतार दी है। जोरदार धमाके की आवाज से गली गूँज रही है। लल्ला और फिरंगी बदहवास भागकर गली से निकल रहे हैं।

लल्ला अगले दिन ही पकड़ लिए गए।

फिरंगी फरार हो गए। फिर, जैसा कि बुंदेलखंड में फरार होनेवालों के बीच आम ट्रेंड है, वे तीन दिन बाद ही अलीपुरा की अमराई में चिलम पीते पकड़ लिए गए। जब फिरंगी फरार हुए, तब थानेदार ने सिपाहियों से यही कहा कि जाने दो स्साले को, तीन दिन बाद अमराई में तो आएगा ही। सभी आते थे। फैशन-सा था, फरार होनेवालों के बीच।

रम्मू ने मरते-मरते लल्ला और फिरंगी का नाम बता दिया था, जिससे पुलिस का कुल काम बस इतना रह गया था कि वह इन लोगों को गिरफ्तार करके अच्छी सुताई कर दे। पुलिस ने यही किया भी। लल्ला और फिरंगी को पकड़कर थाने लाया गया और तबीयत से पिटाई की गई। दूसरे दिन रम्मू के पिता ने पाँच हजार रुपए इस बात के पहुँचाए कि इनका मार-मार कर भुर्ता बना दिया जाए तो उनकी दुखी आत्मा को शांति मिलेगी। 'थानेदार साहब ने खुद अपने हाथों से मारा साहब··बल्कि लातों से···' सिपाही ने बाद में रम्मू के बाप को तसल्ली दी थी कि उनका काम हो रहा है। तीसरे दिन रम्मू के बाप ने हजार रुपए की एक और पेशकश की कि यदि इस केस में छुट्टन को भी फँसा दिया जाए, तो उनकी दुखी आत्मा सारा दुख भूलकर नाच

उठेगी। थानेदार साहब अभी-अभी लल्ला को लातों से कुचलकर वापस कुर्सी पर बैठे ही थे और पैरों में दर्द का जिक्र करते हुए बता रहे थे कि मुजरिम को मारना भी एक कला है और यह हर एक के बस की बात नहीं कि बिना ऊपरी चोट पहुँचाए मुँदी मार सके। रम्मू के बाप की पेशकश पर उन्होंने बताया कि रम्मू के पिता की आत्मा को दुखी देकर उनका कलेजा भी मुँह को आता है, परंतु छुट्टन बेनीबाई के अमुक नाजुक अंग के ऐसे नाजुक बाल हैं कि उन्हें पकड़ने पर स्वयं थानेदार की आत्मा कष्ट में पड़ सकती है—और फिर ऐसे कठिन काम के लिए पाँच हजार की रकम लेकर कोई चूतिया थानेदार ही हाथ डालेगा—और वे चूतिया हरगिज नहीं हैं। मोल-भाव हुआ। बात महँगाई, कानून, जमाना बड़ा खराब है, ऊपर तक माल देना पड़ता है, सो स्साला अपनी गाँठ में बचता ही क्या है—से चलकर आढ़त में कौन-सी पैसों की कमी है और इतने सालों से किसानों को चूतिया बनाकर जो कमाया है, वह किस दिन काम आएगा, से होती हुई इस जगह पहुँची कि दस हजार रुपए यदि थानेदार साहब को दे दिए जाएँ तो वे छुट्टन को भी पकड़कर उनकी ऐसी ऐतिहासिक ठुकाई करेंगे कि थाने की दीवारें तक काँप जाएँगी, जबकि थाने की इमारत पुरानी है और दीवारें काँपने पर इमारत ही बैठने का खतरा रहेगा, फिर भी...। रम्मू के बाप ने दस हजार रुपए नकद दे दिए।

छुट्टन भी पकड़ लिए गए।

छुट्टन, जो पाँच दिनों से लल्ला को छुड़ाने के लिए यहाँ-वहाँ के राजनीतिक दबाव लगा रहे थे, अब स्वयं लॉक-अप में थे। थाने में पूजा-पाठ के कर्मकांड के फलस्वरूप उनके दो दाँत हिलने लगे थे, एक आँख नीली हो गई थी और दोनों टाँगें सूज गई थीं। रज्जन ने बहुत प्रयास किए, परंतु थानेदार ने यही कहा कि मरते-मरते दिए गए बयान में रम्मू ने छुट्टन का नाम भी लिया है और इतने दिन तक थानेदार साहब ने स्वयं अपनी तरफ से ही बेनीबाई का खयाल रखकर तो इनका नाम दबाकर रखा था, परंतु अब ऊपर से बड़ा प्रेशर चल रहा है। रज्जन समझ गए कि ऊपर के प्रेशर की काट नीचे से नहीं होगी। वे अंततः स्वयं बेनीबाई को लेकर आए। बेनीबाई जब थाने पहुँचीं, तब छुट्टन को थाने की छत से हवाई-जहाज बनाकर लटकाया हुआ था और लंबी उड़ान के बाद थानेदार ने उनको रन-वे पर मरम्मत के लिए छोड़कर फिरंगी की पिटाई शुरू कर दी थी। बेनीबाई ने थानेदार को बताया कि छुट्टन को पकड़कर कानून का जो मखौल उड़ाया गया है, उसका अंत प्रायः लाइन-अटैच होने में हो सकता है। साथ ही बेनीबाई ने थानेदार साहब को बताया कि छुट्टन जब उस रात उनके बँगले पर उनके साथ ही थे, तो वे मर्डर में शामिल कैसे हो सकते हैं? थानेदार ने रम्मू के मृत्युपूर्व बयान की दुहाई देते हुए कहा कि फिर भी जब आप स्वयं थाने तक चलकर आई हैं, तो वे जान पर खेलकर तथा नौकरी को खतरे में डालकर भी छुट्टन को छोड़ ही देंगे, परंतु सही बात तो यही है कि छुट्टन ने भी मर्डर करना स्वीकार किया है और हथियार तक बरामद करवा दिया है। बेनीबाई ने बताया कि वे

थानेदार साहब का यह अहसान हमेशा याद रखेंगी और लहार-डकैती कांड की जो जाँच थानेदार साहब पर चल रही है, उसमें मदद करने का प्रयास करेंगी। थानेदार ने कहा कि लहार-डकैती कांड में भी यही हुआ था कि एमेले साहब का आदमी ऐन वारदात के मौके पर पकड़ा गया था और चश्मदीद गवाहों के बावजूद एमेले साहब की मुरव्वत में उसे छोड़ना पड़ा था, सो आज तक जाँच के चक्कर में वे फँसे हैं। परंतु नेताओं की इज्जत करना वे छोड़ नहीं पाते, अपनी बुरी आदत का जिक्र करते हुए थानेदार साहब ने कहा कि आप आराम से घर जाइए। हम कागजी कार्यवाही करके शाम तलक जमानत पर इन्हें छोड़ देंगे। बेनीबाई ने निवेदन किया कि वे अभी जमानत देने को तैयार हैं, क्योंकि थानेदार साहब तो निहायत शरीफ आदमी हैं तथा मुजरिमों से विकट मोहब्बत करते हैं, परंतु इन जंगली सिपाहियों का कोई भरोसा नहीं कि वे शाम तक कितनी ठुकाई-पिटाई कर दें। थानेदार ने हँसकर कहा कि एक दिन की पिटाई के बाद आप कितनी भी पिटाई करें, पिटनेवाले को पता ही नहीं चलता। 'छुट्टन को जितना पिटना था, वे पिट चुके हैं और उनको और नहीं पीटा जाएगा' का आश्वासन देकर बेनीबाई को सादर बिदा कर दिया गया।

शाम तक छुट्टन को ऐसा पीटा गया कि वास्तव में मामला ऐतिहासिक हो गया। शाम को जब उन्हें थाने से छोड़ा गया, तो वे पहचान में नहीं आ रहे थे। लड़खड़ाते-लँगड़ाते छुट्टन को जब रज्जन लेकर चले, तो रज्जन ने थानेदार साहब से व्यंग्य और धमकी के मिले-जुले स्वर में कहा—

"बेनीबाई की खूब सुनी आपने टाँग तोड़ दी क्या?"

"बेनीबाई की ही सुनी है वरना थाने से कोई अपनी टाँग पर चलकर घर जाए, यह हमने कभी होने नहीं दिया,"

"छुट्टन को खटिया पर भिजवाते, तो पूरे थाने की खटिया तन जाती"

"यह हमें पता है"

"तब भी कोई कसर छोड़ी नहीं आपने।"

"दो-चार दिन की बात है घाव पुर जाएँगे और तुम्हारे ये छुट्टन एक और मर्डर करने लायक हो जाएँगे"

"आप थानेदार बने रहें, तो अलीपुरा में वैसे भी मर्डरों की कमी नहीं रहनेवाली।"

"आप हटवा दीजिए"

"वह भी हो जाएगा।"

"नेताजी यह आप नहीं, खद्दर की भगल बोल रही है, वरना"

"वरना क्या ?"

"आप जाइए बेनीबाई के आदमी हैं आप और हम पर उनके बड़े अहसान रहे हैं।"

"थानेदार होकर अहसान मान रहे हैं, यह बड़ी किरपा है आपकी बेनीबाई पर।"

"आप जो समझें"

"समझने के मौके तो आते ही रहेंगे। न आप पुलिस की नौकरी छोड़ रहे हैं, न हम नेतागिरी।"

"पुल्टिस बाँधकर गरम कपड़े से सिंकाई कर दीजिएगा। दो दिन में ठीक हो जाएँगे।"

"यह खूब बताया..."

छुट्टन घर आकर दो महीने खटिया से लगे रहे।

फिर जब चले भी तो उनकी चाल उस कुत्ते की तरह टेढ़ी हो गई थी जिसकी पिछली टाँगों पर से किसी गाड़ी का पहिया गुजर चुका हो।

तीसरे महीने में प्रदेश की सरकार गिर गई। बेनीबाई के परम विरोधी नेता मुख्यमंत्री बन गए। सारा गणित ही बदल गया। नागरिकशास्त्र बदल गया। इतिहास कचरे में फेंक दिया गया। भूगोल ऐसा बदला कि बेनीबाई के घर का रास्ता सारे अफसर भूल गए। थानेदार साहब भी उन समझदारों में से एक थे। छुट्टन दोबारा गिरफ्तार कर लिए गए।

सपने तो देखना है क्योंकि सपनों से जीवन है

फिर क्या हुआ ?
होना क्या था।

छुट्टन, लल्ला और फिरंगी को आजीवन कारावास हो गया। वे जेल में चक्की पीसने लगे। रम्मू के पिता ने पूरे अलीपुरा को सुनाकर कहा कि फाँसी नहीं हुई स्सालों को, वरना हम तो जज्जी में पचास हजार और फेंकने को तैयार थे। रम्मू की माँ ने अम्माँ को सुनाई दे जाए, ऐसी आवाज में अपनी छत से दूसरी किसी छत पर खड़ी किसी को कहा कि लल्ला के हड्डा जेल में भी न तुड़वाए, तो हम भी असली बनिया की संतान नहीं। रम्मू की पत्नी ने कुछ नहीं कहा। वे बस रोती रहती हैं।

छदामी ने पान की गुमटी पर छुट्टन को याद करते हुए कहा कि जिसके लल्ला जैसे चूतिया भाई हों, उसे तो जेल की पटलेदार पाजामा-कुर्तावाली ड्रेस बनवाके घर में पहले से डाल रखनी चाहिए—न जाने कब वे आपको अपने साथ जेल में पिंड़वा दे। थानेदार ने अपने मातहत काम करनेवाले एक मुँहलगे मुंशी-कम-सिपाही को सारा किस्सा शराब की बोतल गटकते हुए सुनाया और किस्से से मिलनेवाली शिक्षा का खुलासा यों किया कि ऐसी हजारों बेनीबाइयों को थानेदार लोग अपने अंग-विशेष से बाँधकर रखते हैं और इस देश में चिराग तो जब भी जलेगा, थानेदार की पेशाब से ही जलेगा। छुट्टन के वकील ने जेल में लल्ला से कहा कि यदि दस हजार रुपयों का जुगाड़ कर सको, तो अपुन ऊपरवाले कोर्ट में जाएँगे और जीतकर ही लौटेंगे क्योंकि इधर की जज्जी में तो बेईमानी चल गई, पर बड़ीवाली जज्जी में आजकल बड़ा तगड़ा इंसाफ का खेल चल रहा है। फिरंगी ने वकील साहब से कहा कि हमारे पास दस हजार रुपए और होते तो हम तुम जैसे चूतिया को अपना वकील न बनाते, जज साहब के सामने बोलने में जिसकी घिग्घी बँधती हो। फिरंगी ने यह सलाह भी वकील साहब को दी कि आप यह वकालत का धंधा छोड़कर ईंटों का भट्ठा लगाने लगो, जिसमें पैसा भी है और किसी के जेल जाने का डर भी नहीं रहता।

अम्माँ ने कुछ नहीं कहा। 'हरि इच्छा' भी नहीं कहा, जो वे इस तरह की विपत्तियाँ आने पर कहा करती थीं।

अलीपुरा में सभी ने कहा कि बुरा हुआ क्योंकि अपनी बहन को छेड़ने पर यदि

लल्ला ने मर्डर कर दिया तो कौन-सा गलत काम कर दिया ? यदि आप आदमी को ऐसे में भी मर्डर नहीं करने देंगे, तब इस देश में आदमी कब मर्डर करेगा ? ऐसे नादान जज को गाली देते हुए सभी ने कहा कि यह ठीक नहीं हुआ और कायदे से जज को, रम्मू के बाप पे जुर्माना ठोंककर लल्ला वगैरह को बाइज्जत बरी कर देना चाहिए था।

खैर।

जिसने जो भी कहा हो, बहरहाल वस्तुस्थिति यह थी कि लल्ला और छुट्टन जेल में थे और जैसाकि बताया, चक्की पीस रहे थे।

गुच्चन का आज तक पता नहीं कि वे कहाँ हैं ? पर अम्माँ को विश्वास है कि गुच्चन एक दिन अवश्य घर लौटकर आएँगे। वैसे, और किसी को यह विश्वास नहीं है।

गुच्चन अब एक गुजरा हुआ किस्सा बन गए हैं। समय की धूल की नई तहें रोज इस किस्से पर जमती जाती हैं। कुछ दिनों में वहाँ बस धूल और गुबार ही रह जाना है। फिर किस्सा तक तिरोहित हो जाएगा। सारे किस्से ऐसे ही तो तिरोहित होते हैं।

चंदू जैसे थे, वैसे नहीं थे।

जैसे कंता घर भले, वैसे भले बिदेस।

वे फिर कभी भी अलीपुरा नहीं आए। एक बार मुकदमे के लिए पाँच हजार रुपए अवश्य भिजवाए थे। न जाने क्यों। बस। उसके बाद खबर ही नहीं। छुट्टन-लल्ला को जेल हो जाने की खबर भी अम्माँ ने उन्हें नहीं भेजी। काहे को भेजना ? क्यों उन्हें परेशान करना ? अपने नर्सिंग-होम से उन्हें फुरसत ही नहीं मिल पाती है। क्यों उनका समय खराब करें ? जैसे हैं, ईश्वर उन्हें सुखी रखे। और क्या चाहिए अम्माँ को उनसे।

दुबे-परिवार में अब बचे एक विधवा, कुछ विधवा-सी सधवाएँ और बच्चे-कच्चे। अम्माँ ने लंबा वैधव्य सहा है। पर उनका भी मानना है कि तीनों बहुएँ जो सह रही हैं, वह उससे भी बुरा है। सधवा होकर भी विधवाओं-सा जीवन ढोतीं। इनमें से शीला तो अजीब स्थिति में हैं। गुच्चन मर-खप गए या कि बचे हैं ? पता नहीं। शीला को विश्वास है कि वे जिंदा हैं, पर वे दूसरों की आँखों में अविश्वास देखकर घबरा जाती हैं। वे बाहर चबूतरे पर बैठी रहती हैं। हर साधू या भिक्षुक को देखकर उन्हें लगता है कि गुच्चन आ गए। गुच्चन ने जो पूजा छोड़ी है, वह शीला ने सँभाल ली है। वैसे छुट्टन और लल्ला की बहुओं के हाल भी बहुत अलग नहीं हैं। परंतु उन्हें आस है कि जेल से कभी तो ये लोग छूटेंगे।

बच्चे बड़े हो रहे हैं।

घर में कोई मर्द नहीं बचा।

घर कैसे तो भी चल रहा है।

अम्माँ घर चला रही हैं। उन्होंने जीवन-भर इतने दुख देखे हैं कि वे दुखों को जीवन की अनिवार्य नियति मानकर चलती हैं।

परिवार बस टूटे हुए स्वप्नों का मलबा बनकर रह गया है। घर के हर कोने में कुछ स्वप्न टूटे-फूटे पड़े हैं। वे, जिन्हें बड़े प्यार से सहेजा गया था कभी—अब धूल खा रहे हैं। इन स्वप्नों में सबसे ज्यादा स्वप्न वे हैं, जो जिज्जी ने कभी गुच्चन, लल्ला, आदि के लिए देखे और सहेजे थे।

इस घर में घूमते हुए अम्माँ के पैर जब-तब टूटे हुए स्वप्नों पर पड़ जाते हैं, तो किरच गहरी पड़ जाती है।

ये किरचें निकलती भी तो नहीं।

च्चच च च च की आवाज निकालने का शौक जो सहृदय पाठक रखते हैं, उनके लिये यह अच्छा मौका था कि वे अम्माँ की बेचारगी पर च्च्व च्च्व कहें। 'बेचारी अम्माँ...' पाठक कहेंगे, क्योंकि वे सहृदय हैं और सहृदय आदमी च्च्व च्च्व करता ही रहता है, क्योंकि दुनिया में चारों तरफ इतनी बातें ऐसी हो रही हैं कि जिन पर यदि आदमी च्च्व च्च्व करने पर आ जाए तो जीवन-भर करता रहे।

बेचारी अम्माँ।...

पर क्षमा करें। अम्माँ बेचारी नहीं हैं। वे अभी भी हारी नहीं हैं। कहीं कोई आशा की किरण नहीं है, पर जिज्जी टूटी नहीं हैं।

अद्‌भुत जिजीविषा।

जीवन तो चलना ही है। जीवन तो चलेगा ही। बैठने से काम कैसे चलेगा ? निराश होने से क्या बनेगा ? कितना तो अभी भी बचा है जीवन में जो इसे सार्थक बनाता है। ये बहुएँ, इनके बच्चे, इनका जीवन, इनके सपने कितना कुछ है, जो अभी भी जीने की प्रेरणा देता रहता है अम्माँ को। माना कि कुछ सपने टूट गए, पर कितने सपने तो अभी शुरू हुए हैं। इन सपनों को सँजोना होगा। जीवन को अंततः सुनहरा होना ही है। कभी-न-कभी। जानती हैं अम्माँ। मानो उन्हें पता हो।

अब इन छोटे बच्चों में अपने स्वप्न तलाश रही हैं अम्माँ।

शाम का समय।

आँगन में धीमे-धीमे शाम उतर आई है।

जिज्जी खटिया पर लेटी हैं।

दो छोटे बच्चे उनके पायताने बैठकर इस महत्त्वपूर्ण मुद्दे पर लड़ रहे हैं कि आज

की रात दादी के साथ कौन सोएगा ? दादी ने वायंदा कर लिया है कि दोनों को सुलाएँगी, पर यदि दूसरे को भी सोने मिल गया, तो जीत किसकी हुई ?—सो झगड़ा जारी है। शेष बच्चे शायद छत पर चोर-सिपाही खेल रहे हैं। शोर-गुल। चीख-पुकार। बहुएँ अंदर अपने कमरों में हैं। कुछ बच्चे धमाधम करते हुए तेजी से सीढ़ियों से उतरकर आँगन में आए हैं और फिर हो-हल्ला करते वापस छत की तरफ भागे हैं। चोरों के पीछे पुलिस इतनी मुस्तैदी से केवल खेल में ही भागती है। अम्माँ लेटे-लेटे मुसकुराने लगी हैं। छुट्टन कैसा तीर-सा भागते थे और गुच्चन उनका पीछा न कर पाने पर रुआँसे हो जाते थे। तब गुच्चन कहा करते थे कि बड़े होकर बड़ा पुलिस-अफसर बनूँगा और छुट्टन भी तो कलेक्टर बनने की कहते थे।⋯सब यूँ ही रह गया। पर अम्माँ को पूरा विश्वास है कि अब उनके बच्चों की ये संतानें बहुत बड़े काम अवश्य करेंगी। इनमें हौंसला है और ताकत भी। देखना, एक दिन ये सब, बहुत-बहुत बड़े आदमी बनेंगे।

अम्माँ खटिया पर लेटी न जाने क्या-क्या सोच रही हैं। बाहर से तेज कदमों की आहट है। उदय बाहर से तेज-तेज गाना गाते हुए अंदर आए हैं।

उदय बड़े हो रहे हैं। मूँछ की रेख होंठों पर उग रही है। आवाज मोटी हो गई है। अब वे घर के बच्चों के अलावा बाहर के बच्चों को भी बेखटके पीटते हैं। उनकी दादागिरी चलती है। बच्चों पर। उन्हें देखकर अम्माँ खटिया पर बैठ गई हैं। उन्होंने प्यार से आवाज देकर उदय को अपने पास बुलाया है।

उदय अनमने से अम्माँ के पास आए हैं। वे उपदेश सुनने के सख्त खिलाफ हैं। और दादी को उपदेश के अलावा काम ही क्या है ? ये सारे बूढ़े एक से होते हैं।

"क्या है दादी⋯?" आवाज मोटी, खुरदुरी और थोड़ी चिढ़ से भरी।

"पढ़ाई नहीं करनी क्या बेटा ?" अम्माँ ने चिढ़े बच्चे के सिर पर दुलार का हाथ फेरा है।

"पढ़ने ही जा रहे हैं⋯किताबें उठाके लाएँ, तो बैठें⋯"

"शाबास⋯," अम्माँ ने उदय की पीठ पर हाथ फेरकर पुचकारा है।

"जाएँ हम, किताबें लेबे⋯?" उदय ने कहा।

"ऐन जाओ बेटा⋯खूब पढ़ो⋯परीक्षा सिर पे हैं⋯खूब पढ़ो⋯खूब बड़े आदमी बनो⋯"

अम्माँ आशीष देती रह गईं और उदय अंदर के कमरे में चले गए हैं। वे उन्हें जाते हुए प्यार से देखती रहीं।

ये बच्चे पढ़ेंगे।

ये बच्चे बहुत बड़े बनेंगे।

बड़े आदमी, जो अमृतलाल का नाम ऊँचा करेंगे। स्वर्ग उतरेगा, जमीन पर, ठीक इसी आँगन में। यह घर, भर उठेगा खुशियों से। गुच्चन वापस आ जाएँगे। ये लोग भी जेल से लौट आएँगे। सब ठीक हो जाएगा।

अम्माँ को पूरा विश्वास है कि एक दिन सब ठीक हो जाएगा।

उदय कमरे में हैं।

वे किताबें उठा रहे थे कि उनकी निगाह दीवार की तरफ गई है। दीवार पर धर्मेंद्र हेमामालिनी का एक पुराना चित्र चिपका हुआ है। एक कोने से उखड़ता हुआ। धर्मेंद्र के मुँह पर किसी बच्चे ने पेन लेकर मूँछें बना दी हैं। धर्मेंद्र की एक आँख को खरोंच कर फोड़-सा दिया है किसी ने। मूँछ बनानेवाला बच्चा उदार तथा प्रयोगवादी किस्म का है। उसने हेमामालिनी के मुँह पर भी मूँछें बना दी हैं।

उदय ने हाथ बढ़ाकर तसवीर को दीवार से उखाड़ दिया है। अब उदय अपनी एक किताब के बीच पूरे एहतियात से तह की गई दूसरी पोस्टरनुमा तसवीर निकालकर बड़े प्रेम व लगन से उसे सीधी कर रहे हैं। अब वे उतने ही प्यार तथा श्रद्धा से इस तसवीर को दीवार पर चस्पाँ कर रहे हैं। दीवार पर अमिताभ बच्चन की तसवीर ठीक उस जगह चिपक गई है जहाँ इतने वर्षों तक धर्मेंद्र का बोलबाला रहा था।

●●●